本书承蒙河南大学历史文化学院中国史一流培育学科经费资助出版

苗书梅 著

宋代地方官僚制度探研

Exploration and Research on the
Local Bureaucratic System of the Song Dynasty

河南大学中国古代史研究丛书

中国社会科学出版社

图书在版编目（CIP）数据

宋代地方官僚制度探研／苗书梅著 . —北京：中国社会科学出版社，2022.10

（河南大学中国古代史研究丛书）

ISBN 978-7-5227-0454-8

Ⅰ.①宋…　Ⅱ.①苗…　Ⅲ.①政治制度—研究—中国—宋代　Ⅳ.①D691.21

中国版本图书馆 CIP 数据核字（2022）第 118043 号

出 版 人	赵剑英
责任编辑	宋燕鹏
责任校对	李　硕
责任印制	李寡寡

出　　版	中国社会科学出版社
社　　址	北京鼓楼西大街甲 158 号
邮　　编	100720
网　　址	http://www.csspw.cn
发 行 部	010-84083685
门 市 部	010-84029450
经　　销	新华书店及其他书店

印　　刷	北京明恒达印务有限公司
装　　订	廊坊市广阳区广增装订厂
版　　次	2022 年 10 月第 1 版
印　　次	2022 年 10 月第 1 次印刷

开　　本	710×1000　1/16
印　　张	23.75
字　　数	336 千字
定　　价	118.00 元

凡购买中国社会科学出版社图书，如有质量问题请与本社营销中心联系调换
电话：010-84083683
版权所有　侵权必究

引　言

当年报考硕士研究生时，笔者选择以宋史为主攻方向，其中一个主要原因是出于好奇心。宋朝在不同时期和辽、夏、金、蒙元诸王朝不断地进行战争，且多以失败告终，签订了多个教材上所说的不平等和约，被动乃至屈辱地用金钱换取和平，南宋时还丢掉了半壁江山，仅仅统治着淮河以南有限的区域，最后两宋分别被新兴的金朝和元朝所灭，而不是像其他王朝一样，衰亡于大规模的农民战争。同时，在中国两千余年的帝制时代，两宋王朝的统治时间加起来长达 320 年，仅次于两汉，其经济发达程度和文化繁荣成就，有诸多备受后人推崇之处，其原因何在？通过对宋代历史的研习，我逐步认识到这是一个复杂的问题，很难用三言两语解释清楚。其中一个相关的问题是，中国古代王朝统治的历史以北宋立国为分界点，可以分为前后两个时段，宋以前的一千年，王朝分裂战乱的时间多于统一稳定的时间，北宋以后，国家统一成为主流，元、明、清三代虽有王朝更替时期的战乱，但统一王朝的疆域扩大了，对地方的统治更加牢固了，这一历史趋向的背后又蕴藏着什么，也是值得探究的问题。当然，其原因也很复杂。

一般认为，宋王朝汲取汉、唐及五代衰亡的历史教训，从政治、经济、军事等多个方面加强了专制主义中央集权，这有助于王朝的"长治久安"。同时，宋朝知识分子通过对传统儒家思想形而上的哲理化改造，建构了更加有利于大一统王朝集权统治的新的理学思想体系，这一尊君的思想体系在南宋以后被确定为官方意识形态，即宋明理学，对保障后期诸王朝集权统一局面的延续发挥了重要作用。在国家治理层面，围绕中央与地方的关系,宋朝确立的地方治理理念、地方行政区划的层级关系及其功能区分、地方官员的职责划分及其管理制度、科举选官制度的完善与地方学校教育的普及,等等,都从不同层面发挥了强化中央集权统治的作用。

在后来进行宋史的教学和有限研究的过程中,中央与地方的关系是本人关照问题的出发点之一。二十多年前,笔者曾设想撰写一部关于宋代地方行政制度的著作,但由于种种原因,仅发表了几篇讨论地方官制的文章后就中断了。本书所收的18篇文章即是原初计划的一部分,是多年前完成的,内容基本上是围绕宋代州级职官设置及其相关制度展开,部分涉及县级官员和胥吏,并不是对宋代地方官僚制度的系统研究,只是几个专题而已。本集第1篇文章讨论了宋代地方长官与君主见面交流的一种制度,即朝辞朝见制度。宋代地方主要官员在获得新的任命和从外地卸任回到京城以后,需要与皇帝辞行和朝见,这种制度可以拉近地方长官和皇帝的距离,让地方长官感受到自己虽身在千里之外,却是代表君主实施统治,这有助于督促地方官员勤勉作为,增强其对朝廷、对君主的向心力。第2篇文章讨论的是南宋得到了较广泛推行的"便民五事"制度。这种制度要求新任地方长官到任地方半年后,必须给皇帝提交一份书面工作报告,报告一般要求得有五条,内容须是反映国计民生、边防安危等重要问题,并提供解决方案。这一制度当然是为了督促地方官勤政,提高地方治理成效,同时也是为了让朝廷能够得到更多来自基层社会的信息,强化地方民政和边防军政建设,加强王朝的统治。第3篇是一篇不太成熟的论文,初步揭示了宋代州级官衙中"使院""州院"与五代地方行政制度的关系。第4篇则讨论了宋代地方主要长官的任期制度。当时,地方州县官员严格执行定期轮任制度,这有助于加强中央对地方官员的管理,减少官员在地方任期时间太长可能产生的离心力和腐败现象,从而降低地方长官形成尾大不掉分裂势力的可能性。但是,受时代的局限和员多阙少矛盾等的制约,在实施过程中也存在许多问题。第5—6篇文章讨论宋朝在边远地区因地制宜实施的区域性地方官员选任制度——定差法和权摄法。这两种特殊的官员选任制度是对全国统一任免地方官员局限性的补充,反映了宋政府集权统治之下一定的灵活性。第7—10篇文章主要讨论了宋代州级正、副长官知州和通判的职能与选任制度,州级属官体制即幕职州县官的演变与职能,基层文臣官员即选人的改官制度及其存在的问题等,试图从不同的层面揭示宋代如何强化了对地方的管理。

书中第11—15篇文章研究的是宋代两种新型职官体系巡检和监当官。巡检是宋代为加强统治而建立的庞大的基层武官体系,在维持治安的同时,负责打击走私逃税等违法行为。监当官是宋代根据不同地区经济发展程度与财税管理的需要而普遍设置的、文武官通差的基层官僚体系,主要职责是在茶盐酒等专卖机构、商税征收地、矿冶业开采冶炼基地等各种仓、场、库、务,为政府征收管理钱物,是宋代庞大的国家财政收入所依靠的基层组织。巡检与监当官这两类官僚体系的不断完善是宋代新的基层治理的重要力量。

最后2篇文章通过梳理有限而又分散的存世史料,初步讨论了宋代布满地方官府、数量庞大、行政功能繁杂的州县吏人制度。宋代地方官人数有限,吏人众多,形成了所谓的"吏人世界",与其他朝代相比,既有相同之处,也有其独特的地方。

近年来,邓小南教授倡导"活的制度史"的研究理路,注重在研究中从过程、关系、行为视角关注制度的实际运作,并重视信息渠道、文书传递、制度文化等在制度史研究中的作用。阎步克教授的制度史观与制度史研究的"技术原理",侯旭东教授的日常统治研究等,对新时代的中国制度史研究都发挥了重要的指导和促进作用。反观我原来这些运用传统的研究方式发表的成果,不足之处显而易见。这次结集出版,期待得到同行的批评指正,以砥砺自己对宋代地方职官制度、地方行政制度等相关问题展开进一步的研讨。

苗书梅

2022年4月

目 录

朝见与朝辞
　　——宋朝知州与皇帝直接交流方式初探 ………………（1）
南宋"便民五事"制度略论
　　——南宋中央获取地方信息的渠道之一 ………………（23）
宋代的"使院""州院"试析 …………………………………（42）
宋代地方官任期制初论 ………………………………………（58）
宋代定差法述论 ………………………………………………（72）
论宋代的权摄官 ………………………………………………（86）
宋代知州及其职能 ……………………………………………（104）
宋代通判及其主要职能 ………………………………………（120）
宋代州级属官体制初探 ………………………………………（141）
宋朝选人官阶等级及其改官制度 ……………………………（170）
宋代巡检初探 …………………………………………………（191）
宋代巡检再探 …………………………………………………（226）
宋代监当官初探 ………………………………………………（247）
墓志铭在宋代职官制度研究中的价值
　　——以北宋元丰改制前的监当官为例 …………………（273）
从宋朝地方官僚体制看明州监当官设置的特殊性 …………（294）
宋代军资库初探 ………………………………………………（310）
宋代州级公吏制度研究 ………………………………………（324）
宋代县级公吏制度初论 ………………………………………（351）
后　记 …………………………………………………………（369）

朝见与朝辞

——宋朝知州与皇帝直接交流方式初探

宋朝的政治制度有许多值得深入研究之处。例如，在朝堂内外，最高统治者皇帝与官员们之间有各种各样的文书交流和面谈奏对等交流方式，其中，文书交流有呈阅奏章、到任谢表等形式，面谈奏对有朝会制度及各种轮对、召对、留身、见辞谢，等等。这些面奏交流方式既是当时行政制度的重要组成部分，是影响朝廷重要政策法令的重要因素，同时也被归入仪制或者礼制范畴。这里所探讨的仅仅是其组成部分之一，即地方长官知州等在赴任前和罢任后，与皇帝辞别、朝见的交流方式。

关于宋朝高级官员在朝堂上的奏对制度，如所谓的"议"与"对"等，已经引起一些学者的重视，并开展了初步研究。例如，朱瑞熙先生《中国政治制度通史》第六卷《宋代》中，对各种朝会制度进行了梳理。[1] 但是，相关的研究成果仍然很少。笔者长期关注宋朝地方官僚制度，曾经写过一篇关于宋代知州的文章，主要讨论了宋代知州的职能等问题[2]，在接触到的史料中有较多关于知州朝辞、朝见的记载。2006年在日本访学时，我得以拜读日本大阪市立大学平田茂树先生发表的《宋代政治结构试论——以"对"和"议"为线索》[3] 一文，很受启发，遂决定对这个问题做进一步的探讨。

---

[1] 白钢主编，朱瑞熙著：《中国政治制度通史》第6册《宋代》，人民出版社1996年版。
[2] 苗书梅：《宋代知州及其职能》，《史学月刊》1998年第6期。见本书第七部分。
[3] ［日］平田茂樹：《宋代政治構造試論：對と議を手掛りにして》，《東洋史研究》第52卷第4号，1994年收入氏著《宋代政治结构研究》（施爱辉译），上海古籍出版社2010年版，第161—189页。

平田先生那篇文章考察的重点是，试图解明朝堂之上大臣与皇帝之间的"对"和"议"在中央决策形成过程中的作用，涉及朝中主要高级官员和皇帝之间的交流。而本课题的研究仅涉及其中一小部分，即只关注皇帝和地方长官的两种交流方式，仅仅是宋朝复杂的朝见、辞谢制度中有限的个案而已。

一　何谓朝见与朝辞

自从确立了从中央统一委派地方官和地方官定期轮任制度，官员从外地离任回到京城后如何获得新的职务，以及获得新的任命后如何离开朝廷到地方任职等程序性问题就产生了。宋朝力图改变唐末五代地方割据局面，为此采取了各种各样的措施，极力加强专制主义中央集权，学者对此已经有很多的研究。其中宋朝对于地方官的选任与考核制度尤其严密，朝见、朝辞也是这些制度中的重要一环。

唐朝中期以后，地方官的朝谢（入谢、中谢等）、辞见等制度，已经逐步规范，然而，直到宋代，这些制度在文官治国体制下，才更加有效地发挥了作用[①]。

在朝廷特许的"就移"，即地方官员从某一地方任职后由地方长

[①] 这种制度的起源，宋人往往追溯到汉代汉宣帝、唐代唐玄宗、唐宣宗等时期最高统治者亲自送别新任刺史的制度，特别是唐宣宗时，外任刺史的中谢、入辞制度执行得较严，以至于有些刺史在奏对中惊恐失措（《资治通鉴》卷249《唐纪六五》，宣宗大中十二年十月，中华书局1956年标点本，第8072—8073页。本书后面参考本文献，均采用该版本，出版信息从略）。但是，五代后唐以前，能够上殿入谢、中谢的主要是节度使、观察使、防御使、团练使、刺史、京城所在地的赤县县令等。五代后唐以后，"升朝官并许中谢"，外任两使判官、新任县令和录事参军等，也"并中谢"。其他官员一般只到宰相府"正衙辞"或者皇帝不便时只在皇宫殿堂的门口或门外"门辞"而已。参见：《唐会要》卷68《刺史上》，开成元年闰五月，上海古籍出版社2006年标点本，第1206页；《五代会要》卷6《杂录》，后晋天福七年五月，上海古籍出版社2012年标点本，第96—98页；《旧五代史》卷48《末帝纪下》，中华书局2015年标点本，第756页，等等（本书后面参考以上三种文献，均采用上述版本，出版信息从略）。2006年，日本立命馆大学的松本保宣先生出版了他的专著《唐王朝の宫城と御前会议——唐代听政制度の展开——》（晃洋书房，2006年版），其中第一部第一章、第四至第六章、第二部第三章等所讨论的问题都涉及或者直接讨论了唐代的听政与朝参制度，相信该成果将来定能促进宋朝这一课题研究的展开。

官主导,直接移到另一地方任职,或者特殊情况下①的免见、"放辞谢"之外,多数时期,宋朝地方高级官员主要是堂除以上的京朝官与武臣等,外任届满代还或者临时因各种原因罢职回到京城之后,必须上殿朝见皇帝;新除职务的任命书下达后,在离开京城赴任之前,必须与皇帝辞别,并上殿奏事。这种制度,宋代在不同时期不断进行完善,在不同阶段执行的严格程度也有较大差别,这往往与当时的政治形势有着密切的联系。

朝见,又称入对、召对、进对、召还入对、入见、召还入见、代还入见、代还陛见、代还朝参、得替回朝见,或朝见进对、任满造朝陛对、任满陛对,等等。其中召还入对、召还入见与召对一样,主要指临时被皇帝召见。朝见涉及的范围很广,这些称谓的内涵应该是有区别的,其中,有的朝见并不上殿面奏②,下面讨论的是能够上殿与皇帝当面奏对的朝见方式。

朝辞,又称陛辞、朝谢、辞见、见辞、入谢、入辞、辞、谢辞、辞谢、朝辞入见、朝辞进对等③。

宋代朝见和朝辞在使用中存在有混淆的现象,但是,在正式诏敕等文书中,二者一般还是区分得比较清楚的。如宋初"使相、节度自镇来朝","入见日"和"朝辞日",均有种类不同和数量不等的衣物

---

① 如法定的节假日,皇帝因病不能正常主持朝政,或为已故皇帝、皇太后等守丧期间以及其他特殊情况等。

② 例如,绍兴四年四月,王居正被任命为起居舍人,他上书说,自己接到了任命诏旨,"令引见上殿",但是,因为正在患病,"登对未得,望许令先次朝见,候痊愈日即起赴上殿"。这一请求被批准。(清)徐松辑,刘琳等校点:《宋会要辑稿·仪制》9之19,上海古籍出版社2014年版,第2483页。本书下面引用该文献,均用此版本,《宋会要辑稿》均简称《宋会要》,只注类名、卷页等,其余出版信息从略。

③ 当然,上述这些称谓,也适用于其他官员的见、谢、辞,包括在京官员、外派使节或者外国来访使臣的见和辞,等等。选人和常调京朝官即审官院与后来的审官东院所除授之官,一般不上殿近距离和皇帝见面,而是礼节性的"引见"。在京城任实际职务的官员,上自宰相,下到监当官等,在任命当天,并需"即日捧官告敕牒叙谢",称为"告谢"(《宋会要·仪制》9之1,第2473页)。限于篇幅,本文重点关注外任知州或者知府的朝见与朝辞问题。

等赏赐。① 宋哲宗元祐八年（1093）正月，户部称："官员料钱应折支者，到阙，自'朝见日'支见在京分数，'朝辞日'支见在外分数。"② 南宋高宗朝，御史中丞汤鹏举言：

> 臣窃观臣下之奏请，有所谓应诏者，有所谓轮对者，有得见阙而"朝辞"者，有当替罢而"朝见"者，是皆合对而奏请也。③

在这些表述中，两者的区分是明确的。宋孝宗淳熙二年（1175），陈俊卿从知福州改任判建康府（治今江苏南京市）兼江东安抚使，即分"召对垂拱殿，命坐赐茶"与"朝辞奏"两次上殿面奏。④《宋会要·仪制》9之6—23，有各级各类官员"见"与"辞"的相关记载，标目为"辞谢"，往往笼统地称为"见谢辞"或者"见辞谢"等，二者若是分别指称，称谓也是多种多样。因为朝见和朝辞在正式诏令文书中使用频率相对较高，所以以下讨论以此命题。

二 宋代朝见和朝辞制度的演变

宋政府非常重视朝见、朝辞制度，但是，在不同时期，这一制度受到的重视程度不尽相同。这里不对制度的活动场地、程序性、礼仪性具体规定展开讨论，只论述制度大致的兴废演变。

宋初沿用五代旧制，凡旨授幕职州县官、防御团练副使以上的外

---

① 《宋会要·礼》62之18，第2121页；《宋史》卷153《舆服五》，中华书局1985年标点本，第3573页（本书后面参考该文献，均用此版本，出版信息从略）。
② （宋）李焘：《续资治通鉴长编》卷480，元祐八年正月丙午，中华书局2004年标点本，第11429页（本书以后引用该文献，均用此版本，简称《长编》，注明卷数、年月日、页码，省略出版信息）。
③ （宋）李心传编撰，胡坤点校：《建炎以来系年要录》卷173，绍兴二十六年七月丙辰，中华书局2013年标点本，第3318页（本书以后引用该文献，均用此版本，简称《系年要录》，并省略出版信息）。
④ 《宋史》卷383《陈俊卿传》，第11789—11790页。

官入朝，都"必先诣正衙，见讫，乃得入见。辞谢亦如之"。即按照程序先到外朝，由御史台"具官位姓名以报阁门，方许入对"，在宰相府见罢后才能入殿面见皇帝。一次，宋太祖紧急召见一位边将，准备和他讨论边防事宜，等了好多天也没有看到那位官员，他感到很奇怪，询问身边的官员为什么这么慢，得到的回复是该官员尚未"过正衙"。宋太祖遂下诏今后外官入朝，"皆先入见辞谢毕，方得诣正衙。遂为定制"①。即乾德以后，能够上殿见谢的官员，改为先面见皇帝，然后再到宰相府衙谢、衙辞。

宋太宗初年，统一战争刚刚结束，朝廷急于精选官员，收拢人心，以加强王朝的统治力量。因此，宋太宗频繁召见百官，而且还要求他们把朝辞日皇帝"宣旨勖励"的话写在地方官衙的墙上，"书其辞于治所屋壁"②，以便时常引以为戒。宋太宗还亲自选用一些官员，并对他们说：

> 朕选用群材，令司众职，九品之贱，一命之微，未尝专委于有司，必须召对于便殿，亲与之语，以观其能。傥敷纳而可观，必越次而命赏，靡容侥幸，庶叶澄清。自今应亲临选擢官吏，并送中书，更审勘履历，别听进止。③

充分显示出建国初期最高统治者对治国人才的期待。

一般情况下，宋初"京朝官授远地及缘边知州、通判，朝辞日许升殿"④，即上殿和皇帝面对面奏对。当时要求面奏的重点限于地方武官、临时外派的大臣与所谓边要藩郡知州等。宋真宗朝以后，上殿

---

① （宋）王曾撰：张剑光、孙励整理：《王文正公笔录》，大象出版社2019年标点本，第172—173页；《长编》卷32，淳化二年六月丁亥，第717页；《宋会要·仪制》4之3，第2362页。
② 《长编》卷24，太平兴国八年四月丁未，第543页。
③ 《宋会要·职官》59之3，第4636页；又见（宋）钱若水修，范学辉校注：《宋太宗皇帝实录校注》卷26，太平兴国八年八月丁酉，中华书局2012年标点本，第35—36页。
④ 《长编》卷49，咸平四年六月壬子，第1064页。

制度进一步规范。咸平四年（1001）曾规定，官员是否升殿面奏，要事先申请，获得批准，才可以上殿。①景德三年（1006）四月，重申外任官罢任之后的朝见制度，"其在外京朝官、内殿崇班已上，候得替，先具民间利害，实封于阁门上进，方得朝见"②。

宋真宗朝，朝廷多次强调地方长官应该关心考察下属官员的政绩，并为国家推荐人才，任满回朝时，必须先推荐官员然后入见。即知州、通判和监司从外地任满还朝，必须推荐自己的属下及邻近地区或所经过地区官员的为官成效，"各具前任部内官治迹能否，如邻近及经由州县访闻群官善恶，亦许同奏，先于阁门投进后方得入见"③，以便朝廷日后擢用。这样规定旨在督促州县基层官员勤于政事，同时也给知州、监司等提出了在任时留心下属官员为官效果的要求。该诏令反映出宋真宗时，包括知州在内的地方高级官员罢任之后，都是要"入见"的，入见时还要详细汇报任内观察到的"民间利害"等。

北宋有三百多个州府，知州等在制度上3年或者2年一任，但实际任期往往很短，④罢任、赴任都上殿奏事，对不太勤政的皇帝来说，是有难度的。丁度的墓志铭记载，在他担任翰林学士承旨的庆历初年前后，或许与天圣、明道年间皇帝年幼、皇太后刘氏垂帘听政有关，朝廷曾经废罢了"诸部监司及藩镇牧守，被命赴职，陛辞日，皆召见赐对"的故事。⑤因此，宋仁宗朝到英宗即位初年，地方长官朝见、朝辞时的上殿奏事制度，没有得到认真执行，"替还知州许上殿言利便三事"亦皆罢。吕诲认为这是导致"天下郡守不得人者十五六"的原因。在吕诲建议下，治平二年（1065）十一月又下诏强调部分

---

① 《长编》卷49，咸平四年六月壬子，第1064页。
② 《长编》卷62，景德三年四月乙未，第1395页。
③ 《宋会要·选举》27之11，第5773页；参见《宋史》卷160《选举六》，第3742页。
④ 参见拙著《宋代官员选任和管理制度》第三章第二节《定期轮任制度》，河南大学出版社1996年版。
⑤ （宋）杜大珪编，顾宏义、苏贤校证：《名臣碑传琬琰集校证》卷3《丁文简公度崇儒之碑》，上海古籍出版社2021年标点本，第69页。本书以后用此文献，均用该版本，出版信息或从略。

知州朝辞时可以上殿,这些州主要有:郑州、兖州(治今山东济宁市)、曹州(治今山东曹县西北)、蔡州(治今河南汝南县)、相州(治今河南安阳市)、邢州(治今河北邢台市)、同州(治今陕西大荔县)、晋州(治今山西临汾市)、寿州(治今安徽凤台县)、湖州、明州(治今浙江宁波市)、宣州(治今安徽宣城市)、河中府(治今山西省永济县)等。①

宋神宗即位后推行变法改制,需要选拔政见相同的得力人才推行新法,熙宁元年(1067),诏"自今授外任者,许令转对讫朝辞"②,全面推行朝辞制度。

宋哲宗初年,皇帝年幼,太皇太后高氏垂帘听政,地方官上殿奏事不方便,因此,当时能够上殿的主要是正副宰相等少数中央高级官员,地方官员的意见只能通过奏章呈送,或通过宰执大臣反映。这种情况在宋哲宗绍圣年间亲政后才有所改变。绍圣四年(1097),诏令三省、枢密院堂除任命的藩镇知州和武臣知州以上必须"取旨召对",同时又强调"应节镇郡守,往令陛辞,归许登对,不特审观人材,亦所以重外任也,可于监司不许免对条下,增入节镇郡守依此",并规定今后藩镇知州和武臣知州,像监司一样,不许申请"免对"③。当时,必须参加朝辞上殿的知州,主要包括四十多个藩镇大州和沿边地区武官担任知州者。这样的知州"不及百人"。宋徽宗即位之初,下诏减少朝辞上殿的人数,"减朝辞上殿者二十有二州,其辞见得上殿者,才二十有三州而已",而且废除了绍圣四年的朝辞诏令。④

南宋初年国势危弱,各项制度多因仍北宋,但是也有变化。绍兴

---

① (宋)赵汝愚编,北京大学中国中古史研究中心校点整理:《宋朝诸臣奏议》卷77,吕诲:《上英宗乞复知州人上殿》,上海古籍出版社1999年标点本,第843页(本书以后引用此文献,均用该版本,编校者与出版信息从略);《长编》卷206,治平二年十一月己未,第5006—5007页。
② 《宋史》卷118《礼二十一》,第2786页。
③ 《宋史》卷118《礼二十一》,第2787页。
④ (宋)曾肇:《南丰曾文昭公曲阜集》卷下《上徽宗皇帝论减罢监司守臣上殿》,国家图书馆藏明嘉靖四十一年刻本,第13页。其中,"其辞"二字原文模糊,据《四库全书》本补。

二年（1132）重新实行"郡守初自行在除授及自外罢任赴阙者，并令引见上殿"①的制度，并扩大了上殿奏事知州的范围。从史料记载来看，绍兴年间确实严格执行了知州上殿奏对制度，但因秦桧专权，当时的官员言事时有诸多顾虑，因此有不少官员上殿奏事时所言内容无关大局，仅仅是走形式而已。

宋孝宗朝是南宋历史上相对稳定的发展时期，宋孝宗本人比较注重加强君主的权力，因此，他在位期间，是两宋朝见、朝辞制度执行得最严格的时期。乾道年间，诏令曾反复重申，所有知州和地方带兵官，朝见朝辞时都必须上殿奏事。如，乾道六年（1170）九月，汀州（治今福建长汀县）知州谢知几在朝见时、淳熙二年（1175）曹朴知浔州（治今广西桂平市）朝辞时，都留下了上殿奏对的事例。汀州和浔州在宋代都是下等小州，不是藩府要郡，说明当时所有知州辞见时均要上殿奏对的诏令得到了贯彻执行。即所谓"孝宗时，辞朝法甚严，虽蜀人守蜀郡，不远万里来见"②。乾道八年十一月曾诏：

> 今后应文武臣监司、知州军、诸路厘务总管、副总管、钤辖、都监，见辞并令上殿，批入料钱文历。如托避免对，并未得差除赴任，委台谏常切觉察，以违制论。其已授未赴任人，如已经上殿，赴在四年内，与免将来奏事，候阙到前去之任。其应赴在四年外，及在外除授未经上殿人，阙到半年前赴行在奏事。如本贯川、广，见在本乡居住之人，即仰逐州知通结罪保明诣实，申取朝廷指挥。川、广见阙正官去处，许令一面先次之任，听候朝廷指挥。及川、广未经上殿许先赴任之人，今后任满，须赴行在奏事讫，方得再有除授。③

---

① 《宋会要·仪制》9之19，第2483页。
② （明）田汝成辑撰，刘雄、尹晓宁点校：《西湖游览志余》卷23，上海古籍出版社2018年标点本，第274页。
③ 《宋会要·仪制》6之28，第2416—2417页。

淳熙十三年十月，考虑到道路遥远，为了减轻官员旅途的负担，又规定四川、两广的知州，如果居住在当地，而且新任是半年之内可以上任的"现阙"，可以不用远赴临安，先"诣本路转运司禀事，仰漕臣精加铨量，人材委堪任使，非昏谬老疾之人，结罪保明，申尚书省"。此后，为免于远途跋涉，半年之内可以到任的四川各州知州，改由制置司"铨量"，罢任之后再往临安朝见、朝辞。①

宋宁宗时，孝宗朝的一些相关法令被修入《庆元条法事类》，作为法令制度确立下来：

> 诸授监司（提点坑冶铸钱、提举市舶同）、郡守及诸路厘务总管、钤辖（钤辖不带训练职事者非），并须上殿奏事讫，方得之任（授讫及任满回，曾经上殿，在半年内再除授者免）。虽曾上殿，应赴在四年外，或在外除授未经上殿人，并候阙到半年前赴阙奏事。即见居川、广应赴人，四川，诣制置司；二广，诣本路转运司禀事，精加铨量，委非昏谬老疾，结罪保明申尚书省（川、广见阙者，准此。特旨候任满前来奏事者非）。

> 诸在外就除监司、知州（川、广同），如连任过四年未经上殿人，赴阙奏事讫方得之任。见阙去处，临时取旨。②

即所有监司、知州和各地总管、钤辖等武官，均须在规定的时间朝辞。四川、两广因距杭州太远，可以有一定的灵活性，但也不可以超

---

① 《宋会要·职官》47之44，第4289页；《宋会要·职官》47之45，第4290页；（宋）李心传撰，徐规整理：《建炎以来朝野杂记·甲集》卷6《郡守铨量》，大象出版社2019年标点本，第117页（本书后面参考该文献，均采用本版本，简称《朝野杂记》甲集或者乙集，省略出版信息）；（宋）佚名撰，汝企和点校：《续编两朝纲目备要》卷3，绍熙五年十月辛卯，中华书局1995年标点本，第42—43页。但是，后来四川各州的知州或者到临安朝辞，或者由制置司铨量，几经反复。参见《续编两朝纲目备要》卷14，嘉定七年十月丁巳，第266页。

② （宋）谢深甫编撰，戴建国点校：《庆元条法事类》卷4《上书奏事·职制令》，中国珍稀法律典籍续编，第1册，黑龙江人民出版社2002年版，第38页（本书以后引用此文献，均用该版本，只称《庆元条法事类》，其他出版信息从略）。

过四年还不上殿。

宋理宗时，刘克庄称："陛下视邦选侯，尤不轻畀。偏州小垒，亦必朝辞，岂不欲得良二千石与之共理乎？"① 从现存文献记载看，宋理宗朝保留了大量知州在殿上面奏时与皇帝反复议论问题的事例。宋度宗朝尽管国势衰微，也仍然有大臣朝辞奏事的记录，印证了这一制度在南宋后期仍在施行。

三 朝见和朝辞过程中皇帝的期望与官员的愿望

宋朝最高统治者接受地方官朝辞朝见与接见在朝中央官不同，其主要的目的是了解地方社会的实际情况，考察地方长官的人品和能力，加强地方高级官员和皇权的联系，并通过笼络地方官，勉励他们勤政廉政，提高其施政的积极性，把最高统治者的意志贯彻到基层，从而加强中央对地方的控制。

（一）最高统治者的期望

通过朝辞、朝见，皇帝会对不同的官员提出各种不同的期望和要求，从史料记载来看，大体上，在与地方官朝见、朝辞时，最高统治者的目的可以概括为以下几个方面：

1. 戒谕外任官员，敦促其勤政、廉政

宋朝对百官特别是地方官提出的戒谕和考课条例很多，著名的有宋太宗太平兴国八年（983）的"戒谕百官辞"，淳化五年（994）的"戒励辞"，宋真宗大中祥符年间的"文臣七条""武臣七条"（简称"文武七条"）"手札十六条"，以及不同时期被反复刻石的"戒石铭"，等等。这些都是在外任官"朝辞对别日，令舍人宣示之"，或者印刷成册，当面颁发，一人一本；或者另仿照官印式样，在地方官

---

① （宋）刘克庄著，辛更儒笺校：《刘克庄集笺校》卷86《进故事·辛亥七月初十日》，中华书局2011年标点本，第3708页（本书以后引用该文献，均用此版本，省略出版信息）。

衙刻石以便遵守。①

除颁降戒辞外，在朝辞时，皇帝还会口头嘱咐官员一些勉励之语，鼓励官员任职期间勤于职守。宋仁宗时，刘平在宋夏战争中战死，朝廷特别提拔刘平的弟弟刘兼济内殿崇班、知原州（治今宁夏固原市），朝辞之时，仁宗对他加以劝慰，并勉励他道："国忧未弭，家仇未报，不可不力也。"②

宋孝宗乾道八年（1172），黄克仁知广南西路的化州，朝辞时，孝宗嘱咐道："远方小民，政赖郡守抚摩，劝课农桑。"③ 刘子荐知融州（治今广西融水苗族自治县），朝辞日，度宗鼓励说："广郡凋瘵，赖卿抚摩。"④ 对于即将离开朝廷到地方任职的官员来讲，朝堂上和君主面对面的交流，有助于促使官员们对皇帝更加忠心，从而成为外任官员勤勉从政的强大动力。

正因为陛辞是勉励官员的好机会，所以，有些官员在发现地方官存在的某些问题时，就希望皇帝在陛辞时提醒即将上任的官员。如，蔡戡认为，有些地方官以多征百姓财赋，上缴朝廷，作为自己的政绩，这对百姓不利。因此，他上奏称："今之所谓能吏，古之所谓民贼也，可不痛戒而深惩之乎！欲望圣慈，因郡守陛辞，丁宁训谕，使之布宣德意，以恤民为先。"⑤

---

① 以上并见《长编》卷24，太平兴国八年四月丁未，第543页；（宋）王栐撰，诚刚点校：《燕翼诒谋录》卷3《朝辞宣旨戒饬》，中华书局1981年标点本，第26页（本书以后参考该文献，均用此版本，出版信息从略）；《宋史》卷168《职官八》，第4008页；《长编》卷100，天圣元年五月戊子，第2323页；（宋）王应麟：《玉海》卷131《太平兴国淳化祥符天圣戒谕词》《祥符文武七条手札十六条》《绍兴戒石铭》等，静嘉堂文库藏元至元六年庆元路儒学刊元至正十一年修本，第28—31页（本书后面参考该文献，均用此版本，版本简称"静嘉堂文库藏元刻本"）。1996年被增列为第四批全国重点文物保护单位、位于山西运城市新绛县的古代绛州州衙被称为"绛州大堂"，其大堂内北壁的东西两侧，就保留着宋徽宗朝刻制的宋真宗御制《文臣七条》和《武臣七条》。
② 《宋史》卷325《刘兼济传》，第10504页。
③ （宋）佚名撰，孔学辑校：《皇宋中兴两朝圣政辑校》卷51，乾道八年四月丙午，中华书局2019年标点本，第1148页（本书以下参考该文献，均用此版本，出版信息从略）。
④ 《宋史》卷454《刘子荐传》，第13343页。
⑤ （宋）蔡戡撰：《定斋集》卷4《乞戒谕守令恤民札子》，《丛书集成续编》本，第40页。

2. 要求知州及时反映边防安危、民间疾苦，使下情上达

如前所述，宋真宗景德三年（1006）四月，即曾"诏群臣转对，其在外京朝官、内殿崇班已上，候得替，先具民间利害，实封于阁门上进，方得朝见"①。在朝辞、朝见时，皇帝往往鼓励官员多讲所在地方存在的问题，并提醒朝辞的新任知州到任以后，尽快寄送奏章，反映自己所看到的民间问题、边防利病。如司马光知永兴军（京兆府的军额，治今陕西西安市）时的奏札称：

> 臣以不才，误承朝廷委用，待罪长安，兼领一路十州兵民大柄。朝辞之日，伏蒙陛下面谕以凡边防事机及朝廷得失，有所闻见，令一一奏闻。臣受命以来，且愧且惧……夙夜疚心，不敢宁居。②

在奏章中，司马光陈述了诸多自己对时政的意见。

南宋初年，面对宋金战争造成的破败局面，宋政府更加注重让知州关心辖区内的民情，让边臣及时反映边防情况。绍兴三年（1133）二月，朝廷又规定"守臣到任半年，具便民或边防五事以闻"③。这一制度后来被长期沿用，分别有《淳熙重修令》《庆元令》等对此加以规范和强调。④ 如，绍兴二十七年，知汉州（治今四川广汉市）于

---

① 《长编》卷62，景德三年四月乙未，第1395页。

② （宋）司马光撰，李文泽等校点整理：《司马光集》卷43《谏西征疏》，四川大学出版社2010年标点本，第942页（本书以下参考此文献，均参考该版本，版本信息从略）。

③ 《朝野杂记·甲集》卷6《便民五事》，第115页；（宋）廖刚撰：《高峰文集》卷5《漳州到任条具民间利病五事奏状》，景印文渊阁《四库全书》第1142册，第362页。按本书凡注释文献采用"景印文渊阁《四库全书》"者，均依据台北商务印书馆1986年等年份的影印本。以下注释省略出版信息，注明册数和页码。

④ （明）黄淮、杨士奇编：《历代名臣奏议》卷108，赵汝愚《论福州便民事疏》，上海古籍出版社1989年影印本，第1454页（本书后面参考该文献，均照此版本，出版信息从略）；（宋）度正撰：《性善堂稿》卷6《条奏便民五事》，景印文渊阁《四库全书》第1170册，第187页；同书卷6《重庆府到任条奏便民五事》，第192页；（宋）真德秀撰、丁毅华、吴冰妮校点：《西山先生真文忠公文集》卷9《江西奏便民五事状》，《儒藏》精华编第241册，北京大学出版社2020年标点本，第238页（本书以后引用该文献，均参考此版本，只注文献卷数、篇名、册数和页码，出版信息从略，其他文献出自《儒藏》者，也是北京大学出版社版本）。

霆朝辞，宋高宗即嘱咐道："蜀中地远，卿至官，有民间疾苦利病，一一奏来，仍须速行，不宜缓也。"① 乾道六年（1170）五月，前知广州龚茂良朝见进对时，宋孝宗问他："南方农事近来如何？"龚茂良奏称："岭外土旷人稀，亦多不耕之田。盖缘顷岁湖寇侵扰，广东人户流移。今渐次复旧。"龚茂良还论奏了"听纳之道"等。② 庆元三年（1197），程大昌知泉州，陛辞时，宋宁宗叮咛他说："凡有见，悉奏来。"③

3. 询问施政方略，提出建议，鼓励官员完成某些特殊事务

在朝辞时，皇帝有时会询问知州到任之后的规划设想，准备做什么，如何做，或者直接向官员提出自己的具体要求。如宋徽宗时铸钱制度弊端百出，范坦在担任户部侍郎时，曾批评当十钱与夹锡钱之弊。后来，他被任命为知河阳府（治今河南孟州市），陛辞时，宋徽宗希望范坦到任之后，治理"夹锡钱之害"，他到任后，即奏罢夹锡钱。④ 政和年间，蒋圆知鄂州（治今湖北武汉市），陛辞时，徽宗询问："荆湖多盗，卿何以治之？"蒋圆回答："唐崔郾尝治鄂，谓土沃民剽，杂以夷俗，非威莫能服。臣虽能薄，敢不竭犬马力，称器使。"宋徽宗对蒋圆的回答非常满意，便对宰臣们称赞说："蒋圆奏对有体，议论可观，武昌今得人矣。"⑤

南宋时，随州位于宋金交界的沿边地带，乾道三年（1167）知随州周冲翼上殿奏对，孝宗对他提出要求："随州极边，应营田、屯田，

---

① 《系年要录》卷177，绍兴二十七年九月乙酉，第3401页。
② （宋）佚名撰，孔学辑校：《皇宋中兴两朝圣政辑校》卷48，乾道六年五月甲子，第1080页；汪圣铎点校：《宋史全文》卷25上，乾道六年五月甲子，中华书局2016年标点本，第2083—2084页（本书后面引用该文献，均据此版本，省略出版信息）。
③ （宋）周必大撰，王瑞来校证：《周必大集校证》卷63《龙图阁学士宣奉大夫赠特进程公大昌神道碑》，上海古籍出版社2020年标点本，第930页（本书以后参考该文献，均参考该版本，出版信息从略）。
④ 《宋史》卷288《范雍传附范坦》，第9681页。
⑤ （宋）张守撰，刘云军点校：《毘陵集》卷13《左中奉大夫充秘阁修撰蒋公墓志铭》，上海古籍出版社2018年标点本，第177页。

卿可躬亲提检。应所种多少，所得多少，先次奏来，要知其数。"①希望他着力经营营田和屯田。

绍定二年（1229），新知庆元府（北宋和南宋前期的明州，治今浙江宁波市）郑损朝辞奏事，宋理宗提醒他留意"防遏海道，爱养军民"，郑损回答："谨遵圣训。"②莫蒙知扬州朝辞时，则被委托修复城墙。此外，在发生自然灾害的地区，知州会被特意要求积极赈灾，等等。

4. 表彰官员的某些优点，表明皇帝对官员离开朝廷的眷恋心情，以便笼络官员

治平二年（1065）十月，龙图阁直学士兼侍讲卢士宗知青州，朝辞时，宋英宗说："朕素知卿忠纯之操，岂当久处于外？"③特意允许卢士宗两次进见奏对，并许诺会尽快让他返回京城。宋神宗时，参知政事元绛的儿子元耆宁任崇文院校书，因与一宗受贿案件有关，成为被告，元绛因此被罢免参知政事，出知亳州。"入辞，帝谓曰：'朕知卿，一岁即召矣。'"还特意征求元绛本人的意见，改任他知颍州（治今安徽阜阳市），充分体现出对大臣的优恤和笼络。④

南宋孝宗时，同知枢密院事兼参知政事刘珙因故被罢宰执，出知隆兴府（原洪州，治今江西南昌市）兼江西安抚使。陛辞时，刘珙上书言六事，孝宗安抚他说："卿虽去国，不忘忠言，而材又非他人所及。行召卿矣。"⑤

5. 通过交谈奏对，考察官员的品行和能力

君主深居皇宫，如何了解外任官僚队伍的情况，做到较好地为官

---

① 《宋会要·食货》3之16，第6021页。
② 汪圣铎点校：《宋史全文》卷31，绍定二年十月丁卯，第2651页。
③ 《长编》卷206，治平二年十月壬子，第5005页。
④ 《宋史》卷343《元绛传》，10906—10907页。
⑤ （宋）朱熹撰，朱杰人等主编：《朱子全书·晦庵先生朱文公文集》卷97《观文殿学士太中大夫知建康军府事兼管内劝农使充江南东路安抚使……刘公行状》，上海古籍出版社、安徽教育出版社2002年标点本，第4495页（本书后面引用本文献，皆用该版本，出版信息从略）；又见《宋史》卷386《刘珙传》，第11851页。

择人，并为将来提拔选用中央要官预选人才，是一个很现实的问题。而朝辞、朝见制度，是皇帝了解州府长官的重要途径之一。所谓"祖宗谨重牧守之寄，将赴官，必令奏事，盖欲察其人品，及面谕以廉律己，爱育百姓"①，"非独以通下情，知外事，亦以考察群臣能否情伪，非苟而已"②。元祐中，中书舍人陈轩上奏说："祖宗旧制，诸道帅守、使者辞见之日，并召对便殿，非特可以周知利害，亦可观阅人才。"③ 上殿奏对往往成为皇帝鉴别外任官员是否年老体衰、能否胜任繁剧州府或边远地区的职务，所言事情是否可取等的途径之一，对于常年在外任职的地方官来讲，甚至是主要途径。而朝辞、朝见以后，黜降不用或者临时提拔重用的例子都在在有之。

6. 赏赐礼物，或者举办特别的告别宴会，以示恩宠

宋制规定，官员朝见、朝辞时，朝廷会根据其官阶高下，给予不同等级的衣物、金带、鞍马等赏赐物品，称"朝辞分物"或"支赐分物"，同时还有不少官员可以得到"朝辞特赐"或曰"朝辞别赐"④。凡"放免朝辞"者，即不予支付。宋仁宗嘉祐五年（1060）曾规定，正常情况下的"放免"，如因为公休假日或者需要急速赴任，即不是因为犯罪而"放免朝辞"者，则按照正常朝辞"依例支给"；如果因犯罪被贬降而"放免朝辞"，则"更不支赐分物"⑤。

在制度规定的赏赐范围之外，皇帝有时会给予个别官员特殊的恩赐，以表示荣宠。如，宋真宗景德年间，真宗的藩邸旧僚、儒学名臣邢昺年迈辞朝，被特许回故乡知曹州（治今山东曹县北），"入辞日，赐袭衣、金带。是日，特开龙图阁，召近臣宴崇和殿，上作五、七言

---

① 《宋史》卷414《叶梦鼎传》，第12435页。
② （宋）苏轼撰，孔凡礼点校：《苏轼文集》卷29《转对条上三事状》，中华书局1986年标点本，第819页（以后引用本文献，均用此版本，省略出版信息）。
③ 《宋史》卷346《陈轩传》，第10985页。
④ 《宋会要·礼》62之17，第2121页；《宋会要·礼》62之88，第2163页；《宋会要·职官》19之2，第3547页。
⑤ 《长编》卷191，嘉祐五年六月，第4630页。

诗二首赐之，预宴者皆赋……及行，又令近臣祖送，设会于宜春苑"①，充分表达了皇帝对儒学名臣的尊重。嘉祐三年十二月，观文殿大学士、尚书左丞、知定州庞籍朝辞时，仁宗诏令"赐物如节度使例"②。另如，范必大出任知州，高宗亲自斟酒，等等，均系例外施恩。

（二）外任地方长官朝辞朝见时的愿望

外任官员个人上殿辞见时，不同人往往表达不同的愿望。

1. 反映问题，提出相关意见和要求。多数官员按规定行事，针对皇帝的希望，如实反映民情、边事，同时提出自己的要求，例如请求减免所任州赋役的数额，以便减轻当地百姓的负担。或者反映地方存在的弊政，请求改正。如，宋高宗朝，知资州（治今四川资中县）杨师锡代还入见，上殿面奏时，反映当地经界法的弊端，朝廷因此下诏改正。③ 郑作肃知吉州（治今江西吉安市）任满还朝入见，奏"本州自兵火后，每岁桩办黄河竹索钱六千六百余缗，见拖欠四万余缗，重困民力"④。南宋时与黄河治理本没什么关系，这个征收项目显然是北宋征敛科目的遗留，因此郑作肃请求予以减免。后来经过大臣讨论，在绍兴二十六年正月，诏令废除了这项不合理的征收项目。

有的官员在朝辞时，会向皇帝提出一些建议，或提出设想，征询意见，或直接请教施政方针。如，淮东安抚制置使兼知扬州李曾伯朝辞时，请求理宗明示是否"主必守之规"，宋理宗说"当为必守之规"⑤。

南宋北部与金朝接壤，边防形势时常处于危急状态，所以，担任宋金沿边地区知州知府的官员上殿见辞时，较多的是陈述边防利害。如宋理宗时，新任知建昌军（治今江西南城县）徐槩佑朝辞上奏，反复为理

---

① 《宋史》卷431《邢昺传》，第12799页。
② 《宋会要·礼》62之40，第2135页。
③ 《系年要录》卷161，绍兴二十年七月乙未，第3053—3054页。
④ 《系年要录》卷167，绍兴二十四年八月丙戌，第3168页。
⑤ 汪圣铎点校：《宋史全文》卷33，淳祐二年三月己卯，第2748页。

宗介绍江淮地区的驻兵、边境地区敌情信息的搜集等边防情况。前知荆门军（治今湖北荆门市）张元简入对时，则对理宗指出了蜀中防务可忧，"近者北伐之兵深入，则沿江一带愈虚，亦所当虑"，以及人才缺乏等问题。①

2. 有些官员直接陈述自己的施政计划，请求皇帝帮助解决一些难题。这往往为皇帝提供观察和识别官员见识与能力的重要机遇。

3. 有些官员激烈批评时政，包括内政、外交，如宰执大臣的人品，一些具体的政策和某些不良风尚等，或者指出地方存在的某些具体问题，提醒朝廷予以解决，等等。

4. 也有些官员给皇帝提出与自己职务没有直接关系的其他建议。如，政和七年（1117），明州人楼异本来被任命为知随州。朝辞之时，楼异向宋徽宗建议说，在自己的家乡即当时已经是东南沿海著名对外贸易港口的明州，可以"置高丽司，曰来远局，创二巨舰百画舫，以应办三韩岁使。且请垦州之广德湖为田，收岁租以足用"②。宋徽宗赞同楼异的建议，并打破乡贯回避制限制，在陛辞之后把楼异改为知明州，又特出内帑缗钱6万为造舟费用。楼异在任期间治湖田720顷，大见成效。淳熙十三年（1186），程大昌新任知建宁府（原建州，治今福建建瓯市），在朝辞时建议经筵讲读应该讲唐朝魏征的《谏录》，深得孝宗认可。

此外，也有个别官员不谈职务公事，而是提出自己的某些个人要求，或者诉说自己的苦恼，等等。

四 朝见和朝辞的影响

朝见、朝辞制度虽然在不同时期的执行情况不尽相同，但是，它

---

① 《宋史全文》卷32，端平元年七月辛亥，第2691页。
② （宋）胡榘修，方万里、罗浚纂：《宝庆四明志》卷6《市舶》，宋元方志丛刊，第5册，中华书局1990年影印本，第5055页（以后引用中华书局影印本宋元方志丛刊所收各地方志，编者及出版信息从略，只注丛刊名、册数和页码）。

并不是皇帝与官员一种简单的见面形式,它对当时的政治,对官员个人的仕途等都有较大的影响。

1. 官员个人朝辞、朝见时的表现,会对其仕途产生重要影响。

首先,上殿奏对时,如果官员年老昏聩,或者奏对不称旨,就可能被罢免所任职务。如,屯田郎中霍交被任命知金州(治今陕西安康市),进对后,宋神宗对大臣说:"观其识见鄙浅,全不晓习法令,不可奖拔,可选官代之。"①

陛辞后升迁的例子也不少。如高铸被任命为权发遣登州(治今山东烟台市)后,因为其奏对内容被宋神宗欣赏为"进对论事,精神详敏",认为他是难得的人才,从而获得提拔重用,改任为权发遣荆湖北路转运判官。②王蔺受命将出守舒州(治今安徽怀宁县),陛辞时,"奏疏数条,皆极言时事之未得其正者"。宋孝宗认为王蔺的奏章反映出他耿直敢言,很快下诏改除王蔺为监察御史。③乾道四年(1168),徐子寅被任命为知无为军(治今安徽无为县),因为陛辞时所奏两淮事情(屯田营田、归正人问题等)很受宋孝宗赞赏,此后,徐子寅长期在淮南任职。④

一般认为,当时宋代的上殿奏对制度是皇帝查验知州人品才能的重要途径之一,是关乎吏治好坏的大事,因此,这一制度深得大臣们的赞扬:

> 恭惟孝宗皇帝留意吏治,郡守陛辞,必加考察,或以失仪而罢免,或以称旨而擢用,或以疾病投置闲散。故循良之吏布满郡国,有以成乾道淳熙之治。⑤

---

① 《长编》卷213,熙宁三年七月癸巳,第5170页。
② 《宋会要·食货》49之18,第7104页;《长编》卷299,元丰二年七月己酉,第7283—7284页。
③ 《宋史》卷386《王蔺传》,第11853—11854页。
④ (宋)楼钥撰,顾大朋点校:《楼钥集》卷96《直秘阁广南东路提点刑狱公事徐公行状》,浙江古籍出版社2010年标点本,第1674—1677页(本书以后引用此文献,版本同此,出版信息从略)。
⑤ (宋)徐应龙撰:《东涧集》卷10《太学私试策问》,《宋集珍本丛刊》第73册,线装书局2004年影印本,第259页。

"王晓以朝见而除郎官，王蔺以陛辞而除御史"，孝宗朝严格执行"百官陛对"制度，成为后世君主学习的典范。①

2. 朝辞、朝见制度的落实，对规章制度的完善有一定影响。

官员辞见时的某些建议若被采纳，则会对某些制度条例产生影响。如绍兴二十二年（1152）八月，王瞻叔知荆门军（治今湖北当阳市）代还入见时，奏请宋高宗组织人力编集南宋立国之后的宽恤诏令。而知惠州郑康佐亦指出，"守令奉行诏书不虔"，请求"编类成书以赐"。宋高宗接纳了这些建议，组织人编写了200卷的《绍兴宽恤诏令》。"其后淳熙、庆元皆有之"②。当然，因朝辞、朝见提出的建议而改变的往往是一些具体问题，不像中央重要官员参加的朝堂朝会奏事那样，往往决定国家的大政方针。

3. 朝辞朝见制度成为一种政治传统被长期坚守，在一定程度上有助于改善吏治。

地方大臣的辞见与奏对，有助于保证下情上达，是沟通中央与地方信息的重要渠道，有利于建立君主与地方长官的信任关系，因而被赋予了更大的政治文化功能，甚至被当作"祖宗家法"，备受官僚士大夫赞扬，因此，朝中大臣会时常提醒当朝皇帝务必遵守这一祖宗旧制。

元祐五年（1090），苏辙在奏章中即称："本朝故事，每当视朝，上有丞弼朝夕奏事，下有台谏更迭进见，内有两省、侍从、诸司官长以事奏禀，外有监司、郡守、走马承受辞见入奏，凡所以为上耳目者，其众如此。"③ 元祐八年九月，苏轼知定州兼河北西路安抚使，本该上殿朝辞，但是当时朝旨不许他上殿面辞。苏轼因此上奏说："祖宗之法，边帅当上殿面辞。"他还提醒最高统治者："臣闻天下治乱，出于下情

---

① （宋）吴泳撰：《鹤林集》卷19《论今日未及于孝宗者六事札子》，景印文渊阁《四库全书》第1176册，第182页。
② 《朝野杂记·甲集》卷4《绍兴淳熙庆元宽恤诏令》，第89页。
③ （宋）苏辙撰，陈宏天、高秀芳点校：《苏辙集》卷45《论用台谏札子》，中华书局1990年标点本，第794页，本书后面参考该文献，均用此版本，出版信息从略。

之通塞。至治之极，至于小民皆能自通。大乱之极，至于近臣不能自达。""废祖宗临遣将帅故事，而袭行垂帘不得已之政"，其结果将是下情不能上达，"上下不交，而天下无邦。夫无邦者，亡国之谓也"。①

南宋时，官员士大夫更是不断地重申这一"祖宗故事"。绍兴二年（1132）八月，左司谏吴表臣进言：

> 时方艰危，州郡获全者无几，正赖贤守以循抚之。望用艺祖、汉宣帝、唐太宗、明皇故事，应郡守初自行在除授，及代归赴阙者，并令引对。一则明示朝廷谨重郡守之意，使之尽心；二则可以揣知其人之贤否，与其才之所堪，从而褒黜；三则自外来者，可询其所以为政，与民情风俗之所安，而下情上通，不至壅蔽。②

宋高宗听从了他的建议。当时，黄公度也称：

> 国朝故事，二千石辞见天子，皆临轩遣劳。盖以重师帅之任，而欲知民之休戚也。③

蔡戡曾盛赞汉宣帝、唐宣宗面见刺史之制，并认为宋孝宗"每除郡守，必使陛辞"之制，是关乎吏治之大者。"此制一行，不待汰斥，而老者病者、愚懦无能者，莫不望风引退，州郡长吏往往得人，天下阴受大赐，其盛典也。"④

宋宁宗时，曹彦约也把"外任官之有朝见、朝辞"和台谏之议论、给舍之封驳、侍从之论思、史官之直前、朝殿之轮对，等等，都

---

① 《苏轼文集》卷36《朝辞赴定州论事状》，第1018—1019页。
② 《系年要录》卷57，绍兴二年八月丙申，第1152页。
③ （宋）黄公度撰：《知稼翁集》卷下《送汪守怀忠序》，《宋集珍本丛刊》第44册，线装书局2004年影印本，第497—498页。
④ 《历代名臣奏议》卷170，蔡戡上奏，第2231页。

看作是皇帝集思广益的信息渠道，是祖宗"求言"之善法。① 甚至在科举考试的"策问"题目中，"牧守之陛辞"也是被论述的题材。②

正因为朝辞、朝见制度很受重视，所以宋代出现了官员在朝辞时想方设法投皇帝所好，而额外获得重用的事例。③ 也出现了在朝辞、朝见过程中产生的、被广泛流传的一些逸闻趣事。

五 余 论

朝辞、朝见制度在当时的政治制度运作过程中有很大的影响。但是，这一制度本身因受时代和当时人治的大环境所限，在其运作过程中还存在诸多问题。如北宋时期，可以上殿朝见、朝辞的知州人数有限，主要局限于藩镇大州知州、武臣知州和沿边地区长官，而且有时执行得并不好，常常有官员应该朝见、朝辞而像苏轼一样被放免辞谢。也有一些官员在得到任命之后，不在规定的时间申请朝辞和朝见，而是在京城拜谒请托，谋求一些额外利益，以至于政府不得不经常下令限制官员朝见和朝辞后离开京城的时间。

南宋时，最高统治者比较重视所有地方长官的朝见、朝辞，但是，有些官员上殿时，找不到重要的事情汇报，就谈论一些琐碎小事，或者写很长的奏章，谈论空洞的大道理，喋喋不休，使朝辞奏对制度或流于形式。

总之，宋代"朝辞登对之日，亲闻陛下圣语"④ "朝辞日面奉德音"⑤成为地方长官和皇帝直接的、面对面交流的重要机会，因此，

---

① （宋）曹彦约撰：《昌谷集》卷5《应求言诏书上封事》，景印文渊阁《四库全书》第1167册，第63页。
② （宋）周南撰：《山房集》卷6《池阳月试策问》，《宋集珍本丛刊》第69册，线装书局2004年影印本，第755页。
③ （宋）周密撰，张茂鹏点校：《齐东野语》卷11《朱汉章本末》，中华书局1983年标点本，第198页。
④ 《长编》卷518，元符二年十一月辛未，第12320页。
⑤ （宋）包拯撰，杨国宜校注：《包拯集校注》卷2《言陕西盐法三》，黄山书社1999年标点本，第134页。

备受朝野关注，成为当时政治制度的一个重要组成部分。这一制度在元、明、清时期仍继续沿用，成为最高统治者加强专制主义中央集权的方式之一。

原载《首都师范大学学报》（社会科学版）2007年第5期

南宋"便民五事"制度略论

——南宋中央获取地方信息的渠道之一

随着政治、经济、司法等各方面国家管理事务日益复杂化，宋朝的地方行政事务更加繁冗。在总结治理国家经验的过程中，宋朝统治者重视民生，关注基层治理，意欲缓和社会矛盾，进而巩固王朝的统治。采取什么样的措施能更好地发挥地方官员上情下达、下情上达的作用，更好地沟通中央和地方的信息，是宋朝最高统治者始终关心的重要问题之一，而交通条件的改善，使这样的预设在一定程度上得以实现。

两宋时期，地方长官特别是知州、监司任期时间短暂，如前文所述，他们从地方离任到京城和离开京城赴任地方时，有面见皇帝反映问题、陈述政见，接受皇帝询问和勉励的"朝见"与"朝辞"制度[1]。关于宋朝沟通中央与地方政令的信息渠道这一研究领域，邓小南教授及其带领的团队包括研究生，已经有了一些开拓性研究成果，在她主编的《政绩考察与信息渠道——以宋代为重心》[2]一书中，既有对中央负责接收和传递信息的相关官僚机构如登闻鼓院等的钩沉索隐，对文书制度的探讨，也有对监察官考察地方信息处理机制、地方官政绩考察机制、路级官员互查、朝廷考察地方的路径、州县官府传

---

[1] 苗书梅：《朝见与朝辞——宋朝知州与皇帝直接交流的方式初探》，《首都师范大学学报》（社会科学版）2007年第5期，又见本书第一部分。

[2] 邓小南主编：《政绩考察与信息渠道——以宋代为重心》，北京大学出版社2008年版。

布政令的方式、路级官员考察地方官员政绩的方式等的深入研究。但是，细微之处，还有很多问题需要深化，如南宋"便民五事"制度便是其中之一。

一 "便民五事"制度的形成

南宋在特殊的条件下匆忙建国，最高统治者在金军一次又一次的进逼下，毫无抗战的勇气和决心，一味地狼狈南逃。尽管国土面积比北宋减少了很多，但是，南宋治理国家的诸多理念和措施大多还是沿袭北宋旧制。在任命地方州县官方面，南宋仍然奉行的是中央集中任命、定期轮任、任用回避等制度。因此，官员到地方任职以后，最高统治者最关心的问题之一就是如何让地方官员听命于朝廷并认真履职，能深入基层、尽量真实地了解民间疾苦与边防利害，为中央重大决策提供可靠的信息来源，这一问题是专制主义中央集权体制下不容忽视的大事。监察制度是一方面，调动地方官员的主观能动性也是不容忽视的一个方面。"便民五事"[①]制度就是这一大背景下的产物之一，该制度形成于南宋前期，条例规定知州、监司到任半年后，必须报送一篇奏章，内容是就自己辖区内的民事或者边防提出5个问题及解决方案。这种包含5条意见或建议的奏章不是随便分成5条的普通的上奏，而是一种特指的、带有一定强制性的奏章形式。

这种五事奏章，需要具备以下几个特征：一是主体限定，上奏主体是知州和监司，而且以知州为主；二是时间规定，即在这些地方大员到任半年后；三是内容限制，即所陈述的内容必须是"民间利病"或者"边防利害"之类的要务。所以，这种特指的"五事"通常被称为"便民五事""民间利病五事"，全称是"民间利病或边防五

---

① 北宋时期，有一些大臣的奏章也分为5条，如被称为边防五事、河北五事、任人之法五事、时务五事、差役五事、河埽五事、贡举五弊，等等，但是，那仅仅是因为所奏事件正好分为5个部分，或者取其整数而已。南宋时，有一些奏章也因为分为五条，称某某五事，或者虽称"民间利病事"，但是并不分5条，这些不在本文讨论的范围。

事",别称"宽民五事""裕民五事"或"病民五事""到任五事"等,简称"五事"。

此外,这些奏章带有强制性,所谓"著令:守臣到任半年,当以裕民五事闻诸朝"①。后来演变成了大臣们常常引用的针对条陈五事的"淳熙法"和"庆元令"等行政条法。虽然有时下诏称这类奏章可以不受 5 条限制,但制度上通常要求是 5 条。在南宋艰难立国的过程中,这成为迫使地方长官勤政的强制性措施之一,大多数官员也能够在到任以后,深入寻访"民间利病",以为民解忧为己任。

就现有查到的史料看,要求知州到任半年后上奏便民五事的诏令,最早出现在绍兴三年(1133)二月二十八日(甲寅),宋高宗下诏:"自今守臣到任半年,先具民间利害,或边防五事来上。因以察其材能。"② 之所以定为五事,或许与以往臣僚奏章较多分为 5 条有一定关系。当时,知信州连南夫迅速遵照这一诏令上书言事,但他没有受 5 条之限,而是"应诏论十一事"③。

此后,知州之外,监司也同样被要求条奏五事。绍兴三年八月二十二日,新任提举广南路市舶姚焯提出,希望到任以后和知州一样上奏五事,"或见本路民间有的实利病,乞依守臣五事例,得以条具闻奏,庶几远民咸喻德意"④。这一建议被采纳,"自是监司皆得条上"⑤。绍兴年间,这一规定一直认真执行。其中,绍兴二十六年曾诏令可以不限 5 条,只要所言是真实情况即可。

---

① (宋)程洵撰:《尊德性斋小集》卷 2《代刘寺簿上政府书》,《知不足斋丛书》本,第 24 页。
② 《系年要录》卷 63,绍兴三年二月甲寅,第 1244 页;汪圣铎点校:《宋史全文》卷 18 下绍兴三年二月甲寅,第 1310 页;《宋史》卷 27《高宗四》,第 503—504 页,记载较为简略:"诏守臣至官半年,具上民间利害或边防五事。"南宋许多大臣的五事奏章均引用了这一诏令,参见后文注引内容。
③ (宋)韩元吉著,刘云军点校:《南涧甲乙稿》卷 19《连公墓碑》,中国社会科学出版社 2022 年标点本,第 356 页。
④ 《宋会要·职官》44 之 17,第 4212 页。
⑤ 《系年要录》卷 67,绍兴三年八月甲辰,第 1318 页;汪圣铎点校:《宋史全文》卷 18 下绍兴三年八月甲辰,第 1324 页。

宋孝宗淳熙六年（1179）"申严旧制，守臣到任半年以上，具民间利病五件闻奏"①，并进一步把此制修进法律条文，称为《淳熙法书》，赵汝愚称之为《淳熙重修令》②。宁宗庆元年间，这一制度又被修入《庆元令》。宋理宗淳祐年间再次申明这一法令。所以，南宋时期，臣僚们在上奏便民五事时，往往称引用某某诏令，或者称根据某某令而奏。如，绍兴二十六年秦桧死后，罢职多年的洪适起知荆门军（治今湖北荆门市），他在便民五事奏状的开篇即称：

> 臣伏睹绍兴三年二月二十八日手诏：应诸路守臣到任及半年以上，先具民间利病或边防五事闻奏。臣恭惟陛下，勤恤民隐……仰体陛下爱民之心，不敢以不可施行之事，徒塞诏旨。③

淳熙六年，知南康军（治今江西庐山市）朱熹上奏"民间利病"时，自称是依照淳熙诏令的"元降指挥"行事。④ 理宗朝，真德秀在《江西奏便民五事状》中，明确称"检准《庆元令》：诸监司、守臣到任半年以上，各具便民五事开奏"⑤。度正的五事奏章也明确称："检准《庆元令》：诸守臣到任及半年以上，具的实民间利病事件以闻"；或曰"检准《庆元令》：到任半年以上，具的实民间利病或边防事件以闻"⑥。大臣们大都以诏令、条法作为自己上奏的前提，说明五事奏章制度在当时是有法可依的。

---

① （宋）罗愿撰：《鄂州小集》卷5《鄂州到任五事札子》，《丛书集成新编》本，第758页；《历代名臣奏议》卷50，罗愿奏，第675页。
② 《宋会要·职官》45之35，第4252页；《历代名臣奏议》卷108，赵汝愚《论福州便民事疏》，第1454页。
③ （宋）洪适撰，凌郁之辑校：《荆门军奏便民五事状》，载《鄱阳三洪集》卷49《章奏九》，江西人民出版社2011年版，第447页；《宋史》卷373《洪适传》，第11563页。
④ 《朱子全书 晦庵先生朱文公文集》卷11《庚子应诏封事》，第581页；同书卷11《缴进奏疏状》，第588页；同书卷34《答吕伯恭》，第1504页。
⑤ 《西山先生真文忠公文集》卷9《江西奏便民五事状》，《儒藏》精华编第241册，第238页。
⑥ （宋）度正撰：《性善堂稿》卷6《条奏便民五事》《重庆府到任条奏便民五事》，景印文渊阁《四库全书》第1170册，第187页、第192页。

二 "便民五事"的实施概况

在南宋的不同时期，五事奏章制度落实的情况是不同的，但是，大多数时期都得到了实施。

绍兴三年（1132）诏令颁布之后，各地知州不断奏上"五事"。如，绍兴八年，廖刚在五事奏章的序言中称：检准绍兴三年"尚书省黄牒，二月二十八日三省枢密院同奉手诏节文，应诸守臣到任及半年以上，实具民间利病或边防五事以闻。臣今到任及半年以上，恭依所降诏旨指挥，条具民间利病五事，须至奏闻下项。"① 绍兴十二年，在南宋与金朝达成绍兴和议之后，宋高宗开始认真对待这些五事奏章，他说："郡守条上五事，其间颇有可采，又有欲冲见行法者，宜详之，可行即行。"②即这些奏章有些内容是值得重视并可以推行的，而有些言论与现行法律有冲突，因此高宗要求宰执大臣认真讨论，选择其中可以推行的建议予以采纳。次年六月，宋高宗再次敦促尚书省都司认真审议，选择便民五事中可以采纳实行的建议予以实施。③ 高宗朝还曾每季度对这些奏章处理一次，"其有得事之衷，灼然可行者，每季取旨，次第施行，此高庙裕民五事之丰规"④。

宋高宗朝对上奏五事的三令五申，使这一诏令大体上得到了落实，有些奏章中的建议还被有关部门采纳。如，绍兴二十一年（1151），宋高宗对宰辅说，知庐州（治今安徽合肥市）吴逵所奏便民五事中，"淮南复业民户宜宽恤涵养，未可遽理租赋赴上供。可令

---

① （宋）廖刚撰：《高峰文集》卷5《漳州到任条具民间利病五事奏状》，景印文渊阁《四库全书》第1142册，第362页。
② （宋）熊克撰，顾吉辰、郭群一点校：《中兴小纪》卷30，绍兴十二年七月癸丑，福建人民出版社1985年点校本，第362页；《系年要录》卷146，第2747页。
③ 《中兴小纪》卷31，绍兴十三年六月癸丑，第372页；《系年要录》卷149，第2819页。
④ （宋）周南撰：《山房集》卷6《池阳月试策问》，《宋集珍本丛刊》第69册，线装书局2004年影印本，第755页。

户部措置宽展予免年限"。高宗随即"令户部展年收之"。① 绍兴二十五年八月，宋高宗在与宰执讨论便民五事时称，有些官员为给自己留下好名声，不顾朝廷利益，刻意要求为所在地方减轻负担，这种做法实不可取。因此，要求今后"守臣陈献利害，当令国与民皆足，乃为称职"。不可"不恤国计，而专欲盗名"。并且"差权刑部尚书韩仲通、权户部侍郎曹泳同共看详"②。次年二月韩仲通等人根据知郁林州（治今广西玉林市）赵不易的便民五事建议，请求朝廷把雷、化等州百姓秋苗的折银缴纳改为"并纳本色"，减轻民众负担，受到宋高宗的赞扬。③

诏令不断派侍从官审议地方长官的五事奏章，表明最高统治者对此事的重视。绍兴二十六年九月，朝廷又令给事中、中书舍人等官"看详其可行者以闻"④。当年十月，中书舍人王伦称，地方官所奏便民五事中有些只有二三条是真正的民间要务，其余或是敷衍凑数而已，也有一些地方有更多的问题需要反映，却限于 5 条，不能畅所欲言。根据他的建议，宋廷下令"今后诸州守臣裕民事件，不拘五条之数，或多寡，唯务的实"⑤。但从实际执行情况看，一般仍然按 5 条上奏。

宋孝宗淳熙初年，知徽州陈居仁在五事奏章中指出，朝廷对归正人等待遇太过优厚，而有战功的老将士的待遇却相当低下，以至于有沦为乞丐者，要求政府妥善处理那些亲身参加过抗金战争的年老将士的养老问题。宋孝宗看到这一奏章后非常赞赏，"览之嘉叹"，很快

---

① 《宋会要·食货》63 之 11，第 7604 页；《系年要录》卷 162，绍兴二十一年正月癸未，第 3063 页。
② 《宋会要·职官》47 之 30—31，第 4282 页；《系年要录》卷 169，绍兴二十五年八月辛巳，第 3205—3206 页。
③ 《宋会要·食货》9 之 7—8，第 6178 页；《系年要录》卷 171，绍兴二十六年二月甲申，第 3270 页。
④ 《朝野杂记·甲集》卷 6《便民五事》，第 115 页。
⑤ 《宋会要·职官》47 之 31—32，第 4283 页；《中兴小纪》卷 37，绍兴二十六年十月乙丑，第 448 页；《系年要录》卷 175，第 3355 页。按《宋会要·职官》47 之 48，第 4291 页，也有相似的记载。

下令提高有战功老兵的待遇,"再添差两任,衣粮全给",延长他们担任添差闲散职务领取俸禄的时间,以便他们仰仗俸给为生,"三军为之呼舞"。在陈居仁外任期满、上殿入对时,宋孝宗还念念不忘他在便民奏章中讨论的这件事情,称赞他道:"卿在郡,便民五事内欲优十三项战功,朕极不忘。此辈既为国宣劳,岂应老不加恤耶?"陈居仁因此被重用,留任为尚书户部右曹员外郎。这件事分别被南宋名臣楼钥和周必大写入为当事人盖棺定论的行状和神道碑中,表明当时舆论评价对此事是非常看重的。①

尽管如此,当时仍有大臣批评五事奏章执行不力。如周必大即曾指出:

> 又诸州太守到任便民伍事,其间亦有言一方大利大害,寻常例付曹部勘当,鲜闻施行。臣亦乞命大臣表而出之,取旨行下,使四方万里之远,知陛下上承天心,下恤人隐……②

孝宗朝多次下诏,"屡申严守臣条具裕民五事之制"。光宗绍熙二年(1191),在臣僚建议下,再次要求监司条奏五事:"今后监司到任半年,亦令条奏裕民事件,务要的实利便,不得灭裂文具。庶几广求民瘼,悉以上达。"③

这一制度受到南宋君臣普遍重视,一旦有人发现执行不力,出了问题,就会有人站出来纠偏、指正。宋宁宗庆元元年(1195),有臣僚指出,五事奏章"年来殆成文具"④。次年七月,在谏官刘德秀的

---

① 《周必大集校证》卷64《文华阁直学士赠金紫光禄大夫陈公居仁神道碑》,第947页;《楼钥集》卷92《华文阁直学士……陈公行状》,第1628页;参见《宋史》卷406《陈居仁传》,第12272—12273页。

② 《周必大集校证》卷142《论详议明堂赦书》,第2176页;《周必大集校证》卷141《论优恤军士守臣便民五事》,第2164—2165页。

③ 《宋会要·职官》45之35,第4252页。参见《朝野杂记·甲集》卷6《便民五事》,第115页。

④ 《宋会要·职官》47之48,第4291页。

建议下，诏令专付"检正都司考核诸路守臣便民五事，取其近情合理者以闻"①。三年四月，"复令给舍看详，以白执政，而检正、左右司检详拟行之"②。这一制度被修入《庆元令》，南宋后期一直沿用。宋宁宗嘉定七年（1214），权发遣漳州赵汝譡的便民五事中，有一条讲漳浦县"经总制钱年额浩重，科扰于民，乞行蠲减"。尚书省因此下令让福建路提点刑狱司调查核实。提刑司调阅档案，经详细核算比较后，写出了至今还保留有八百余字的申请减免报告，认为该县的经总制钱负担确实太重，建议一年减掉5737贯，并上报户部。户部采纳了这一意见，同意漳浦县"全年合与减免五千七百余贯"，并得到宋宁宗的批准。③这是君臣重视此制的事例之一。

南宋中后期由于权相先后擅权专国，这一制度有时实施的效果并不好，"诸路守臣所上，其言无甚可行，特姑存故事而已"④。但是，从史料记载看，该制度并未中断。如，宋理宗淳祐十二年（1252）十月颁布诏令："诸路守臣，依旧制，到任半年，条便民五事及四方利病来上。"⑤宁宗嘉定后到宋理宗末年，文献中保存的便民五事奏章还相当多，就说明了这一点。

在接到此类奏章后，如果官员所陈述的问题情况属实，朝廷一般会根据情况采取不同的处理方案。如果这些奏章谈的是地方上的具体问题，政府往往下令要求所在监司核实情况，"朝廷下其议于帅臣、监司"⑥进行讨论，提出解决问题的办法。如果所谈问题事关全局，

---

① 汪圣铎点校：《宋史全文》卷29上，庆元二年七月戊子，第2451页；（宋）佚名撰，汝企和点校：《续编两朝纲目备要》卷4，庆元二年七月戊子，第72页；《宋史》卷37《宁宗一》，第721页。
② 《续编两朝纲目备要》卷4，庆元二年七月戊子，第72页；《朝野杂记·甲集》卷6《便民五事》，第115页。
③ 《宋会要·食货》64之109—111，第7792—7793页。
④ 《续编两朝纲目备要》卷4，庆元二年七月戊子，第72页；《朝野杂记·甲集》卷6《便民五事》，第115页。
⑤ 汪圣铎点校：《宋史全文》卷34，淳祐十二年十月壬子朔，第2817页。
⑥ （宋）程公许撰：《沧洲尘缶编》卷5《送本仲聘君分韵得良字》，景印文渊阁《四库全书》1176册，第942页。

朝廷则责成中央官府审议解决，或者由最高统治者直接下令落实。受到各种因素所限，有些建议当时得不到有效回应，但后来却被采纳实施。如两宋在内地使用铜钱，西部、西北部沿边地区为了减轻钱荒问题多使用铁钱。绍兴二十二年，知嘉州（治今四川乐山市）王知远的五事奏章提出四川本来使用铁钱，后来为了多造军用武器，下令罢铸。他认为，战争已经停息，兵器数量也已经够多，请求朝廷允许嘉州和邛州（治今四川邛崃市）依旧鼓铸小铁钱。虽然宋高宗认为王知远所论很重要，但是没有当即推行。九年后，即绍兴三十一年，邛州开始复铸铁钱。①

三 "便民五事"讨论的重点问题

按照这一制度的基本要求，便民五事陈述的内容必须是"民间利病""四方利病"或者"边防"要务，即要么是能够反映基层民众疾苦、缓解社会矛盾的预防性措施，要么是加强国防建设、增强军事防御和镇压力量等方面的重要问题。那么，当时守臣、监司是不是按照制度规定去执行的呢？本节通过分析一些奏章涉及的内容对此加以说明。

（一）关于"边防"问题

南宋前期与金朝对峙，最高统治者被金兵追得几无藏身之处。绍兴和议最终划定秦岭至淮河一线为宋金边界，四川以下的长江以北、东部的江淮之间都是宋金之间的边防地区。金朝灭亡后，南宋又面对更为强大的蒙古政权的攻势，同时西部、西南部与少数部族政权交界，南宋的边防线依然很长，因此，沿边地区地方高级官员的首要职责就是如何妥善处理边防事宜。在沿边地区，一般情况下地方官员的五事奏章较多讨论"边防"问题。

---

① 《系年要录》卷163，绍兴二十二年六月丁丑，第3099—3100页。

宋宁宗嘉定十三年（1220），真德秀知隆兴府（治今江西南昌市）兼江南西路安抚使。一般认为南宋的江南西路不是沿边路分，但是，真德秀作为一介儒臣却忧国忧民，他认为江南西路的北部与荆湖北路的边境非常近，也应该重视边防建设。同时，江西路南部山区与福建、广东交界的深山地区盗贼较多。所以，自己兼任一路帅臣，应该特别"留意军政，尝谓边徼、外患、盗贼、内忧，皆不可忽"，其五事奏章以"治兵、选将、缮城、弭盗为请"。在奏章的绪论中，真德秀称：

> 臣检准《庆元令》，诸监司、守臣到任半年以上，各具便民五事开奏。臣猥以驽劣，蒙恩擢守豫章，实兼江右帅事。

接着他指出：

> 臣观大江之东，绵地数千里，其北则江州（治今江西九江市）、兴国（兴国军，治今湖北阳新县），控扼江西，实当光（光州，治今河南潢川县）、黄（黄州，治今湖北黄冈市）之冲；其南则赣（治今江西赣州市）、吉（治今江西吉安市）、南安（治今江西大余县），林峒邃密，跨越三路，奸人亡命之所出没，自余郡邑小民，亦皆轻悍好斗，杀人于货之盗，在在有之。臣尝妄论，凡任帅职者，皆当以治兵为先，而帅江右者，尤当以治兵为急。

他批评当时不重视武备的习惯，并举例说明，江西虽不和金朝交界，但同样是不容忽视的、需要加强武备的战略要地。他的五事奏疏，内容很丰富，刘克庄在其行状中将之概括为："一、令属城各仿豫章，于禁军内团结其强壮者，别为营，且乞推行之于八路"，即请求在浙江东西路、福建路、荆湖南路、广南东西路和江南东西路，都要加强对禁军的训练。"二、抽江州水军人船十之三，分屯兴国之富池等处；

抽鄂州水军十之三，分屯武昌县"，即江州和隆兴府必须加强武备，以便江淮军情紧急时成为稳固后方。"三、缮豫章城"，即加固城防。"四、总管、钤辖阙，于统制中选差，州钤、将副则取诸统领以下之知兵者"，即重视武官的选任。"五、通广盐于赣、南安，以弭汀、赣盐子之害"，即改变赣州、南安军食盐的供给来源，以消除走私之害。原奏章称，次年春"蕲黄失守"，南宋朝廷不得已改武昌县为寿昌军，并增强了那里的防御。"其后，盗起南安，延蔓三道，竭国力讨之，数载始平。人乃伏公先见。"① 说明真德秀的建言非常有先见性和针对性。

再如宋理宗朝，度正知怀安军（治今四川金堂县东南）所奏的便民五事也是以边防为言。他首先讲明怀安军地理位置的特殊性，指出怀安军下辖2个县，虽然治理区域不大，但其地理位置重要，拱卫成都府，与州同级，是连接东西川的交通要道。度正指出：

> 其地多大山，盘亘数千里，东达于潼（潼川府，治今四川三台县）、遂（遂州，治今四川遂宁市），西达于成都，盖东西之冲，而山川之要会也。当其任者，苟得其人，西川有变，可以扼之于此，而使不得以越吾境而东。东川有变，可以扼之于此，而使不得以越吾境而西。②

因此他的5条建议是：一、怀安军地处四川东西部连接的要害之地，应该修治城郭，以消弭盗贼；二、州郡兵力薄弱，增招禁军费用太高，请在农闲时，征集训练民兵，以强壮根本；三、金朝已经衰落，应该断绝其"岁币"，把节省的财赋用来饷军，以宽州县之民力；四、慎选将帅，精练士兵，以节省财赋；五、民间社火的规模越来越

---

① 以上并见《西山先生真文忠公文集》卷9《江西奏便民五事状》，《儒藏》精华编第241册，第238页；《刘克庄集笺校》卷168《行状·西山真文忠公》，第6508页。
② （宋）度正撰：《性善堂稿》卷6《条奏便民五事》，景印文渊阁《四库全书》第1170册，第187—188页。

大，参加人员过多，容易被谋图不轨者利用，请禁约社火，以防意外之变。

另如，李曾伯曾经知静江府（治今广西桂林市）兼广南西路经略安抚使，驻守西南边防，也曾任襄樊制置使，他所奏五事，均关注边防。其中，淳祐九年（1249），他的《帅广条陈五事奏》[①]陈述的主要内容，可以概括为：

（1）边防所急，间谍为先。当宋蒙对峙时，宋朝从广南西路能够得到蒙古南下的消息。广南西路得到的这些信息主要来自大理国，中间通过诸多少数民族地区转达，才能到达宋人手中，不同地区之间语言不通，消息传递很慢。因此，他建议四川和湖北的制置使也应该留意从北方刺探敌情。

（2）蒙古政权攻宋"多出间道"。只有与大理国保持密切联系，巩固大理政权统治，才能增强其抵御蒙古的能力，从而使两广后方安稳。

（3）广西地处西南边疆，历来驻军不多，城池不完善。所以，团结民兵，储备武器，训练士卒，都是历代帅臣重视的事情，其中增加兵力最为关键。

（4）邕州（治今广西南宁市）是广西统领诸寨民兵的首要州郡，加强邕州的武官选任，改善宋朝与当地少数民族的关系，有助于增强西南边防。

（5）"团结民丁"。即处理好与周边少数民族的关系，加强对民兵的训练，是广南西路加强边防的基础。

从后来蒙古人假道大理国，由西南包抄南宋来看，李曾伯的建言是非常有意义的。他在襄阳的五事奏章，也主要是结合襄阳在南宋处于京西南路战略要地的特殊地位，建议在那里增强兵力，并通过经济手段如屯田等，让士兵在那里安心屯驻，同时加强荆州城的防务，给予在边境地区任官的人更多优待措施等。

[①] （宋）李曾伯撰：《可斋杂稿》卷17《帅广条陈五事奏》，《宋集珍本丛刊》第84册，第344—349页；《宋史》卷420《李曾伯传》，第12574页；《可斋杂稿》卷19《奏襄樊经久五事》，第366—369页。

（二）关于民生问题

南宋和北宋相比，国土面积缩减了，但是，军费、官俸等的开支并没有随之减少，民众的负担仍旧很重。因此，在便民五事奏章中，臣僚较多讨论如何减轻地方财赋负担以宽恤民力等问题。相关奏章涉及地方经济负担的诸多方面，也涉及民间司法、义役、灾伤赈济、地方治安，等等，大多是符合实际的所谓"的实民间利病"。

绍兴八九年间，廖刚在知漳州所奏五事中，讨论了纲运官物时如何减少差雇私船给船户造成的损失问题，建议减少本州支付的、不在本州执役的厢兵的添支米钱，提升官府购买物品时的价格等，关注的都是当地民众实际的负担问题。①

绍兴末年，洪适知荆门军（治今湖北当阳市），所奏五事分别是：（1）荆门军实行按户口摊派售茶的专卖制度，给商人和猾吏提供了渔利机会，使两县军民负担加重，这不利于增加户口和恢复生产，因此，他请求对此加以改革。（2）荆门军存在着百姓没有耕种官田而被迫缴纳营田课租的不合理现象，洪适请求给予除免。（3）荆门军官学钱粮的来源是强迫民户缴纳，他请求用户绝田租转充学粮，免除民户"无田之租"。（4）当时酒的专卖法非常严格，这一法规为县吏和酒户勒索钱财提供了便利，对下层民户的日常生活带来不便，弊病较多。他请求废除此法。（5）北宋时，荆门军位于四川、两广、荆湖地区北上京城开封的交通要道上，"军马项背相望，实为富庶之地"，所以荆门军按惯例代替其他州缴纳南郊大礼祭祀使用的部分银和绢。南宋时，荆门军的交通位置与经济收入已今非昔比，但是这项负担还在，洪适请求予以蠲免，减轻当地的负担。② 这些都是非常具体，而且与当地百姓经济生活息息相关的现实问题。

---

① 《高峰文集》卷5《漳州到任条具民间利病五事奏状》，景印文渊阁《四库全书》第1142册，第363—365页。

② （宋）洪适撰：《荆门军奏便民五事状》，载《鄱阳三洪集》卷49《章奏九》，江西人民出版社2011年版，第447—450页；《宋史》卷373《洪适传》，第11563页。

孝宗淳熙初年，赵汝愚任江南西路转运判官，他到任半年后所上的五事奏章，主要讨论地方的横征暴敛问题。他指出，得人心者，才能享国长久。而江西地方官为了完成额定的和额外的上缴经济指标，创立了众多法外征敛棸名，加重了基层民众负担，不利于稳定地方统治。他列举了许多苛刻的征敛名目，"臣试举其大者，则有曰曲引钱、曰纳醋钱、卖纸钱、户长甲帖钱、保正牌限钱、折纳牛皮筋角钱，两讼不胜则有罚钱、既胜则令纳欢喜钱。殊名异目，在处非一"。赵汝愚还进而分析了其中的原因，并请求给予适当减免。[①] 这成为后世研究赋役史者常常引用的史料。

宋光宗绍熙年间，知赣州林大中所言五事分别是："一，论州之冗官无职事而糜廪禄者可罢；二，请添置土军、弓兵；三，请以钱分给诸邑而禁科罚；四，乞禁广东之民诱致盗掠郡人，卖为奴婢；五，谓赣县两武尉，乞差文臣一员。皆郡之急务。"[②] 他的奏章内容包括废罢地方冗官糜费、加强基层镇压力量、严禁科敛、禁止买卖人口、官员任用等诸多地方行政、财政、治安等问题。

南宋时期，重庆府距离边防线虽有一定距离，但也是远离行在临安的边防重地，和四川其他州府长官一样，这里的地方长官比内地的地方长官有更大的人事权。所以，度正到重庆府任职之后，所上奏的便民五事中，有3条偏重于官员任用问题，其主要内容是：（1）招募训练土丁，平时加强地方治安，战时听任调发。（2）重庆巴县、江津等深山地区，官员待遇差，资历合格的官员不愿到那里任职，资历不合格的官员权摄其职则胡作非为，使百姓受害。他请求优待到那里任职的文官，减少他们升迁所需的举主人数，以鼓励进士出身的文官到这些地方任职。（3）请严格遵守条例选任文官担任沿边地区诸县长官，不要轻易任用武臣。（4）减少当地官员的编制数量，以便节约地方财力，减轻民力负担。（5）请朝廷依旧减少四川财赋的外运，把四川当地的收入

---

① 《历代名臣奏议》卷108，赵汝愚奏，第1456—1457页。
② 《楼钥集》卷104《签书枢密院事致仕赠资政殿学士正惠林公神道碑》，第1804—1805页。

用于当地开支,以增强边防实力,使边民多得安宁。①

可以看出,地方大臣在撰写五事奏章时,大多是密切结合当地实际情况。但是,也有一些官员会谈到一些各地都关注的普遍性问题。例如,袁甫在宁宗嘉定年间知徽州时所奏五事状,一是请求为婺源县蠲减赋税;二是希望户部不要以不合格为理由,轻易退回徽州所上供的绢纲;三是请求监司更加关注常平赈灾;四是结合徽州特殊的自然环境特征,希望鼓励民间集资兴修水利;五是建议改变徽州房屋的建筑材料,用土石替代竹木,以减少火灾②。知衢州时,袁甫在便民五事章中则提出了以下五事:一是重视地方学校建设,以便兴教化、改进士风;二是通过保甲制度劝善惩恶,以改善风俗;三是节约开支,革除二税预借之弊,减少本州上供官钱八万余缗;四是停罢本州上供"江山煮酒息钱",以宽民力;五是建议改革义役法之弊。③ 其中第一条是宋代地方官普遍关注的问题,第三、四条是地方性问题,其余两条也是当时有识之士密切关注的带有普遍性的现实问题。

吴泳任广南东路转运使的五事奏疏,自称"财赋病民事","今来不敢泛及他事,姑以本司逐年支遣军食、应办纲解、及管催诸郡财赋有关于民之利害者,谨画一条具于后"。即主要讨论他所在转运司所掌管的军费的筹措,广南承担的不合理负担,身丁钱太多等直接关系当地民生的财赋问题。④

总之,在反映"民间利病"方面,官员们涉及的话题非常宽泛,其中有些是各地普遍存在的问题,而更多的则是针对本地具体情况谈论当地存在的现实问题。他们或者提出可以推广到其他地方的改革建议,

---

① (宋)度正撰:《性善堂稿》卷6《重庆府到任条奏便民五事》,景印文渊阁《四库全书》第1170册,第192—198页。
② (宋)袁甫撰:《蒙斋集》卷2《知徽州奏便民五事状》,《丛书集成新编》本,第6—8页;《历代名臣奏议》卷109,袁甫奏,第1461—1465页。
③ (宋)袁甫撰:《蒙斋集》卷3《知衢州事奏便民五事状(广东运使)》,《丛书集成新编》本,第361—367页。
④ (宋)吴泳撰:《鹤林集》卷22《奏宽民五事状》,景印文渊阁《四库全书》第1176册,第212—216页。

或者力图在力所能及的范围内推行一些局部的改革,请求朝廷认可。这些问题涉及地方经济负担层面的较多,除去前面提到的减少上供租赋、赈济灾伤、专卖问题之外,还有纸币的使用,流民的安置,赋税版籍的修订,商税务的设置,等等,都是当时地方政府亟需解决的问题。①

按照当时的诏令,地方长官五事奏章反映问题的范围主要限定在便民和边防两大方面,因此,有些大臣的五条奏事中,两个方面都涉及。如淳熙十一年(1184)罗愿知鄂州(治今湖北武汉市),其所谈五事中,第一条是"修城池",主要着眼于鄂州的战略地位,即"所领鄂州,地势要重,实荆襄之肘腋,吴蜀之腰膂,淮南、江西为其腹背,四通五达,古来用武之地,而本州城壁因循未立,职在守土,深以为忧"。他还说,鄂州虽是内郡,但离沿边地区不远,而且紧急情况下驻军还要调离,所以必须加固城池以保护民众生命及其财产安全,既是安全问题,也关涉民生。其余4条则主要是民事问题。② 宋宁宗时,黄榦知汉阳军(治今湖北武汉市)所奏五事依次为:(1)"结保伍"以维系民心,减少盗贼。(2)"广储蓄"以备荒年赈济之用。(3)增加军人衣粮,使之衣食有保障。(4)本军厢、禁军多被监司等占用,请允许知军校阅铁钱监的监卒,以备非常之需。(5)请恢复汉阳军的养马监,以修马政。③ 除了第二条,其他四条都是边防要务。

四 便民五事奏章制度的影响

同其他朝代一样,南宋的君臣也认为,只有地方官员顺利地把皇帝的旨意传达到基层,并如实反映民情,做到上情下达、下情上达,政府的政策才能取得民心,而民心是政权统治的基础,赢得民心,王

---

① (宋)杜范撰,胡正武点校:《杜清献公集》卷8《便民五事奏札》,上海古籍出版社2021年标点本,第148—153页。

② (宋)罗愿撰:《鄂州小集》卷5《鄂州到任五事札子》,《丛书集成新编》本,第758—759页。

③ (宋)黄榦撰,周国林点校:《勉斋先生黄文肃公文集》卷22《汉阳条奏便民五事》,《儒藏》精华编第240册,北京大学出版社2018年标点本,第348—353页。

朝的统治才能长久稳固，"使四方万里之远，知陛下上承天心，下恤人隐，欢欣感戴，溢为和气，自然华夷来同，福禄无疆"①。"陛下不出户庭，可以明见万里，此得民心之说也。"② 所以，五事奏章制度是南宋最高统治者在艰难的立国过程中检验地方官的才干，集中众人智慧管理国家，加深中央对地方具体情况的了解，及时解决问题，化解矛盾，从而稳定政权的举措之一。臣僚奏章的真实与否，是事关王朝统治根基的大事。

南宋时，朝中时常出现权相专权，有时是皇帝能力不足，有时则是皇帝不尽心朝政，因而便民五事奏章这一制度在执行过程中也存在着贯彻不力，或者姑且走形式等弊端。如度正在宁宗时批评说："自颁降此指挥以来，朝廷以故事求之，州郡以故事应之，岁月寖久，所进之说不知其几，间亦或有施行者，特千百之一二尔。此有志之士，往往以朝廷忽弃其言，而有怀不敢尽，有策不敢陈，若是者盖不能无之也。"③但是，多数官员深受儒家治国平天下思想的熏陶，为了不辜负自己的平生抱负，报答皇帝的知遇和提拔之恩，还是愿意"罄竭愚衷"，知无不言的。

我们今天能够看到的南宋地方官员的五事奏章只是很有限的一部分，或因一些大臣没有文集，或因他们反映的问题不切实际，没有引起最高统治者的关注，在正史中没有被记录下来④，或者他们的五事奏章中只有一两条被采纳，其余失之记载，与一般奏章难以区分，等等，这给我们全面了解这一制度的贯彻实施带来了一定的困难。尽管这一制度的实施效果有待商榷，但作为一种激励措施，当时它对督促南宋地方高官务实勤政是有积极意义的。

由于最高统治者的提倡和督促，官员到地方任职后，必须深入实

---

① 《周必大集校证》卷142《论详议明堂赦书》，第2176页。
② 《周必大集校证》卷141《论优恤军士守臣便民五事》，第2165页。
③ 《性善堂稿》卷6《重庆府到任奏便民五事》，景印文渊阁《四库全书》第1170册，第192页。
④ 知德庆府刘爚，在任曾"奏便民五事"，但其文集中即失之记载。《宋史》卷401《刘爚传》，第12170页。

际调查了解，并听取当地基层官员、寓居士大夫或当地其他威望较高的平民百姓的意见，才能对所在地区的民间利病或者边防要务有更真切的认识，并有可能提出有针对性的、更切合实际的意见和建议，拿出可行性的改革方案。官员们往往"不敢泛举不切之务，亦不敢冒贡出位之言，谨以本州实事，条画具奏"①。著名理学家朱熹知南康军（治今江西庐山市），也是"到任之初"即"考按图经，询究境内民间利病""不敢专以浅意小言仰奉明诏"，而是系统地论述自己对"恤民""省赋""治军""正人君心术""立纪纲"等"国家之大务"的意见和建议。②

　　南宋便民五事上奏制度的影响是广泛的。在一些官员的传记、墓志铭及行状中，或者当一些官员在升迁时，其所言五事是否贴近现实，是否受到重视或被朝廷采纳，是否成为解决问题的"由头"，往往就成为评价地方官员能力的标准之一。除前举陈居仁因为五事奏章获得孝宗好感而被褒奖外，淳熙十年（1183）以后的几年间，周必大数次以"便民五事，皆深切著明"或"便民五事，皆确乎可行"③来称赞一些官员。李茂钦知蕲州（治今湖北蕲春县），"至蕲之半年，便民五事中，力言六关不可恃，宜别驻一军，扼其冲要，不然必殆。先见之明有如蓍龟"④。他关于加强蕲州驻防兵力的奏章内容，成为备受赞扬的主要政绩而修入其墓志铭。前举真德秀知隆兴府（治今江西南昌市）的五事奏章，虽然还未来得及进呈朝廷就丁忧去官，但是，不但他本人的文集收录之，而且刘克庄为他所撰写的行状中也对

---

① （宋）袁甫撰：《蒙斋集》卷3《知衢州事又奏便民五事状（广东运使）》，《丛书集成新编》本，第8页。

② 《朱子全书·晦庵先生朱文公文集》卷16《缴纳南康军任满合奏禀事件状·四》，第757页；同书卷11《庚子应诏封事》，第580—588页。参见《勉斋先生黄文肃公文集》卷34《朝奉大夫华文阁侍制赠宝谟阁直学士通议大夫谥文朱先生行状》，《儒藏》精华编第240册，第561—563页。

③ 《周必大集校证》卷197《陈邕州》，第3037页；同书卷198《王琼州》，第3063页；同书卷198《张泸州》，第3062页。

④ （宋）袁燮撰，王瑞明校点：《絜斋集》卷18《蕲州太守李公墓志铭》，《儒藏》精华编第238册，北京大学出版社2012年标点本，第1001页。

此大加赞扬。① 宋理宗绍定初年，江坝知南平军（治今重庆綦江县南），所奏五事深得名臣魏了翁的称许，并且成为其政绩优异的表现。魏了翁在为他写的墓志铭中称赞说：

> 公尝条五事以闻上，极陈边障空乏，不宜视内郡科调，而于支移之虚名论建尤悉，大抵如军装布帛，取之成都不以时至……自余所陈，皆居郡日熟察民隐可为永利者。蜀帅上其政最②。

总之，南宋责成上奏五事的对象是地方的主要长官，既有藩府要郡的长官，也包括如知南平军、怀安军这样辖区很小的州军长官，还有转运使、提点刑狱等监司，说明这一制度是适用于所有监司和州、府、军、监长官的。通过这一制度，所有监司和府、州、军、监的长官都多了一份关注现实、为治理国家出谋划策的责任和义务。为了报答朝廷的提拔重用，诸多士大夫也非常重视这种展示自己才能和忠心的机会，做到身体力行，"广求民瘼，悉以上达"③，这在一定程度上促使下情上达，有助于增加中央对地方信息的了解，增强中央治理地方策略的针对性和有效性。

原载何忠礼主编《南宋史及南宋都城临安研究（下）》，人民出版社2009年版

---

① 《刘克庄集笺校》卷168《行状·西山真文忠公》，第6508页；《宋史》卷437《真德秀传》，第12960页，作为他知隆兴府的主要事迹，节选了该奏章中的要点。
② （宋）魏了翁撰：《鹤山集》卷83《知南平军朝请江君坝墓志铭》，《四部丛刊初编》本，第2—3页。
③ 《宋会要·职官》45之35，第4252页。

宋代的"使院""州院"试析

查阅唐宋文献，经常会看到"使院""州院"这两个词，例如"使院"就经常出现在唐诗的题目中。① 与此相关的还有"府院""军院""签厅"等同类制度性名词。

关于"使院""州院"制度的起源及其在唐末五代的演变、与宋代州府制度的关系等问题，日本著名历史学家宫崎市定、周藤吉之等皆有论文涉及②，我国研究唐五代藩镇属官体系的论著对此也有较多关注③，但都没有专门的研讨。特别是这两个概念的含义在宋代史料记载中若隐若现，致使今人在述及它们时还常常错用。以下拟在前人已有研究成果的基础上，对"使院""州院"在宋代语境中的存续状态及其确切含义略作探析。

---

① 检索古籍，唐诗题名中带"使院"者有：《潭州使院书情寄江夏贺兰副端》（戴叔伦）、《太原使院晚出》（薛能）、《华州使院石柱记》（李商隐）、《和宣州钱判官使院厅前石楠树》（孟郊）、《越州使院竹》（方干）、《避地江东留别淮南使院诸公》（刘长卿），等等。文献中还提到潼关使院、洪州使院、湖南使院、广州使院、陕西使院、潞州使院，等等。当时藩府要郡大多有使院，是指节度使等藩镇属官治事的衙门。

② ［日］宫崎市定：《宋代州县制度の由来とその特色——特に衙前の变迁について——》，《史林》1953年第36卷第2號；［日］周藤吉之：《宋代州縣の職役と胥吏の發展》，《宋代經濟史研究》，東京大學出版會1962年版。

③ 参阅严耕望《唐代方镇使府僚佐考》，载氏著《唐史研究丛稿》，香港：新亚研究所出版1969年版，第177—236页；杨志玖、张国刚：《唐代藩镇使府辟署制度》，《社会科学战线》1984年第1期；张国刚：《唐代藩镇研究》，湖南教育出版社1987年版；戴伟华：《唐方镇文职僚佐考》，天津古籍出版社1994年版，等等。

一 州院和使院的由来及其演变

"使院"一词何时出现,尚难以考证。在唐朝中期以后,随着节度使制度的确立,特别是在节度使兼任观察使及其治所所在州的刺史之后,在州级行政体制中便出现了节度观察使属官机构和州刺史属官机构两者并存的状况,于是,为了加以区别,节度观察使等使职类衙门就被称为"使院""使司",或者"使府",州刺史原来下属的衙门自然而然地就被称为"州院""州司"。

胡三省在注释《资治通鉴》时称,所谓"使院,节度使司官属治事之所"[①] 也。有时,节度留后、节度使也到使院处理公务,即"使院,留后治事之所""节度使便坐治事,亦或就使院"[②]。

唐朝后期节度使的权势坐大,使院的衙前将吏体系庞大,人员众多,既有马步军都指挥使、都知兵马使、指挥使等主管军事的属官,也有军政、财政或民政均参与的都押衙、押衙、都孔目官、孔目官、粮料使等,还有负责司法刑狱、地方治安的都虞候、镇将,以及负责外交接待事务的客司、客将,等等。

广义上使院官属还包括节度使府衙的副职、属官,如节度判官、节度掌书记、节度推官,观察使下属的观察判官、观察支使、观察推官等幕职官。史载,唐代节度使可配置的幕府属官有行军司马、副使、判官、掌书记、推官、巡官、衙推等近30员[③]。随着节度使兼任的州军民事、财政、司法等事务的增多,这些幕职官的人数也不断增加。五代时期,藩镇权势被遏制,这些幕府属僚不断减少,有的演变成了宋代的州府属官。

此外,使院中还有许多吏人和役人等。有不少史籍提到唐末五代

---

① 《资治通鉴》卷257,光启三年四月丁巳,第8352页。
② 《资治通鉴》卷216,天宝六载十二月,第6888页。
③ 《新唐书》卷49下《百官四(下)》,中华书局1975年标点本,第1309页。

的"使院小吏"①。特别是在提到"使院"时，史料中多有与吏员相关的记载。

在藩镇长官兼任刺史后，州刺史的属官体制仍然被保留，这些属官各州不尽相同，大体上有佐官和曹官等，其办事机构称州院。其中，佐官主要指别驾、长史、司马等。唐代诸州比照尚书省六部分设人数不等的司法、司户、司士、司功、司兵、司仓、司田等诸曹参军，统称曹官。曹官之下也设置众多具体办事的吏人和役人。

唐末五代，地方战乱纷仍，在节度使兼任刺史之外的其余州郡（支郡）中，刺史等州长官也逐步兼任军事防务，甚至领兵出战。特别是五代时期，刺史等主要由武臣担任，兼领州内的民政、军政事务。于是地方行政军事化，刺史俨然一个个小型的节度使。当时由于军政在州级政务中占据首要位置，在使院和州院并存时，使院官权力增大，州院官权力萎缩。一般的州中，州院民事行政官员的编制逐步压缩，佐官不再受到重用，曹官大为减少。五代时，有的州只任命司户参军一员，后来才逐步又任命录事参军、司法参军。

五代后唐以后，新即位的最高统治者多数是由节度使通过兵变夺得皇位，他们登上皇帝宝座后，便开始削弱地方节度使的权力。使院的属官中，衙前将校等逐步从重要的职位演变为专管州县具体事务的吏人，使院的幕职官和州院的曹官渐渐重新组合，成为州中主要属官群体。五代中后期，随着州、使职能的逐渐合一，这些变化已经大体完成。②

宋初，为了改变五代地方司法无法可依的状态，加强地方长官对司法行政的管理，宋太祖开宝八年（975），诏令诸州抓捕罪人前必须告诉长官，同时诏令"有司重详定推状条样，颁于天下，凡三十三

---

① （宋）孙光宪撰，俞钢整理：《北梦琐言》卷5《符载侯翻归隐（附赵蕤）》，大象出版社2019年标点本，第70页；（宋）洪迈撰，孔凡礼整理：《容斋续笔》卷1《唐藩镇幕府》，大象出版社2019年标点本，第230页。
② 参阅苗书梅：《宋代州级属官体制初探》，《中国史研究》2002年第3期，见本书第九部分；苗书梅：《宋代州级公吏制度研究》，《河南大学学报》（社会科学版）2004年第6期，见本书第十七部分。

条"，这33条"推状条样"就是判案要遵循的法条。诏令同时要求"或命官鞫狱，即录一本付之。州府军监长吏及州院、司寇院，悉大字揭于板，置听事之壁"①。这说明，北宋一开始，州院就是鞫狱断案的机构之一。

宋真宗大中祥符九年（1016）七月，河西节度使、知许州（治今河南许昌市）石普在奏状中，使用了许州观察使之印，针对此事，宰相王旦认为石普单独上奏章不应该用许州观察使印，而应当使用其河西节度使的印。他说：

> 节度州有三印：节度印随本使，使阙，则纳有司。观察印则州长吏用之。州印，昼则付录事掌用，暮则纳于长吏。凡节度使在本镇，兵仗则节度〔判官〕、掌书记、推官署状，用节度使印；田赋则观察判官、支使、推官署状，用观察使印。符刺属县，则本使判署，用州印。故命帅必曰某军节度、某州管内观察等使、某州刺史，言军则专制其军兵，言管内则总察其风俗，言刺史则莅其州事。②

从王旦与真宗的对话中可知，北宋前期，原藩镇所在的州府衙门沿袭唐末五代之制，一般有节度、观察、州三枚官印，而且各有不同的适用对象和范围。军事事务等用节度印，田赋与监察等事务用观察印，给属下各县发文件传达命令则用州印。这从一个方面反映出北宋的州府官衙中，原来节度观察的属官即宋代幕职官，与原来州刺史的属官即宋代诸曹官是各有明确分属的，大体上，前者属于使院，后者属于州院。节度观察使被阶官化以后，这种一州三印的局面实际上应

---

① 《长编》卷16，开宝八年岁末，第355—356页。
② 《长编》卷87，大中祥符九年七月甲寅，第1999—2000页；《宋史》卷154《舆服六》，第3591—3592页。节度"判官"，"判官"二字《长编》原无，据《宋史》补。参阅（宋）曾巩撰，王瑞来校证：《隆平集校证》卷3《典故》，中华书局2012年标点本，第122—123页。

不会长期存在了，但遗存和影响尚在。

和唐代相比北宋是有变化的，宋制，各州府幕职官已经不是按照原来的区划单位设置，而是与诸曹官一样以州为单位，长官只有一个，即知州（北宋前期还有部分地区是武臣刺史），因此，"使院""州院"区分度变小，使院的使用频次越来越少。一般情况下，使院是指原来节度使属官演变来的衙前吏人的官舍，由各州幕职判官或推官掌领之。北宋末年，幕职官的官衙"都厅"改称"签厅"，有的史料称是使院改称"签厅"（见后文所引黄震语）。南宋沿旧制，还有使院之称。州院由录事参军统领，有时又代指录事参军的衙门，或者代指录事参军辖下的州府监狱。① 不同时期，宋人对这两个概念的运用已模糊不清，所以，现代人在引用这些概念时，就容易产生歧异。

宋代幕职属官和录事参军等曹官的地位和职能有别，所属吏人不同，因此，使院、州院的区别就长期存在。如天圣四年（1026）正月在谈到州军吏人迁转时，诏令明确称"州院勾押官已下"可以"比类使院勾押官已下体例"执行。② 不过，由于宋代官制复杂多变，两院的吏人、公人有一些名字是一样的，加之吏人的地位较低，除在地方志中有零星相关记载对二者加以区分外，存留的直接史料很少，关于二者的概念和内涵，宋人自己也难以明确区分。

在《朱子语类》卷128中，朱熹对州院和使院有较长篇幅的讨论：

> 唐制，某镇节度使，某州刺史观察使（原小字注：此藩镇所称），使持节某州军州事（原小字注：此属州军所称。其属官则云某州军事判官，某州军事推官。今尚如此。若节镇属官则云节度推、判官，以自异于属州）。使与州各分曹案。使院有观察判官、观察推官。州院有知录，纠六曹官，为六曹之长。凡兵事则

---

① 《宋代州级公吏制度研究》，《河南大学学报》（社会科学版）2004年第6期，见本书第十七部分；林煌达：《宋代衙录事参军》，《唐研究》2005年第11期。

② 《宋会要·职官》48之96，第4374页。

属使院，民事则属州院，刑狱则属司理院，三者分属，不相侵越。司法专检法，司户专掌仓库。然司理既结狱，须推、判官签押，方为圆备，不然则不敢结断。

　　本朝并省州院、使院为一。如署衔，但云知某州军州事。军州事，则使院之职也。自并省三院，而州郡六曹之职颇为淆乱。司法、司理、司户三者尚仍旧，知录管州院事，专主教民，今乃管仓库，独为不得其职。所以六曹官惟知录免二日衔，以其职尊，故优异之。此等事，史书并不载，惟杂说中班驳见一二。旧尝疑州院即是司理院，后阅《范文正公集》，有云，如使院、州院宜并省归一，方知不然。因晓州院、使院之别（原小字注：使院，今之金厅也）。凡诸幕职官皆谓之当职官。如《唐书》所云，有事当罚，则诏云自当职官以下以次受罚；有事当赏，则云当职官以下以次受赏，谓自推、判官而下也。

朱熹又讲到：

　　后来蔡京改六曹官名，颇得旧职，为不淆乱。渡江以来，以其出于京也，皆罢之……①

　　在这段叙述中，朱熹作为当朝人也出现了一些错误。首先，司理院并非唐代官名。五代时期，马步军都虞候改名马步院，宋太祖开宝六年（973）改为司寇院，专掌刑狱，太宗太平兴国四年（979）才改名司理院。

　　其次，使院专领兵事，也不确切。唐代，节度使设立不久就掌握了所辖地区的大部分民事、司法等权力，其使院属官和吏人也参与司法、民政等事务。

---

① （宋）黎靖德编，王星贤点校：《朱子语类》卷128《法制》，中华书局1986年标点本，第3073—3074页（本书以后引用该文献，均用此版本，编校者与出版信息从略，只注卷数、篇名、页数）。

再次，这段记载表明，朱熹最初也不清楚州院和司理院的关系，只是在阅读范仲淹的文集之后，才明白了州院、使院的区别。

此外，宋代只是把幕职官、诸曹官等统一为州府的属官，说"并省三院"，"并省州院、使院为一"，也都不太准确。

南宋人黄震指出：

> 唐制，持节某州诸军事，尽以节度使统支郡之权，而其属为两。今之职官，唐使院也；今之曹官，唐州院也。州院于今为录事参军之居；使院于今为金厅，不以使院称之，唯都吏、孔目官所居，尚名使院，即其遗称也。①

这是宋人关于州院、使院比较普遍且比较清楚的认识。即幕职官及其属吏的衙门源自唐以来的使院，北宋末年曾经改称"签厅"（或作"金厅"），南宋的使院，主要指使院吏舍。曹官官衙或称州院（在府则称"府院"，在军称"军院"）。宋代，录事参军是曹官之首，因此，黄震称"州院于今为录事参军之居"。但是，多数情况下，州院还指州府监狱。州院和司理院并管州狱，如果一个州分设两个司理院，则合称"三狱"。

二 关于宋代的使院

如上所述，使院的称谓在宋代是有歧义的，大体上可以分为两类：

（一）吏人管理者幕职官之官衙

北宋前期，京城开封府长官（府尹或者知府）、判官和二员推官

---

① （宋）黄震撰，王廷洽等整理：《黄氏日抄》卷59《书启》，大象出版社2019年标点本，第112页。

"通掌府事"。由于京城人口不断增加，司法审理、行政事务等十分繁重，府官力不从心，司法案件往往留滞拖延。英宗治平三年（1066），在知开封府沈遘的建议下，朝廷允许开封府"增置判官一员，领使院事，民间谓之南司。自是府事始分，盗贼狱讼，北官主之；南司〔判官〕惟文移簿籍是察。于是事举无留，而官得休息暇逸"①。有时，或由开封府推官兼领使院，这里的"使院"显然是府衙属官的办事处。

宋代州府有些政务，如判决重大死刑案件等，需要知州、通判与幕职官一起商议并签署公文。诸州长官和幕职诸官必须共同讨论决定，这样的合议办公衙门又称"都厅"，幕职诸官"日集于都厅"②。节假日，知州或者在此值班。如苏轼前后两次任职杭州，分别担任杭州通判和知州，除夕之夜都在都厅值夜班，两次各留有一首诗。宣和三年（1121），"都厅"改称"签厅"（或作"佥厅"）。因此，南宋史料往往称签厅是"幕职官联事合治之地"③"签厅，官会集之所也"④。这里的"都厅"能否等同于"使院"，还有待进一步考证。

南宋时，"签厅"或"佥厅"通常是指幕职官衙，"使院"一般是指吏人官舍，二者并存。如，绍兴二年（1132），因为杭州（后来改为临安府）官衙被占用，政府便将府学改造为府治。知府称："方造厅屋并廊屋三两间，而本府日有引问勘鞫公事，合置当直司签厅，使院诸案未有屋宇。"⑤诏令特许修盖。可以说，在北宋改称签厅之前，使院兼具幕职官衙性质；在此之后，使院或许主要代表吏舍。后来提刑司、制置司、总领所、安抚司、常平司、茶马司、转运司等跨

---

① （宋）刘攽撰，逯铭昕点校：《彭城集》卷32《开封府南司判官题名记》，齐鲁书社2018年标点本，第868—869页；《长编》卷207，治平三年二月庚寅，第5039页。
② （宋）施宿撰：《嘉泰会稽志》卷1《佥厅》，宋元方志丛刊影印本第7册，第6732页。
③ 《嘉泰会稽志》卷1《佥厅》，第6732页；《咸淳临安志》卷53《都厅》，宋元方志丛刊影印本第4册，第3828页；《咸淳毗陵志》卷5《州治》，宋元方志丛刊影印本第3册，第2996页等，除州府签厅外，宋代转运司、安抚、制置使司等亦各有"佥厅"。
④ 《至顺镇江志》卷13《公廨·治所》，宋元方志丛刊影印本第3册，第2794页。
⑤ 《宋会要·方域》4之17，第9337页。

州机构的办事衙门皆设签厅。

（二）吏人官舍

根据宋朝一些地方志记载，使院、州院主要指的是吏人机构。宋人在谈到吏人人员编制时，往往都明确区分是属于州院还是使院。如建隆四年（963）宋政府规定，"使、州院人吏员阙，并募有田产谙公事人充。不足则据数均于属县曹司正员内差补"。州院又称州司。如开宝六年（973）规定："诸州主户三万以上者，使院书表司、勾院共五十人，州司三十人""先是本州使院书表司、勾院二百四人，州院三十人，总二百三十四人。""元丰二年，州院三十人，减二十人，内存留四人，充填使院阙额，实减一十六人。"①

大多数情况下，使院指的是吏人的官舍。北宋西京河南府曾修建使院，欧阳修所写记文即指出，使院是为"使幕置吏"而建立的"典史之局"②。又如苏轼知杭州时，因为中央规定地方长官不许擅自修造官舍，"自十千以上，不许擅支，以故官舍日坏"。元祐四年（1089）六月，杭州的使院建筑破旧，以至于"使院屋倒，压伤手分、书手二人"③。洪州（治今江西南昌市）"素无吏舍，止以设厅前廊屋为之，难以检察"。李纲到那里任官，"因规度都厅之南，造吏院三十间以居群吏"④。前引黄震也说："都吏孔目官所居，尚名使院。"⑤

《嘉定赤城志》卷17载，哲宗元祐以前，使院征募吏人或实行差役法或实行募役法，几经变更，"绍圣元年，复熙宁法"，并且制订

---

① 这些数字均是吏人的编制。并见《淳熙三山志》卷13《州县役人》，宋元方志丛刊影印本第8册，第7889—7890页。
② （宋）欧阳修著，李逸安点校：《欧阳修全集·居士外集》卷14《河南府重修使院记》，中华书局2001年标点本，第924页（本书以下参考该文献，均用此版本，出版信息从略）。
③ 《苏轼文集》卷29《乞赐度牒修廨宇状》，第843页。
④ （宋）李纲撰，阮堂明等校点：《梁溪先生文集》卷104《与李尚书措置画一札子》，《儒藏》精华编第222册，北京大学出版社2020年标点本，第1219页。
⑤ 《黄氏日抄》卷59《书启》，第112页。

有"使院规约",按照元丰年间所定吏人编制,州府各个部门有额定的"职级、前后行、书表司之数"[①]。

宋代使院和州院的吏人人数众多,名目庞杂,这里不便展开。如福州,宋初最多时衙吏达五百四十多人,北宋中期逐步减少。南宋初,局势危难,民不聊生,宋政府曾诏令全国各州县的吏人普遍裁减三分之一或者一半。到了宋孝宗淳熙年间,福州的各类吏人仍设置了466员,这还不包括各县的吏人,实际上后来还不断增额或者私下增设。

三 关于州院(军院、府院)及州司、曹司

如前所述,和使院相对,唐末五代州府属官及吏人的衙门或被称作州院。《新唐书》卷49下《百官四下》记载了唐朝陪都及大藩府,大、中、下都督府,上、中、下州的属官配置情况。其中大都督府可设长史、司马及以下属官21员,上州可置别驾、司马等23员,中州置13员,下州置11员。各州未必照制度规定的数额设置。如大历八年(773),湖州(唐末五代已是节镇州)州官共有30人,超过了制度规定的人数。宋人称这种冗官局面是当时"兵兴多故,铨法紊坏"[②]造成的。如前所述,随着州院、使院职能趋同,晚唐五代时这些属官已大为减少。

到了宋代,有大量的州被升格,有的州改称府,另外,在军事战略要地或者交通要地不设州府的地区,又设置了许多和州、府平级的军,因此,府、军的属官办公处,便有了府院、军院等称谓。各州曹官最多仅设5员,少则一二员,州院所属吏人也没有使院的多。

大体上宋代州院既可以指曹官之首录事参军的官衙,也可以指吏人官署和州狱。

[①] 《嘉定赤城志》卷17《州役人》,宋元方志丛刊影印本第7册,第7416页。
[②] 《嘉泰吴兴志》卷7《官制》,宋元方志丛刊影印本第5册,第4719页。

（一）作为曹官官衙的州院

前引黄震、朱熹都认为，"今之曹官，唐州院也。州院于今为录事参军之居"；"知录管州院事，专主教民，今乃管仓库"①。宋代除北宋末年短时间之外，没有像唐朝那样在州中分置六曹参军（京府除外），而是以录事参军为曹官之长，其下一般设有司理参军、司法参军、司户参军。只有人口数量较大、财赋收入较多的州才并置诸曹官，甚至任命二员司理参军，一般州军则根据政务的繁简程度，依次减少诸曹官的编制，一些特别小的州军，往往只设一员兼理庶务。

宋代录事参军是诸曹官之长，其职能是"掌州院庶务，纠诸曹稽违"②。所谓"掌州院庶务"，包括稽核处理州衙文书，监掌州印等，而"纠诸曹稽违"则是发挥监督作用，既督促其他曹官履职，也管理州院所领吏人。州院是宋代诸曹官共同议事之处，与幕职官的签厅（使院、都厅）对应。诸州的州印"昼则付录事掌用，暮则纳于长吏"。凡"符刺属县""属县狱簿"，州院与司理院等共享州印。③

由于录事参军掌管州印，主持诸曹日常政务，居于其他曹掾官之首，所以，录事参军或被称为大录、都曹等。一般州府的户籍赋税、仓库出纳等由录事参军掌管。如元丰元年（1078）九月，从中书门下言："诸县造乡村坊郭丁产等第簿，并录副本送州，印缝于州院架阁。"④ 税籍由录事参军掌管，同时由判官监督。泗州地处运河交通

---

① 《黄氏日抄》卷59《书启》，第112页；《朱子语类》卷128《法制》，第3074页。因为录事参军既是曹官之长，总领州院庶务，又是负责州院狱政的主要官员。所以，宋代地方志的记载常常称录事参军的官衙"录事厅"和州院毗邻，或者就在一起。如在台州和湖州，记载录事厅时，都曰"州院在焉"（《嘉定赤城志》卷5《录事厅》，第7册，第7322页；《嘉泰吴兴志》卷8《州治》，第5册，第4723页）；严州的记载是："州院，在严州门内街西，录事参军廨舍在内"（《淳熙严州图经》卷1《廨舍》，第5册，第4289页）；常州则："录参厅：在州治谯楼内西偏，治州院"（《咸淳毗陵志》卷5《录参厅》，第2998页）。

② 《宋史》卷167《职官七》，第3976页。

③ 《长编》卷87，大中祥符九年七月甲寅，第1999—2000页；《宋会要·职官》47之74，第4306页。

④ 《长编》卷292，元丰元年九月甲申，第7133页。

的"冲要之地,军资库出入钱物浩瀚,比之他郡事体不同",本来由录事参军负责军资库的管理,在监司的申请下,在泗州增设监军资库一员,"令录事参军专管州院公事",不再负责军资库事宜。① 在不设军资库监当官的州府,录事参军则仍参与军资库的管理。北宋末年,曾改革曹官制度,废罢州院,南宋初又复旧。"建炎以来,复置州院,录参管干"②。

宋神宗熙宁八年(1075),宋廷在推行仓法、确定诸州吏人的编制时曾下诏:

> 诸州法司、当直司、司理院、推司、州院,专差勘事司吏,委提举司相度随宜立定人数。法司毋过三人,当直、推勘司毋过四人,月给食料钱虽多,毋过十二千。法司习学毋过两人,食料钱毋过五千。以裁减役人废罢者户长壮丁等钱充。度事务繁简增损人数,依转运司吏行仓法。③

这些都是参与司法、财政等政务繁多的机构。因此,当时称"赏罚法自事务繁处为始"。其中,法司指司法参军厅,当直司指幕职官断案之处。这里的州院,指录事参军官衙。

当然,在较小的州军,不设录事参军时,则由其他曹官如司户或者司法参军代替录事参军掌领州院。如,丹州(治今陕西宜川县)只管宜川一县,州级属官少,"每有公事,止于司理院、当直司可以勘鞠",因此曾将州院并入司理院。④

(二) 作为州狱的州院

上海师范大学戴建国教授曾经指出,司理院和州院通常为一州的

---

① 《长编》卷375,元祐元年四月辛丑,第9097—9098页。
② 《宝庆四明志》卷3《职曹官》,宋元方丛刊影印本第5册,第5026页。
③ 《长编》卷265,熙宁八年六月己酉,第6493页。
④ 《长编》卷289,元丰元年四月丙寅,第7070页。

法定审判机构，司理院审理的案件，若犯人不服，则移送州院重审；州院审理的案件，若犯人不服，则移送司理院重审。① 审刑判案是宋代录事参军重要的职责之一，狱案未断结之前的涉案人员由州院关押，录事参军须对州院关押人的生死负责。因此，州院也是州政府的主要监狱之一。宋代表彰官员审理诉讼能力的一项制度，所谓"狱空"，即包括州院。宋太祖乾德三年（965）七月，"始令诸州录参与司法掾同断狱"②。宋太宗时期，州院、司理院、倚郭县同时狱空，才能上报，已经成为法律条文被引用。淳化三年四月诏："诸州须司理院、州司、倚郭县俱无禁系，方得奏为狱空，"可以申请奖励。如果地方官不按照法规办事，故意把囚犯打发走，形成所谓的"狱空"，"仰长吏勘会诣实，批书印历，更不降诏奖谕，并依《编敕》施行"。宋真宗大中祥符二年五月又诏："诸州奏狱空，须司理、州院、倚郭县俱无囚系，方为狱空。每奏到，委刑部将旬奏禁状一处点对，如应得元敕，特降诏奖谕。"四年又规定："自今诸路州院、司理院系囚死者，并遣他司官吏检视，防其枉抑也。"③

《神宗正史·职官志》规定，州属官中，"录事、司理、司户参军，掌分典狱讼，司法参军，掌检定法律"④。南宋臣僚仍指出诸州录参、司理并系狱官，"录参以治狱为职"⑤。州院、司理院均有管理狱囚的职能，宋孝宗乾道七年，批准刑部的请示，重申《乾道重修令》："诸州长吏每旬同当职官虑问州院、司理院禁囚，诸路监司每

---

① 戴建国：《宋代刑事审判制度研究》，《文史》第31辑，中华书局1988年版，第120页。

② 《长编》卷6，乾德三年七月，第156页。

③ 《宋会要 刑法》4之85，第8492页；《宋会要 职官》15之3，第3408页；《长编》卷72，大中祥符二年十一月壬子朔；《长编》卷76，大中祥符四年十月癸卯，第1736页。关于宋代地方"狱空"，除了说是州院、司理院和倚郭县三狱之外，也有称州院和左、右司理院为三狱者，见（宋）文天祥撰《文山先生全集》卷9《吉州右院狱空记》，《四部丛刊》初编本，第3页等。

④ 《宋会要·职官》47之12，第4271页。

⑤ 《刘克庄集笺校》卷192《贵池县高廷坚等诉本州知录催理绢绵出给隔眼事》，第7509页。

季亲诣所部州县,将见禁囚徒逐一虑问。"①《庆元条法事类》相关条例规定:

> 诸监司巡按,遇诸州州院、司理院并县禁罪人及品官、命妇公事各徒以上者,虽非本司事,听审问。若情涉疑虑,或罪人声冤,或官司挟情出入而应移推者,牒所属监司行,若承报不行,或虽行而不当者,具事因奏。②
>
> 诸狱旬具矾禁状,县申州,州院、司理院申提点刑狱司(原小字注文:经州点勘缴申。事干茶、盐、矾者,仍申所隶监司)。③

另如"乐平县押录梁杰有罪,为刑狱使者逮送州院,死于狱。"④《新安志》卷1《刑狱》在叙述徽州官廨位置时载,州院在司晨坊面东,司理院在司晨坊面西。由于录事参军和州院的特殊关系,录事参军的官廨,往往和州院距离很近,或者州院在录事参军官廨之中,或者录事参军廨舍与州院合为一体。

(三)作为吏人官舍的州院

如前所述,在宋代地方志的记载中,福州和台州的吏人编制明确地分属使院和州院。州院,又称州司或曹司,元祐元年(1086)吕陶、苏轼言役法,均将使院和曹司前后对应分说。即恢复差役法时,衙前仍旧召募,"使院职级、弓手、节级,许存留。曹司库子、栏头之类,充投名人外,其余役人如敢尚支雇钱者,并以故违条制论罪"。

与使院一样,宋代各州州院人吏的分类及等级也是有差别的。分

---

① 《宋会要·刑法》6之69,第8568页。
② 《庆元条法事类》卷7《监司巡历·职制令》,第118页。
③ 《庆元条法事类》卷28《茶盐矾·断狱令》,第390页。
④ (宋)洪迈撰,李昌宪整理:《夷坚志·支景》卷8《乐平民》,大象出版社2019年标点本,第279页。

清楚宋代州府属官和吏人的结构及其不同的职能地位，对于进一步深入探讨宋代地方政治大有裨益。这方面的研究目前做得还很不够，以上仅仅是对相关材料的初步梳理，以后应结合唐末五代该制度的演变及其研究成果作进一步探讨。

附记：

关于唐代节度使兼任刺史之后，使院和州院属官、吏人的结构变化，宫崎市定曾用以下简单的图示予以说明：

1. 节度使兼任刺史之初其下两套官属：

（使院）幕职官——曹官——吏人——役人

（州院）佐官——曹官——吏人——役人

2. 节度使兼任刺史时间稍长后，淘汰重复，两院职官整合为：

（使院）幕职官——吏人——役人

（州院）曹官——吏人——役人

3. 五代时期，节度使属官参与地方事务者大增，衙前将吏胥吏化，节度使兼刺史的州府两院官为：

（使院）衙前（职员、军将）——军人；幕职官——吏人——役人

（州院）曹官——吏人——役人。

4. 在一般州军，地方政务军事化之后，刺史的属官体系为：

刺史之下：幕职官和曹官——衙前军将和吏人——军人和役人

这样的简单描述给人以清晰的思路。但是，历史本身的变化是很复杂的，要想得出接近史实的结论还需要继续下功夫进行考索。

本文草就于2006年，在四川大学"宋代文化国际学术研讨会暨《全宋文》首发式"期间宣读。后被收入《宋代文化研究（第十七辑）》，四川大学古籍整理研究所、四川大学宋代文化研究中心编著，四川大学出版社2009年版

宋代地方官任期制初论

任期制是官员管理制度的重要组成部分。在中国古代史上，地方官员任期制实行的合理与否，不仅影响到国家吏治得失，而且还关系着国家治理成效乃至王朝兴衰。

中国古代地方官的定期轮任制是统治者在总结历史经验教训的基础上不断改进、逐步完善的。在宋代，由于加强中央集权统治的需要，特别是随着以资格用人和考课、磨勘转官制度的发展变迁，官员任期问题备受重视。然而，在冗官问题异常突出，员多阙少矛盾愈演愈烈的背景下，宋代地方官任期制产生的弊端也随之浮现，并日益严重。以下拟就宋代地方官员任期制的发展变化，执行中存在的问题，任期太短带来的危害及其原因等作一初步论述。

一 宋代地方官任期制的渊源及其演变

宋代地方官任期制的确立，既是对两汉以来历代王朝统治经验的借鉴，也是当时官员管理制度不断完备的表现，并随着官僚制度的演进而发展变化。

宋朝以前，我国古代地方官的任期制，经历了一个长期的发展演变过程。

两汉时期，守边的官员一般三年一替，以均其劳逸，而内地官员的任期则尚无定制，一般任期较长。如张敞守京兆府（治今陕西西安市)9年,黄霸任郡守8年,"未尝不久其任也"①。官员政绩显著者,往往只增秩加俸,或赏赐封爵,而不轻易调动。这种久任官员之法在两汉不同时期并没有严格执行,由于东汉中后期社会动荡,久任法还发生了较大变化,官员更替逐渐频繁。史称:"自是,选代交互,令长月易,迎新送旧,劳扰无已,或官寺空旷,无人案事。"②

南北朝时期,地方官定期考核升黜之制逐步确立起来。西晋和南朝齐文帝元嘉时,均规定地方官三年一考核,六年一替代。刘宋武帝时,郡守县令改为以三周年为满任。北魏孝文帝时,地方官"三载一考,考即黜陟"③,不再是九年三考才定黜陟,而是三年即决定是否黜陟。北周时对官员的考核又突破了三年一考之限,改为每岁一考、四考黜陟,这一任期原则为隋唐所继承。南北朝时期官员考课任期年限的缩短,表明中央政府对地方官员管理权逐步加强。

隋朝统一全国以后,为了巩固中央集权,防止地方官长期在一地任职产生割据势力,规定九品以上的官员全部由中央考察任命,郡县官都实行定期轮任制,"每岁考殿最,刺史、县令三年一迁,佐官四年一迁"④,而且下一任不许在原任州县任职。

唐承隋制而稍有变化,"县令以四考为限",未差到替代之人者,"宜至五考"⑤。中唐以后至五代,地方割据势力强大,在藩镇控制的地区,州县官多由藩镇自行辟署,不由朝廷派遣,任期制因此遭到破坏。五代时,为了加强中央对地方的控制,朝廷多次下诏要求幕职州县官以三周年为考任期限,因战乱纷仍,这些诏令在当时难以得到有效执行,但对宋代官员任期制的形成产生了直接影响。

宋初承袭五代之制,对地方官实行一年一考,三年为一任的任期

---

① (宋)林駧撰:《新笺决科古今源流至论·前集》卷9《久任》,中华再造善本,北京图书馆出版社2005年影印本,第5页(本书以下参考该文献,均参阅此版本,出版信息从略)。
② 《后汉书》卷61《左雄传》,中华书局1965年标点本,第2019页。
③ 《魏书》卷7下《高祖纪七下》,中华书局2017年标点本,第207页。
④ 《隋书》卷28《百官下》,中华书局2019年标点本,第883页。
⑤ 《旧唐书》卷13《德宗下》,中华书局1975年标点本,第377页。

制。宋太祖初年，由于统一战争尚未完成，北部沿边各地带兵的帅臣如李汉超、郭进等十几人，任期都比较长，往往十几年不易其位。开宝五年（972）十月始诏："国家提封既广，吏职尤繁，边远效官，所宜轸念，政成受代，素有规程，苟或逾时，谅难为劝。自今委所司点检到官月日，才及三周年，便与除替。"① 这既是为了激劝到边远地区任职的官吏，也是为了加强中央对新收复地区的控制。太宗太平兴国三年（978）北宋基本完成统一，六年即规定："诸道知州、通判、知军监县及监榷物务官，任内地满三年，川、广、福建满四年者，并与除代。"② 八年又诏令宋初以来纳入版图的河东、江南、两浙、川峡、广南诸路官员，此后均以满三年为任期，满即除代，不再有四年一任之制。

宋真宗朝以后，那些主要由堂除除授的出常调的京朝官担任地方官时，其任期呈缩短趋势。咸平三年（1000），为了鼓励官员赴偏远地区任职，曾把川峡幕职州县官、广南地方官的任期改为二年，以便加快其迁转速度。大中祥符八年（1015），因全国官员人数不断增加，逐渐出现了"冗官"问题，官员罢任以后，无阙可注，"京朝官候阙既久，奉朝请者颇多"，于是下令审官院"以近地二年半已上，远地二年已上，权与差替，不为久例"③。可见，缩短任期成了宋政府加快官员升迁频率，加速官员流动，以调节员多阙少矛盾的手段。但幕职州县官以二年为任之法并未推广，他们仍按三年一任的考任办法循资迁转，而堂除京朝官以二年或二年半为任期的权宜之计却逐步推广并形成定制。

宋仁宗时，员多阙少的冗官问题日渐严重，为了解决官员闲居待阙时间太长的问题，宋政府不是着力减少科举、恩荫等选官入仕的人数，从源头上解决问题，而是调整官员的任期。京朝官出任地方者，除监司以三年为一任、沿边地区武臣任知州以三年或二年半为一任

---

① 《宋大诏令集》卷160《边远官三年除替诏》，开宝五年十月戊戌，中华书局1962年版，第606页。
② 《长编》卷22，太平兴国六年八月乙酉，第494页。
③ 《宋会要·职官》11之1—2，第3304页。

外，其余一般以二年为一任。当时，三年满任者称为年满阙，二年除代者谓之成资阙。

神宗熙丰年间，朝廷设法减少冗官，如压缩恩荫任子人数，延长吏人出职年限，冗官问题有所缓和，遂强调三年任期之制，"内外官并以三年为任"，以责成效。"内自台省寺监，外及牧守监司""并以三年为任"①。其"河北、河东、陕西将官，并以三年为一任"。只有广南"水土恶弱处"的监当官，"以二年满替，所以优恤瘴疠之地也"。②

神宗朝强调三年任期的制度并未持久，宋哲宗即位以后，冗官问题更加严重，待阙之官不断增多，一个官阙常有四五人等待之，于是元祐元年（1086）朝廷下令堂除知州、通判以二年为任，其余以二年半为任。元祐三年又诏川峡、两广地区的知州、通判，"除有专法指定及酬奖外，不论见任、新差官，并二年为任"，目的是使之"速理资任"③。宋徽宗朝，虽然三令五申，强调实行三年任期之制，但在冗官充斥的影响下，官员的实际任期比元祐年间还短。

及至南宋，国土面积大减，但是官员总人数却没有减少，"赴调者萃东南，选法留滞"④，于是，京朝官任知州、通判、签判、知县及监当官，原以三年满任者皆改为二年，"惟选人得终三考，京朝官以上，率二年成资即替"⑤。这种情况，终南宋之世未能改变。

上述演变进程可以看出，宋代地方官的任期，在宋神宗朝以前，普遍要求以三年为一任，哲宗朝以后，幕职州县官仍以三年为一任，外任京朝官则以二年满任为主。

---

① 《宋会要·职官》56之24，第4540页；《宋会要·职官》60之23，第4677页。
② 《长编》卷273，熙宁九年二月甲寅，第6688页；《宋会要·选举》24之2，第5694页。
③ 《长编》卷412，元祐三年六月丙子，第10017页；《宋会要·选举》24之2—3，第5694页。
④ 《文献通考》卷38《选举考十一》，第1119页。
⑤ （宋）庄绰撰，萧鲁阳点校：《鸡肋编》卷中《南宋初罢易执政及迁官之频》，中华书局1983年标点本，第69页。

二 宋代地方官任期制实施中存在的问题

地方官员定期考核轮任制度是宋政府加强中央集权、督促官员尽职的重要措施之一,它对于防止官员因在一个地方任职时间过久而产生关系网,形成私人势力,从而垄断地方政治,乃至出现割据局面等有一定的遏制作用。然而,在宋代冗官充斥、员多阙少形势的影响下,官员的实际任期,尤其是监司、郡守等地方要员的实际任期往往比制度规定的还要短,因此,官员在位时间太短、频繁易任之弊便成为时人关注的突出问题。

官员任期缩短与冗官人数增加有密切关系。宋仁宗时冗官问题已经突出,自从诏令规定部分京朝官改为以二年或二年半为一任后,官员任期太短所造成的弊端已开始凸显,并愈演愈烈。皇祐三年(1051)四月,御史中丞王举正上疏朝廷,说自己"在许州(治今河南许昌市)、应天府(治今河南商丘市)六年,更转运使十六人","数易如此,岂能究宣朝廷德泽乎"[①]?至和二年(1055)二月,知谏院范镇等指出,恩州(治今河北清河县)在一年多一点的时间内,更换了7位知州,"河北诸州大率如此,而欲望训练兵马,固不可得"[②]。由于地方官更易过于频繁,以至于这些官位常常被喻为"传舍""邮舍"。如欧阳修《自勉》诗称:"引水浇花不厌勤,便须已有镇阳春。官居处处如邮传,谁得三年作主人。"[③] 司马光在其著名的《论财利疏》中指出:"居官者出入迁徙,有如邮舍,或未能尽识吏人之面,知职业之所主,已舍去矣。"[④] 包拯指责当时江淮发运使成了官员积累资历的工具,"且方受署,夕已望迁""移易之速,甚于

---

① 《长编》卷170,皇祐三年四月,第4091页。
② 《宋会要·职官》60之20,第4675页。
③ 《欧阳修全集·居士集》卷11《自勉》,第181页。
④ 《司马光集》卷23《论财利疏》,第615页。

传舍"①。

宋政府为改变上述状况，曾下诏诸路知州军监、知县等，"政迹尤异、实惠及民者"②，可以由所属监司同罪保明，经中书察访属实后，允许其连任，但宋代地方官员得以再任者非常少。宋英宗朝，沈立自知沧州未及半年已更换三任，苏寀累任皆不及一年。③宋神宗在位期间，严守三年任期法，官员频移之弊有所缓解，但哲宗即位以后，随着冗官问题再次加重，官员任期太短之弊又趋严重。当时，文彦博指出："中外任官，移替频速，在任不久，有如驿舍，无由集事，何以致治？"④到了北宋末年，官员移替更加频繁：

> 近日郡守，有未阅岁而易七人者，相州（治今河南安阳市）是也；有易五人者，拱州（治今河南睢县）、庆源府（原赵州，治今河北赵县）是也。或中道而改命，或始至而辄迁，未易遍举，此除授不审之过。或因避亲嫌许其对移者，法也，今不因亲嫌亦许对移矣。穷边绝塞，缓急之际，帅守非人，俾之两易，尚为有名；今均任内地，或已到官，或尚待次，夤缘干请，亦得两易。⑤

导致知州的任期常常仅有几个月。

南宋时期，选人之外的地方官多以二年为任期，而实际上官员在任的时间更短，比北宋末年有过之而无不及。地方长官任期太短遂成为当时深受诟病的一大政治问题，以至于被称为是官制的最大弊害。宋高宗绍兴三年（1133），给事中黄唐傅一针见血地指出：

---

① （宋）包拯撰，杨国宜校注：《包拯集校注》卷2《请令江淮发运使满任》，第101页。
② 《宋会要·职官》60之20，第4675页。
③ 《历代名臣奏议》卷151，许应龙奏，第1975页。
④ （宋）文彦博著，申利校注：《文彦博集校注》卷29《奏中外官久任事》，中华书局2016年标点本，第796页。
⑤ 《宋会要·职官》61之45，第4713页。

"今郡守之任，患在不久。"① 五年，臣僚又批评道："比年以来，郡守更易不常，固有交印视事，席未暇暖，又复改命，或与他州守臣两易其任。"② 宋政府虽累下久任之诏，也无济于事，广州乃至"十年九易牧守"③。孝宗乾道年间，两浙地区，如"婺州（治今浙江金华市）四年之间易守者五，平江（治今苏州市）四年之间易守者四。又其甚则秀州（治今浙江嘉兴市）一年而四易守矣"④。此后，批评地方官频繁换易之弊的奏章连篇累牍，"监司、郡守往往数易，或到任未满一年，或才三两月，辄代去"⑤。所以，当时臣僚"论用人之道，未有不以久任为说"⑥ 者。如淳熙十六年（1189），有臣僚言："今日监司郡守，患在于职任之不久。"光宗绍熙元年（1190），臣僚又称："今日吏治之害，在于更易之太频。"⑦ 周必大也指出，官吏频易，"凋耗郡计，最为大弊"⑧。宋宁宗时，大臣"奏对，所陈多以监司郡守数易为说"⑨。这一问题终南宋之世未能解决。

根据现存宋代几种地方志的郡守题名记等相关史料，下面列成有关州长官在两宋每位皇帝在位期间换易的任数和平均任期的简表，能更清楚地了解宋代地方州府长官频繁更替的情况（其中，太宗朝的起始年限为太平兴国三年，宋钦宗在位时间短，姑不计入）。

---

① 《系年要录》卷64，绍兴三年四月己丑，第1259页。
② 《宋会要·职官》47之24，第4279页。
③ 《宋史》卷388《陈橐传》，第11908页。
④ 《周必大集校证》卷136《答选德殿圣问奏》，第2120页。
⑤ （宋）张纲撰：《华阳集》卷14《乞久任札子》，《四部丛刊三编》本，第2页。
⑥ 《宋会要·职官》60之36，第4684页。
⑦ 《宋会要·职官》60之37，第4685页。
⑧ 《周必大集校证》卷145《醴泉观使准诏言事一首·回奏》，第2207页。
⑨ 《宋会要·职官》47之46，第4290页。

表1　　　　　　　　宋代九州知州任期统计简表

	时期	太宗	真宗	仁宗	英宗	神宗	哲宗	徽宗	高宗	孝宗	光宗	宁宗	理宗	度宗
	总年数	19	25	41	4	18	15	25	35	27	5	30	40	10
杭州	任数	5	11	28	2	13	12	25	35	30	6	31	41	9
	平均任期	3年9月	2年3月	1年5月	2年	1年4月	1年3月	1年	1年	11月	10月	11月	约1年	1年1月
福州	任数	10	11	23	2	8	8	19	20	13	5	17（28年）		
	平均任期	1年11月	2年3月	1年9月	2年	2年3月	1年10月	1年3月	1年8月	2年	1年	1年7月		
明州	任数	12（17年）	7	24	2	7	13	24	30	14	6	23	28	5（6年）
	平均任期	1年5月	3年6月	1年8月	2年6月	2年1月	1年	1年2月	1年11月	10月	1年3月	1年5月		1年2月
越州	任数	11	15	26	3	12	13	16	31	20	4	29	35	
	平均任期	1年8月	1年8月	1年6月	1年4月	1年6月	1年1月	1年1月	1年4月	1年3月	1年	1年1月		
台州	任数	9	13	20	2	6	8	12	34	21	2	20		
	平均任期	2年1月	1年11月	2年	2年	3年	2年	2年1月	1年	1年3月	2年6月	1年6月		
湖州	任数	9	9	24	2	13	10	19	29	24	5	17	22（26年）	
	平均任期	2年1月	2年9月	1年8月	2年	1年4月	1年6月	1年3月	1年2月	1年1月	1年	1年9月	1年4月	
苏州	任数		8	16	3	12	10	26	38	29	5	19	18（23年）	
	平均任期		3年1月	2年6月	1年4月	1年6月	1年6月	约1年	11月	11月	1年	1年7月	1年3月	

续表

	时期	太宗	真宗	仁宗	英宗	神宗	哲宗	徽宗	高宗	孝宗	光宗	宁宗	理宗	度宗
婺州/严州	总年数	19	25	41	4	18	15	25	35	27	5	30	40	10
	任数	9	12	22	2	9	8	15(21年)	27	21	4	22	28	5(6年)
	平均任期	2年1月	2年1月	1年10月	2年	2年	1年10月	1年4月	1年4月	1年3月	1年3月	1年4月	1年5月	1年2月

说明：（1）材料分别取自《咸淳临安志》卷46；《淳熙三山志》卷22；《宝庆四明志》卷1；《嘉泰会稽志》卷2及《宝庆会稽续志》卷1；《嘉定赤城志》卷9；《嘉泰吴兴志》卷14；《吴郡志》卷11；《宋代石刻史料》卷94《婺州题名碑记》；《淳熙严州图经》卷1及《景定续严州图经》卷2。

（2）之所以称"任数"而不称人数是因为有少数官员或多次任职一州者。

（3）平均任期按每位皇帝在位全部时间计算，若扣除前后两人有时所间隔的时间，则实际任期将比所列出的时间还要短。

（4）宋太宗在位时间的前限以太平兴国三年吴越纳土为起始。宋钦宗在位时间短，姑不计入。

（5）每州最后一个任数标注的年数者是指所统计的实际时间，即未包括该位皇帝在位的全部时间。

（6）"婺州/严州"一栏，北宋时期是婺州的；南宋时期是严州的，严州在宋度宗咸淳元年改为建德府。

从表中可以看出，这几个较为重要的东南地区大州的知州，在宋神宗朝以前还能任满三年或二年，但自哲宗朝以后，知州的任期制度规定是二年，实际情况是知州在位时间以一年或不足一年为主，很少任够两年者，难怪这一现象屡遭大臣诟病了。

三　宋代地方官频移之弊及其原因

宋代地方官员任期太短，频繁调动对当时各地政治、经济等都带来了不利影响。

首先，官员任期太短不利于地方治理。任期过短，容易产生因循苟且之风，官员往往把任职作为积累资历的手段，难以尽心政务。时人称知县、县令以三年为任，尚且"一年立威信，二年收人情，三年为去计"，或者"一年立威信，二年守规矩，三年则务收人情，以为去计"①。而监司、知州以二年为任，"到官半年，始知风俗，去替半年，已怀归志，其间留心政事，仅有一岁。若又不待满而选易，则弊何由不生乎"②？任期太短，使"有志事功者方欲整革宿弊，而已迁他司，无志职业者，往往视官府如传舍"③。"居官者怀苟且之心，竞进者亡久留之意，民知其将去则莫从化，吏知其可欺则绝簿书"④，于是"上多苟且，下鲜畏忌"⑤。官员在一个地方任职时间短，很难对当地各方面的情况有全面深入的了解，也就难以革弊立新，为地方行政做出应有的贡献。"今乃不待席暖，数见换易。前官视事日浅，未究设施，而后官已至，端绪复乱。人怀苟且，迄无成功"⑥，官员"惟以职任为资历"⑦而已。

官员任期太短，易使"老胥猾吏，缘以为奸"⑧，导致宋代地方吏人势力强大，蠹害基层政务。知州、通判、知县等主要州县官的任期多则二三年，少则几个月，而官员每到一个新的地方，都需要一定时间了解当地的赋役情况、风土人情、狱诉案件背景等，如果任期不到二年甚则不到一年，根本无暇熟悉所管职事，州县之事只好听任熟悉本地情况的胥吏摆布，这是促成宋代地方"吏人世界"的一个重要因素。正如当时人所言：

---

① （宋）俞文豹撰，许沛藻、刘宇整理：《吹剑四录》，大象出版社2019年标点本，第229页；《宋会要·职官》60之29，第4680页。
② 《周必大集校证》卷135《论四事》，第2115页。
③ （宋）杜范撰，胡正武点校：《杜清献公集》卷13《相位条具十二事》，上海古籍出版社2021年标点本，第205页。
④ 《宋会要·职官》47之46，第4290页。
⑤ 《长编》卷146，庆历四年二月丙辰，第3548页。
⑥ （宋）张纲撰：《华阳集》卷14《乞久任札子》，《四部丛刊三编》本，第2页。
⑦ （宋）许应龙撰：《东涧集》卷7《论久任札子》，《宋集珍本丛刊》第73册，第224页；《历代名臣奏议》卷151，许应龙奏，第1975页。
⑧ （宋）包拯撰，杨国宜校注：《包拯集校注》卷2《请令江淮发运使满任》，黄山书社1999年标点本，第102页。

> 窃谓吏强官弱，最今日之大患。外而州县，固已不胜其弊矣；内而百司，抑又甚焉。请寻其源，夫岂无自！盖居官者迁徙不拘岁月，而为吏者传袭及于子孙。以数易不常之官，御生长子孙之吏，坐曹而问，莫究源流，涉笔以书，唯牵例比。顾虽弊蠹百出，何暇爬梳！纵有精强之官，少行检柅之令。警戢之效未著，而迁徙之命已颁。吏强之患，实基于此。①

其次，官员频繁更替，势必增加地方送往迎来的财政开支，从而加重对百姓的剥削。宋代，特别是南宋时期，监司郡守等地方要员的迎送费用开支浩大，而且随着官场腐败风气的加剧而不断加码。绍兴五年有臣僚上言：

> 每遇（长官）到罢，依例各有馈送，多者数百千，少者亦不下三二百千。初到任人既已收受馈送，或移之他郡，亦复如之。凡一易守臣，则所费必倍。到任已逾年而更易者犹之可也，其间却有止经一两月，遽迩迁陟，而受两处馈送，显属重叠，枉有支费。②

以上迎送地方长官，仅馈送一项，每次就要花费数百千，来往车船、吏卒人员的费用尚不在内。孝宗朝，大郡每迎接一任新的帅守，都需要装修官舍、置备交通工具，等等，开支巨大：

> 饰官舍，戒舟乘，庤器用，及吏卒借请，费或万缗。送还亦如之。卒有迁改，又当别行营办……至于嗜进之吏，耗公帑以事交结，又不在数中③。

---

① 《宋会要·职官》60之39，第4686页。
② 《宋会要·职官》47之24，第4279页。
③ （宋）罗愿撰：《鄂州小集》卷5《南剑州上殿札子》，《丛书集成新编》本，第757页。

即每迎送一次郡守、监司要花费地方二三万缗。到孝宗淳熙五年（1178）又增加三四倍。周必大称："闻之众论，谓十数年前，接帅臣约费万缗，当时已骇其多，今盖增至四五万缗矣。设遇岁中一再更易，则当费一二十万缗，民力安得不困？"① 宋宁宗时，官员数易，导致"财用殚于送迎，卒徒疲于道路，郡县凋弊，殆不能支。此诚今日所宜首革者也"②。

官员任期太短给宋代地方的政治经济带来了极大危害。为什么这一问题屡遭论议，不但始终得不到解决，反而日益严重呢？这与当时官僚制度的诸多方面都有密切的关系。

宋朝立国之后，最高统治者为了维护与巩固其统治地位，防止地方再度分裂，采取一系列措施以加强专制主义中央集权，而专制主义越加强，就越需要扩大政权的社会基础。因此，宋政府大开科举之门，广泛吸收社会各阶层士人进入官僚队伍，同时极力扩大恩荫任子的范围，以取得官僚地主阶层的支持。此外，吏员出职、军功补官的人数也大大增加，这使宋代官员的总人数迅速增加，员多阙少的矛盾非常尖锐，冗官问题异常严重。冗官的大量存在是宋代在任官"席不暇暖"的主要原因。在一官之阙五六人等待的背景下，虽然屡有诏令要求保障官员任期、奖励个别官员连任，但是，为了调和在任者和待阙者争阙的矛盾，政府又往往限制州县官连任。"夫以见食禄之人而得再任，可谓优矣，其如待阙者何？况除授之际，皆所选用，无故使之久于其职，安知来者之不如今也？"③ 于是，差遣部门希望待阙者尽快得到官阙，待阙者急于尽快上任，而见任者为了谋求更好的职位也希望尽快离任，三者互相推动，互相影响，使官员的在任时间难于长久。

宋代地方官频繁更易，也与整个官僚队伍中存在重内轻外的风气有较大关系。宋初，朝中大臣出典藩郡都是很正常的调动，即使朝中

---

① 《周必大集校证》卷141《论监司帅守接送侈费》，第2165页。
② 《宋会要·职官》47之46，第4290页。
③ 《宋会要·职官》60之30，第4681页。

要员出知小州，人们也不认为是贬降。但宋真宗朝以后，重内任、轻外官之风逐渐形成，"朝廷重内官，轻外任，每除牧伯，皆避命致诉。比遣外任，多是贬累之人"①。外任官被认为是靠论资排辈即可获得，或因事被贬黜官员才考虑就任的岗位，即"资考应吏部之格者，可以得也；朝廷以为不才而黜逐者，可以得也"②"仕于内者，或不惬物论，致遭弹击，往往畀以外任"③，所以，京朝官多不愿到州县任职。南宋时，綦崇礼总结当时从朝廷中派出郡守的 5 种情况，"有以被罪而见斥者，有以便私而得请者，有以议论不合而外补者，有以才用无闻而退处者，有以宥罪起废而稍迁者。轻授亟易，去来靡常"④。州县官在任"远者期年，近或数月。人情既以重内而轻外，守帅由是倏去而忽来"⑤。当然，品阶较高的官员不愿在地方任官，还与州县官责任重、课罚多，而在朝中任官者则责任稍轻，且接近权贵，易于获得重用等因素有关。

此外，监司郡守等地方长官频繁调动还与宋朝的任官制度有关。当时凡出任大州知州或监司、帅臣者，多是出常调以后可以不次提拔的京朝官，他们不受考任限制，所以不重视在任时间的长短，朝廷若有其他重用需要，可以随时抽调他们，这也是宋代监司、郡守任期太短的原因之一。

总之，宋代地方官实行定期任用制，对于防止地方官长期在一个地方任职形成私人势力，危害中央集权起了重要作用，对于减少官员在地方上亲故盘根错节、徇私枉法，从而相对肃清吏治也有积

---

① 《长编》卷78，大中祥符五年七月辛未，第1774页；(宋) 许应龙撰：《东涧集》卷8《均内外札子》，《宋集珍本丛刊》第 73 册，第 232 页。
② (宋) 周行己撰，陈小平点校：《浮沚集》卷1《上皇帝书（二）》，浙江古籍出版社 2015 年标点本，第 4 页。
③ (宋) 许应龙撰：《东涧集》卷8《均内外札子》，《宋集珍本丛刊》第 73 册，第 233 页。
④ (宋) 綦崇礼撰：《北海集》卷20《论唐贞观开元循吏之治》，景印文渊阁《四库全书》第 1134 册，第 655 页。
⑤ (宋) 周南撰：《山房集》卷2《代人上殿论州郡事札子》，《宋集珍本丛刊》第 69 册，第 590 页。

极意义。幕职州县官和常调京朝官在制度上始终较严格地遵守了一年一考课、三年一升迁的考核任期制，对于完备基层官员的管理制度有重要作用。但是，由宰相府堂除或皇帝亲自提拔的监司和大州知州，属于出常调的京朝官，他们"无资格之拘，无关键之限"[①]，缺乏严格的考任限制，特别是由于冗官的大量存在，担任监司、知州的官员连两年也很少任满，遂使官位成为"邮舍"，由此产生了许多弊端，也为后世留下了历史教训。如明朝又恢复了三年一考，九年为满的任期制度。凡在京职事官一般三年或六年为考满，"在外司府州县等官，九年考满"[②]。在考满之前，每三年一次上报其政绩并赴京觐见皇帝，有政绩者仅增加其品秩俸禄而不轻易调动，以至官员常有在一处任职十几年乃至二十多年者。明朝只有"两广所属有司官，地有瘴疠者，俱以三年升调""虽系两广而无瘴疠者，仍以九年为满"[③]。这显然是吸取了宋代地方官任期太短因而产生危害的历史教训。

原载《中州学刊》1991年第5期

[①] （宋）林駉撰：《新笺决科古今源流至论·别集》卷6《堂除》，中华再造善本，第11页。
[②] 《明会典》卷6《吏部五·诰敕》，中华书局1989年影印本，第33页。
[③] 《明会典》卷12《吏部十一·在外司府州县官》，中华书局1989年影印本，第72页。

宋代定差法述论

任命官员的方式是官员管理制度的重要组成部分。宋代继承了隋唐以来由中央统一派遣地方官员的任官制度，但在川峡、广南等边远地区则因地制宜，实行"分铨注之法委之漕司"[1]的定差法，即这些地区的部分州县官由当地转运司参照吏部资格法差注或换易，然后上报吏部审核批准。"吏部考其格法无害，则给告札"，定差之官不需亲自到吏部候选和待阙，免去了远途跋涉和闲居之苦，"南中士夫甚乐之"[2]。以下拟就这一制度在宋代的形成和发展、特点和意义等进行初步论述。

一 定差法的形成和发展

中国自古地域辽阔，不同地域之间自然环境、经济与文化发展程度、语言和风俗习惯等存在较大差异，在交通条件有限的情况下，所有县级以上地方官由中央统一任命，存在的困难在所难免。所以，隋唐统一以后，在统一任命地方官的同时，也产生了允许远地如岭南等地区，选任本地人担任当地官员的"南选"制度。唐代，所谓"海

---

[1] 杨一凡、田涛主编，刘笃才点校：《吏部条法》《奏辟门·定差》，中国珍稀法律典籍续编第2册，黑龙江人民出版社2002年标点本，第192页（本书此后引用该文献，均参考该版本，出版信息从略）。

[2] （宋）周去非撰，杨武泉校注：《岭外代答校注》卷4《法制门·定拟》，中华书局1999年标点本，第166页（本书后面引用该文献，均参考该版本，出版信息从略）。

峤择吏与江淮不同，若非谙熟士风，即难搜求人瘼"①，因此，"岭南五管、黔中都督府得即任土人，而官或非其才，乃遣郎官、御史为选补使，谓之南选"。即在广南、贵州、福建等地区，允许当地都督府就地择任官员。为了防止地方任非其人，自唐高宗以后逐步形成了三年或四年一次从朝中派御史等官员为选补使，铨择当地基层官员的制度，这一铨选方式谓之"南选"。后来，"江南、淮南、福建大抵因岁水旱，皆遣选补使，即选其人"。不过，往这些地区派遣选补使的制度"废置不常"，并未形成定制。②

宋代在两广和四川等地区实施的定差法是结合当时当地历史条件逐步确立和发展起来的一种地区性任官方式，与唐代的南选有某些继承性，但其施用范围有所扩大，制度更加规范化，与唐代的"南选"有许多不同之处。

宋代定差法萌芽于太宗、真宗时期，到神宗熙宁年间形成定制，并在川峡四路、广南东西路、福建路和荆湖南路部分地区共八路范围内施行，故称为"八路定差法"。哲宗元祐年间曾一度废罢，绍圣时复行熙宁之制，直到北宋末年。南宋时，除福建路、荆湖南路不再施行外，广南东西路和四川地区这6路依旧实行转运司定差法，但定差的官阙，部分被吏部取占，部分被监司帅司辟差，其适用范围比北宋缩小了。

定差法的渊源可以追溯到唐末五代。唐末五代，藩镇长官往往自辟所属州县官员或幕府官，然后报中央批准，成为正任；凡不报中央审批者，称为"摄官"，这类摄官在五代时很多，是地方割据势力强盛的表现之一。宋初严禁各地长官自辟摄官，凡有缺官一律上报，由

---

① （宋）王钦若等编：《册府元龟》卷631《铨选部·条制第三》，中华书局1960年影印本，第7574页。
② 《新唐书》卷45《选举志下》，第1180页；《册府元龟》卷629《铨选部·条制第一》，第7545—7546页；参见（宋）马端临著，上海师范大学古籍研究所、华东师范大学古籍研究所点校：《文献通考》卷37《选举考十》，中华书局2011年标点本，第1076—1077页（本书此后引用该文献均采用此版本，编校者、出版信息从略）。参见张泽咸：《唐代"南选"及其产生的社会前提》，《文史》1984年第1辑（总第22辑）。

中央统一任命。但是，当时广南有些地区开发程度有限，或深受瘴疾之害，或河水有毒，北方人到那里任职，轻者不习水土，重者威胁生命安全，以至于有如昭州（治今广西平乐县）、新州（治今广东新兴县）等被称为"大法场"，英州（治今广东英德市）等被称为"小法场"①者，意思是北方人到那里做官得病而死的较多，犹如上刑场受死刑一样。内地人不敢到那里任官，当地人又难以取得进士出身成为正式官员，为了解决那里的缺官问题，同时为了笼络当地的上层士人，北宋自太宗朝开始即允许两广转运司考试录用那些在当地曾经两举进士、三举诸科的举人和特恩补授了长史、文学等散阶官者，充任当地基层的州县官，这些没有获得正式官阶、没有被朝廷任命过、而由转运司任命的官员被称为"摄官"。不过，宋代广南东西路的摄官与唐末五代的摄官不同，有比较制度化的选任和升转条件，是法定的地方性官员选任方式之一。当时，摄官分为两等，未经吏部颁发官告者称为试用摄官，试用人一任满三年或两任以后无过犯，可由转运司解送吏部，吏部审察其历任劳效即颁发委任状，转为有正式官阶的朝廷命官，转正后摄官成为他们的出身，他们仍旧回当地由转运司差注当地州县官。后来又逐渐分为三等：一是"待次摄官"，二是"正额摄官"，三是"解发摄官"。其中待次摄官属于试用阶段，"待次历两任无过，漕司再给公据印纸为正额。又两任无过，漕司解发吏部，补迪功郎，自是通行仕路矣"。解发摄官即是受过朝廷任命的品官了，此后便可"作经任人注拟住阙六考，以举状改官"。② 由于当地阙多官少，所以他们"率是见次"，不用闲居待阙，"升改甚捷，有官至正郎、任数子者"③，即有的摄官升到郎官，并通过恩荫制度给子孙争取到了做官资格。这一选任摄官的制度为熙宁年间颁布的定差法提供了官员的来源。

---

① 《岭外代答校注》卷4《风土门·瘴地》，第151页。
② 《岭外代答校注》卷4《法制门·摄官》，第170页。
③ 《岭外代答校注》卷4《法制门·定拟》，第166页；同书卷4《法制门·摄官》，第171页。

在四川和河北沿边地区，宋初实行过与其他路分不同的就地移任官员法，这有部分特征类似后来定差法的一些做法。当时，幕职州县官三年满任以后，均需回京师开封，到吏部待选，等待重新差注官阙。为了保证沿边地区不缺官员，朝廷允许这些地区的官阙空岗时，可以从邻近的陕西或京东、河东等地直接调补，以免延误边事。真宗时吏部流内铨即言：

> 西川、河北在任官及三年已上，阙人填替者，欲依先例，于河东、京东、陕西州军在任人内就移填替。其移官人仍依铨司注官例，令逐州军预借料钱。①

所谓"就移填替"，即官员不必回吏部候选集注，而是直接由现任赴新职，这是为了解决边远地区缺官而采取的特殊措施。所谓"依铨司注官例"，是指就移者也参照吏部的铨选条例，做到有法可依。宋仁宗时，允许四川转运使或提点刑狱荐举本路知县资序的京朝官担任威（治今四川理县）、茂（治今四川茂县）、黎（治今四川汉源县）、集（治今四川南江县）、雅（治今四川雅安市）等边远小州的知州。这些特殊措施对熙宁年间八路定差法的形成有重要的影响。

定差法另一个制度来源，或与审官院、三班院、枢密院等部门的差除制度有关。宋太宗时期，中央有三班院负责小使臣的差注、流内铨负责选人的差注，还设置了审官院负责常调京朝官的差注、考课等政务。其中，如常调京朝官、或者差注外任差遣时，允许官员按照自身条件和条例规定，提供两路或者三处可以备选的除授岗位，如果两处或者三处都差注不了，则由审官院按照官员的条件直接指定差遣，当时多称"定差"。所以，宋真宗、宋仁宗朝，审官院、三班院派遣

---

① 《宋会要·职官》57之31，第4574页。

官员时，都曾提到"定差"一词①。

宋神宗熙宁三年（1070），为了免除边远地区官员回吏部参选注官时的旅途劳苦，同时节省官员来往路途上的经费开支，宋政府颁布了"远官就移之法"，即常称的定差法。新法规定：

> 川峡、广南、福建七路，除堂除、堂选知州外，委本路转运司置逐等差遣员阙簿，录逐官到任月日，成资替者、到任及三（"三"应该是"半"字之误）年，三十月替者及一年，三年替者及一年半，收为阙次，依审官东院、流内铨例，逐月上旬检举员阙，牒所部州军关报本处官。如见任官去替期半年以下，或已得替人，并许依本资序指射员阙。内京朝官监当合入亲民、合关升差遣，选人合入职官、令录及循资，并听依。②

该法规定，常调京朝官和选人在上述 7 路任职者，在任职到一定的时间后，如二年成资阙到任半年以后、三年任满阙到任一年半之后，其岗位即可以"收为阙次"，即排好顺序，等待其他在当地做官且已经罢任、或半年之内即将罢任的官员按资序"指射员阙"，这相当于回到京城参加差注的环节。这些在当地罢任的官员，可以按照资序等条

---

① 宋真宗天禧二年四月，审官院言，"在院京朝官经两次引问未就差遣者，乞一面勘会定差，"从之。仍令每问不得过十日（《宋会要 职官》11 之 2，第 3304 页）。另如，天禧五年四月，诏三班院："自今合入住程差遣使臣数多，差填季阙已尽，即将次季及后来一季缺次供申枢密院勘会，候降下，即仰依季分次第定差，不得隔蓦差使"（《宋会要 选举》25 之 4，第 5725 页）。又如，宋仁宗天圣七年三月二十一日，审官院言："欲自今除特与优便并指定差遣人外，其余官员到院公参日，各令先供欲求所向路分差遣文状，如有情愿人远及折资差遣者，亦各于状内开说。如遇有缺，不拘日限，但经两度丐请问当，如未就者，即一面勘会所乞路分合入远近去处，依名次定差。内有自西川、广南并沿边不般家州县得替及丁忧服阕人，许经三度丐请后未就差遣，即依前项勘会定差。"从之（《宋会要 职官》11 之 2—3，第 3305 页；参见《长编》卷 120，景祐四年十二月庚午，第 2840 页；《长编》卷 123，宝元二年正月己未，第 2894—2895 页）。宋仁宗天圣七年，又"诏审官院定差，并申中书引上审视，若懦庸老疾不任事者，罢之。今都堂审察，其遗意也"（《燕翼贻谋录》卷 1；《宋会要 选举》25 之 6，天圣八年三月，第 5727 页）。等等。

② 《长编》卷 214，熙宁三年八月戊寅，第 5216 页。

件，通过转运司的定差，就任那些已经"收为阙次"的地方官员岗位。其中，虽然允许参加定差之官在本路之内任职，但是，也遵循一定范围的乡贯回避制度。即定差之官可以在本路之内做官，但是不能在本县、本州及邻近地区任职：

> 若占籍本路，或游注此州，皆从其便；惟不许官本贯州、县及邻境，其参拟铨次悉如铨格。无愿注者，上其阙审官，而在选者射之。武臣之属西院、三班院者，令枢密院仿此具制。①

当年十二月，朝廷又规定荆湖南路以下地区的一些县官和监当官，也实行定差法：

> 全（治今广西全州县）、道（治今湖南道县）、郴（治今湖南郴州市）、潭（治今湖南长沙市）、衡（治今湖南衡阳市）、邵（治今湖南邵阳市）、永州，桂阳监（治今湖南桂阳县），有溪洞蛮瑶县分，主簿、县尉及逐州监银、铜、铅、锡坑冶监官，令转运司依川、广七路指射员阙就差条贯施行。②

定差法遂在八路州县官中推广开来。

宋哲宗即位之初，执政者一反熙宁元丰之政，熙宁三年颁布实施的定差法也在整顿之列。元祐元年（1086）闰二月诏：

> 八路知州、通判、签判、监司属官、承务郎以上知县、大小使臣员阙，并归吏部差注。内接送人合支雇钱者，并只差兵士。内有专条并奏差，及一时指挥及其余阙并水土恶弱，及自来差摄

---

① 《宋史》卷159《选举五》，第3722—3723页。
② 《宋会要·职官》48之64，第4356页；《长编》卷218，熙宁三年十二月丁巳，第5291页。《宋会要》无"衡州"，此据《长编》补。

官处，并依旧①。

首先把定差法任命的常调京朝官窠阙、大小使臣窠阙，收归吏部差注，这样八路转运司定差的窠阙就只剩下了选人担任的幕职州县官等，以及原来两广地区差注的摄官。

元祐元年四月十八日，再次缩小定差法中选人的差注范围："诏八路选人员阙，除有专条并奏差，及一时指挥并水土恶弱，及自来差摄官处，并依旧外，余归吏部差注。"即，定差法剩下的基本上是熙宁之前特殊情况下选用的选人和摄官了。同年六月，又诏"八路季阙，从吏部与转运司随季互使"②。

不久，御史上官均又上疏指斥定差法有七大弊病，主要是：定差之官可以不赴吏部铨试而就地指射阙位，他们不需待次，也不用待阙，七年之间可成三任官资，其余各路的基层官员参加吏部差注者，需要经过严格铨试，而且还需待次、待阙，七年之间仅能成一任。定差之官可以参用本路人，不无亲故请托之弊，等等。此时，吏部员多阙少的矛盾已很突出，一官之阙常有三四人守待，而定差之官则都是注现阙，没有待阙闲居之苦，于是吏部也请求收回八路转运司所用定差之阙，由吏部"用常格差除"，熙宁年间新增的定差条例多被废罢。③ 其实，元祐缩小定差法适用范围，其主要原因是元祐党人想尽量废除熙宁年间的一切新法。但是，这些远处官阙归吏部差注以后，大多数内地人仍然不愿赴任，条件较差的州县往往长期缺正式官员。因此，绍圣年间，复行熙宁之制。元符元年（1098）二月，曾一度把两广路之外定差的常调知州、通判阙收归吏部，但第二年又复改为

---

① 《宋会要·职官》62之42，第4744—4745页；《宋会要·仪制》4之26，第2375页；《宋会要·选举》23之4，第5675页；《长编》卷370，元祐元年闰二月丁巳，第8955页。以上诸记载断句各异，内容大同小异。

② 《长编》卷375，元祐元年四月乙巳，第9099—9100页；《长编》卷380，元祐元年六月戊申，第9236页。

③ 《长编》卷380，元祐元年六月戊申，第9236—9238页；《文献通考》卷38《选举考十一》，第1113—1114页；《宋史》卷159《选举五》，第3723页。

定差，直至北宋末年。

南宋时国都南迁到了杭州，原被认为是边远州县的福建、荆湖南路与朝廷之间的距离缩短了，两路因此不再实行定差法。广南、四川六路虽依旧定差，但定差的阙位部分由吏部取占，部分归诸司辟差，故定差所用的阙数大为减少。以四川通判为例，藩府大州的通判由吏部差注，与金朝交界的"金（治今陕西安康市）、洋（治今陕西西乡县）、兴（治今陕西略阳县）、利（治今四川广元市）、文（治今甘肃文县）、龙（治今四川平武县东南）等州"，"依八路法，送本路转运司"，照元丰旧格进行差注，其余则由制置司奏辟。[①] 尽管如此，终南宋之世，定差法在川、广地区行而不废，其管理制度仍在逐步完备。

二 定差法的内容和特点

宋代的定差法是"令漕司奉行吏部铨法"[②]，或称"分铨注之法委之漕司"，[③] 即由转运司代行吏部铨选官员的职能，因此，它就不能不遵守一些和吏部铨法条令相近的规则。而且，宋代八路转运司差官的权限受中央严格控制，遂使定差法呈现出不同于前代地方长官奏辟属官之制的时代特点。

其一，定差制下，转运司一般只有调官补阙权而无选官权。

八路定差法所差官员分两种情况，在广南东西路，转运司定差的官员既有吏部派去的现任、前任或寄住的朝廷命官，也有本司所选的摄官，其他六路转运司定差的官员一般是吏部派出的有正式官阶委任状的朝廷命官，即除广南东西路转运司有选拔录用摄官的权力外，其余几路转运司只有"就移"本路官员到既定官阙的权力，而没有选拔白身人入仕为官的权力。

---

① 《宋会要·职官》47之71，第4305页。
② 《岭外代答校注》卷4《法制门·定拟》，第166页。
③ 《吏部条法》《奏辟门·定差》，第192页。

其二，定差官员也实行定期集注。

中央铨选部门，每年是在固定的季节集中差注官员的。八路定差法也是定期定差，一年分四季榜阙集注，每季孟月榜出阙官之处，仲月参注，季月把注授方案上报吏部（元丰改制前报审官院或流内铨、三班院等），吏部审验地方选差之官，合格者即申请朝廷颁发委任状。淳熙十二年（1185）还特定于每季孟月十五日榜示阙位，以免时间拖得太久，出现徇私请托等弊端。

其三，转运司定差官员必须遵循以下条令法规：

（1）实行考试任用法。

宋代，进士及第人已经经历过较严格的考试，北宋前期一般直接给他们注授差遣，而未经科目考试入仕的荫补出身或其他特恩补官之人，则必须经过另一种考试，考试合格才许注授差遣。这种考试法，文臣称"铨试"，武臣称"呈试"，从真宗、仁宗朝发展起来，到神宗熙宁年间成为定制。文臣的铨试内容以律义、断案、经义或时议为主，武臣呈试的内容以兵书大义、策略计算为主。北宋中期以后，在吏部授官时，凡在铨试或呈试中未通过者，虽补授官资，也一律不许差注实职差遣，定差之官也不例外。熙宁变法时期，摄官铨试法趋于完备，当时规定，广南东、西路转运司：

> 每二年一次，以本路两举进士合差摄者，先定月日，差官三两员，考试公案五道，该涉刑名五七件，分作五场，赍所习文字就试，以通数多少挨排。①

考试通过以后，按成绩名次从上往下录取，未被录取者不限次数，可以再试。南宋时，摄官考试依旧分五场："通试律义、时义各一场，断案三场，取合格人依名次补摄。"② 考试的内容，以办理州

---

① 《宋会要·职官》62之41，第4744页。
② 《宋会要·职官》62之52，第4750页。

县司法讼诉等必须掌握的法律知识及其运用能力为主，这有助于减少地方官违法断案、残害无辜的现象，缓和阶级矛盾。由于两广摄官是根据需要在有限的举人范围内录取的，录取的标准并不太高，"自非杂犯，虽文辞鄙俚，亦在所录"①。南宋时，四川定差的官员也由转运司组织铨试，为了防范转运司执法出现问题，还令制置司差官监督。

（2）实行乡贯回避制。

宋代，由吏部差注或宰相府堂除的地方官都实行严格的乡贯回避制，也不得在离家乡500里之内的本路、本州及邻州、邻县任职。如前所述，八路定差的官员虽可以在本路任官，但仍然"不许官本贯州、县及邻境"。而且，一州之内的知州和通判等，一县之内的县令和主要佐官中，只能有一人是本路人，其他必须参用外路人，目的既是为防止官员居乡徇私，也是为防止他们拉帮结伙形成地方势力。

（3）定差条例中也有资格法，即必须委任"合入资序人"。

宋代，吏部注授的常调官员有严密的资格法，官员一般都依年限和劳绩依次递升，资格不到一定级别，很难取得相应差遣。定差法所差注的虽系边远地区最基层的官员，但也都有资历限制。南宋孝宗时，四川利州路金、洋、蓬州（治今四川仪陇县）处于宋金交界的沿边地区，三州和大安军（治今陕西宁强县北）的签判官阙，在定差时必须先注第二任知县资序人，如没有合格的人应选，则改差经酬奖改京官、合入知县且60岁以下者，即使榜阙半年以后没有合格人应选，收为破格阙使用时，仍须注授初任知县，或选人中有举主、年龄在60岁以下的幕职官资序人②。以上三项内容都是在吏部复审范围之内的。

（4）转运司定差官员的权力受中央政府的严格制约。

---

① 《宋会要·职官》62之53，第4750—4751页；（宋）佚名撰，孔学辑校：《皇宋中兴两朝圣政辑校》卷62，淳熙十二年七月壬寅，第1426页。

② 《宋会要·职官》48之12—13，第4315页；《吏部条法》《奏辟门·定差》，第193页。

首先，定差的官阙总数是中央规定的，在吏部有案可查，转运司只能在限定的阙额内定差，不得额外增加。如两广路的摄官即须按阙录取，宋初，广南东西路各以 25 员为限，后来分别增加 25 员称为"待次"。宋徽宗崇宁、大观年间，两路又各增 25 员称为"额外"①，这是当时整个官僚队伍冗滥的表现之一。南宋初年，比照北宋末年的阙数执行。绍兴三十一年（1161）始各减三分之一，"广南路摄官待次、正额各以五十人为额"。宋孝宗淳熙四年（1177）再次进行裁减，广南东、西路"正额、待次摄官各以三十员为额"②。南宋广南摄官能够担任的阙位主要包括监当、主簿、县尉之类最基层的岗位：

　　二广两荐之士许试摄官，谓之"试额"；二年再试，谓之"待次"；累至三试，谓之"正额"，然后得以就禄，或处以盐税之任，或授以簿、尉之职。③

周去非也称两广地区"大率以荒僻海邦监当、簿尉，令存留为摄官阙，吏部又收其阙之稍厚者以注命官"④。

转运司定差的官阙职位和官员资格都受到中央的严格监察。如绍兴十三年，诏令"四川、二广定差窠阙，令吏部四选逐色阙置号簿各二扇，一纳御史台，一留本部，行下川广，依准起置。遇川广用字号定差差遣，以细状申部，以逐号单状申御史台，注名于簿"⑤。宁宗嘉定十七年（1224），在大臣建议下，责令川、广转运司加强对其所统辖的基层武官的管理，统计好人数并按现任、寄居、待阙分类上报吏部，将来定差的官员必须在所呈报的名单之内，额外任用将受处分：

---

① 《宋会要·职官》62 之 45—46，第 4746 页。
② 《宋会要·职官》62 之 47，第 4747 页；《宋会要·职官》62 之 52，第 4750 页。
③ 《宋会要·职官》62 之 53，第 4750 页；（宋）佚名撰，孔学辑校：《皇宋中兴两朝圣政辑校》卷 62，淳熙十二年七月壬寅，第 1426 页。
④ 《岭外代答校注》卷 4《法制门·摄官》，第 171 页。
⑤ 《宋会要·职官》55 之 20，第 4508 页；《系年要录》卷 150，绍兴十三年九月丁卯，第 2830 页。

将四川、二广使臣名籍，严督运司攒类，除程立限，刷具见任、寄居、待阙使臣员数，岁终置籍缴申（吏部），有漏落不实，将来定差到姓名不在籍内，即将元申官司重置于宪。①

吏部不但审查转运司定差的官员是否合乎铨法，而且审核定差官员的政绩功过。定差官员的循资、关升由转运司负责，磨勘改官由吏部主持。南宋孝宗时，为了保证吏部在审查时有更多的依据，淳熙六年（1179）规定，川、广转运司必须每月把定差官员的功绩和恩例、"名次单状"等上报给吏部，"月以为常"；每年必须把定差官员的详细档案"置籍申部，岁以为常"；凡定差官若"有改官以上酬奖、及举主足、该磨勘者，并赴部"，由吏部考功司依法施行。②

此外，转运司定差官员还受到同路其他同级监司的监督。条令规定，被定差的官员如果本人认为转运司差注不当，可以到提点刑狱司或安抚制置使司等处投诉，"各司受理而互察"③。不过，由于转运使职务繁重，差注官员之事难免受属吏干预，因此，差除不当之事在所难免。

从以上几点可以看出，宋代局部地区因地制宜实施的定差法赋予转运司在一定程度上灵活差用地方官的权力，但这个灵活性是有限度的，定差官员不但受阙位限定，而且还必须遵守资格法、乡贯回避法、考试任用法等许多吏部规定的铨选法令，并受到中央政府的严密监督，这是宋代中央集权强化的标志之一，也是宋代定差法的主要特点。

三 实行定差法的意义

宋代允许转运司在部分边远地区差注本路部分常调州县官的定差法，虽难免存在这样那样的问题，如广南地区发生过任用有所谓"恩

---

① 《吏部条法》《奏辟门·定差》，第194页。
② 《吏部条法》《奏辟门·定差》，第192页、第190页。
③ 《吏部条法》《奏辟门·定差》，第192页。

科瘿老之人",或不识字武臣之类的弊病,但这一制度与当时当地的历史条件相适应,对保障地方政府有效运转是有积极意义的。

首先,定差法有助于减少边远地区的缺官现象,保证州县政权能实施有效的统治。宋代实行全国统一由中央任命地方官的任官制度,并制定了严格的乡贯回避法,以防止地方割据势力的形成,巩固中央集权。但是,在一些边远地区,由于自然条件、经济社会发展程度等因素的制约,吏部遵循资格法难以差到合适的官员,致使这些州县常常出现无人愿意赴任的空岗现象。因此,在两广地区定差当地士人,在四川地区就移参用当地官员等措施,有助于减少当地的缺官现象,保证地方政务的正常运行。

其次,定差法特别是定差摄官法与广南地区当时的经济文化发展水平是相适应的。宋政府制定并推广八路定差法的主观愿望是减少官员长途奔波的旅途之苦,节省官员旅途中政府支出的各种费用。在由吏部统一差注官员的制度下,每个地方官每三两年即须变动职务,回到吏部参选,然后再待选、参选赴新任。宋朝一般要求官员在离京城远的地方和近处交替为官,他们来往于遥远的州县和京师之间,不但需要吃住经费,而且还需要吏卒护送,因此在边远地区实行"就移填替"的定差法,既可以"省士大夫调官往来之费",又可以免去"吏卒远道将送之劳"[①]。在两广地区,由于当地社会经济、文化发展水平还比较低,士人难以在科举考试中及第,按当时统一的官员选用资格,当地人便没有入仕为官之途径。因此,由转运司定差使用摄官,适合当地生产力的发展水平,为当地士人开辟了入仕的路径,起到了笼络当地士人之心的作用。摄官的俸禄比朝廷命官的俸给少得多,朝廷命官中以选人最低一阶的簿尉为例,宋神宗以前,簿、尉每月的俸钱是:10000户以上县12贯,7000户以上10贯,5000户以上8贯,3000户以上7贯,不满3000户6贯,神宗时3000户以上统一增加为12贯。同一时期广南摄官的俸给与此相差悬殊,仁宗嘉祐年间,摄

---

① 《宋会要·职官》59之16,第4649页。

官的报酬新增以后是 1.5 贯，熙宁年间再增为 5 贯。南宋时，内外品官都增加了各种添支钱，其中吏部正式任命的簿、尉，在 12 贯俸钱之外，还有料钱 12 贯，茶汤钱 10 贯，合起来共三十多贯①。与此同时，摄官的俸给仅增至"月俸不过十余贯"②。因此，绍兴三十年（1160），当广西转运司申请把 41 处摄官担任的官阙改差小使臣或选人等朝廷命官时，就有臣僚上奏说："摄官之俸月不过钱十贯、米二石，而小使臣、选人请给比摄官数倍，州郡岂能枝梧？兼失摄官荣进之望，乞依旧法。"③ 高宗遂下诏仍旧差摄官。另如宾州（治今广西宾阳县）的"商税院及管下独女铅场，各系小使臣窠阙"，隆兴元年（1163），因"税额微细"，难以支付使臣的俸给，遂改由转运司定差摄官任之。④ 可见，两广地区由转运司定差摄官，"非惟摄官者得以供赡，亦所以省小郡财赋也"⑤。定差法的意义也是这样，既有利于笼络当地基层士人和官员，也能为政府节约经费，并提高行政治理的效能。

原载《西南师范大学学报》（人文社会科学版）1992 年第 3 期

---

① 《宋史》卷 171《职官十一》第 4108—4109 页、第 4111 页；《宋史》卷 172《职官十二》，第 4135 页。
② 《宋会要·职官》62 之 48，第 4748 页。
③ 《宋会要·职官》62 之 47，第 4747 页。
④ 《宋会要·职官》48 之 74，第 4362 页。
⑤ 《宋会要·职官》62 之 48，第 4748 页。

论宋代的权摄官

宋朝建立后，吸取唐末五代君弱臣强、内轻外重、割据混战、国祚短暂的历史教训，在人事管理制度等方面围绕着如何加强专制主义中央集权进行改革，其主要措施之一是限制地方长官辟举下属的人事权，由宰相府、枢密院和政府其他铨选机构集中考校和差注全国各级官员，皇帝直接任免中央和地方部分高级官员，各级地方长官除了前文所论转运司的定差制度、部分长官辟差少量岗位外，已经很少有人事任免权。这种人事管理制度的改革对于巩固中央集权统治起到了重要作用。但是，自古以来，中国疆域辽阔，各地经济社会发展水平差别较大，边远地区环境艰苦、交通不便，受此影响，官员更愿意在内地或者条件较好的地方任职，而不愿到条件差的边远地区任职，其结果是边远地区不得不降格用人，存在大量非正式的代理官员。北宋末年开始，权摄官大量增加，便与这一集中人事权的制度有很大关系。

中国古代政府官位缺员，由他官临时代理，不同时期有不同的称谓。汉代或称"行"，唐五代或称"摄"。唐末五代，藩镇专权自恣，所辖州县官有空阙时，往往自行派人署理其职，然后申报朝廷，朝廷批准后颁发文告者，为正式命官，未经朝廷授命者，称摄官。当时，摄官人数很多，如唐武宗会昌元年（841），"州县摄官，假名求食，常怀苟且，不恤疲人"[1]。后唐明宗同光四年（926），乃至"诸道州

---

[1] 《册府元龟》卷632《铨选部·条制第四》，中华书局1960年影印本，第7575页。

县皆是摄官"①。摄官的增多，既是地方割据势力膨胀的表现，也助长割据势力进一步增强，进而削弱中央集权。

北宋立国之初，为革除上述弊端，曾极力控制地方官的任命权。首先是派京朝官出任地方知州、通判、知县等州县长官，逐步取代原来藩镇所派掌控地方的武臣。其后，开宝四年（971）下令严禁诸道州县继续差用摄官，各地"凡有阙员，画时以闻，当旋与注官。若正官未到，各以见任他官权管"②，不许非朝廷命官权摄州县官职，而且各州须委派专人及时向朝廷汇报本地缺官的数额，以便朝廷及时差人。此后，宋政府不断修订、增补差用权摄官的原则法令，完善广南东西两路由转运司考试录用当地士人为摄官的地方性用人制度③，从而改变了唐末五代滥用摄官的局面。但是，从北宋末年到南宋，权摄官的任用再度泛滥，并给当时的政治、经济等各方面造成了不同程度的危害。下面试对宋代权摄官的任用原则、泛滥情况、造成的危害及其原因等作一初步探讨。

一 权摄官及其任用原则

宋代的权摄官大体分为两种。一种是受官、职、差遣分离制度影响而出现的。如北宋前期，"大理寺判官或一员两员不定，少卿一员，以它官权"④。贡举官不常置，以礼部长贰代理，称知贡举，若以其他官员代理，"虽在礼部贰之上，皆称权知举，盖知举乃礼部职也"⑤。需要明了的是，这一类称为权官者都是朝廷正式任命的官员。

---

① 《册府元龟》卷632《铨选部·条制第四》，第7580页。
② 《宋会要·职官》62之38，第4742页。
③ 宋代两广路沿用的摄官制度是一种选任合一的人事制度，与五代摄官既有联系，又有较大区别，参见拙文《宋代定差法述论》，《西南师范大学学报》（人文社会科学版），1992年第3期，又见本书第五部分。这种摄官与本文所讨论的权摄官不是同一概念。
④ （宋）江少虞撰：《宋朝事实类苑》卷25《官制仪制·大理寺官》，上海古籍出版社1981年标点本，第307页。
⑤ （宋）周密撰，吴企明点校：《癸辛杂识·别集》下卷《权知举》，中华书局1988年标点本，第279页。

另如两制官，任用资序较浅的官员担任时称直官，如直学士院等，"学士俱阙，它官暂行院中文书，谓之权直"①，或称兼权、兼权直。而直官，"其实正官也"②。即寄禄官和差遣职事分离后，担任某一职事官，要求官员具有相当的资序，如果官员的资序低于所任职事官，便称权知、权、权发遣等。元祐以后，曾"置权尚书、权侍郎"，以"待资浅之官"③。这类权官多是正式命官的特殊称谓。

以下则讨论另一类权摄官，《朝野类要》卷3称之为"权局"，大体上是临时兼任，即"代理"空岗的意思。在州县官员岗位空阙时，帅司、监司、郡守等，依照条法临时委派其他现任官或待阙官代理这些空阙，这种用人制度即称为"权局"。其制：

> 帅抚、监司、州郡，选有官或待阙人摄职，谓之"权局"，本官自谓之被檄是也。若白身人借摄文学、助教、将仕郎、副尉、承信之类，谓之"白帖"，在法有禁。④

即非官员的"白身人"及无品散官，一般不许权摄州县官阙。差用权摄官的条法，有的被收入《庆元条法事类》的"权摄差委"，或散见于其他史籍中。

（一）权摄官人选

1. 现任官

宋代条令规定，州县缺官，朝廷未差注到官或所任命的新官因故未到任，允许同级官员或现任次官权摄其职，而非朝廷命官和曾犯罪的官员不得权摄。如转运使副、提点刑狱、提举常平等监司官可以互

---

① 《宋会要·职官》6之46，第3179页。
② （宋）沈括撰，金良年点校：《梦溪笔谈》卷2《故事二》，中华书局2015年标点本，第14页。
③ （宋）林駉撰：《新笺决科古今源流至论·前集》卷8《试守权行》，第18页。
④ （宋）赵升撰，王瑞来整理：《朝野类要》卷3《差除·差摄》，大象出版社2019年标点本，第252页。

相权摄，也可以由大州知州权领。知州岗位暂时缺人，可以由通判权任，通判阙可由幕职官或知县兼权，知县阙则由主簿、县丞等兼权。县级官员中，一般"唯繁难县分知县及巡检、县尉、课利场务，许差权官"，县丞、主簿等阙位，不许差权官，如果"未出官人"担任权官，在法有禁。①

2. 待阙官

除了在任官外，其他暂时闲居的"待阙官"有时也可以出任权摄官。

北宋中期以后，员多阙少的矛盾日益突出。一个官阙，常有三五人等待，已注授官职者不得不暂时闲居，以等待现任官员任期满离任，这类排队等着前任甚至前几任离任后才能上岗的官员被称为"待阙官"，其数量在宋代很多，而且不断增加。待阙官所待之阙基本上是地理位置和经济收入等条件较为优越的地方岗位，而边远地区仍有缺员现象。待阙官在以下几种情况下可以担任权官：一是治理任务繁重的县级长官暂时缺人时，"诸繁难县令阙（谓吏部籍定者），本路无官可差者，转运、提点刑狱司于罢任待阙官内，选差年未六十。曾历县令，无私罪、疾病及见非停替人权"②。二是负责买卖官茶的茶马司官员暂缺，可差待阙官权摄。元丰元年（1078）规定："卖茶官如非其人，许本司选择，于事简处对移。如阙正官，即于得替待阙官内差权，或指名牒转运司差。"③ 三是在战争等特殊时期，缘边城寨兵马武官暂缺，可差用待阙官。如元丰元年曾诏："诸路缘边城寨阙官，及管押兵马缓急事宜差使，并许经略、安抚、钤辖司于待阙得替使臣至军大将内权差勾当。每月一具所差员数、职位、姓名申枢密院。"④ 四是酒税等课利场务监当官缺正官时，转运司可先选差本州

---

① （宋）程俱著，徐裕敏点校：《北山小集》卷37《论本州冗员及权官等事》，人民文学出版社2018年标点本，第633页。
② 《庆元条法事类》卷6《权摄差委·职制令》，第100页。
③ 《长编》卷287，元丰元年正月丁卯，第7017页。
④ 《长编》卷289，元丰元年四月己酉，第7065—7066页；《庆元条法事类》卷6《权摄差委·职制令》，第101页。

及邻州官员权摄，"本州及邻州实无可差"，则可"于本路待阙官内差权，其亏欠责罚，依正监官条"①。此外，巡检、县尉暂缺正官，可由提点刑狱官选现任他官权摄，无可差者，也许待阙官权领。其他情况下则严禁差用待阙官。

3. 部分散阶官

现任官和待阙官之外，宋神宗元丰年间开始允许部分带散阶官者差注权摄官。为了奉行文臣治国体制，宋政府对多次参加科举考试而未能通过的应举人实施了特殊照顾性的特奏名考试制度，通过特奏名考试补授了文学、参军等散官而达不到参加吏部差注条件者，遇大赦之后，有官员担保，可充任边远州县权摄官；若满任无过犯，还可到吏部参选注正官。但杂流入仕如进纳买官、借补入仕等，不在差用之列。条令规定："进士、明经、诸科，恩泽授诸州参军，年六十以下，并许召保注权官。"②且须由"本县、本州、转运司次第保明，申尚书吏部，有升朝官叁员奏举"③。所注阙位以广南东西路和四川州县基层官职为主，但北宋时不许注授西北三路沿边官阙。特殊条件下，也可以不用官员担保。徽宗政和二年（1112），重申旧制，规定：

> 应特奏名授诸州参军，系三举，年未及六十，并许权注广南东、西路并梓夔路新边州军摄官……诸州文学人，愿就前项路分差遣者听，仍免经恩保奏，许注权官。④

此外，在任官员因压缩编制或因事被误罢离任，暂时没有职务者也可差注权官。条令规定：

> 诸品官，因省员废并冲改、及因事而误罢任（原文小字注：因误注授改正者同），许不依名次路分，在外指射差遣。亲民资

---

① 《长编》卷309，元丰三年十月甲申，第7509页。
② 《宋会要·职官》62之43，第4745页。
③ 《吏部条法》《差注门一·总法》，第12页；《庆元条法事类》卷6《朝参赴选·职制令》，第106页。
④ 《宋会要·职官》62之43—44，第4745页。

序人已及贰年，依得替人例。小使臣仍免短使（原文小字注：监当资序人应关升、承直郎以下应升改者，不限到任年、月、日，并依得替人例）。若去替不及半年，本路有阙，许差权，补成考任……①

允许他们差注权官的目的是"补成考任"，作为冲改、误罢的补偿。

（二）差注权摄官的限制性规定

宋政府既规定了可以担任权摄官的大致范围，也明确规定了限制差注权摄官的人员范围。

一是无出身或杂流入仕且没有差遣经历者，不可担任权官。如前所述，在科举考试中屡次落榜的士人，通过特奏名取得参军、文学等散官者，遇大赦可注授远恶州军权摄官，但是其他出身是有限制的。条令规定："诸因进纳及阵亡换给补授，不理选限将仕郎及助教辄差权摄职任（原文小字注：虚给文帖称呼者同）及被差者，各以违制论。即不应参选人请托虚出文帖称呼，及为出给者，罪亦如之"②。故当时人称："有未出官人将仕、登仕郎，亦权监当或簿尉，皆不应法。"③

二是监司、知州的亲随人员不许差注权摄官。条令规定："诸监司知州辄将带使臣之任（原文小字注：校副尉、下班祗应同。谓非朝省注授者）及到任旋行收留差充指使，或权摄场务之类，所差官及受差者，各杖一百。若受差之人请过请给赃重者，坐赃论。"南宋高宗绍兴二十六年（1156），知真州（治今江苏仪征市）吴桌因"近到真州，亲随数辈，冒名权摄"④而被免职。

---

① 《庆元条法事类》卷9《省员废并·职制令》，第156页；《吏部条法》《差注门一·总法》，第12页。
② 《庆元条法事类》卷6《权摄差委·职制敕》，第99页。
③ 《北山小集》卷37《论本州冗员及权官等事》，第633页。
④ 《庆元条法事类》卷6《权摄差委 职制敕》，第98页；《宋会要·职官》70之46，第4941页。

三是寄居官不可权摄。宋代寄居官的成分比较复杂，其中既有致仕官、为父母守丧的丁忧官、待阙官，也有被授予宫观或岳庙差遣闲居食禄的祠禄官，还有因过失而责降居住的分司官、各种任便居住的非本贯官员，以及大量泛补官资而不理选限之人，等等。这些闲居官"在法有禁"，不可以充任权摄官。如绍兴三十年规定，"州县阙官，应专摄者，不得差本处寄居官……徇情冒差者，并以私罪收坐"①。条令还规定，"诸知州、通判、县令阙及添差、特差官有故或任满辄差寄居待阙官权摄，并受差者，并以违制论，因而收受供给者，坐赃论"②。

四是添差官不许权摄州县官职。宋代添差官是在正官之外增添任命的闲官，除少数特许厘务外，绝大多数是没有实际职责的"不厘务"闲差，如宗室、外戚、离军拣汰、归明归正等没有仕宦经历的被优恤人员，还包括相当一部分贬降官、无阙可注的冗官等。条令规定："诸不厘务宗室（不厘务散官同），而辄差权职任，或干办公事，及不应差罢任待阙官而辄差者，徒二年，受差者减三等"③ "应诸军拣汰大小使臣，不得摄行差充权摄并押纲诸般差使。如违，重置典宪。"④ 即使八路转运司定差之阙，可以用权官者，也不许差用添差官。

州县官缺人，一般允许现任次官权摄，但有些职务较繁重的现任官则不可搁置本职而兼权他官。如"诸转运司审院，以主管文字兼。其转运司帐司、提点刑狱司检法官（原文小字注：检法官听兼主管本司事务及文字），并不得别差干办"⑤。此外，诸司法类官员不得权摄收纳租税、籴买粮草等财务类岗位。

---

① 《宋会要·刑法》2之155，第8383页。
② 《庆元条法事类》卷6《权摄差委·职制敕》，第98页。
③ 《庆元条法事类》卷6《权摄差委·职制敕》，第99页。
④ 《宋会要·职官》62之51，第4749页。
⑤ 《庆元条法事类》卷4《职掌·职制令》，第29页。

(三) 权摄官须遵循的选任原则

在允许差用权官的前提下，法令对任用权官还有一些原则性规定。如必须遵照吏部条法中的资格法、回避法、考核制度等。

首先，权摄官需具备相当的资格。宋代任官，循资守格，权摄官亦然。如诸路监司、知州之类官阙如果缺人，先由与本司资序相当的或者高一级的职官权任，"本司无同职官者，各司互权，仍以序位法为先后之次；逐司皆阙，置司所在知州权；又阙，或系侍从以上任知州者，邻近知州权"。一般不许通判以下资序人权摄监司、知州。另如知州官阙，"监司置司州，听监司兼权（原来小字注：两员处以官职为序。如遇巡历，本州以次官暂权），余州以次官或转运司选官权"，武臣知州处，安抚司、钤辖司选官权领。"若以次官系选人，即申转运司选差邻州通判或见任京朝官权"①。

其次，权摄官也须实行地区回避法。宋代任用地方官时实行严格的地区回避或曰乡贯回避法②，官员不但不得在乡贯所在本州、本县及其邻州、邻县任官，而且也不许在长期寄居地和有本人家族田产所在地的州县任职。条令规定，诸"繁难县令阙，应差权官而辄差在本贯及有产业并见寄居若旧曾寄居处者"，差用官和受差者，均以违制罪论处，而且权官所领俸给以贪赃治罪。③

最后，权摄官任职期间也要进行政绩考核，无故不可随便离任。宋代派任地方官皆给印纸、历子等考核文书，记录官员的仕宦功过，以便人事部门考校审验。权官在兼权职务时，也须由监司、郡守等在其考核文书上"批书到任月日"，并记录其任职功过，凡"不批者，杖一百。所差官替罢，未经批书而离任者，罪亦如之"。权摄官离职时，还必须把正在办理的公务处理完毕，"无不了事件讫，方得离

---

① 以上并见《庆元条法事类》卷6《权摄差委·职制令》，第100页。
② 可参阅拙文《宋代官吏回避法述论》，《河南大学学报》1991年第1期。
③ 《庆元条法事类》卷6《权摄差委·职制敕》，第98页，参见同书第100页。

任"。而且正官未到任，权官"无故不得辄代"①，如"诸盐酒税场河渡本无正官，而转运司差官权监者，未满一年，不得差人承旨"。凡权摄官无故离任者，也"依非任满擅去官守法施行"②。

二 权摄官的增多及其危害

两宋权摄官的增多与冗官数量庞大有密切关系，也和政风败坏等有关。从北宋末年开始，因权摄官增多造成的不良影响日益严重，因而受到广泛关注。

宋徽宗政和五年（1115）八月臣僚奏称，开封府界诸监仓官多为权摄，京师诸仓监官的权官数量从以前约是正官的1.8倍飙升为正官的近6倍：

> 诸仓米麦一十八界，合差正官三十六员。今止有一十三员，而二十三员率皆权摄。去年每仓又添差监官一员，到今一十七仓，正官止有三员，余皆权摄官，尽是得替待次之人缘干请而得，为时暂窃禄之计，其于职事，必不尽心。

宣和二年（1120）诏令称：

> 州县之官，最为近民，一官阙则一事废。访闻诸路民事不理，盗贼窃发，场务亏额，税赋少欠，多缘久缺正官，或差权摄，侥幸廪禄，不复顾省职事，甚者贪赃横恣，民被其害。

---

① 《宋会要 职官》62之45，第4746页；《庆元条法事类》卷6《批书 职制敕》，第80页；《庆元条法事类》卷6《权摄差委 职制敕》，第99页；《庆元条法事类》卷6《权摄差委 职制令》，第101页。
② 《庆元条法事类》卷6《权摄差委 职制令》，第101页；《宋会要 职官》62之45，第4746页。

宣和四年，提举利州路常平刘镃又言：

> 切见僻远县令多缺正官，类皆权摄，苟且岁月，丰己营私，视公宇如传舍，奚暇究心职事、勤恤民隐？①

北宋末年，权官已成泛滥之势。南宋承北宋末年之弊，监司、郡守等往往巧立名目任意增加阙位任用权官，甚至用权摄官代替合法的正任官，导致权摄官更加泛滥。

首先，监司、郡守往往在正官之外巧立名目，额外差用权官，使基层的权摄官人数大为增加。高宗时，綦崇礼指出："阙官差权，多不应法，虽本无员阙，亦或增差，巧作名目，蠹耗禄廪"，而且"自江浙以往，皆有此弊"②。孝宗时，诸"州郡下至仓场库务之属，既有正官，别差权局，有至三四人者，或居家而遥请俸给，如曰措置、曰提点、曰管掌之类，名目竞生，多是处已有差遣待阙之人"③。虽然诏令多次限制，但收效甚微。至光宗绍熙初年：

> 州郡往往于正官之外巧立名号，在权税则曰机察，在酒醛则曰措置，在剂局则曰提点。似此之类食钱窠阙，或一官而数人共之，怙势陵铄，虽正官反出其下。④

宁宗朝也是如此。

其次，监司、郡守往往非法用权官顶替正官，甚至隐匿阙额，以便私下差用权官。特别是在远离京师的地区，监司郡守"影占窠阙，以便权官，虽朝廷所差、吏部所注正官之任，多是托以它说，不肯放

---

① 以上三则史料分别见《宋会要·职官》26 之 16—17，第 3696—3697 页；《宋会要·职官》56 之 51，第 4554 页；《宋会要·职官》48 之 33，第 4330 页。
② 《历代名臣奏议》卷 213，綦崇礼奏，第 2800 页。
③ 《宋会要·职官》62 之 51—52，第 4749—4750 页。"别差权局"的"权"后面原有一"无"字，意思不通，应为衍字，点校本指出了这个问题，但未加改正，且"局"字后断也不当。
④ 《宋会要·职官》62 之 54，第 4751 页。

上。士人无所告诉，衔冤困饥，而权摄之官安享禄利，其废法未有如此者"①。宋孝宗时，"邑宰有为监司、郡守不乐者，谕令请祠、寻医而去，却委群僚摄事"②。宁宗朝，"沿边州军守倅方阙，为监司者或应亲故之求，或为幕属之地，随即差权，蠹耗帑藏，实为害政"③。

南宋时，非法差用权官的另一表现是，监司奉承权贵之托，使不符合差用资格的初出官人甚至借补官等权摄正官。北宋中期以后，初出官人在参加吏部差注时有铨试和呈试法④，考试合格，方能获得差遣。由于冗员不断增加，初出官人也常须待次闲居，为了早日得到差遣获取俸禄，权贵子弟"乍中铨闱，韦布之士乍脱场屋，便就都下营求书札，规图权摄。监司、帅守但知观望奉承"，以至于：

  一尉有阙，百计营求，若权要之书一驰，则监司、郡守奉承尤谨。每遇县之丞、簿或有事故，即以簿摄丞、尉摄簿，却以尉职待求摄之人，谓之"腾倒应副"。间有即所居之邑就求权摄者，不特渔取于一时，抑以成异日武断之计，其为害益又甚焉。⑤

当地人权摄官职，其危害更大。

近京地区、经济发达地区、收入较好岗位的权摄官多由待次、待阙的权要子弟或者通过权贵打通关系营求而得，而边远地区，则"借补之官、不理选限之官，与夫纳粟之官，日夜经营诸司，以求权摄"⑥，遂使南宋州县官员"权摄遍天下"⑦。

权官的增加多是冗官非法请求而得，这给宋代地方治理造成了许

---

① 《历代名臣奏议》卷213，綦崇礼奏，第2800页。
② 《宋会要·职官》48之41，第4340页。
③ 《宋会要·职官》62之56，第4752页。
④ 可参阅拙文《宋代考试任用法初论》，《史学月刊》1991年第2期。
⑤ 《宋会要·职官》62之58，第4753页。
⑥ （宋）度正撰：《性善堂稿》卷6《重庆府到任条奏便民五事》，景印文渊阁《四库全书》第1170册，第194页。
⑦ （宋）曹彦约撰：《昌谷集》卷5《应求言诏书上封事》，景印文渊阁《四库全书》第1167册，第69页。

多危害。首先，待阙官、权贵子弟谋求权官是为了取得权官的俸给，以减轻待阙闲居时俸给偏少带来的生活困难，并为快速提拔积累资历，这就难免因"侥幸廪禄"而不尽心职事，甚者则"一意聚敛"，"奉己营私"，败坏地方官政。其次，权摄官或由待阙官担任，待阙官本是已经差注有官职者，一旦所待阙位可以赴任，或谋得更好的职位，他们就会辞去权官，多者一年，少则数月，"自知非久，何暇尽心于民事。狱讼淹延，政令玩弛，举一郡之事，付之胥吏"①。不但政事因循苟且，而且还给州县带来迎送之劳扰。再者，边远地区增加的权摄官，多数是借补官、不理选限或纳粟买官等人设法谋取，他们仕途困顿，升迁无望，往往趋利避害，对地方行政危害极大。时人认为，此类权摄官：

> 有苟禄之心，无进身之望，所在椎肤剥髓以肥其家、以媚其上，初无批书历子以拘系其进退，见利则趋，见害则遁，往往挟台府之势，蹂籍州县，州县莫敢谁何，此其为害有不可胜言者②。

官多害民，危害甚大，权摄官的增加给宋代社会带来的消极作用显而易见。

三 地方权摄官增加的原因

前面已经提到，宋代地方权摄官增加的原因是多方面的，既有冗官充斥、仕风不正等原因，也有其他一些制度性根源。

首先，官员不愿到条件差的边远州县任职，致使某些州县官阙长

---

① 《历代名臣奏议》卷148，曾从龙奏，第1934页；《宋史》卷419《曾从龙传》，第12547页。
② （宋）度正撰：《性善堂稿》卷6《重庆府到任条奏便民五事》，景印文渊阁《四库全书》第1167册，第194页。

期无正官上任，导致权摄官增加。

宋初，差注州县官员实行远近轮流的办法，官员在近京地区任官后必须到边远地区任职，在边远地区任官后，才能再注近地职务。但因地方官俸禄收入有限，加上当时广南、四川较落后的地区经济文化发展水平、交通与气候条件等因素的影响，北方人多不愿前去任职。宋神宗时，曾推行八路定差法以缓和这一矛盾，但除广南东西路允许转运司录用一定比例的摄官外，其他转运司定差的官员必须是朝廷命官。如果吏部派去的官员不赴任，导致当地命官总数少于阙位，转运司无官可用，仍会存在官阙长期无人到任的空岗现象。如四川地区，北宋末年缺正官的现象日益严重，这虽与当时西北用兵有一定关系，但也是官员躲避远仕的结果。同样的入蜀道路，北宋中期以前，缺正官的现象并不突出。到政和七年（1117）时，"成都府、利州路州军县镇文武等官，多阙正官"。其中成都府路缺一百三十余员，利州路缺69员，"或已拟差，避怕川远，故意迁延一年已上，更不赴任。或久阙正官，时下差官权摄"。利州路[①]"山峻路险，栈阁崎危，羊肠九折，上摩苍穹，故仕宦者畏而不敢来。长途远涉，般挈尤难，俸入微薄，所得不偿其费，故东西之人知而不敢受"。于是，"一郡之间，或止有一人，总而计之，一路十州，阙官无虑数十员"[②]。大量正式官员不赴任，地方长官就设法找到资格相当者担任权摄官。

南宋时，条件较差的地区普遍存在缺正官现象。

南宋政治中心转到浙东杭州，从行在通往四川的长江水运，路途依然难行，其中夔州（治今重庆奉节县）路[③]山多地瘠，居民稀少，收入微薄，因此，当地缺正官的现象十分突出，其"幕职官、令录、

[①] 利州治今四川广元市，利州路是川峡四路之一，辖区横跨今天陕西西南、甘肃东南，相当于如今四川绵阳市梓潼县、平武县、巴中市、广元市和陕西汉中市等区域，山高水深，交通不便，是历史上称为难于上青天的"蜀道"。

[②] 《宋会要·选举》23之9，第5681页。

[③] 夔州路南宋时川峡四路之一，辖区相当于今天四川、重庆两省市万源、达州、垫江、綦江等以东，贵州省遵义、镇远等市县以北，湖北省建始、恩施等地以西的区域，还包括大量的羁縻州县，地广人稀，交通不便，开发程度较低。

理法簿尉之阙,有一二年无人授者,有十余年无人授者"。作为重庆府郊区的上县巴县,"乃至七八年无正官""巴县尉则十余年无人授,江津县尉则又十四五年无人授"①。符合资格的朝廷命官不愿赴任,其职位势必由权官暂领。

在两广地区,如韶州曲江(治今广东韶关市)、南雄州保昌(治今广东南雄市)、始兴(治今广东始兴县)三县在绍兴二年(1132)曾遭战火摧残,此后十年间,曲江县只在绍兴六年差到一名正官知县,"自余年分前后差官权摄,久不交替"②。

在与金朝交界的京襄、两淮地区也多无正官,郡县官职常由兵将权摄。③

其次,吏部差注官员碍于资格法,对权摄官的增多也有直接影响。两宋吏部任官严守资格条法,资历合格者不愿意到任,行政运营还要持续,资历浅者遂多方谋求权摄,造成边远州县权官增多。

宋代任官的资格法十分繁密,尤其是中下层官员,任资循格,条法严密,担任某项职位,必须具备规定的出身、历官考任、差遣资序、举主员数等条件。符合任职资格的官员为了得到较好的报酬,不愿到条件差的地区为官,资历浅资格达不到的官员吏部不予差注,不能担任所缺官位,因此,资格法是造成边远州县权官增多的原因之一。如绍兴三十一年(1161),尚书左选知县有135处空阙,侍郎左选县令有112处空阙,盐场监官有三十多个岗位无人,皆"久榜不销。只为监司、郡守差权官之奇货"。后经吏部申请,才允许其中137阙"破格"差注一次④。所谓"破格",只是把原定资格稍微放宽一些。另如南宋末年,广西、湖南地区缺正官之处,吏部依格所差之人,"率是违年不赴,及各司辟至,吏部则又

---

① (宋)度正撰:《性善堂稿》卷6《重庆府到任条奏便民五事》,景印文渊阁《四库全书》第1170册,第194页。
② 《宋会要·职官》43之150,第4186页。
③ 《宋史》卷421《杨栋传》,第12586页。
④ 《系年要录》卷162,绍兴二十一年三月丁酉,第3068页。

以已差人而格之。因此，权摄充斥，殊为民害"①。

再次，北宋末年和南宋时期权摄官的增加与官场风气败坏有密切联系。

为了加强中央集权，宋代由吏部统一差注全国绝大部分常调州县官，但吏部本部门负责差注官员的人数有限，难以对成千上万基层官员的实际才干有全面了解，于是便委托监司、郡守监督考察州县官，而且还允许监司在必要时自行调换某些不称职的官员，此制称"对移"，即"仕之不称者，许郡将或部使者两易其任，谓之对移"②。如条令规定：诸司理、司法参军不职，"听知州、通判于判、司、簿、尉内选无赃罪、晓刑法人奏举对换。本州无可选者，申发运、转运、提点刑狱司于所部举换"；"诸县有繁简难易，监司察令之能否（谓非不职者），随宜对换，仍不理遗阙"；"诸课利场务监官，转运司察其能否，依繁简难易对换县令法。"③ 这些条法赋予地方长官一定的灵活处置不称职官员的权限，有助于保证在地方官府主要职能岗位上任职的官员是得力、能干的人才。但如果监司、郡守利用这一权力徇情枉法，便会走向反面。如南宋人所称：

> 国家铨选之法，循资任格。虽总于吏部，而又设按举对移之法外于，许监司郡守得以详察。以故，用吏之权归于上，而察吏之法行于下。祖宗之制至尽且公，不可易也。在法，州县官有许察其能否难易而随宜对换者，有许其对移而不得移充某官某职者，有许其体量老懦而便令致仕者，有虽许对换而放令离任不妨后人者，有遇其不职未差替人许其奏举以填现阙者，有遇阙无官可权许其选差罢任待阙官者。著令甚明，其责皆在监司，而不专在郡守。惟司理、司法，则郡守得事对换。选人中老病昏懦，则

---

① 《吏部条法》《奏辟门·定差》，第187页。
② （宋）张端义撰，许沛藻、刘宇整理：《贵耳集》卷下，大象出版社2019年标点本，第200页。
③ 《庆元条法事类》卷8《对移·职制令》《对移·荐举令》，第152—153页。

守倅得专体量。①

条令规定非常详细。但是，有些监司郡守"不问许与不许对换，可与不可填阙"②，擅自以私意定去留，违法差用权摄官，甚至用权官顶替正官，造成权官增多。此外，州县官不安心本职，务求更便利更优渥的岗位，加剧了这一趋势。如南宋时，"仕于县者，则以贰令、簿、尉为卑贱，而必欲入郡之签厅；仕于州者，则以职曹、监当为尘冗，而必欲摄路之幕属。经营结讬，无所不至"③，其本职则别委他官权摄，反映出南宋士风的败坏。

最后，权官的增多与冗员的大量存在有直接关系。

北宋中期以后，员多阙少的矛盾日益突出，北宋末年到南宋，一直有数倍于阙位的冗员存在，有的是因各种恩补获得官资而不理选限的散官，而更多的是食禄却无职事的待阙官、祠禄官、添差官等。

在特定的条件下待阙官可以充任权摄官。但是，待阙时间过长，短者三五年，长者甚至十余年，其生计和仕途都大受影响，因此，他们往往想方设法，违规请求差权。宋代待阙官的俸给到底有多少还不太清楚，但肯定没有在任官收入多，尤其是大量初入仕的待次、待阙官员收入少或者没有收入，被认为是"缺食"者，只有获得职任，或争取权摄职务，才有可能获得俸给，增加收入。元丰元年（1078）曾规定："差待阙、得替官权住程员阙者，支本任俸给。若朝廷泛遣，以等第给添支食钱。余官司依条牒差者，惟给食粮。"④ 他们多方经营获得权摄岗位，仅仅是为了获得俸禄，多数人无心职事，难有作为，所谓：

---

① （宋）韩元吉著，刘云军点校：《南涧甲乙稿》卷10《看详文武格法札子》，中国社会科学出版社2022年标点本，第183页。
② （宋）韩元吉著，刘云军点校：《南涧甲乙稿》卷10《看详文武格法札子》，第183页。
③ 《宋会要·职官》62之57，第4752页。
④ 《宋会要·职官》57之41至42，第4580页；《长编》卷289，元丰元年五月丁酉，第7079页。"惟给食粮"，《长编》作"惟给食钱"。

> 吏部无阙以待入官之人，士无所得禄，一切苟且，求权摄以度日。见居官者不能胜任，逆避患害，则求差檄干办之名，苟营俸粟，无复夙夜之志。欲事治而民安难矣。①

待阙官之外，其他闲居官也会影响权官人数的增多。北宋末年，欧阳澈曾说：

> 诸路官司有阙，监司得授权局，此尤不利于国家。盖一官才阙，纷然交争。或鬻爵而未补官者，或授差而未交代者，或世禄而闲居者，延颈举踵，窥伺有阙，则扫门求见。望尘雅拜而乞怜者有之，持金以赂监司而求者有之，市书于权门而求者有之。②

众多冗员纷至沓来，或以金钱、或托权贵经营请托，迫使监司为之腾阙或增阙以便权摄。在边远地区，乞求权摄者更多的是不应当参选之人。如白帖借补之官（即由军将私补而未得到朝廷承认的军功补官人等），法令不许其权摄州县职事，但在南宋时的两淮地区，他们往往"夤缘请谒权摄，税场、酒务、学职、公帑，皆收用借补人"③。权官人数便随着冗员的增多而不断增加。

宋代地方权官抢占的职位主要集中在三个方面：一是沿边或战火破坏的州县，因正官不愿赴任，权官随之增多。二是收入较好的沿海或内地经济发达地区的场务监官，这类权官多是因权贵请托而额外增差，以图增加俸给。三是沿边将领藏匿下级武官阙，私自差权。在南宋，低级军官有阙，长官多不申报，"盖军中自统制以下，多是假摄，或以准备将而权统制者，每于文移、公牒、书札、榜子，削其本职，

---

① 《系年要录》卷27，建炎三年闰八月庚寅，第633页。
② （宋）欧阳澈撰：《欧阳修撰集》卷2《上皇帝第二书》，景印文渊阁《四库全书》第1136册，第365页。
③ 《宋会要·职官》62之11，第4726页。

为写权职为正……以守阙进勇副尉为统制者往往而是"①，及至打仗，则畏缩不前。这些对当时的政治、经济乃至军事等都产生了不同程度的危害。与唐末五代时期不同的是，宋代权摄官以沿边地区和内地场务监官为主，州县主要行政岗位权官相对较少，中央仍控制着州县主要官员的任用权，权官的增多未造成外重之势。

原载《河南大学学报》（社会科学版）1995年第3期

---

① 《燕翼诒谋录》卷5《武举更革》，第45页。

宋代知州及其职能

宋朝建立于唐末五代长期割据混乱的历史时期之后，它之所以能够维持三百余年相对稳定的内部统治，与宋政府确立的地方行政体制有较大关系。下面试图对宋代州级行政长官知州的选任、职能及其地位进行初步探讨，以便深化对宋代中央与地方关系的认识。

一　从朝臣知州到文臣知州

自秦朝确立郡县制以后，县一级行政区划变化最小，州、郡及其以上行政区划则不断调整，北宋形成了州、县两级基本稳定的地方行政区划。宋代州级的长官称为知某州军州事，简称知州，习惯上又称为郡守、太守、刺史、牧、州将、州长吏等。根据官品的不同，又有判某州、充某州、权知某州、权发遣某州等的区别。宋代，府、州、军、监是同级行政区划。除京府、帅司所在州外，一般府与上州差别不大，其职能也没什么区别。军一般设置于边关险塞、道路冲要、山川险僻寇盗多聚之处，往往管辖三两县或一县，并驻扎军队，以便控制。无统县之军，长官称军使，与县同级。知军地位低于中上州知州，与下州相当。监则多设置于矿冶业集中地，如铜铁矿产地、钱币铸造基地、井盐产地等，数量较少，其长官称知监，主要负责矿冶生产及当地治安。以下拟就府、州、军、监合并论之。①

《宋史》卷167《职官七》载：

> 宋初革五季之患，召诸镇节度会于京师，赐第以留之，分命朝臣出守列郡，号权知军州事，军谓兵，州谓民政焉。其后，文武官参为知州军事，二品以上及带中书、枢密院、宣徽使职事，称判某府、州、军、监。②

关于这段史料，《文献通考》卷63《职官考十七》称"宋初"为"宋太祖开基"，明确地将罢节度使之权，命朝臣知州，归功于赵匡胤。其他类似记载还有很多。如赵彦卫的《云麓漫钞》卷4载："艺祖尽收节度使归京师，授以虚名而赋厚禄，命朝臣出知州事，则前日节度之制亦不可用，复置转运、提刑为监司，以督察之。"这些记载往往容易误导后人，把"命朝臣出守列郡""命文臣权知州事"③当成宋太祖加强中央集权的创新举措。事实上，命朝臣出任诸州刺史或知州事、知府事、权知某州军州事的做法从唐代就已经开始了，只不过唐末五代所任知州多系武将出身。五代时，随着中央政府逐步削夺地方武夫悍将之权，推行强化中央集权的措施，刺史、节度使等逐步变成阶官，某州刺史不一定是某州长官，节度使也可以遥领；同时，以朝臣出典州郡日益常态化，所派朝臣中，文臣的比例已有所上升。赵匡胤建立宋朝以后，仅仅是继续推进这种做法而已。④ 而且，

---

① 宋代，和州同级的行政区划还有府、军、监，其长官则称知某府军府事，或者知某军、知某监。为了论述方便，本节统一用知州概称这一级别的地方长官。
② 《宋史》卷167《职官七》，第3972—3973页。
③ （宋）叶适著，刘公纯等点校：《叶适集·水心别集》卷14《纪纲二》，中华书局2010年标点本，第813页（本书以下参考本文献，均用该版本，出版信息从略）。
④ 参阅王曾瑜：《辽宋金之节度使》，《大陆杂志》第83卷，1991年第2期；邓小南：《宋代文官选任制度诸层面》，中华书局2021年版；李昌宪《略论宋代知州制的形成及其意义》，《南京大学学报》（哲学社会科学版）1996年第4期；李昌宪：《宋代的军、知军、军使》，《上海师范大学学报》（哲学社会科学版）1990年第3期；李昌宪：《宋代的监》，《历史教学问题》1992年第2期等。

宋太祖朝，除了在新收复的南方州郡如扬州、潭州（治今湖南长沙市）、襄州（治今湖北襄阳市）、衡州（治今湖南衡阳市）、成都府等地派文臣京朝官权知外，在后周原有版图内的广大北方地区，仍大体上沿用五代旧制，由武将担任节度使兼治所所在州刺史，或由防御使、团练使、刺史等作为州级长官。在吴廷燮所著《北宋经抚年表》所列43个节镇州中，除上举扬州、成都府、潭州之外，其余州府多以节度使兼任刺史，在节度使入朝时，才暂时派文臣朝官权知州事，节度使归镇，权知州者即回朝。如建隆元年（960）八月，忠武节度使兼侍中张永德入朝，改授武胜军节度使、出镇邓州（治今河南邓州市），其全称是"武胜节度使、管内观察使、邓州刺史，领邓、泌（泌州，五代时与唐州交替改名，州治均在今河南唐河县）、随、复（治今湖北天门市）、郢（治今湖北钟祥市）五州"，直到太宗太平兴国二年（977）五月才罢任。其中，泌、随、复、郢四州即是"支郡"。又如石守信，建隆二年被罢除侍卫都指挥使军职后，由归德节度使（归德军节镇治所在宋州，治今河南商丘市）改为天平节度使（天平军节镇治所在郓州，治今山东东平县西北）、出镇郓州，在任侍卫都指挥使时，他所带的归德节度使是阶官性质，系遥领，出镇郓州后所带天平节度使则变为实职。石守信镇守郓州17年，直至太平兴国二年改任河南府（治今河南洛阳市）尹、西京留守。

尽管赵匡胤已经认识到了以文臣知州的重要意义，并曾指出，如果"选儒臣干事者百余，分治大藩，纵皆贪浊，亦未及武臣一人"[①]，但尚未全面落实派文臣知州的做法。

在五代收地方权力的基础上，宋初进一步采取了从政治、经济、军事等各方面削夺地方长官权限的措施，武臣领州形成分权之势的危险性已大为减弱，加之朝中可派出的文臣比较少，所以，在太祖朝文臣京朝官出任知州者还很有限，远没有武臣为州长官者多。当时作为临时差遣的权知某州军州事的地位低于刺史，诏令中往往把知州与节

[①] 《长编》卷13，开宝五年，第293页。

度使、观察使、刺史等相提并论，将知州置于刺史之下，在升迁过程中，一般由知州升任刺史或防御使、节度使等。总之，太祖朝文臣知州还不是主流。

宋太宗即位后，知州的任用制度发生了较大变化。太宗即位之初，派少府监高保寅出知怀州（治今河南沁阳县）。五代时，怀州是河阳节度使（河阳节镇治孟州）的支郡，而高保寅与时任河阳节度使赵普素有嫌隙，诸事不谐，太平兴国二年，高保寅上书朝廷，"乞罢节镇领支郡之制"，宋太宗顺势而为，"乃诏怀州直隶京，长吏得自奏事"。接着，保平节度使（节镇治所在陕州，治今河南三门峡市）支郡之一虢州（治今河南灵宝市）刺史许昌裔也上奏指斥节度使杜审进的过失，宋太宗派大臣前往查治，李瀚乘机上言，说五代以来"节镇领支郡，多俾亲吏掌其关市，颇不便于商贾，滞天下之货"，他建议"分方面之权，尊奖王室"，罢节镇领支郡之制。当年八月，太宗遂下诏将邠州（治今陕西彬县）、宁州（治今甘肃宁县）、泾州（治今甘肃泾川县北）等40个原来分属于18个节度使的支郡直隶中央。[①] 虽然现存史籍没有明确记载其余节镇罢领支郡的具体时间，但节镇统支郡的局面不会持续太久，所以史称此举使"天下节镇无复领支郡者矣"[②]，唐末五代以来节度使兼领几州乃至十几州、擅权割据的藩镇体制至此被彻底改变。此后，以节度使直接镇抚某州者大为减少，仅有曹彬、赵普、田重进等寥寥数人，节度使逐渐变成了"皆不签书钱谷事"的荣誉官阶。与此同时，防御使、团练使、刺史等也更多地成了迁转阶官。

无论文武臣僚，出任州级长官时，大都称权知某州军州事，简称知州。这一进程当然也是从五代就已开始的，到太平兴国年间江南各地统一以后更为普遍化。如武官安守忠，太祖建隆四年（963）初收复湖南时，他被任命为永州刺史，这是实职；太宗太平兴国初知灵州

[①] 《长编》卷18，太平兴国二年八月丙寅，第410—411页；《宋会要·职官》38之1—2，第3969页。

[②] 《长编》卷18，太平兴国二年八月戊辰，第411页。

(治今宁夏灵武市西南），在任7年，于雍熙二年（985）改知易州（治今河北易县），又徙知夏州（治今陕西靖边县北），因功就拜濮州（治今山东鄄城县）团练使；端拱（988—989）中知沧州，改知瀛州（治今河北河间市）兼高阳关驻泊部署，迁瀛州防御使；淳化二年（991）知雄州（治今河北雄县），三年加耀州（治今陕西省铜川市）观察使兼判雄州。这里的濮州团练使、瀛州防御使、耀州观察使，显然是升迁阶官，而非实职差遣①。刺史等原有州府长官已官失其职，因此，宋太宗端拱以后"权知某州军州事"的"权"字被正式去掉，知某州军州事始成为名正言顺的州级最高军政长官。②

总之，文臣知州取代藩镇体制下的节度使、团练使、防御使、刺史等武臣成为州级长官，在北宋前期是逐步实现的。宋太宗朝，虽然在新收复的福建、两浙等地区一开始就用文臣知州，但是，在北方大部分州府，特别是陕西、河东、河北所谓沿边三路，仍多用武臣出任知州。如河北地区的瀛州、定州、镇州（治今河北正定县），在仁宗景祐乃至庆历以后才主要由文臣担任知州，陕西地区的延州（治今陕西延安市）、渭州（治今甘肃平凉市）、庆州（治今甘肃庆阳市）在太宗朝有用文臣出任知州者，直到西夏立国以后，即仁宗宝元、庆历以后才开始以任用文臣为主。因此，可以说，以朝臣知州取代刺史完成于太宗初年，而以文臣取代武臣出任知州，则是在真宗朝乃至仁宗朝才成为主流的。

二 知州的职能

关于宋代知州的职能，《宋会要辑稿·职官》47之12—13，《文献通考》卷63《职官考十七》，《宋史》卷167《职官七》等均有比较概括性的记载。宋人张纲曾将知州与县令的职责归纳为7项："一

---

① 《宋史》卷275《安守忠传》，第9369页。
② 《咸淳毗陵志》卷8《秩官》，宋元方志丛刊影印本第3册，第3016页。

曰宣诏令，二曰厚风俗，三曰劝农桑，四曰平狱讼，五曰兴学校，六曰理财赋，七曰实户口。"① 这虽然不全面，但也大体反映出宋代知州的职责范围。结合以上记载，宋代知州的主要职能可包括为以下几个方面。

（一）兼领一州或一路兵政，主持所辖区域的治安防务

"知某州军州事"所谓的"军"即指军政，"州"乃谓民政。宋代藩府要郡的知府或知州，如太原府、定州等处的长官，多数兼一路安抚使、马步军都总管等帅臣之职，被称为帅守、帅司。一路一般由一个州府长官兼任帅司，帅司与转运使司、提点刑狱司、提举常平司，都是路级官员。其他州郡长官往往兼兵马都监、钤辖、巡检等。知州兼兵职者管辖范围不同，各州知州开始兼兵职的时间也多不相同。

在北方三路，即北宋时期的陕西、河东、河北地区，正任节度使罢兼刺史以后，各地知州兼驻泊兵马都部署（部署，在英宗即位后因避讳改称总管）、钤辖、巡检等，仁宗朝以后始由几个大州知州兼路的安抚使。如永兴军（京兆府的军额，治今陕西西安市），其长官不称知京兆府，而称知永兴军府事（此外镇州长官称知成德军府事、江陵府长官称知荆南军府事，皆系同类特例）；太宗端拱时，柴禹锡"知永兴军府事兼提辖五州兵士公事"；真宗大中祥符三年（1010），张秉知永兴军府事，又兼"同管勾驻泊兵马公事，兼提辖乾（治今陕西乾县）、耀、商（治今陕西商洛市）、华（治今陕西渭南市）、坊（治今陕西黄陵县）、丹（治今陕西宜川县）、同（治今陕西大荔县）等州巡检捉贼公事"②。仁宗康定元年（1040），宋朝与西夏开战，遂命夏竦知永兴军兼经略安抚使、缘边招讨使。次年，知渭州始兼泾原

---

① （宋）张纲撰：《华阳集》卷15《乞重监司札子》，《四部丛刊三编》本，第6页。
② （清）王昶著：《金石萃编》卷125《新译三藏圣教序》，中国书店1985年影印本，第12页；同书卷129《重刊旌儒庙碑》，第2页。按："兵士公事"，宋代一般作"兵甲公事"或"兵马公事"，参见本书第十一部分《宋代巡检初探》。

路经略安抚使，知延州始兼鄜延路经略安抚使，知庆州始兼环庆路经略安抚使。河北地区定州、瀛州、镇州、大名府（天雄军）的知州，在太宗、真宗时分兼镇定都部署、高阳关钤辖、真定部署及天雄军部署，等等。仁宗庆历八年（1048）四月，河北分四路设安抚使，由以上四州府长官分别兼领安抚使。这些安抚使成为路的军政长官，即"帅司"，由各治司州知州兼任。

在南方地区发生水旱灾害时，真宗朝曾令大州知州兼灾伤州军的安抚使。仁宗庆历二年，在潭州（治今湖南长沙市）置湖南安抚司。皇祐四年（1052）又命广州、桂州知州分兼广南东、西路经略安抚使，其他大州府也多兼一路兵马钤辖或兵马巡检。宋徽宗末年，杭州、越州（治今浙江绍兴市）、江宁府（治今江苏南京市）、洪州（治今江西南昌市）诸州府所兼帅臣官名也多开始称为安抚使。无论兼一路钤辖兼诸州巡检兵甲公事、兼诸州巡检捉贼公事，还是一路安抚使，这些州府的长官多被称为"帅守"或"帅臣"。这些帅臣往往统领数州形成帅司路，是所在路军政方面的长官。

北宋时，帅司路最多同时设有27个，南宋时一般有16个。凡兼安抚使等帅臣的知州，须对一路众多州军的军防、治安负责，其余知州则与监司或其他兵官共同负责本辖区内各兵种如本州厢军、巡检土军、县尉弓手以及屯驻或就粮于本地的禁军的训练比武事宜，或亲自教阅，或督察所部主兵官教阅。如神宗熙宁五年（1072）诏令规定：

> 诸州军驻泊钤辖、都监、监押与知州、军同管驻泊军马；在城钤辖、都监、监押与知州军、通判同管屯驻、就粮本城军马，内屯驻、就粮仍与驻泊兵官通管辖差使。其河北、河东、陕西诸路帅府所在州、军，即通判与在城兵官更不通管。[①]

[①] 《长编》卷239，熙宁五年十月戊子，第5811页；《长编》卷311，元丰四年二月乙酉，第7547页。

元丰四年（1081）宋政府再度申明此制。南宋时，知州依旧负责督促辖区内士兵的教阅。高宗绍兴五年（1135）诏令规定："诸州禁卒日教射艺，守臣旬按，仍令宪臣躬亲按赏，以备朝廷抽取拍试，士兵、射士亦令教习，岁终比较粗精以闻。"① 孝宗淳熙元年（1174），帅司每年春秋两季差将官到诸州教阅士兵的做法被修入编敕，作为法令遵行，为此，孝宗说："诸路拣中禁军、土军、弓手，须常令教阅，责在守臣，如有违戾，当坐其罪。"②

由于知州兼有兵职，所以在缘边地区有外敌入侵时，知州须与其他统兵官协同抵御，若守御不力甚或弃城逃跑则受重责。神宗元丰五年，知太原府王克臣、知延州沈括，皆因御敌失败而被贬降。在内地，知州则要预防和制止内乱。南宋名臣洪迈在知赣州和婺州（治今浙江金华市）时，因有效地平息郡兵之乱而深受宋孝宗赞扬。光宗绍熙二年（1191），知建宁府（治今福建建瓯市）陈倚、知衢州孙子直因所部有"寇盗"未能及时讨捕，没有做到"防患弭盗"③，均被降官。可见，御侮平乱一直是宋代知州保一方平安的重要职责。

（二）"劝农桑""理财赋""实户口"，统领一州财赋事务

宋朝立国以后，为铲除地方割据势力及其赖以存在的经济基础，"制其钱谷""收其精兵"成为巩固中央集权的重要举措。除太祖朝为北方沿边地区的节镇长官保留了较大的财赋支用权外，在转运使、通判、监当官等普遍设置以后，知州统领本州财赋的权力大为削弱。但是，知州负责本州社会生产的发展，保证正常税赋上供中央的职能没有削弱，无论北宋还是南宋，"农桑垦殖，野无旷土，水利兴修，民赖其用"与"催科不扰，税赋无陷失"④，及增加户口等，都是考核知州政绩的主要内容。

---

① 《系年要录》卷84，绍兴五年正月庚申，第1594页。
② 《宋史全文》卷26上，淳熙元年二月，第2150页。
③ 《宋会要·职官》73之5，第5003页；《宋会要·职官》74之37，第5063页。
④ 《宋会要·职官》59之11，第4644页。

根据经济社会发展形势的不同，不同时期政府要应对的突出的治理任务各不相同，对地方长官职责所要求的重点也各有侧重。唐末五代二百余年战乱，农业生产遭到严重破坏，所以北宋初年，知州"劝课农桑"的职责倍受重视。宋太祖即位之初，反复诏令诸州长官劝课农桑。太宗至道二年（996），曾设置劝农使，真宗景德三年（1006），又规定："少卿监、刺史、阁门使已上知州者，并兼管内劝农使"，其余知州、通判等，皆兼劝农事。① 南宋初年，宋金战争导致北方沦陷，各地军民无家可归，农业生产再次遭受严重破坏，知州劝农之事徒为具文。绍兴十五年（1145），宋高宗再度责令知州与县令，"每岁之春，常修举劝农职事"②。孝宗朝，常常在知州离任朝辞时以"劝课农桑"戒谕之。此后，发布《劝农文》成为南宋诸多知州上任以后必行之举，这在朱熹、真德秀、黄震等众多文人的文集中皆有收录。

兴修水利是发展农业生产的基础，因此，宋代知州多致力于修建水利工程。如宋仁宗嘉祐年间至神宗时，赵尚宽、高赋先后出任知唐州（治今河南唐河县），皆因带领民众修治水利，"下溉民田数万顷"，使荒田得以开垦，贫瘠之地变为沃壤，民户人口增加而受到朝廷多次褒奖。③ 另如范仲淹知苏州时组织治理太湖，苏轼、蒋堂、郑戬等人知杭州时治理西湖水系等，他们的事迹皆被史书广为传颂。南宋，江南地区"水田之利，富于中原，故水利大兴"④。宋孝宗多次诏令监司与守令兴水利以尽地利。光宗绍熙二年（1191）把是否兴修水利列为州县长官治理专项，规定"守令凡到任半年之后，具所部有无水源湮塞、合行开修去处，次第申闻。任满之日，亦具已兴修过水利，画图缴进，择其劳效著明、功垂久利者，特与推赏"⑤。

---

① 《长编》卷62，景德三年二月丙子，第1386页。
② 《宋会要·食货》1之38，第5969页。
③ 《宋会要·食货》61之96，第7503、7504页。
④ 《宋史》卷173《食货上一》，第4182页。
⑤ 《宋会要·食货》61之135，第7539页。

此外，知州还与通判一起，直接负责二税的收纳上供、有效管理州级户籍版账，以便保证战时夏税秋粮等钱物的征收与转输。南宋时，知州罢任，在离任前必须将所在州现管钱物及收支账目向新任知州移交，移交的账目须分类注明各项收入和支用去向、支用原因等，以备考核。

（三）总领一州民政，负责州内朝廷政令的贯彻执行及风俗教化、灾伤赈济等

知州是中央委任在一州的政府代表，起着上情下达、下情上达的桥梁作用，因此，"宣布诏条，以教化导民善，而以刑罚纠其奸慝"①，教化百姓，整肃民俗成为知州的首要职责。凡朝廷颁布的法令条制及赦宥诏令，知州须首先领会其旨意，然后率属官颁布于全境。为了保证政令的有效贯彻，宋政府很重视发挥知州惩恶扬善、以道德劝化民众的"厚风俗"职能，时常下诏责令知州对所辖民众的行为加以劝戒或惩治。在最高统治者的督促下，宋代越来越多的知州在任期间，以"布宣德化，训迪人心"为己任，"以厚人伦、美教化为第一义"②。

除以道德礼义推行进教化之外，"兴学校"，发展地方教育事业，也是宋代知州教化民众的重要措施之一。北宋立国后，倡导文臣治国，大量通过科举考试选取官员，社会上向学之士迅速增加。仁宗初年，许多文臣如范仲淹等，在知州任上开始自发地兴办州学，庆历新政将这种兴学举措推而广之。北宋中期以后，知州"莅官所至，必务兴学校"③已成风尚，并掀起了熙宁兴学、崇宁兴学等兴学高潮，在不同时期、不同区域，筹集资金兴修学校、祭奠孔庙、撰修学记等，

---

① 《宋会要·职官》47 之 12，第 4271 页。
② （明）张四维辑，中国社会科学院历史研究所宋辽金元史研究室点校：《名公书判清明集》卷 10《人伦门·兄弟侵夺之争教之以和睦》《人伦门·母讼其子而终有爱子之心不欲遽断其罪》，中华书局 1987 年标点本，第 370、363 页（本书以后参考该文献，均用此版本，出版信息从略）。
③ 《宋史》卷 321《陈襄传》，第 10421 页。

成为地方长官教化一方的重要途径。

　　减灾赈灾以避免民众流离失所，推行老弱病残养育制度以消除社会不安定因素，也是知州担负的民政职责的重要内容。中国自古以农业立国，水旱等自然灾害对社会的影响很大，宋朝又是外患频繁的朝代，战火灾害也相当严重。因此，丰年尽量储存粮食，以备灾年救济之用，受灾以后租税的清查蠲减，饥民的赈济等救荒任务相当繁重，这一任务在宋代州级政府是一把手工程，知州必须亲自负责。宋太祖立国之初，已反复下诏责令各州长吏及时检视民田受水旱灾害的实情，以蠲租减税。其后各代君主均很重视赈济灾荒，以救济灾民而闻名于世的知州代不乏人。如仁宗初年崔立知兖州（治今山东济宁市），庆历末年富弼知青州（治今山东青州市），神宗时赵抃知越州（治今浙江绍兴市）、苏轼知密州（治今山东诸城市）等，皆因救济饥民而功名远扬。凡不能及时查清灾情并进行赈济者，则往往会受到惩罚。如南宋孝宗淳熙十一年（1185）浙东发生水灾，知温州王之望、知台州陈岩肖皆因"赈恤迟缓"[1]而受处分。

　　此外，北宋后期，在知州、知县的考核条例中，"赈恤贫困，不致流移，虽有流移而能招诱复业"作为"抚养之最"[2]，成为考课三最之一。南宋时，这一"抚养之最"又改为"养葬之最"，在能"招诱复业"后增加了"城野遗骸，无不掩葬"[3]。因此，北宋末年至南宋，为养育遗弃婴儿而设立的慈幼局，为救治贫病无依者而设立的安济坊，为安顿死后无人掩埋的尸体而创建的漏泽园，等等，均由知州总体负责筹建。宋代不少知州在儒家思想的影响下，在赈荒济贫方面做出了比政府规定的更有效的努力，为维护封建国家在地方的统治起了重要作用。

---

[1]《宋史全文》卷27上，淳熙十一年二月癸酉，第2290页。
[2]《宋会要·职官》59之11，第4644页。
[3]《庆元条法事类》卷5《考课·考课格》，第70页。

(四)"平狱讼"、雪冤狱,主持州级司法政务

宋代随着商品经济的发展,财产纠纷及各种诉讼案件日益增多,甚至不少地方被称为"好讼""健讼"之地,地方官的司法审理任务繁重,基层民众的案件一般由县级先审,杖以下轻罪本县断决,徒以上需要送往州府审理。

在知州的考核条例中,"狱讼无冤"一直是"治事之最"的主要内容。宋制,徒以上案件由县官初审后均须上报州政府审决。在州级司法行政中,实行鞫(审)谳(判)分司制度,录事参军、司理参军、司法参军、司户参军、推官、判官及通判等皆参与案件的审判活动,知州在诸司审理之后执行终审和裁决,凡事实明白、证据确凿能依法断遣者,由知州判决;凡事实明白、难以断决者,上报监司裁决;凡事实尚有未明,则退回本县,令县官再度推勘,限期上报。这种徒以上罪罚必须由知州亲自参与判决的制度,自太宗至道元年(995)确定后,基本上沿用至宋末,只有武臣任知州及帅臣所在的州,徒罪可以委通判审决。① 神宗朝以后,知州判决的案件多数需由监司进行复审才能结案,知州的终审权有所削弱。虽然宋代知州在司法实践中也有用刑残酷、诬执平民者,但更多的官员在知州的位置上以平反冤案或审决长期积压的疑难案件而留名青史。如真宗时韩亿知洋州(治今陕西洋县),即审决了一起曾经提点刑狱、转运使等官员之手,长期未获判决的当地豪强李甲诬称自己亲侄是外姓人并改嫁其嫂、吞并其全部家财的诉讼案。南宋一些著名大臣任知州时审理狱案的判状,被编入《名公书判清明集》而流传至今。

(五)监察、保举官员

论者在涉及宋代地方监察制度时,往往只注重监司对州县官、州级副长官通判对知州的监察,把通判视为州级主要按察官,而忽略了知州

---

① 《燕翼诒谋录》卷3《州长吏亲决徒罪》,第24页。

按察监司及下属州县职官令录的职能。宋代条令明确规定，凡"称监司者，谓转运、提点刑狱、提举常平司；称按察官者，谓诸司通判以上之官（发运、转运判官同）及知州、通判各于本部职事相统摄者"①。监司、通判对知州有监察权，同时，知州对本路监司、本州通判及所属州县官也有按察权。如景德三年（1006）十月，在知杭州薛映的揭发下，两浙转运使姚铉因"在任鬻银多取直"等犯罪行为，被削籍贬为连州文学。淳熙十六年（1189）六月，扬州通判元伯泾被知州郑兴裔弹劾有私自收支官物，"辄置私历、侵欺盗用入己"等行为，经司法部门审核，被剥夺官员身份，除名罢官，"永不收叙"②。

知州首先要依法按察不法官吏，弹击昏庸失职之辈，对移调换难以胜任的本州属官及属县知县等，其次知州还是州县基层官员升改资格必备的保举与担保人，须"察郡吏德义才能而保任之"③，即将下属官员的才能和贡献反映到朝廷以备奖掖。如宋代选人改官时，必须有监司、知州等5人以上同时保荐，才能升改京朝官等。

由上可知，宋代知州是一州军政、行政、财政、司法等各方面的最高长官，那么，它在宋代政治生活中到底起到了什么作用呢？

三　知州地位刍议

知州作为一州之长、地方大吏，为宋代君臣所高度重视，宋政府针对知州制定有严格的选任标准、派遣制度、考核奖惩办法等。宋太宗曾对宰相讲："刺史之任，最为亲民，苟非其人，则民受其祸。"④

宋政府很重视知州的选任。宋太祖即位之初，任人唯才，不问资历，"初补京官，便除知州，或差通判"⑤。太宗朝以后逐步重视知州

---

① 《庆元条法事类》卷7《监司知通按举·名例敕》，第128页。
② 《宋会要·职官》64之20—21，第4776页；《宋会要·职官》72之52，第4996—4997页。
③ 《宋会要·职官》47之12，第4271页。
④ 《长编》卷25，雍熙元年三月丙午，第574页。
⑤ 《燕翼诒谋录》卷5《初任京官除知州通判》，第55页。

宋代知州及其职能

的资历与经验，一般文臣须曾任知县、通判，才可以除知州，武臣须曾历巡检、县尉、知县等亲民官，并曾历诸州都监等主兵官，不曾犯罪，有官员推荐，才能升任知州。一般不允许外戚、宗室担任州长官，更严禁杂出身的流外官担任知州。为了体现朝廷对知州的重视，宋代自国初就确立了由皇帝在殿廷上为新任知州当面遣行的制度，时称陛辞、殿辞、辞见等。辞见时，臣僚须向君主奏陈自己的施政设想，君主则对臣下提出希望和建议。孝宗乾道初年还规定，凡文武知州辞见时，托故躲避上殿者，"并不得差除赴任，委台谏、监司常切按察，以违制论"[1]。这种陛辞制度显示出朝廷对知州的重视，对大臣是一种鼓励，也有利于君主了解知州的人品才学，并借此察知民情。所以，《宋史·循吏传》将皇帝亲自召见知州"问以政事，然后遣行"[2] 列为宋朝得循吏三法之首。此外，宋政府还往往责令知州上任半年之后向朝廷递送就民事及边防所作的时政专题奏章，这既可督促知州勤政，又能让朝廷及时了解民间百态。

知州在总辖一州政务，沟通中央与地方间的关系，维护地方统治秩序等方面发挥了重要作用。宋代设官分职的宗旨是分化事权，强化专制主义中央集权，防止地方割据分权。派朝臣知州，用文臣知州，目的是消除唐末五代武将担任方镇长官时形成专横跋扈、尾大不掉之势。同时，两宋又分路作为特殊的监察区，派转运使、提点刑狱等监司监察知州，设地位较高的通判作为副职以牵制知州，凡州级主要文书，须知州与通判共同签字才算程序合法。因此，宋代知州的职责虽然很全面，但是其职权在权力运作过程中是受到多方制约的。如兵权，宋政府委派知州参与训练教阅地方部队、镇压地方反叛，但为了防止知州拥兵自重，一开始就将全国精兵收为禁军，直属中央政府，禁军虽在地方轮戍，但地方无独立统领权，留给地方直接控制的只是病弱老残、没什么战斗力的厢兵。除沿边地区之外，中央禁军屯驻于

---

[1]《长编》卷189，嘉祐四年五月丁巳，第4566页；《宋会要·职官》48之107，第4381页；汪圣铎点校：《宋史全文》卷24下，乾道元年八月庚寅，第2025页。

[2]《宋史》卷426《循吏传》，第12691页。

地方者数量有限。仁宗嘉祐四年（1059），由于各地不断爆发农民起义，宋政府不得不在官兵势力过弱的扬州、庐州（治今安徽合肥市）、洪州（治今江西南昌市）、潭州（治今湖南长沙市）、越州（治今浙江绍兴市）、福州6州和江宁府（治今江苏南京市）等南方各路区域政治中心增派禁军，由知州（府）兼本路兵马钤辖[1]，作为各路帅臣。这是北宋政府首次为东南诸路大州府增屯禁军。宋徽宗宣和二年（1120），为镇压方腊起义，宋政府不得不再度为东南帅府大州增加屯驻禁军，但如杭州也仅仅是增屯了3个指挥，共一千五百余人[2]。南宋以后，国家作战部队主要分布在长江沿线和江淮之间等宋金交界地带或次边地带，其余州郡屯驻大军往往"缺不复补，名存实亡"[3]。由于知州可指挥的兵力有限，在规模稍大的农民起义的进攻下，州级地方政府往往没有抵御能力，更不用说金、蒙（元）等强悍外族政权的进攻了。

在财政管理方面，知州的责任是鼓励和发展生产，保证本州应缴赋税按期保量上供，但知州对所在地方的财赋没有独立支配权。除了按定额给朝廷上供赋税之外，北宋中期以后又增设了"无额上供"、免役钱等，北宋末年新创的经制钱与南宋初年新增的总制钱，合称经总制钱，这些钱物数量庞大，由宪司和通判统管，知州一般不能参与管理。地方财力被多块儿分割管辖，知州只是奉命将朝廷下达的赋税定额上供给朝廷或本路监司。要者，宋代商品经济空前发达，盐、茶等专卖和工商收入占国家财政收入的大头，而知州对此类税收干预得少。

北宋时，已有大臣批评知州权轻之弊。[4] 南宋时，大臣多数认为，宋政府"尽夺藩镇之权，兵也收了，财也收了，赏罚刑政一切收了"[5]，

---

[1] 《燕翼诒谋录》卷5《诸路帅臣》，第51页。
[2] （宋）周淙撰：《乾道临安志》卷2《军营》，《南宋临安两志》，浙江人民出版社1983年标点本，第26页。
[3] 《燕翼诒谋录》卷5《诸路帅臣》，第51—52页。
[4] 《苏轼文集》卷26《徐州上皇帝书》，第760—761页。
[5] 《朱子语类》卷128《法制》，第3070页。

知州权力缩减，"块然徒管空城，受词讼而已"①。其结果是"敌至一州则破一州，至一县则破一县"②。对此，有识之士如朱熹、叶适、陈亮、文天祥等，都提出了尖锐的批评。此外，宋政府虽一贯重视知州的选任，但是，中央官员在政治斗争中失势或各种获罪的官员往往被贬为知州，大州知州被责降者常改任小州知州，知州队伍中常常有大批贬降官或政治上的失势者，加之任期太短，他们也难以有所作为。

总之，赵宋王朝确立的地方行政体制在内部较成功地强化了中央集权，防止了地方割据的产生。但是，地方长官的权力受到了较多限制，在战乱时期往往缺乏必要的抵御能力。当然，宋朝的亡国决不可仅仅归咎于知州权限过小，它与当时国家的各项治理政策都有关系，是一个需要从多维度展开研究的课题。

原载《史学月刊》1998 年第 6 期

---

① 《叶适集·水心别集》卷 14《纪纲二》，第 813 页。
② 《宋史》卷 418《文天祥传》，第 12535 页。

宋代通判及其主要职能

通判是宋代普遍设置的地位比较特殊的府、州、军、监的副长官。虽然是副长官，但是，通判具有监督知州的职责，并独立拥有一些知州不能掌控的职权，因此在当时地方政治体制中有独特的地位。史载："唐王府长史理府事，余府州通判而已；"①《嘉定镇江志》卷16也载："唐有别驾，通判列曹。"五代时，南唐燕王宏冀任宣（治今安徽宣城市）、润（治今江苏镇江市）二州大都督，方讷"以浙西营田副使通判军府"②。这些记载说明，通判一词在唐五代时期具有全面负责的含义，多数是动词，还不是职官名称。而到了宋代，通判才成为一个固定的、普遍设置于各个州府的重要职官③。

一 宋代通判的设置

宋初，通判最早设在藩镇武臣知州之处及新征服的南方诸割据政权所在州。宋太祖建隆四年（963）攻下湖南诸州，平定割据政权武平，即命刑部郎中贾玭等出任湖南诸州通判，这是正式的职官名称。次年，又诏令翰林学士陶谷及殿中侍御史黄师颂等43人，从现任或前任京官、幕职州县官中各举1名才能可任藩郡通判者。43个州府，

---

① 《通典》卷33《职官十五》，中华书局2016年标点本，第905页。
② 《嘉定镇江志》卷16《通判军府》，宋元方志丛刊影印本第3册，第2483、2484页。
③ 1990年本成果发表后，学者们又发表了数篇涉及宋代通判的研究成果，弥补了本研究原来的不足。如，新的研究指出，通判作为官称应该始于南唐等。

几乎包括了五代保留下来的藩镇州府的全部，这是宋政府从地方武臣长官手中争夺权力的举措之一。后来，宋政府又逐渐在其他州府设置通判。如乾德三年（965）灭后蜀，开宝四年（971）灭南汉，以及平定南唐、陈洪进纳土之后，宋廷在眉州（治今四川眉山市）、梓州（治今四川三台县）、广州、处州（治今浙江丽水市）、泉州等地，先后派遣文臣担任通判。可见，宋初通判随着新王朝疆土的拓展而增置，主要分布在作为区域中心的藩府要郡。

宋真宗、仁宗以后，通判的设置从藩府大州，逐渐普及到了各地州军，乃至边远中小州军，如天禧四年（1020）在怀州（治今河南沁阳市）、卫州（治今河南汲县），乾兴元年（1022）在戎州（治今四川宜宾市）、泸州等地，均设置了通判。

北宋一般每州设置1员通判，仅在少数大藩府置两员，各州府设置两员通判时，或分东、西两厅治事。如西京（河南府，治今河南洛阳市）、江宁府（治今江苏南京市）等地；或以左右别之，如宋太宗至道年间，广州由右正言冯拯任左通判，太常博士彭惟节任右通判。户口不及万户的州不置通判，但是武臣知州者，虽小州也特设。军、监除沿边地区或者地位比较重要的地方，例如镇戎军（治今甘肃固原县）、火山军（治今山西河曲县）等外，一般不配置通判，即"军、监则有判官而无通判"[①]。

建炎初年，宋金战争全面爆发，战乱频仍，南宋政府经费严重短缺，官僚队伍普遍裁员，遂令有两员通判的州府各减去一员，而嘉祐以前已经配置两员的地方，依旧设置两员。绍兴五年（1135）又恢复旧制，"帅府通判今后并以两员为额"[②]。此后，各州府纷纷申请恢复旧额，有的还申请增添新额，如原不设通判的福建路邵武军（治今福建邵武市）在绍兴八年也创置通判一员。

南宋初年，跟随着宋廷从北方南下的官员和宗室戚里不断增加，

[①] 《长编》卷48，咸平四年二月壬戌，第1048页。
[②] 《宋会要·职官》47之67，第4302页。

政府机构难以容纳大量剩余官员，于是不断增加"添差"官名额，添差通判即其一种。北宋末年当知州被替移或暂时请假时已开始有设置添差通判者，各州添差通判即便官阶在正任通判之上，也不能取代正任通判主导州之政务。不同时期添差通判不断有增减，如临安府除两位正任通判外，曾有添差通判3员，淳熙十五年（1188）规定，此后临安府添差通判只差1员。当某州正额通判分东、西两厅治事时，添差通判则在南厅治事。添差通判有厘务和不厘务两类，其中多数是不厘务的，一般不超过正任之数。据《淳熙严州图经》卷1记载，从建炎三年（1129）三月到淳熙年间约50年间，严州（治今浙江建德市）添差通判与正额通判的人数大体相等。① 淳熙六年还规定："自今宗室、戚里、归正官等应合用恩例添差通判，每州共不得过一员。"②

二　通判设置的原因

宋代通判的全称是"通判某州军州事"，俗称"倅""倅贰"，也称"半刺"③"府判"④。需要指出的是，"倅"被用于官名的简称，

---

① 《淳熙严州图经》卷1《正倅题名》《添差题名》，宋元方志丛刊影印本第5册，中华书局1990年版，第4304—4305页、第4307—4308页。

② 《宋会要·职官》47之71，第4304页。

③ 《宋会要·职官》47之53，第4294页；（宋）吕陶撰：《净德集》卷2《奏乞降诏举郡守状》，《丛书集成初编》第1921册，第20页；（宋）胡寅撰，尹文汉点校：《斐然集》卷10《轮对札子 九》，中华书局，1993年标点本，第220页；《刘克庄集笺校》卷45《送子敬赴潮倅七言二首 二》，第2336页；《文献通考》卷63《职官考十七》，第1902页。

④ "府判"用于称谓通判，主要在南宋时期。见《系年要录》卷73，绍兴四年二月壬寅，第1403页；《朝野杂记 乙集》卷11《宣相诏使称谓不典》，第158页等。南宋文人在与通判唱和时写作的诗篇名字，较多使用了"府判"，一些奏章、书启也常用之。如，（宋）曹彦约撰：《昌谷集》卷14《乐平传远乘序》，景印文渊阁《四库全书》第1167册，第179页；（宋）陈宓撰：《复斋先生龙图陈公文集》卷15《回本军赵通判札》，爱如生中国基本古籍库，清抄本，第10页；（宋）杨万里撰，辛更儒笺校：《杨万里集笺校》卷106《答权贵阳军斛通判》，中华书局2007年标点本，第3990页（本书以后参考该文献，均用此版本，出版信息从略）；《杨万里集笺校》卷107《答斛通判》，第4045—4046页；《杨万里集笺校》卷108《答隆兴府王倅》，第4080页，等等。

仅仅用于称呼通判，其他官府中，"虽副贰不可用矣"①。而且，"倅贰者，佐守之职，政无不关"②。"一州钱斛之出入，士卒之役使，令委贰郡者当其事；一兵之寡，一米之微，守臣不得而独预"③。所以宋人多称通判"既非副贰，又非属官"④，不能与一般的副职等量齐观，这一点待后文详述。另外，宋仁宗天圣（1023—1031）、明道（1032—1033）年间，为避章献明肃太后家讳，曾一度改通判为"同判"⑤。所以，在天圣、明道时期的史料中，"通判"多与"同判"混用。

在州府创置并重用通判是宋初统治者为加强中央集权而采取的重要措施之一。唐末五代以来，"领节旄为郡守者，大抵武夫悍卒，皆不知书，必自署亲吏代判，郡政一以委之，多擅权不法"⑥；在经济上，"多以赋入自赡，名曰留使、留州，其上供殊鲜"，又"率令部曲主场院，厚敛以自利"⑦，这是地方形成割据势力的经济基础。要改变分裂割据的历史状况，就必须铲除割据势力赖以生存的根基。所以，宋太祖在削平南方诸割据政权的同时，即从中央派遣文臣到各州担任权知州事。如建隆元年（960）攻下扬州，就派宣徽北院使李处耘权知扬州；乾德元年（963）夺取湖南，即命户部侍郎吕余庆权知潭州（治今湖南长沙市），给事中李昉知衡州（治今湖南衡阳市）。为了防止知州独员专断，又设置通判牵制知州，实施州级行政分权制衡，"置通判以分州权，事无所不预，至得按察

---

① 《嘉泰会稽志》卷3《通判廨舍》，宋元方志丛刊影印本第7册，中华书局1990年版，第6763页。
② （宋）刘敞撰，逯铭昕点校：《彭城集》卷22《承议郎卢讷可通判德顺军制》，齐鲁书社2018年标点本，第608—609页。
③ （宋）王明清撰，燕永成整理：《挥麈录余话》卷1《祖宗兵制名枢廷备检》，大象出版社2019年标点本，第306页（本书以后参考该文献，均用此版本，出版信息从略）。
④ （宋）欧阳修撰，李伟国点校：《归田录》卷2，中华书局1981年标点本，第31页；《长编》卷7，乾德四年十一月乙未，第181页。
⑤ 王继宗校注：《〈永乐大典·常州府〉清抄本校注》，《常州府九·宦迹》，中华书局2016年标点本，第548页。
⑥ 《长编》卷6，乾德三年三月戊戌，第150页。
⑦ 《长编》卷6，乾德三年三月，第152页。

所部，意若使之权任与钧，器能相用，设施同虑，休戚一体，非复余长贰比"①。史载"艺祖有天下，首置诸州通判，以朝官以上充，实使之督察方镇，非复唐上佐比"。因为"州郡设通判，本与知州同判一郡之事"②，所以，一州之内的"兵民、钱谷、户口、赋役、狱讼听断之事，可否裁决，与守臣通签书施行。所部官有善否及职事修废，得刺举以闻"③。由此可见，通判最初的权力地位与知州相当。

宋初设置通判的主要目的是分知州之权，督察地方，以防止分裂割据势力的形成，加强中央集权统治。通判在一定意义上既非副贰，又非属官，"监统刺史而分其柄"④，故或谓之"监郡之职"⑤，或"谓之监州"⑥。巡行属县，号称按察官，知州有不法者，有弹奏之责，以致"长吏举动必为所制"⑦，知州者"始以无监州为幸"⑧。当时流行一则趣闻，有一位杭州出生的官员名叫钱昆，爱吃螃蟹，当别人问他想到何处任知州时，他便说："但得有螃蟹无通判处则可矣。"⑨可见，监州成了通判的同义语，以致知州对其产生了普遍的忌惮心理，这正是宋政府设置通判的用意所在。

此外，宋代重用通判还有其人事方面的考虑。宋朝与周边少数民

---

① 《景定建康志》卷24《通判厅》，宋元方志丛刊影印本第2册，第1712页。
② 《嘉泰会稽志》卷3《通判廨舍》，宋元方志丛刊影印本第7册，第6762页；（宋）孙逢吉撰：《职官分纪》卷41《通判军州》，中华书局1988年影印本，第776页。
③ 《宋会要·职官》47之62，第4299页。
④ 《叶适集·水心别集》卷14《纪纲二》，第813页。
⑤ （宋）孙逢吉撰：《职官分纪》卷41《通判军州》，第776页；《嘉定镇江志》卷16《通判》，宋元方志丛刊影印本第3册，第2486页。
⑥ （宋）陈善撰，查清华整理：《扪虱新话》卷11《国朝始置通判》，全宋笔记，大象出版社2019年标点本，第322页。（宋）洪适撰：《回广州罗通判启》，载凌郁之辑校：《鄱阳三洪集·启二》，江西人民出版社2011年点校本，第477页。《嘉泰会稽志》卷3《通判廨舍》，第6762页。
⑦ 《长编》卷7，乾德四年十一月乙未，第181页。
⑧ （宋）刘宰撰：《漫塘文集》卷20《嘉兴府通判厅题名记》，《宋集珍本丛刊》第72册，第338页。
⑨ （宋）欧阳修撰，李伟国点校：《归田录》卷2，第31页；《长编》卷7，乾德四年十一月乙未，第181页。

族政权始终共存,边境战争的威胁始终存在,沿边州军常常以武臣为守,他们以军政为要务,或不熟悉钱谷、司法、民政之事,因此,在武臣知州之地,必差文臣通判专管州务。如大中祥符二年(1009),捧日左右厢都知指使蒋信等8位武臣被外派到濮州(治今山东鄄城县)、单州(治今山东单县)等8州任知州,朝廷即下令,要尽快为这些武臣所任的各州选择通判。大中祥符四年,又派王潜等7位武臣,以团练使、刺史担任州长官,宋政府仍令审官院为这些州择任通判。因为最高统治者不放心武人知州主持州政,所以沿边州军"全藉强干材敏通判籴买军储,营办职事"①。例如通判代替武臣知州给朝廷发解贡举人,"其武臣更不管勾,止同书解状;所解不当,亦不同罪"②。再者,宋朝君主奉行右文国策,优待士大夫,甚至有些年老体弱的大臣仍授以知州之任。于是,同判州事的通判更显得重要。如乔惟岳知苏州时身患重病,由通判陈彭年与其他州内属官共理州政,乔惟岳再任知寿州(治今安徽凤台县)并于在任期间病亡,也是由通判等主持州务。宋神宗熙宁四年(1071),单州(治今山东单县)知州孙思恭因为年老体弱,请求神宗准许自己再守乡郡,神宗同意并下诏依照当时的"降选法",选派一名通判,协助孙思恭治理州务,"仍自今近臣因老疾得知州军者,其选通判亦如之"③,还因此形成了惯例。另外,宋代统治者对某位知州不信任时,也特派通判以专州政。如西夏人李继捧之弟李克文在宋朝任官,当李继迁攻宋时,或言李继捧泄露了宋朝的机密,于是,宋廷遣李克文以博州(治今山东聊城市)防御使"归博州,并选常参官为通判,以专郡政"④,严加防范。

---

① 《宋会要·职官》47之64,第4300页。
② 《宋会要·选举》14之23,第5542页。
③ 《长编》卷228,熙宁四年十一月戊戌,第5545页;《宋会要·职官》47之62,第4299页。
④ 《宋史》卷485《夏国上》,第13984页。

三　宋代通判的主要职能

宋代知州与通判共理州政，职权范围大体相当，但为了更有效地监督和限制知州，把地方财政权集中到中央，宋代知州一般不签署钱谷财务之事，特别是武臣知州之处，而通判在财政方面则具有更多特殊的职能，其职责包括以下几点：

其一，掌管部分版账税籍。

宋太祖开宝元年（968）五月，诏令"诸州通判、粮料官至任，并须躬自检阅帐籍所列官物，不得但凭主吏管认文状"①。宋代诸州税籍，由"录事参军按视，判官振举"。但是，录事参军等州县官难以对付地方上的官户和豪强，所以，开宝四年又下诏："诸州府并置形势版簿，令通判专掌其租税"②"形势户立别籍，通判专掌督之。"③于是，地方上在仕籍的文武官员、吏人、富豪人家等，被编入特殊的"形势户"。形势户要比一般人户提前半月纳税，他们的税收由通判厅直接负责征管。除此之外，通判还负责其他税收账目。如"诸州县镇场务所收无额上供物钱，每季具帐，限次季孟月五日以前供申通判厅"，然后由通判厅审覆，供申提点刑狱司，并"点磨保明，申尚书户部"④。

南宋经总制钱成为国家财政收入的重要组成部分，宋高宗时重申，经总制与无额钱物等，"专委通判检察造帐，申提刑司驱磨，攒类都帐申部"⑤。条令还规定各州"诸仓库见在钱物（诸司封桩者非），所属监司委通判岁首躬诣仓库点检前一年实在数，令审计院置

---

① 《长编》卷9，开宝元年五月，第202页。
② 《宋史》卷174《食货上二》，第4203页；《长编》卷12，开宝四年正月辛亥，第258页。
③ 《宋史》卷174《食货上二》，第4203页。参阅《长编》卷12，开宝四年正月辛亥，第258页。
④ 《庆元条法事类》卷30《上供·场务令》，第441页。
⑤ 《庆元条法事类》卷30《经总制·随勅申明》，第466页。

簿抄上，比照帐状"①。另外，据元丰条令规定："诸州解发金银钱帛，通判厅置簿，每半年具解发物数及管押附载人姓名，实封申省"②。这一规定被沿用至南宋、并修入《庆元条法事类》被遵照实施。可见，通判厅直接或间接掌管各种重要上供钱物的账籍，有的通过监司上报中央，有的则直达尚书省。

由于掌管税籍，故通判得以过问差役等事。如张诜通判越州（治今浙江绍兴市）时，"民患苦衙前役，诜科别人户，籍其当役者，以差人钱为雇人充，皆以为便"③。当然，也有人利用这些职权进行违法活动。如南宋光宗绍熙五年（1194）王恭之通判衡州，"擅在本厅私置文历，拘收人户免倍税牙契钱，取拨兑借，动以千计"。张适通判贺州，曾因"擅卖官盐及揩改封桩库文历，侵盗官钱入己"被罢官，并且"永不得与亲民差遣"④。

其二，主管常平义仓及部分农田水利。

宋代非常重视灾荒救济相关的制度建设。"常平以平谷价，义仓以备凶灾"，熙宁之前，救济灾荒等事由转运司和州县官统领，熙宁变法以后专设提举常平广惠仓兼管勾农田水利差役事（简称提举常平或仓官）总领各路荒政。每州选通判、幕职官充常平仓主管官，"典干转移出纳"⑤。因为"诸州通判系主管常平官，正是奉行荒政"⑥，所以仅在不设置通判的州军，才允许知州管勾常平钱谷。熙宁九年（1076），梓州（治今四川三台县）通判冯山即曾对宋神宗说："臣见管勾常平等事，亦能为陛下推行诏条，宣布恩施。"⑦ 通判还专管义仓米的收存，"诸路提举司，选委官随苗收义仓米，照数任责，拘收

---

① 《庆元条法事类》卷37《给纳·仓库令》，第579页。
② 《长编》卷437，元佑五年正月己丑，第10531页；《宋会要·刑法》1之15，第8228页。
③ 《宋史》卷331《张诜传》，第10649页。
④ 并见《宋会要·职官》73之17，第5010页。
⑤ 《宋史》卷176《食货上四》，第4275、4280页。
⑥ （宋）汪应辰撰：《文定集》卷4《御札问蜀中旱歉画一回奏》，学林出版社2009年标点本，第26页。
⑦ 《长编》卷273，熙宁九年二月辛丑，第6683页。

本色，令敖认数桩管，不许折纳。责令诸州通判专一任责，提举司常切严紧催督"。而且"通判任满，须管批上印纸，于本司所催义仓米斛有无欠少，候足，方许离任注授"①。即各州府义仓米有短缺者，通判不许离任。

常平仓、义仓之外，通判还专门负责一些农田水利建设事宜。宋代有营田的地区，多由通判主管。如"襄（治今湖北襄阳市）、定、唐（治今河南唐河县）三州有营田使或营田事，通判亦同领其事"②。南宋初，随州通判鲁平之即"协赞郡事，谙晓民情，兼管干营田，备见宣力"③。有圩田的地区，也由通判兼领。"应有官圩田州县，通判于衔位带兼提举圩田"④。各州职田数也是"委通判同县令核实，除其不可力耕之田，损其已定过多之额，使之适平而后已"⑤。

主管河防水利。太祖开宝五年（972）诏"开封等十七州府各置河堤判官一员，以本州通判充"⑥。宋神宗时，"应黄河夏秋水涨，堤岸危急，须藉民夫救护处……仍令通判提举"⑦。如果通判不抓紧抢救水灾损毁的水利设施，或妄追民夫，均以违制科罪。南宋时，"浙西漕运惟恃吴江石塘以堤水"，后来"修塘塞兵尽为他役，堤岸颓毁"。宋理宗绍定二年（1229），遂抽回修塘塞兵专门负责维修石塘，"委平江府通判主管，不得辄有抽差，违许奏劾"⑧。通判有权弹劾地方官吏，所以委通判主管，有助于制止其他地方官擅自抽调护堤士兵。

其三，筹办军需，兼管拘收并起发总领所钱粮。

北宋时期沿边州军的通判往往协助筹办军需粮草。通判专任诸多

---

① 《吏部条法》《印纸门·印纸》，第238页。
② 《宋会要·食货》2之1，第5981页。
③ 《宋会要·职官》47之68，第4302页。
④ 《宋会要·食货》1之36，第5967页。
⑤ 《宋会要·职官》58之23，第4627页。
⑥ 《长编》卷13，开宝五年二月丙子，第279页。
⑦ 《长编》卷252，熙宁七年四月癸未，第6158页。
⑧ 《宋史全文》卷31，绍定二年五月辛亥，第2648页。

财务职责，也能为筹办军需提供支撑。宋仁宗宝元元年（1038），"罢河北、陕西提举便籴粮草官，令本路转运使副及逐州通判提举"①。因此，河北沿边、次边州军，常常是仰仗强干材敏的通判负责籴买军需，营办职事。宋仁宗时在陕西沿边，镇戎军（治今宁夏固原市）通判田京、同州（治今陕西大荔县）通判蒋偕、仪州（治今甘肃华亭市）通判耿传等都曾管办陕西随军粮草。神宗熙宁六年（1073），秦州（治今甘肃天水市）通判陈纮因应付军需有功而受到迁一官、升一任的奖励。元丰元年（1078），"澶（治今河南濮阳市）、定州，大名府封桩草计置久未毕"，遂令逐路安抚司催促，并罢去原差勾当官，责令三州府通判及时籴买。②

南宋初，因军务紧急，曾规定："今后应遣发大兵，所至州县并专责通判充钱粮官，于界首伺候应副支遣。俟人马出州界，方得归州。"③ 同时，"诸州草场……日轮都监……通判提举"④。南宋政府为了筹办军饷，先后设置了四川、淮东、淮西和湖广 4 个总领（全称为总领某路财赋军马钱粮官或总领财赋），其办事机构称总领所，分掌各路专项上供财赋，供应诸军钱粮。在各个州军，总领所征调的财赋主要由各州通判专一负责。史载，淮东、淮西总领所委各州通判专一催促拘收合解发本所的钱粮，要求其应限起发，并定期比较成效，以便赏罚。淳熙八年（1181），孝宗曾下令"罢兴元（治今陕西汉中市）、金州（治今陕西安康市）两处签厅，其总领所签厅职事依江陵府（治今湖北荆州市）例，委各州通判兼管"⑤。不久，湖广总领所辖下各州通判"并带本所签厅职事入衔，及令赴本所批书"⑥。不仅让通判挂名，而且还由总领所批书其考课文状，以便督促其尽职尽责。宁宗嘉定十五年（1222），淮东总领所辖下楚

---

① 《长编》卷 122，宝元元年九月辛酉，第 2881 页。
② 《长编》卷 290，元丰元年七月辛卯，第 7100 页。
③ 《宋会要·职官》47 之 66，第 4302 页。
④ 《庆元条法事类》卷 36《场务·仓库令》，第 541 页。
⑤ 《宋会要·职官》41 之 59，第 4029 页。
⑥ 《吏部条法》《印纸门·印纸》，第 235 页。

州（治今江苏淮安市）、扬州、真州（治今江苏仪征市）、泰州等地的通判，均依淮西各州之例，以"'淮东总领所受给钱粮'职事入衔"①。

其四，负责征收经总制钱及其他杂税。

北宋宣和三年（1121），为应对朝廷经费不足，由陈遘奏请，宋政府增收酒税、头子钱等十多种附加税，创立了新的增收名头"经制钱"，要求各州军另外立账收管，供朝廷调用。当时，"江、淮、荆、浙、福建七路所收七色钱……可逐州委通判、逐路专委应奉官拘催，拨充转般籴本"②。南宋初，战乱严重，政府收入大受影响，宋政府又增加二十多种附加税，创立"总制钱"，并与经制钱合称"经总制钱"③。经总制钱的征收项目繁多，"岁之所入，半于常赋"④，成了南宋一项重要的财政收入。绍兴三年（1133）诏令诸州经总制钱，并委通判拘收。自绍兴三十一年起，曾一度下令让知州和通判共同掌管经总制钱，但知州作为一州长官，很容易恣意侵用。此后9年时间内，经总制钱每年欠收二百余万缗，所以南宋政府再次下令，委通判专一拘收。法令规定，诸州县镇场务所收经总制钱物，必须"每季具帐，限次季孟月五日以前供申通判厅，本厅限孟月终审覆申提点刑狱司，本司限十日点磨保明申尚书户部"⑤。通判不仅审查账目，而且负责保管各县镇场务收缴上来的经总制钱物。

经总制钱之外，通判厅还负责征收其他多项杂税。宋仁宗庆历四年（1044），"江西转运使移属州，凡市末盐钞，每百缗贴纳钱三之一"，这项贴纳钱即由通判负责征收。当时，吉州通判李虞卿因受贿

---

① 《宋会要·职官》41之70，第4035页；《吏部条法》《印纸门·印纸》，第234—235页。则在嘉定十四年闰十二月二十一日，且其中的"楚"为"淮安""盱眙军"为"招信军"。按：楚州在绍定元年（1228）改为淮安军；建炎三年（1129）盱眙县升为盱眙军，绍定五年改为招信军。

② 《宋会要·职官》42之46—47，第4095页。

③ 席海鹰：《试论南宋经总制钱的征收及社会影响》，《浙江学刊》1989年第4期。

④ 《宋会要·食货》64之99，第7786页。

⑤ 《庆元条法事类》卷30《经总制·场务令》，第451页。

免贴纳，险些被处死①。条例规定："诸州无额上供钱物，提点刑狱司选通判或职官一员点检，尽数入季帐，如限催发。"②

宋代财取于民者无所不有，通判厅所收额外课利名目繁多。据南宋后期修成的《玉峰志》记载，昆山县在通判厅系籍的税额即有通判厅版账钱、通判厅役钱、通判厅五六分钱、通判厅五分头子钱、通判厅截拨下纲钱、通判东厅职租头子钱、通判西厅职租头子钱，③ 等等。因此，理学大师朱熹曾称通判厅财赋极多。

其五，提举军资库。

宋代地方州郡保存各类钱物的仓库主要有公使库、军资库、公使酒库等。公使库所存公使钱主要用于官员公务宴请、相互馈赠、罢移往还所需费用等，这些支出由知州与通判共同签书。军资库则不然，军资库收藏的实际内容与其名称不完全一致，史载：

> 守臣、通判名衔必带"军州"，其佐曰"签书军事"，及节度、观察、军事推官、判官之名，虽曹掾悉曰"参军"。一州税赋民财出纳之所，独曰"军资库"者，盖税赋本以赡军，著其实于一州官吏与帑库者，使知一州以兵为本，咸知所先也。④

可见，军资库并非专储军用物资之地，而是"一州税赋民财出纳之所"，是一州之内主要的综合型官有财库。

宋朝军资库收藏的钱物主要有：（1）二税。宋代，"自来受纳二税，必使赴军资库送纳，却行起赴朝廷⑤"。这是农业税收，收纳之后上缴中央政府。（2）场务课利。太宗淳化四年（993）曾诏"令诸

---

① 《长编》卷147，庆历四年三月丁亥，第3568页。
② 《庆元条法事类》卷30《上供·仓库令》，第441页。
③ 《淳祐玉峰志》卷中《税赋》，宋元方志丛刊影印本第1册，1067—1069页。
④ （宋）王明清撰，燕永成整理：《挥麈录余话》卷1《祖宗兵制名枢廷备检》，大象出版社2019年标点本，第306页。
⑤ 《宋会要·食货》70之32，第8118页。

州以茶、盐、酒税课利送纳军资府"①。神宗熙宁七年（1074）又诏："诸场务所收课利，除县寨合截留外，并于军资库送纳。"② 法令还规定，诸在州城之场务课利，必须于"次日纳军资库，少者五日一纳"，"外县镇寨次月上旬并纳"③。另外官有房屋出租的收入，要入军资库。"诸楼店务省房岁收课利钱，十分内桩留五厘（州军资库、县省钱库寄收），充修造支用"④，这些工商税收，部分可以用于地方支出。（3）经总制钱物。按规定，宋代"诸经总制钱物，知、通专一拘收（县委令、丞，无丞处委主簿），仍令通判（无通判处委签判）就军资库别置库眼……逐季于次季孟月二十五日以前尽数起发"⑤，这是各种附加税收入。（4）提点刑狱司、转运司的部分封桩钱物。"诸提点刑狱司应封桩钱物，于军资库、省仓别敖库封桩，本处监专主管"⑥。建炎三年（1129）还诏令："诸路漕司差官根刷到诸路钱物"及"以后州县起到钱物，并须管依法于军资库桩收"⑦。（5）其他收纳。如有"诸臣僚进马以价钱纳军资库"者，以后凭朱钞文历即可取用。⑧ 又"诸安化州归明人有书信、财物寄本家者，申纳所在州县，发书勘验，录书讫，以元书通封，见钱于军资库寄纳，取收附状同书封角入递（余物准此。金帛、衣服之类仍差逐铺节级监传），至广西经略安抚司"⑨，则军资库又兼有今日邮政的部分职能。

此外，军资库还管纳一些公文。如南宋初年岳飞辞让朝廷给他儿子岳云"特转恩命"的奏札，曾寄纳在鄂州。⑩ 后来，真德秀"辞转

---

① 《文献通考》卷17《征榷考四》，第490页。
② 《宋会要·食货》54之4，第7237页。
③ 《庆元条法事类》卷36《场务·场务令》，第538—539页。
④ 《庆元条法事类》卷7《监司巡历·营膳令》，第121页。
⑤ 《庆元条法事类》卷30《经总制·场务令》，第451页。
⑥ 《庆元条法事类》卷31《封桩·仓库令》，第478页。
⑦ 《宋会要·食货》52之32，第7187页。
⑧ 《庆元条法事类》卷37《勘给·廒库敕》，第598页。
⑨ 《庆元条法事类》卷78《归明附籍约束·杂令》，第861页。
⑩ （宋）岳珂编，王曾瑜校注：《鄂国金佗稡编续编校注·经进鄂王家集》卷6《辞男云特转恩命第四札子》，中华书局1989年标点本，第913—914页。

官""辞集英殿修撰知隆兴""辞赐金带"时，均纳"省札"于所在州的军资库。总之，宋代军资库收纳相当广泛，以至于被称为"应州县诸司所入一金以上，尽入军资库收掌"①。

军资库所纳二税、经总制钱物、提点刑狱司封桩财物等属于上供部分，其余财物仍分两类支出。条令规定："诸赃罚户绝物库、军资库，其金银（银杂者，官监烹炼，有耗折者除破）宝货、绫罗、锦绮等成匹者，附纲上京，余附帐支用。"② 其"附帐支用"部分主要用于地方开支。如本地官员与驻军的月料钱及诸般杂用、诸县镇寨所支官钱等。因为公使库系"知州与通判同上历支破"③，为了避免知州干预军资库，宋朝规定"公使而用军资之钱则为碍条法"④。那么，军资库由谁掌管其收支呢？

宋代军资库经管了州府中财物尤其是货币收支的大宗，其提举权一般归各州府通判。在少数大州府如大名府、广州、杭州等和交通运输要道所在如运河沿岸的泗州、真州等地，因军资库收支浩繁，一般设置军资库监官一员，除此之外的诸州军资库，"差录事参军监，通判提举"⑤。军资库的钥匙即由通判掌管。如庆历七年（1047），王则在贝州（治今河北清河县）起兵，其部下欲从通判董元亨处夺取军资库的钥匙，元亨因拒绝给他们而被杀⑥。因"军资库系通判提举"，所以"令通判置籍拘辖外，县、镇、寨关报起发钱物月日，验钞勾销点勘。违滞失陷，县置簿，先抄上起发钱物月日，报通判状，候获钞点勘钩销"⑦。可见通判对军资库的收支负总体责任。

---

① 《宋会要·食货》52之32，第7187—7188页。
② 《庆元条法事类》卷37《给纳·仓库令》，第579—580页。
③ 《长编》卷12，开宝四年十月，第272页。
④ （宋）彭龟年撰：《止堂集》卷1《论雷雪之异为阴盛侵阳之证疏》，《丛书集成初编》本，第8页。
⑤ 《庆元条法事类》卷37《给纳·仓库令》，第579页。
⑥ 《长编》卷161，庆历七年十一月，第3890页。
⑦ 《宋会要·食货》54之5，第7238页。

其六，掌管应在司。

宋代"以官物输他司或中都，虽著于籍，而无已入官之符契者，则总于应在司"①。所谓"无已入官之符契者"，应是属于中央官府钱物而账目手续不完整者，这是唐宋新的会计制度的组成部分。宋太宗淳化五年（994）规定，诸州应在司必须"具元管、新收、已支、见在钱物申省"②。即所谓"输送毋过上供，而上供未尝立额。郡置通判，以其支收之数上之计司，谓之应在，而朝廷初无封桩起发之制"③。条令规定，诸州应在司由通判一人掌之，无通判处差职官一员，而且根据各州通判在任期间"开破应在钱物"④之数，由转运司保明，以予酬赏。

其七，承上启下，沟通地方与中央财政。

通判无论掌管部分版账税籍，拘收保管经总制钱物，还是提举军资库，其主要目的均是及时将各地钱物上缴中央政府，防止被知州滥用，从而保证国家财赋收入。如"诸上供谷，州委通判，不拘界分拣选充换堪好者装发"⑤。各地禁军缺额请给上缴的管理程序是，"诸《封桩禁军阙额请给季帐》，逐州取索攒造，限次季孟月申到提点刑狱司，本司于仲月申枢密院。州委通判，提点刑狱司委属官举催"，然后"附纲上京（无，即计纲起发），纳左藏库（差赴陕西、河东路军马应封桩者，准此）"⑥。宣和五年（1123）诏："诸路所收钞旁定帖钱，除两浙路隶应奉司外，余路并逐州委通判拘收，与发运司充籴本。"⑦另外还规定：

---

① 《长编》卷228，熙宁四年十一月甲申注文，第5541—5542页。
② 《文献通考》卷23《国用考一》，第693页。参阅李伟国：《宋朝财计部门对四柱结算法的运用——对〈中国会计史稿〉（上册）的一点补正》，《河南师大学报》（社会科学版）1984年第1期。
③ （宋）陈傅良著，周梦江点校：《陈傅良先生文集》卷19《赴桂阳军拟奏事札子四·第二》，浙江大学出版社1999年标点本，第267页。
④ 《庆元条法事类》卷31《应在·随敕申明》，第497页。
⑤ 《庆元条法事类》卷30《上供·仓库令》，第443页。
⑥ 《庆元条法事类》卷31《封桩·仓库令》，第479—480页。
⑦ 《文献通考》卷19《征榷考六》，第546页。

宋代通判及其主要职能

诸大礼钱（金银物帛同），监司于前一年专委逐州通判（不许别差官），将合起之数照前郊窠名划刷实数起发，限次年七月以前赴左藏库送纳。如亏前郊之数或致稽违，监司按劾。①

郊祀大礼是古代最高统治者非常重视的祭祀活动，为保证其供给，宋政府明令只差通判主管其经费，不差别官，可见对通判委任之重，也说明了通判在沟通地方与中央财政方面的关键作用。

除以上较普遍的财赋类专职外，在有特殊财赋管理任务的州中，通判也专任其责。如解州（治今山西运城市）产盐，北宋时解州通判兼主持解盐生产，晋州（治今山西临汾市）折博务"止委通判监当"②。南宋时北部沿边与金朝交界地区的榷场均由各州通判兼理。此外，西部、西南地区文州（治今甘肃文县）、叙州（治今四川宜宾市）等地是宋代茶马贸易的重要地区，当地通判还负责参与买马事务，等等。

虽然宋代州府中负责财赋者并非通判一人，如录事参军掌税籍、户钞、税收等，司户参军参与管理户籍、赋税、仓库之类，司法参军也兼管诸库，但是，这些官员只负责办理赋税管理中某一方面的具体事务，通判则以监州身份，位本州州官之上，"漕、宪、常平茶盐、坑冶司皆以各州通判为主管官"③。所以，通判能够统筹各方财力，总体负责地方财政收支，特别是有关上供及其他重要的专项收入。朱熹曾称：

本朝立法，以知州为不足恃，又置通判分掌财赋之属。然而知州所用之财，下面更有许多幕职官通管，尚可稽考。惟通判使用更无稽考。④

---

① 《庆元条法事类》卷30《上供·仓库令》，第443—444页。
② 《宋会要·食货》36之5，第6787页。
③ 《宋会要·职官》41之64，第4032页。
④ 《朱子语类》卷106《外任》，第2651页。

委通判以专理财赋之权，体现了宋初统治者"诸州置通判，使主钱谷"，以使"府库充实"①，收地方财权于中央的决策意向。

除上述财赋管理职责外，宋代通判在地方司法、人事管理中的某些方面也有特殊职能。如受委派参与邻州审决大案，"诸州大辟罪及五人以上狱具，请邻州通判、幕职官一人再录问讫，决之"②。这从一个侧面体现了通判的按察性质。这类情况很多，如宋太宗时，歙州（治今安徽歙县）黄行达的弟弟因犯罪被判处死刑，黄行达诬告州长官涉嫌故入其罪，朝廷诏令宣州（治今安徽宣城市）通判姚铉与歙州监军张熙重新审理，即日定谳结案。南宋光宗绍熙三年（1192），温州通判傅顾曾被派往处州审问死刑案件。另外，宋代州军一般刑事案件，须由知州判决徒以上刑狱，"帅府则以徒罪委通判"③，即最轻的徒刑，在帅府可以委任通判终判。

在人事管理方面，宋代地方长官都肩负着荐举保任基层属官的职责，通判除同知州一样有奏举人的资格外，还专门负责一些人事管理事务。如各地官员如果有人过期不赴任、因病故去或离任半年而未差注到替代之人等，导致官阙无人在任的情况，这需要及时汇集信息上报，"每月终（一千里以上每季终），州委通判，帅守、监司委属官，实封差人赍申尚书吏部"④，即州通判、监司属官负责把地方缺官信息上报中央，以便朝廷及时任命。"诸使臣（校尉同）所居州专委通判置籍，身亡者取索付身、告敕等批上身亡月日，用印给还本家"，然后即日开具有关文字"申尚书吏部及转运司照会"⑤。绍兴四年（1134），高宗下诏："诸路帅臣、监司、郡守，今后奏辟官属，并令所举官录白付身印纸，各委本州通判取真本覆实，结罪保明，缴连申奏。如应参部之人，方行给降付身，以绝伪滥之弊。"⑥ 通判审查帅

---

① 《宋史》卷 256《赵普传》，第 8932 页。
② 《长编》卷 73，大中祥符三年六月庚午，第 1675 页。
③ 《燕翼诒谋录》卷 3《州长吏亲决徒罪》，第 24 页。
④ 《庆元条法事类》卷 5《之官违限·职制令》，第 53 页。
⑤ 《庆元条法事类》卷 13《亡殁殁·杂令》，第 284 页。
⑥ 《宋会要·选举》31 之 4，第 5841 页。

臣、监司、郡守所辟举属官的资格，同样体现了通判监督、按察的性质。另外，"应命官无职事请俸者，专委逐州通判检察，其违法请过钱物，并行追纳"①。这表明一般地方官均受通判监察。

四 通判的选任

自宋初开始，通判的选任即深受重视，朝廷强调其监察职能，"目为监郡"，"故虽遐方小垒，皆自朝廷命之"②。宋政府对通判的选任，也体现出设置通判以制约知州的目的。

北宋太祖、太宗时期，以削弱藩郡，加强中央集权为当务之急，因而，通判多系从中央派出的朝臣要员。史料表明，从真宗朝开始，少数德高望重的朝廷重臣到地方任知州时，可以自己辟举本州通判。如陈尧叟知河阳（治今河南孟州市），辟鲁宗道为通判；冯元知河阳，辟郭稹为通判。由知州辟举本州通判，突出了二者的私人情谊，势必削弱通判的监州职能，这与宋朝统治者委任通判的初衷相背，所以仁宗天圣九年（1031）即诏："大两省官出知外郡，不得奏辟同判、职官，其诸处知州，亦不得保举见任同判。"③虽然宋仁宗景祐二年（1035）曾规定"尝任二府而为知州者，辟通判、幕职官一员，大两省以上知天雄（魏州的军额，后改名大名府，治今河北大名县一带）、成德军（镇州的军额，治今河北正定县），益州（治今四川成都市）、泰州，并许辟通判一员"，但同时又指出，"其永兴军（治今陕西西安市），河南府（治今河南洛阳市），延、杭、广、梓州通判，并令审官院选差人"④。可见辟举通判既有知州者身份资历的限制，也有任职地域限制。且20年后又废除此法，规定"尝任二府出知州

---

① 《宋会要·职官》57之64，第4593页。
② （宋）许景衡撰：《横塘集》卷9《奏罢辟张恕等为诸州通判札子》，景印文渊阁《四库全书》第1127册，第248页。
③ 《长编》卷110，天圣九年二月庚子，第2554页。
④ 《长编》卷116，景祐二年五月己亥，第2732页。

者，毋得奏辟通判，止许增辟幕职官一员"①。

北宋中后期，通判主要由中书政事堂、审官东院即元丰以后的吏部尚书左选分别注授，以防止知州自辟通判对通判监察权的削弱。北宋末年，河间府（治今河北河间市）知府詹度奏辟张公济通判本府，即遭到许景衡的指责，认为通判"若为守臣而得辟置，则是门下私恩之士也，尚能举监郡之职乎"②？

南宋时，政府继续限制知州辟举本州通判。高宗初年，因军事战争的需要，一些高级帅臣仍可以辟举通判，这遭到一些大臣的反对，监察御史郑作肃指出："通判出于帅守之门，则于州县无所执守，视过咎无敢刺举。"因此，宋高宗诏令"诸州通判，见任守臣所辟者并罢"。③ 宋孝宗也曾说："监司按通判则可，知州于通判按举皆不可。若通判只是随顺，焉用通判？"④ 不但不许知州自选通判，也不让知州按察通判。宋宁宗嘉泰年间成书的《会稽志》仍称："太平既久，其（通判）任稍削矣，然著令犹不许知州荐举通判，盖祖宗遗意也。"⑤ 可见，不许知州自选和荐举通判的制度在南宋得到了落实。

因为通判具有监督州郡其他官员的职能，所以宋朝规定，有些州的通判需要由曾担任过知州者担任。曾任较小州军长官的官员，后来出任大州府通判的事例很多，《容斋四笔》卷13即载，有罗延吉者，曾先后担任彭州、祁州（治今河北安国市）、绛州（治今山西新绛县）三州的知州，然后出任广州通判；滕中正先知兴元府（治今陕西汉中市），后出任河南府通判；范正辞历知戎州（治今四川宜宾市）、淄州（治今山东淄博市），然后通判棣州（治今山东阳信县）、

---

① 《长编》卷175，皇祐五年闰七月癸巳，第4227页。
② （宋）许景衡撰：《横塘集》卷9《奏罢辟张恕等为诸州通判札子》，景印文渊阁《四库全书》第1127册，第248页。
③ （宋）佚名撰，孔学辑校：《皇宋中兴两朝圣政辑校》卷13，绍兴三年五月乙丑，第414页。
④ 《宋史全文》卷27下，淳熙十三年二月庚戌，第2327页。
⑤ 《嘉泰会稽志》卷3《通判廨舍》，宋元方志丛刊影印本第7册，第6762页。

宋代通判及其主要职能

深州；陈若拙任四川转运使之后，改任西京河南府通判。① 根据仁宗朝嘉祐二年（1057）的规定，西京、北京（治今河北大名一带）、益州、广州等16个重要州府的通判，"并以知州资序人差充"②。南宋也规定，均州（治所今被丹江口水库淹没）、随州、台州等21个州军的通判，须选曾任知州者为之。

由于通判地位特殊，既非副贰，又非属官，其官资也未必比知州低，所以宋代时常会出现知州与通判争权的现象。宋太祖时，诸州通判即多与知州忿争，常常声称："我监州也，朝廷使我来监汝。"③ 引起二者不和，以致太祖不得不下诏予以训戒。真宗时，保州（治今河北保定市）通判孙冲因与知州争执，被贬降吉州（治今江西吉安市）监酒税。神宗元丰时，延州通判吴安宪"务专郡事，多自判决"，知州对他送来的簿书"每有可否"，吴安宪都不予采纳，而是"辄复沮抑"④，可谓专横之至。南宋庆元四年（1198），温州通判也曾被指控凌蔑郡守而罢官。虽然二者时常发生摩擦，但是，知州总理郡政，宣布诏条，总掌一州兵民之政，多兼带军职，不专领财政，通判除同判郡政外，还监督制约知州，一般不带军职，但侧重负责本州重要的钱谷收纳，这种安排有制衡作用，有利于加强中央集权统治。

南宋人之所以称"太平既久，其任稍削"，认为通判的职权地位有所下降，主要指的是通判对知州的按察职能。刘克庄曾指出："自国初置倅，与监司、太守俱名按察，异时独衔发僚吏，奋笔涂书判，长官一举手，辄从旁掣止，倅尝横矣。及其久也，有按察之名，无事权之实，更以督经总制钱为职业。"⑤ 这反映了通判职能的变化，即

---

① （宋）洪迈撰，孔凡礼整理：《容斋四笔》卷13《知州转运使为通判》，大象出版社2019年标点本，第354页。除罗延吉外，其余3人分别参见《宋史》卷276《滕中正传》，第9387页；《宋史》卷304《范正辞传》，第10059页；《宋史》卷261《陈若拙传》，第9040页。
② 《宋会要·职官》47之62，第4299页。
③ 《长编》卷7，乾德四年十一月乙未，第181页。
④ 《长编》卷343，元丰七年二月丁丑，第8239—8240页。
⑤ 《刘克庄集笺校》卷88《重修通判厅》，第3752页。

随着财政专责的日益繁重,通判越来越为日常事务所困,以至于其监督知州的功能有所淡化。

总之,通判的设置是宋初统治者吸取五代分裂割据的历史教训,加强中央集权统治的重要措施。当时,

> 所在场务或以京朝官、廷臣监临,凡一路之财置转运使掌之,一州之财置通判掌之。为节度、防御、团练、留后、观察、刺史者,皆不预签书金谷之事,于是外权削而利归公上矣"①。

通判与场务监当官、转运使共同构成了新的地方财政征收体系,特别是熙宁变法以后,通判与提举常平、提点刑狱、县丞在转运使、知州、县令之外构成仓宪倅丞第二征调系统,地方财物除日常给用之外,达到了凡缗帛之类悉输京师的效果,为确保中央政府的收入起了重要作用,也对消除五代以来藩镇"多以赋入自赡"② 的割据分权局面有重要影响。同时,通判还从总体上制约着知州权力的膨胀,有助于防止地方割据势力的形成。所以,朱熹称:"国初缘藩镇强,故收其兵权,置通判官,故已无前日可防之弊。"③ 即把设置通判与收兵权视为消除地方分裂的两大措施。

从以上考察还可以看出,北宋时通判监州的职能比较显著,北宋末到南宋,随着中央集权的加强,地方割据的可能性渐渐变小,以及国家财赋征调的日益增多,通判的经济专责随之增加,其监州的职能则有所削弱。

原载《河北学刊》1990 年第 2 期

---

① (宋)李攸撰:《宋朝事实》卷 9《官职》,中华书局 1955 年版,第 154 页。
② 《长编》卷 6,乾德三年三月,第 152 页。
③ 《朱子语类》卷 112《论官》,第 2730—2731 页。

宋代州级属官体制初探

宋王朝结束了唐末五代长期割据纷争的历史局面，重新确立了中央有效地统辖地方的中央集权政治体制，这一政治体制对后期中国封建社会产生了深远的影响。宋以后的古代中国王朝，多民族国家的大一统局面成为历史主流，这种统一局面的维持与宋朝确立的中央与地方统辖体制有较大关系。在宋代的行政体制中，州府是中央治理地方最重要的一级行政区划单位，它既是一级正式和完整的地方行政、财政机构[1]，也是最重要的一级地方司法审判机构，是有效地贯彻中央政策法令、维持地方统治秩序的关键环节。在宋代州级政权体系中，知州（府、军、监与州同级，为叙述方便，以下主要称为"州"）是长官，通判是副长官[2]，在正副长官之下，设置幕职、诸曹官作为行政属僚，辅佐长贰治理州政。此外，尚设都监、监押、巡检等军政属官，被称为州司兵官；设州学教授主管学校教育；并创设了管理各种仓场库务堰闸等的监当官，担负财税征

---

[1] 参阅包伟民：《宋代地方财政史研究》第 2 章《州军财政制度》，上海古籍出版社 2001 年版，第 46 页。

[2] 参见苗书梅：《宋代知州及其职能》，《史学月刊》1998 年第 6 期，见本书第七部分；苗书梅：《宋代通判及其主要职能》，《河北学刊》1990 年第 2 期，见本书第八部分；王世农：《宋代通判论略》，《山东师范大学学报》（人文社会科学版）1990 年第 3 期；汪圣铎：《宋代通判理州财事考辨》，《西南师范大学学报》（人文社会科学版）1991 年第 2 期；罗炳良、范云：《宋代通判制度述论》，《河北师范大学学报》（哲学社会科学版）1993 年第 1 期；方宝璋：《宋代通判对财经的监督作用》，《福建论坛》（文史哲版）1993 年第 6 期；方宝璋：《宋代通判在财经上的监督》，《辽宁大学学报》（哲学社会科学版）1995 年第 2 期。

收及管理职能。① 对于这些具体贯彻执行地方统治政策的属官体制，学术界很少关注。关于幕职诸曹官，目前只有龚延明先生所编著的《宋代官制辞典》详列了44目，分别考述其职源与沿革、职掌、品位、编制、简称与别名等，为研究者提供了重要参考②；朱瑞熙先生所著的《中国政治制度通史》（第六卷）也对幕职、诸曹官的设置、编制与人选、职权范围有简要概述③。但是，两书受体例所限，均未展开详细研讨。因此，至今尚无专文论述该课题。下面拟对宋代州级行政属官主要是文臣幕职、诸曹官的职源、设置状况及其职能、特点等进行初步探讨。

一 职源与设置状况

宋代知州、通判之下的州级行政文臣属官主要由幕职官与诸曹官两部分组成。幕职官简称职官或幕职，主要由签判（全称是签书/署某军节度判官厅公事）、节度（或观察、防御、团练、军事）判官及推官、节度掌书记、观察支使诸职；诸曹官则有录事参军、司理参军、司法参军、司户参军等。在文臣阶官体系中，这些职官与县令、主簿、县尉共同组成幕职州县官，又称选人，是文阶官中最基层的一部分。宋徽宗崇宁二年（1103）以前，作为实职差遣的幕职与诸曹参军同时也是阶官名称，崇宁二年以后，作为阶官的幕职州县官改变了名称。作为差遣的幕职州县官职名曾在宋徽宗大观、政和以后一度

---

① 参见本书第十三、十四、十五部分。
② 龚延明：《宋代官制辞典》（增补本）第十编《幕职官与诸曹官门》，中华书局2017年版，第596—605页。
③ 朱瑞熙：《中国政治制度通史》第6卷，第五章第一节《地方行政系统》，人民出版社1996年版，第282—315页。朱瑞熙称幕职官为知州和通判的助手，诸曹官为属官，比较符合实情。

改变，南宋建炎元年后又复旧制。①

宋代幕职官直接沿用了中唐以后方镇幕府部分属官的名称。中唐以后，中央政府为了应对安史之乱造成的残破局面，广置节度使、观察使、团练使、防御使等，其中节度使往往兼观察使、团练使及治所所在州的刺史等职，大州刺史也兼团练、观察等使。当时，节度使、观察使、防御使、团练使各开幕府，在使院中自辟属官。据《新唐书》载，唐代节度使可配置的文职属官有行军司马、节度副使、节度判官、节度掌书记、节度推官、巡官、衙推等近30员。如果节度使兼观察使，则增置观察判官、观察支使、观察推官、观察巡官、观察衙推各1人；若再兼安抚、招讨等其他使名，皆分别增置其他使职所属的副使、判官等属员。当时，观察使可配置副使、支使、判官等10员副属，团练使和防御使均可设置副使、判官、推官、巡官各1员，其中团练使再增加衙推1员②。这些属官多是中唐以后所创，被称为幕府参佐，主要由藩镇长官辟署官员担任。③ 辟署后的官员须报请中央批准，中央政府认可者，颁发授

---

① 作为阶官体系的幕职州县官（选人制度）已有诸多研究成果。如金中枢《北宋选人七阶试释》，载《宋史研究集》（台湾宋史座谈会编）第9辑，台北：编译馆，1977年5月；朱瑞熙：《宋代幕职州县官的荐举制度》，《朱瑞熙文集》第4册，上海古籍出版社2020年版，第155—185页；邓小南：《宋代文官选任制度诸层面》，中华书局2021年版；王云海、苗书梅：《宋代幕职州县官及其改官制度》，载《庆祝邓广铭教授九十华诞论文集》，河北教育出版社1997年版（参见本书第十部分）；祖慧：《宋代的选人制度》，载《岳飞研究》第4辑，中华书局1996年版；苗书梅：《宋代官员选任和管理制度》第四章第三节《叙迁制度》，河南大学出版社1996年版。

② 《新唐书》卷49下《百官四下》，第1309—1310页。

③ 除文职属官外，唐末五代不同时期藩镇幕府还设置众多武职属员，如都知兵马使、兵马使、都虞侯、虞侯、都押衙、押衙、都教练使、教练使、都指挥使、指挥使等等，一般选自行伍，承担藩镇军队内部事务，但也往往受藩镇长官之命干预或代理州、县司法、税收等政务。这些武职在五代各朝逐步加强集权的过程中也发生了很大变化，或上升为中央禁军指挥官，或变为地方供役之冗吏（参阅［日］周藤吉之：《五代節度使の支配體制——特に宋代職役との關聯に於いて》，《宋代經濟史研究》，東京大學出版會1962年版）。宋初，藩镇体制解体，形成了新的地方统兵体制，这一过程也是从唐末五代开始到宋代而渐次完成的。可参阅李昌宪《试论宋代地方统兵体制的形成及其历史意义》，《史学月刊》1996年第2期。2022年1月，又从朋友处获得日本礪波護先生所著《唐代使院の僚佐と辟召制》，载其专著《唐代政治社會史研究》第三章，同朋舍1986年版。

官敕书，被辟属之官即成为朝廷正式官员，凡中央政府未敕授者，则称"摄职"。这些幕府属官是唐末五代藩镇统治体制下地方政务的实际主持者，有的幕职本身就兼州县官。① 五代时期，在最高统治者逐步加强中央集权的过程中，以节度使为主的藩镇统治体制已经发生了很大变化。

宋初，藩镇统治体制迅速解体，宋政府重新确立了州、县行政体制，原藩镇使府属官中以佐理军政为主的副使、行军司马等职变为散官，原来参预使府财政、司法、文书等行政管理事务并已成为主持地方政务主要成员的判官、推官、掌书记等，被纳入了州郡属官体制中。由于节度、观察等使逐步变成了无实际职掌的阶官，宋代的判官、推官、掌书记、支使等职，虽然仍带着节度、观察、防御、团练等名号，但实际上与原有藩镇长官节度使、观察使、防御使、团练使等无关，不再是藩镇诸使自辟的属官，而变为主要由中央铨选部门统一除授的州（府、军、监）级政府属官。这些幕职官基本上不再佐理兵戎之政，而成为佐助知州、通判处理民政、财政、司法等地方政务，巩固中央集权的重要力量。

受唐末五代影响，宋代州（府）有大都督、节度、防御、团练、军事（刺史）等不同的类别，这被称为"格"②。每个节度州，还有相应的"军额"，如镇海军节度、宁海军节度所带的某某军。州格与按户口多少及地望的紧要性而划分的望、紧、上、中、下等级别没有直接关系，但决定幕职官的定额及名称。一个节度州既有州（府）名，又有军额，其幕职官中的节度判官、节度推官、节度掌书记即以节度使前面所带的"××军"冠名，这就是军额。如杭州，建炎三

---

① 藩镇幕府所辟署的文职属员，并非都是支持地方割据、对抗中央的力量，他们一般还心向朝廷，并且在积累了一定资历后向往升任中央任命的官职。参阅张国刚《唐代藩镇研究》之十《唐代藩镇使府辟署制度》，湖南教育出版社1987年版，第186—199页；戴伟华：《唐方镇文职僚佐考》，天津古籍出版社1994年版。

② 参阅聂崇岐：《宋代府州军监之分析》，载《宋史丛考》上册，中华书局1980年版，第102—108页。

年（1129）升为临安府，杭州和临安府分别是州、府名，二者不同时存在，但是往往被混用。杭州在唐朝为镇海军节度使治所，宋太宗淳化五年（994）改称宁海军节度，这里的镇海军或宁海军便是军额。因此，杭州的判官、推官全称分别为宁海军节度判官、宁海军节度推官，如果是京朝担任判官全称为签书宁海军节度判官厅公事，简称"签判"。观察、团练州以下的幕职官则以州（府）名系衔，称某州（某府）判官、某州推官。如杭州观察推官，北宋时称杭州观察推官，南宋时称临安府观察推官。其在防御州则曰某州防御判官与防御推官，在团练州则称某州团练判官与团练推官。刺史州被称为"军事州"者，其判官、推官全称则统一为某州军事判官和某州军事推官。①

宋代诸曹官除司理参军之外，直接承袭了隋唐时期州刺史所领州司佐官3个官职的名称，而隋唐时期的州司佐官则从南北朝时期的军府官"府佐"演变而来。②唐代，按制度规定，州政府的佐官及县官皆应由中央吏部负责依阙除授。但是，唐代后期，藩镇在自辟府属幕职的同时，还往往派亲校兼摄所辖地区刺史所属的州县官职位，而不向中央申报阙额，严重侵夺了中央的人事权力，致使地方州县治事权很大程度上掌握在武夫悍将手中。这种局面在五代诸帝削夺藩镇权力的过程中逐步发生了改变。其中，后周在收缴地方人事权方面最见成效。经过五代数十年中央对地方权力的不断削夺，宋初统治者又采取一系列措施加强中央集权，藩镇在宋初已不再具有与中央抗衡的实力，中央政府很快就成功地收夺了藩镇的人事权力③，州司佐官与上述幕职官重新组合成州级

---

① 据《宋史·地理志》统计，北宋北方节度州与南宋南方节度州共约107个，防御州27个，团练州21个，军事州105个。其余州军无格。
② 《文献通考》卷62《职官考十六》，第1875—1880页。参阅白钢主编：《中国政治制度通史》第5卷，人民出版社1996年版，第247页。
③ 参阅邓小南《宋代文官选任制度诸层面》第一章《北宋初期对于任官制度的整理》，第13—34页。

属官即幕职州县官，原来由藩镇把控的地方官阙收归中央铨选部门统一任命。

宋朝州县官的编制主要是根据所辖户口的多少及其职务的繁简程度而制定的，"凡员数多寡，视郡小大及职务之繁简"①。其中幕职官配备既受州府等级的影响，还受"州格"的影响，诸曹官则主要受户口及财赋多少的影响。

宋制，"节度兼观察处置等使，官属之制有行军司马、节度副使、节度判官、节度掌书记、节度推官、观察判官、观察支使（有掌书记则省）、观察推官"②。事实上，行军司马、节度（防御、团练）副使与长史、别驾、司士、文学等官，宋初基本上已变成了不理政务的散阶官，或者止授给贬降官。宋太宗时，若哪个副使、司马等官有必要参预公事，须诏令申明。真宗咸平三年（1000）四月又正式下诏："诸州行军司马，节度、防、团副使，上佐、司士、文学、参军，非特许签书者，不得掌事。"③ 此后，这些官成为散官很少"签书州事"。

一般情况下，宋代节镇府州的"幕职官"置判官1员、推官2员、掌书记或支使1员，职数最多不超过4员，其余州军只设判官、推官各1员。根据现存的部分宋元方志，以下将宋代东南地区12个州府的幕职、诸曹官配置情况列成表2，具体如下：

---

① 《文献通考》卷62《职官考十六》，第1879页。
② 《嘉泰会稽志》卷3《职官曹官廨舍》，宋元方志丛刊影印本第7册，第6764页。朱瑞熙先生指出，观察推官是观察支使因避讳"支"字而改，见前引朱瑞熙《中国政治制度通史》第六卷，第293页。据此，二者不应同时并列。但是，北宋前期，观察推官常常和观察支使并存。如《长编》卷87，大中祥符九年七月甲寅，第2000页；《至顺镇江志》卷首《官制表》，宋元方志丛刊影印本第3册，第2615页；《淳熙严州图经》卷首"建德府内外城图"，宋元方志丛刊影印本第5册，第4281页；《景定严州续志》卷2《郡官建置》，宋元宋元方志丛刊影印本第5册，第4360页；《宝庆四明志》卷3《职曹官》，宋元方志丛刊影印本第5册，第5026页等，仍将观察支使与观察判推官并列，或系修志者失之，有待再考。
③ 《宋会要·职官》48之6，第4311页。

表2　宋代幕职、诸曹官设置简表

州(府)名称	临安府(杭州)	绍兴府(越州)	福州	镇江府(润州)	平江府(苏州)	庆元府(明州)	江宁府(昇州)	建德府(严州)	湖州	常州	徽州(歙州)	台州
州格	宁海军节度	镇东军节度	威武军节度	镇江军节度	平江军节度	奉国军节度	建康军节度	建德军节度	昭庆军节度	军事	军事	军事
州等	大都督府	大都督府	大都督府	望	望	望	上	上	上	望	上	上
修志时间	乾道淳祐	嘉泰	淳熙	嘉定至顺	绍熙后	宝庆	景定	淳熙景定	嘉泰	咸淳	淳熙	嘉定
设官情况 幕职官	签判察判节推察推	签判察判掌书记(支使)察推	签判掌书记(支使)察推	签判掌书记(支使)节推察推	签判节推察推	节判掌书记(支使)节推察推	签判节推察推	掌书记(支使)节推察推	签判掌书记(支使)	判官推官	判官推官	判官推官
设官情况 诸曹官	录参左司理右司理司法司户	录参司理司法司户	录参左司理右司理司法司户	录参司理司户	录参司理司法司户	录参司理司法司户	录参司理司法司户	录参司理司法司户	录参司理司法司户	录参司理司法司户	录参司理司法司户	录参司理司法司户

说明

1. 表中12个州府的资料来源依次是：①《乾道临安志》卷2、《淳祐临安志》卷5；②《嘉泰会稽志》卷1、卷3；③《淳熙三山志》卷7、卷23；④《嘉定镇江志》卷16、《至顺镇江志》卷首；⑤《吴郡志》卷6；⑥《宝庆四明志》卷3；⑦《景定建康志》卷24；⑧《淳熙严州图经》卷1、《景定严州续志》卷2；⑨《嘉泰吴兴志》卷7、卷8；⑩《咸淳毗陵志》卷5、卷9；⑪《新安志》卷1；《嘉定赤城志》卷5、卷12。

2. 表中江宁府在宋高宗建炎三年（1129）改名为建康府。另外，表中镇江府没有司法参军，但是，文献中偶有见到曾担任过润州/镇江府司法参军的。如许某曾任润州司法，见（宋）范纯仁撰：《范忠宣公文集》卷12《许驾部墓志铭》，中华再造善本，北京图书馆出版社2005年影印本，第11页；郭弼曾经为润州司法参军，见（宋）范祖禹撰：《太史范公文集》卷48《随州观察使汉东侯妻陈留郡君吴氏墓志铭》（贾二强等点校，《儒藏》精华编第219册，第645页）；吕祖恕在南宋任镇江府司法参军，见（宋）周必大：《周必大集校证》卷29《权太常少卿赠银青光禄大夫滕公庚神道碑（淳熙六年）》，第455页。方志或者漏载，或者后来有变。

宋代各州幕职诸官的设置不是整齐划一的。与唐代州司属官相比，宋代州一级行政属官的定额大为减少。

如上表显示，宋代节镇州（节度州，因节度使常兼观察使，又称"两使"州）的幕职官可以设置签判、节度推官、节度掌书记、观察判官（很少置）、观察推官、观察支使（支书与掌书记不并置）等，

147

其他州一般只任命三四员①。两使之外的其余州军，一般只置判官、推官各1员。

幕职官主要由选人担任，但是州府的首席判官或由京朝官担任，称签书某军节度判官厅公事，或曰签书某州判官厅公事，简称签判。②凡不设通判的州军，多将判官改为签判，"小郡推、判官不并置，或以判官兼司法，或以推官兼支使，亦有并判官窠阙省罢，则令、录参兼管"③。边远小州军，也有不置幕职官者。如广南西路高、融（治今广西融水苗族自治县）二州，在仁宗时皆不置推、判官，其中高州置司户参军1员，兼录事参军、司法参军诸曹官的职事；融州置司理、司户参军各1员，分兼录事参军、司法参军之事。两州的司户参军皆兼本州推官厅公事。④

表2还显示，宋代司马、别驾成为散官，司功、司仓、司田、司兵、司士诸参军皆不再置。较大的州府普遍设置的诸曹官是录事参军、司理参军、司法参军、司户参军4员。节镇州与军事州诸曹官设置差别不大，只是少数大州府设2名司理参军而已。表中所列州府多是南宋时经济较发达的藩府要郡，边远小州军所置诸曹官与幕职官一样，也并非设置齐全。

两宋三百余年，各州幕职诸曹官的设置不仅数量多少不等，并且不同时期都有动态变化。宋太祖开宝三年（970）的省官益俸诏规定四川境内：

> 诸州凡二万户者，依旧设曹官三员；户不满二万，止置录事参军、司法参军各一员，司法兼司户；不满万，止置司法、司户

---

① 广南东、西路帅司所在州广州与桂州，因幕职官"鞠治狱讼"任务繁重，真宗天禧四年正月特诏："桂、广州幕职自今增注及五员，仍选有吏干勤事者。"见《宋会要·职官》48之7，第4312页。
② 宋代签判始于太平兴国四年（《宋会要·职官》48之5，第4311页），始称"签署"，英宗时避御名改"署"为"书"。
③ 《文献通考》卷62《职官考十六》，第1879页。
④ 《宋会要·职官》48之7，第4312页。

各一员，司户兼录事参军；不满五千，止置司户一员，兼司法及录事参军事。①

两宋基本上遵守了这一设官原则，但也有补充规定。如宋仁宗乾兴元年（1022），诏诸州皆置录事参军。天圣元年（1023），流内铨言，"先准敕，诸州无录事参军者凡六十七处"②，皆置录事参军，以改变当时司法、司户兼录事参军的局面。但边远小州仍有不置者。如前所述，高州仅置司户参军1员，融州置司理与司户共2员。另如成都府路的缘边州茂州（治今四川茂县），"旧有教授、司户各一员，教授兼签厅职事，与司户同佐郡政"，后来教授员阙被省罢，"在州文吏止有司户，仓库、狱讼丛于厥身"，嘉定元年（1208）经知州申请，始省罢本州同知鸡宗关1员，而增置推官1员。③

自北宋至南宋，除各州军因地理位置的变迁（如江淮间的州军由内地变成了与金朝交界的沿边地区）及社会经济的发展，或从军升州、由州升府，或由军事州、防团州升节镇州等变化引起职官设置的局部变动外，幕职诸曹官的编制在制度上变动不大，政和二年（1112）之前全国不超过2000员，只是在北宋末年宋徽宗政和以后的十余年间，曾大幅增员。

宋徽宗崇宁四年（1105），命诸州仿照尚书省六部，分设六案，即士、户、仪、兵、刑、工诸案，但"官名犹未改也"④。大观二年（1108）又"诏诸州依开封府制，分曹建掾"，遂将原来已设置的幕职官与诸曹官统一改称某曹参军。如改判官为司录参军，改推官为户曹参军，改录事参军为士曹兼仪曹参军，改司理参军为左治狱参军，改司户参军为右治狱参军，改司法参军为议刑参军。各州因为原来设官员额有别，并不整齐划一。如，福州是改签判为司录参军，改节度

---

① 《长编》卷11，开宝三年七月壬子，第247页。
② 《职官分纪》卷40《总州牧》，第734页。
③ 《宋会要·职官》48之14，第4316页。
④ 《嘉泰会稽志》卷3《职官曹官廨舍》，宋元方志丛刊影印本第7册，第6764页。

推官为户曹兼兵曹参军,改观察推官为刑曹兼工曹参军,录事参军改为士曹兼仪曹参军,改司户为治狱参军管州狱,改司法为议刑参军,改左司理为左狱参军,改右司理为右狱参军。①

大观改制只是职官名称的改变,基本没有增加编制。到了政和二年(1112)九月,由于冗官问题严重,此时吏部四选待选官四万三千多人,而可注官阙仅有一万四千多个,众多官员待阙或居闲职,政府为革除"员多阙少之弊"②,便借口"诸州六曹参军置员多寡不称,立定左右治狱参军名称非古",下令仿古制复置六曹掾。于是每州司录参军之下,仿唐制分置士曹、户曹、仪曹、兵曹、刑曹、工曹六曹参军,六曹参军各配置新的属员曰"掾"。各州军普遍增置属官编制,如西、北、南三京即河南府、大名府、应天府,各府属官由原来的 11 员、9 员和 10 员均增置为 15 员,其余州府也根据政务的繁简程度增添员数。如原来的"大藩五十二处并繁难,旧九员共四处,今置一十三员","差判司,旧七员、八员共四十六处,今置十员",以下依次递减,至"旧二员、一员事简,共十四处,今置三员";士曹 1 员兼仪曹兼推勘公事,户曹 1 员兼兵曹,刑曹 1 员兼工曹兼管检法议刑。③ 这次改革,全国新增官阙 541 处,吏额亦增三分之一。政和三年又"以参军起于行军用武,非安平无事之称",下诏改诸曹参军依次为司录事、司士曹事、司户曹事、司仪曹事、司兵曹事、司刑曹事、司工曹事④,以上为曹官。士曹掾、仪曹掾、刑曹掾等为掾官,二者并称曹掾官。

从政和二年开始变革到建炎元年(1127)末宋高宗下诏曹掾官复行

---

① 《宝庆四明志》卷 3《职曹官》,宋元方志丛刊影印本第 5 册,第 5026 页;《淳熙三山志》卷 23《州司官》,宋元方志丛刊影印本第 8 册,第 7989—7990 页。

② (宋)陈均编,许沛藻等点校:《皇朝编年纲目备要》卷 28,政和二年九月,中华书局 2006 年标点本,第 707 页(本书以后参考该文献,均用此版本,出版信息从略)。按:大观、政和年间幕职诸曹官的改制,参见本文文末之"补记"。

③ (清)黄以周等辑注,顾吉辰点校:《续资治通鉴长编拾补》卷 31,政和二年九月癸未,中华书局 2004 年点校本,第 1037—1039 页。

④ 《宝庆四明志》卷 3《官僚·职曹官》,宋元方志丛刊影印本第 5 册,第 5026 页。

旧制，这次增加州郡属官员额的时间存续共计 15 年，若从大观二年（1108）改名开始算起也不足 20 年，加以两宋之交的战乱，这次幕职诸曹官制度变革的影响并不太大。南宋诸州正员属官仍然不多。但是添差官特别是居官而无职的添差不厘务官、宫观官、待阙官却大量增加。①

二　主要职能

宋代州政丛杂，军政、民政、财政、刑狱、赈恤灾伤、布宣教化、察举官员，无所不与。"以一守令之身而下兼众曹之事，非材闳力钜，谁与共此凛凛哉！"② 特别是刑狱繁多、财税任务重的州郡，知州、通判不能事必躬亲，必须借助属官配合才能有所作为。

（一）幕职诸官及其职能

总体上，宋代幕职官"掌助理郡政，分案治事。其簿书、案牍、文移付受催督之事，皆分掌之。凡郡事与守、倅通签书"③。即幕职官和通判一样，每日赴长官厅议事，并签书当天的公文，参预议定主要州政，但更突出的是审理各类刑事和民事案件。朱瑞熙先生在其前引书第 307 页称之为"知州和通判的助手"。

1. 判官与签判

唐代判官是藩镇使府中位次副使的重要属官，"判官二人，分判仓、兵、骑、胄四曹事"④。宋代判官基本不理兵戎之政，而以佐理行政、司法、财政、监察等为主要职责。一般州置 1 员，个别州设 2 员，小州军或不置，主要由选人担任。太平兴国四年（979）八月，"太宗

---

①　参阅苗书梅《宋代官员选任和管理制度》第一章第七节《选官制度与冗官问题》；刘坤太：《宋朝添差官制度初探》，《河南大学学报》（社会科学版）1984 年第 4 期；李勇先：《宋代添差官制度研究》，天地出版社 2000 年版。按：最新研究成果见文末"补记"。

②　《嘉定赤城志》卷 12《秩官门五》，宋元方志丛刊影印本第 7 册，中华书局 1990 年版，第 7385 页。

③　《宋会要·职官》48 之 8，第 4312 页。

④　《通典》卷 32《职官十四》，第 890 页。

以宿州戎幕阙官，选朝士补之，俾分理事，且试其才"，首批派遣15名具有朝官官阶的文官出任诸州节度判官。因为是朝官出任，所以他们的差遣职名是签署某军节度判官厅公事，后简称签判。这是宋代签判创置之始。① 此后，凡京朝官出任判官者，便称签判，选人充任者依旧称判官。签判与判官职能相当，被称为"郡僚之长"②，地位仅次于知州、通判，在本州其他属官之上，可以代理正副长官的职事。

宋制，诸州"幕职官联事合治之地"，即幕职诸官合署办公的地方称为都厅或使院，宣和三年（1121）改为"签厅"或作"金厅"③，因知州、通判需与幕职官共同签署公文，故知州节假日或在此宿直。如苏轼前后担任杭州通判、知州，除夕之夜都在都厅值夜班，各留诗一首。所谓"签厅，官会集之所也"④，幕职诸官"日集于都厅"⑤。签厅是宋代州级主要行政官员联合办公之所，判官作为幕职之首，主持签厅日常事务。或不设判官，则由推官等兼判签厅公事。

判官的职责首先是协助本州正、副长官处理各种政务公文，"斟酌可受理、可施行、或可转发、可奏上与否，以告禀本郡（州府、军、监）长官，最后裁定"⑥。判官具体参与的州政主要涉及司法、账籍赋税、管理属下吏人等。

（1）参与州级司法。在日常各类司法诉讼案件中，通过录问制度，宋代判官详断由司理参军或录事参军已经初审的各类案件⑦，预

---

① 《宋会要·职官》48之5，第4311页。
② 《名公书判清明集》卷1，胡石壁《郡僚举措不当轻脱》，第25页。按，签判与判官，二者是一个岗位，两个称呼，以下统一用"判官"代称。
③ 《嘉泰会稽志》卷1《金厅》，宋元方志丛刊影印本第7册，第6732页；（宋）潜说友撰：《咸淳临安志》卷53《都厅》，宋元方志丛刊影印本第4册，第3828页；（宋）史能之撰：《咸淳毗陵志》卷5《州治》，宋元方志丛刊影印本第3册，第2996页等。除州府签厅外，宋代转运司、安抚、制置使司等的办事衙门亦各有签厅，或作"金厅"。
④ （元）俞希鲁：《至顺镇江志》卷13《公廨·治所》，宋元方志丛刊影印本第3册，第2794页。
⑤ 《嘉泰会稽志》卷1《金厅》，宋元方志丛刊影印本第7册，第6732页。
⑥ 龚延明：《宋代官制辞典》（增补本），第596页。
⑦ 录问制度，参阅王云海主编《宋代司法制度》第六章《审判制度》，河南大学出版社1992年版，第289—293页。

拟判决书，供长官裁定判决后，与长吏共同签押。在录问与签押等过程中，判官均需对案情详加审察，以驳正冤狱。如果录事参军、司理参军已判案件不妥，需移司别推，判官有时也参预案件的审讯勘断。如冯元吉在任石州（治今山西吕梁市）军事判官时，因"尝辨冤狱，活二人死"而受奖赏①。神宗时，著名理学家程颢签书镇宁军（澶州的军额，治今河南濮阳市）节度判官时，也曾"屡平反重狱，得不死者前后盖十数"②。南宋时一些地方官用刑过当，"判官厅每每违法用刑，决挞之类动以百计"③。判官拟断的案例在《名公书判清明集》中存有多例。

（2）参与管理一州税籍户账等。宋代，官吏、富强户等组成的形势户税籍由通判直接管理，无通判处则委判官。形势户版籍之外，一般税簿由录事参军掌管，判官提举。太祖乾德元年（963）十月，诏令规定："诸州版簿、户帖、户钞，委本州判官、录事掌之。"④ 此外，判官也掌管一些仓库钱物。如前举程颢任签判时，"筦库细务，无不尽心，事小未安，必与之（知州）辨，遂无不从者，相与甚欢"⑤。北宋末年到南宋，新增收的经总制钱物，"州军委通判，无通判委签判拘收"⑥。例如"复州（治今湖北仙桃市）金判厅主管诸司钱物，故蓄犬以警盗，名为防库"⑦。又如和州（治今安徽和县）防御判官，主持签厅公事外，其本州"省司仓谷库、常平财谷，尽责于判官一人之手"，庆元四年（1198）始增司户参军1员，以分其职。⑧

（3）负责差役及吏人管理事务。"判官为郡僚之长，本府趋走之

---

① 《长编》卷104，天圣四年八月辛巳，第2415页。
② （宋）程颢、程颐著，王孝鱼点校：《二程集·河南程氏文集》卷11《明道先生行状》，中华书局2004年标点本，第634页。
③ 《名公书判清明集》卷1，胡石壁《约束州县属官不许违法用刑》，第36页。
④ 《长编》卷4，乾德元年十月庚辰，第106页。
⑤ 《二程集·河南程氏文集》卷11《明道先生行状》，第634页。
⑥ 《宝庆四明志》卷6《叙赋下》，宋元方志丛刊影印本第5册，第5064页。
⑦ （宋）洪迈撰，李昌宪整理：《夷坚志·支乙》卷6《复州防库犬》，大象出版社2019年标点本，第162页。
⑧ 《宋会要·职官》39之22，第3986页。

吏皆当屏息以听命。"① 判官主持签厅日常事务，又负责户籍税账，因此，与户籍和税赋有密切关系的差役法及州府所差用吏人的日常管理便归判官。吏人有过犯者，杖以下罪，判官可以向长吏"借杖勘决"②。苏颂在言役法之弊时称：

  州县色役，固有常规，不可顿阙，欲恤其困者，莫若为之择主辖之官也。夫主辖之官一非其人，则差使扰重，不得均济……其签判、判官，系主辖衙司者，并令审官院并流内铨选差经事有举主之人注受。③

衙司掌各州府衙前等的选用与保明出职、责降官的编管等事，条例繁多，若不得其人，则上下均受其弊，因此苏颂要求应重视判官人选。

  （4）监察其他州级属官与所属县官。宋代，判官的政绩由知州、通判、监司等考察，而判官以下属官的政绩则由监司、知州、通判与判官共同纠举，发现违法或不称职官员，判官须与知通共同签名上报。太祖乾德二年（964），"诏州县官有昏耄笃疾不任从政者，令判官、录事纠举，与长吏同署，列状以闻"④。

  2. 节度掌书记与观察支使

  掌书记之名始于南朝刘宋时。唐朝节度使下亦置，负责各种文书相关事宜。除掌表奏、书檄，如"朝觐、聘问、慰荐、祭祀、祈祝之文"⑤ 外，还掌理有关军事、行政文书写作之事。"唐置藩镇，皆有参谋，至行军亦有之，关预军中机密"⑥，掌书记成为藩镇长官重要

---

① 《名公书判清明集》卷1《郡僚举措不当轻脱》，第25页。
② 《名公书判清明集》卷1，胡石壁《约束州县属官不许违法用刑》，第36页。
③ （宋）苏颂撰，王同策等点校：《苏魏公文集》卷18《奏乞初出官人乞不许差充签判》，中华书局1988年标点本，第247—248页。
④ 《长编》卷5，乾德二年正月丁未，第121页。
⑤ （宋）谢维新、虞载辑：《古今合璧事类备要·后集》卷77《书记支使》，中华再造善本，北京图书馆出版社2006年影印本，第10页（本书以后参考该文献，均用此版本，出版信息从略）。
⑥ 《宋会要·职官》41之119，第4060页。

的文秘助手，被称为"节度之喉舌"。观察支使始置于唐，既承担观察使府中的文字工作，更侧重府中军政事务。① 二者皆由长官奏辟，是方镇长官重要的私密亲信。

宋朝立国后，首先限定掌书记的任职资格，责令各地不能再像过去那样"自初官除授"，要求必须"历职两任已上、有文学者"，方许节度、观察留后奏充掌书记。② 太平兴国六年（981），诏令复置观察支使，"诸道节度州依旧置观察支使一员，资考、俸料并同掌书记。自今吏部除拟，以经学诸科及诸色入仕无出身人充。凡书记、支使不得并置"③。此后，凡有出身人担任者为节度掌书记，无出身人担任者即为观察支使，其任命由过去的藩镇自辟改为主要由吏部派选人担任，其地位在"判官之下，推官之上"。

宋制，节度掌书记和支使职能相同，即佐助州长官完成州内的文秘、应酬等事务。宋初，"凡节度使在本镇，兵仗则节度掌书记、推官署状，用节度使印；田赋则观察判官、支使、推官署状，用观察使印"④。掌书记、支使也参与本州婚田词讼等司法政务。如二程之父程珦任润州（治今江苏镇江市）观察支使日，有官户"挟权要势，与人争田，州守畏逼，嘱珦右之，珦弗为挠"⑤。但是，因为这两个职官只在节度州设置，每州二职不并置，特别是仁宗朝以后支使几近绝迹，有关掌书记与支使的史料较少，其影响不如判官和推官。

3. 推官

一般情况下，宋代各州府普遍设置推官。两使州置节度推官、观察推官各1员，其余州军则置1员。根据各州军额的不同，推官的称谓有节度推官（简称节推）、观察推官（简称察推）、团练推官、防

---

① 关于唐代掌书记与支使的职能，史料记载很不完整，详细考辨参阅戴伟华《唐方镇僚佐职掌考释》一文，《中国典籍与文化论丛》第4辑，中华书局1997年版。
② 《宋会要·职官》48之5，第4310页；《长编》卷5，乾德二年七月甲午，第130页。
③ 《宋会要·职官》48之5，第4311页。
④ 《长编》卷87，大中祥符九年七月壬寅，第2000页。
⑤ 《嘉定镇江志》卷16《观察支使》，宋元方志丛刊影印本第3册，第2489页。

御推官、军事推官之别。其职责与判官相差不大，都是共同协助州长官处理州政，即"判官、推官，掌受发符移，分案治事"①。在不设判官的州军，即由推官主持签厅公事，或称之为推官厅公事。推官的职责主要有以下几个方面。

首先，每日赴签厅与长贰共同签署公文。在设置判官的州，推官只是从属地位，在不设判官的州，推官即成为属官之长。如邵州（治今湖南邵阳市）签厅，原只有推官一员，孝宗淳熙二年（1175）十二月，始添差判官一员。

其次，参与州级司法。推官与判官共同参与司法案件的录问、签押与拟判，行使司法审理和监察权。推官在任纠正冤假错案的事例很多。如太宗时，钱若水任同州（治今陕西大荔县）观察推官，即曾设法纠正了录事参军错判的一桩人命案，使数人免死。②薛奎为隰州（治今山西隰县）军事推官，也曾雪活冤狱，一次救活4条人命。另如南宋初年，范如圭授武安军（潭州的军额，治今湖南长沙市）节度推官，"始至，帅将斩人，如圭白其误，帅为已署不易也。如圭正色曰：'节下奈何重易一字而轻数人之命？'帅矍然从之"③。绍兴末年，萧之敏为建康府观察推官，舒州有一个杀人案件，"屡鞫不承，迁延数年，株连者多死"，不得已从建康府选派官员主持审理。萧之敏以能干闻名，很快就把杀人犯绳之以法。当时建康府的知府韩仲通对属下比较严苛，没有人敢否决他决定的事情，本府发生了一件刑事案件，错判一个百姓故意杀人，要加重处罚，"狱已具"，萧之敏"抗执不书"，在他的坚持下，知府最终承认错误，同意重新审理，并且非常赞赏萧之敏，并因此决定给他提供选人改官用的推荐书。④

除办理本州狱案外，推官还常常被监司临时抽调，外出办理邻州

---

① 《宋会要·职官》47之11—12，第4271页。
② （宋）司马光撰，邓广铭、张希清整理：《涑水记闻》卷2，大象出版社2019年标点本，第23—24页。
③ 《宋史》卷381《范如圭传》，第11729页。
④ 《周必大集校证》卷33《秘阁修撰湖南转运副使萧公之敏墓志铭》，第500—501页。

的案件，或本州其他官员已经审断而被翻供的案件。如郁林州（治今广西玉林市）推官洪处厚曾被提点刑狱派去处理钦州大案，并快速疏决了牢狱中所羁押的一百七十多人。① 此外，淳熙初年王相任台州军事推官时，因其所判处州的刑狱案件受人信服而闻名。②

再次，参与兴修农田水利、灾伤赈济等事务。在宋朝兴修水利的高潮中，各地知州、监司固然是主导者，推官也多预谋其事。如熙宁六年（1073），前庐州（治今安徽合肥市）观察推官江衍因在任时修治鉴湖有功，特诏循一资；前湖州观察推官邵光因兴修水利、增加税田面积千余顷，特与循二资，并注家便差遣。③

宋代较重视荒政，每当发生灾荒时，地方长官都须亲自主持赈济，属官也多参与其事。如明道元年（1032），江淮旱灾，政府开仓赈饥，江宁府（治今江苏南京市）观察推官元绛"躬自给视，饥病者数万皆得以济"④。

（二）诸曹官及其职能

幕职官之下宋朝常设的州级行政属官是录事参军（在京府等地称司录参军事，但南宋时临安府仍称录事参军）、司理参军、司法参军、司户参军。在官阶体系中，录事参军与县令并称令录；军巡判官与司理、司法、司户三参军合称"判司"，判司与县主簿、县尉并称判司簿尉，系文臣最低阶层。在职事官体系中，作为州郡属官，诸曹官分掌户籍、赋税、仓库出纳、议法断刑等政务。⑤

唐末五代，藩镇用亲随把持州县政事，诸曹官的职权削弱，宋代，其职能得到一定恢复，特别是其司法职能大大加强。他们不须每

---

① 《仙溪志》卷4《宋人物》，宋元方志丛刊影印本第8册，第8332页。
② 《嘉定赤城志》卷12《州属官》，宋元方志丛刊影印本第7册，第7385页。
③ 《长编》卷248，熙宁六年十一月戊辰，第6051页；《长编》卷248，熙宁六年十二月辛卯，第6061页。
④ （元）张铉撰：《至正金陵新志》卷3中之中，宋元方志丛刊影印本第6册，第5439页。
⑤ 参阅龚延明：《宋代官制辞典》（增补本），第601页。

日赴长官厅参预议事并签押公文，地位低于幕职官。

1. 录事参军

东晋及北朝后魏皆曾置录事参军，隋朝将录事参军列为州郡属官，"掌勾稽文簿，举弹善恶，监押牌印，给纸笔之事"①。唐朝因之，以录事参军为州府曹官之长，"掌正违失，莅符印"②，承担地方监察的职责。宋代录事参军仍是诸曹官之长，其职能是"掌州院庶务，纠诸曹稽违"③。

所谓"州院庶务"的"州院"，在府曰"府院"，在军曰"军院"，与节度使的使院相对，是中唐以后州府衙门的代称。宋代州院往往指诸曹官共同议事之处，与幕职官的签厅（使院、都厅）对应。诸州的"州印昼则付录事掌用，暮则纳于长吏"。凡"符刺属县""属县狱簿"④，州院与司理院等皆用州印。录事参军白天掌管州印，主持诸曹日常政务，居于其他曹掾官之首。因此，录事参军或被称为大录、都曹等。王安石在为魏昭永出任录事参军时起草的制文中就称之为"出长州掾"⑤。

宋代州院也是州政府主要监狱之一。由于录事参军参预鞫勘刑狱，狱案未决之前的涉案人员由州院管押，录事参军须对州院关押人的生死负责。例如，临安府的左、右司理院与府院并称为三狱，三狱"狱空"成为一些官员炫耀政迹的内容之一。而过去学界仅把州院、军院当作州军监狱，是片面的⑥。

---

① （宋）高承撰：《事物纪原》卷6《录事》，中华书局1989年标点本，第320页。
② 参阅《新唐书》卷49下《百官四下》，第1312页。
③ 《宋史》卷167《职官七》，第3976页。
④ 《长编》卷87，大中祥符九年七月甲寅，第1999—2000页；《宋会要·职官》47之74，第4306页。
⑤ （宋）王安石撰，刘成国点校：《王安石文集》卷55《朝堂知班引赞官游击将军守右金吾卫长史魏昭永恩州录事参军制》，中华书局2021年标点本，第969页（本书以后参考该书，均用该版本，出版信息从略）。《淳熙严州图经》卷1《廨舍》载，廨舍在州院内，宋元方志丛刊影印本第5册，第4289页；《淳祐临安志》卷5也载，廨舍附在府院中，宋元方志丛刊影印本第5册，第3267页。有的地方志还用府院代替廨舍。
⑥ 参见本书第三部分《宋代的"使院""州院"试析》。

审刑判案是宋代录事参军重要的职责。宋太祖乾德三年（965）七月，"始令诸州录参与司法掾同断狱"①。史载，州府属官中，"录事、司理、司户参军，掌分典狱讼；司法参军，掌检定法律"②。南宋臣僚也指出，诸州录参、司理并系狱官，"录参以治狱为职"③。录事参军既审理民事案件，也审理刑事案件。由于录事参军的司法职能相当重要，所以宋政府在委派录事参军时，往往要求候选人"精彼刑书"④。

录事参军的另一重要职能是"纠诸曹稽违"⑤，监督州县政务。"录事于古为州主簿……职纠录一郡诸曹、属县，上及太守丞贰，苟有过举，核无所避"⑥。作为曹掾官之长，录事参军担负监督劾察本州其他曹官及所辖诸县县官之责。熙宁年间（1068—1077）厉行新法，曾专为录事参军"立稽违差失许法司纠举赏罚法"⑦。政和三年（1113）又专门为录事参军制定了考勤"簿"，以督促其勤于职守。诏令规定：

> 诸道监司置簿，应一路州司录事，各以其簿授之，将事之稽违、已经纠举者具载其上。候逐司巡历到，检察漕案，对簿所记，考其勤惰。岁终诸监司参校，定为优劣，悉闻于上，以俟升黜。⑧

此外，如前所述，录事参军还与判官一起掌领一州户籍税账，与

---

① 《长编》卷6，乾德三年七月，第156页。
② 《宋会要·职官》47之12，第4271页。
③ （宋）刘克庄著，辛更儒笺校：《刘克庄集笺校》卷192《书判·贵池县高廷坚等诉本州知录催理绢绵出给隔眼事》，第7509页。
④ （宋）田锡撰，罗国威点校：《咸平集》卷28《大理寺法直官傅珏可庐州录事参军》，巴蜀书社2019年标点本，第273页。
⑤ 《宋史》卷167《职官七》，第3976页。
⑥ 《至顺镇江志》卷13《治所》，宋元方志丛刊影印本第3册，第2797页。
⑦ 《长编》卷265，熙宁八年六月己酉，第6493页。
⑧ 《宋会要·职官》45之9，第4237页。

司户参军一起分掌粮料院的给纳，并与通判共同监管军资库。军资库的簿书由录事参军与通判共同签署，以防知州挪用。①

2. 司理参军

司理参军简称司理，又称理曹、理官、狱官、狱掾等，是宋代改造五代使府武职属官而设置的，以州级刑狱为主要职责的州级重要属官。五代时期，各地藩镇长官为控制地方司法，在各州设马步院，派亲信衙校出任马步都虞候、马步判官。这些武官主持禁系囚犯及审刑断狱，他们不通法律条文，往往高下其手，恣意杀人。宋初，沿旧制设马步院或子城院，负责禁系囚犯及审讯狱案。宋朝的开国君主赵匡胤兄弟立志以文治化成天下，开宝六年（973）七月，下诏改马步院为司寇院，不再派用武臣，而是选派新及第进士及或与选人资序相当的文臣出任司寇参军。宋太宗太平兴国四年（979）十二月又下诏"改司寇参军为司理参军，以司寇院为司理院。令于选部中选历任清白、能折狱辨讼者为之"。同时"又置判官一员"，选"有干局、晓法律、高赀"②的衙校为之。雍熙三年（986）进一步规定，司理判官也改由士人担任，此后，司理院、司理参军成为有宋一代管理州级刑狱的重要部门和专任官员。

宋代司理参军专掌刑狱，"掌狱讼勘鞫之事"③，或曰"专鞫狱事"，④"专于推鞫，研核情实"⑤，而不兼他职。如雍熙三年诏"司理、司法不得预帑藏之事"⑥，端拱元年（988）又诏"诸道、州府不得以司理参军兼莅他职"⑦。这与宋代其他州县官兼领诸多方面职务相比，实属少见。司理院与州院同是法定的州级审判机构，宋代因实

---

① 关于军资库，参阅苗书梅《宋代军资库初探》一文，《河南大学学报》（社会科学版）1996年第6期。又见本书第十六部分。
② 《长编》卷20，太平兴国四年十二月丁卯，第466页。
③ 《文献通考》卷63《职官考十七》，第1906页。
④ 《职官分纪》卷41《司理参军》，第781页。
⑤ （宋）钱若水修，范学辉校注：《宋太宗皇帝实录校注》卷30，太平兴国九年五月乙丑，第171页。
⑥ 《职官分纪》卷41《司理参军》，第782页。
⑦ 《长编》卷29，端拱元年正月庚辰，第647页。

行职事回避制,所以,司理院审理的案件在犯人申诉时,即可移送州院重审;而州院审理的案件在犯人申诉时,则移送司理院重审。① 司理参军不但受知州委托审讯案件、管理监狱,还有权复查其他官员办理的已结案件,以洗雪冤狱。北宋名臣范仲淹任广德军(治今安徽广德市)司理参军时,"日抱狱具与太守争是非"②。周敦颐任南安军(治今江西大余县)司理参军时,"狱有囚,法不当死,转运使王逵欲深治之,先生与之辩"③,最终说服转运使王逵,使犯人免予处死。北宋末年,黄葆光任齐州(治今山东济南市)司理参军,到任后"阅狱囚枝蔓者,一夕遣数百人,通判以为疑,视牍,无不当者"④。由于要审理狱案,复查案情,所以,司理参军还负有验尸等司法检验职责。条令规定:"诸验尸,州差司理参军(本院囚,别差官,或止有司理一院,准此)。"⑤ "在法,检验之官,州差司理参军,县差县尉。"⑥

在复审狱案的过程中,司理参军可以与监司、郡守"争衡是非,收平反之效"⑦,显示其在司法行政中的重要性。故当时人说:

> 凡县邑之民事,不得其平者则平之于尹;尹之不能平,及事之大者,咸得平之于守;守视其事之小者立决之,其大者下于理官,理官得以考其情而弃之杀之。故曰,守之责不若理官之重。⑧

---

① 参阅戴建国《宋代法制初探》,黑龙江人民出版社 2000 年版,第 207 页。
② (宋)汪藻撰:《浮溪集》卷 18 《范文正公祠堂记》,《四部丛刊初编》本,第 1 页。
③ 《古今合璧事类备要·后集》卷 78 《总诸曹》,第 9 页。
④ (宋)罗愿撰:《新安志》卷 7 《黄侍郎》,宋元方志丛刊影印本第 8 册,第 7700 页。
⑤ 《庆元条法事类》卷 75 《验尸·职制令》,第 799 页。
⑥ 《宋会要·职官》3 之 77,第 3094 页。
⑦ (宋)陈造撰:《江湖长翁集》卷 28 《重狱官札子》,景印文渊阁《四库全书》第 1166 册,第 360 页。
⑧ (宋)蔡襄著,吴以宁点校:《蔡襄集》卷 29 《送张总之温州司理序》,上海古籍出版社 1996 年标点本,第 513 页。

3. 司法参军

司法参军简称司法，又称法曹、法掾、检法、法官、法司等。唐制，司法参军"掌鞫狱丽法、督盗贼、知赃贿没入"①。宋代录事参军、司理参军皆主持司法审讯，司法参军的鞫狱权被取代了，督盗贼之职则归于巡检等武臣。司法参军所剩的主要司法职能是在录事、司理参军或者推官、判官等审理案件时检出适应的法律条文，以供判决时照用。条令规定，司法参军只负责检出法条，不许提供判决的参考建议，但是在检法议刑的过程中，有些官员还是能够"奉三尺律令，与太守从事"②，协助知州纠正冤案，甚至纠知州之失的。因为中小州军诸曹参军设置不全，在不设录事参军及司理参军的州军，司法参军可以兼任录事参军或司理参军之职；在州院和司理院已审案件被翻异别推时，未参与过同一案件审理的司法参军也可以担任重审官。因此，司法参军仍较多地参与了州一级的司法活动。如李承之，进士及第授明州（治今浙江宁波市）司法参军，敢于和知州争是非：

> 郡守任情纵法，人莫敢辩，承之独毅然不从。守怒曰："郡掾敢如是耶？"承之曰："事在公，自断可也。若在有司，当循三尺法。"守惮其言③。

宋人留下了许多司法参军通晓法律、纠正狱案的案例。如杨时曾为虔州（治今江西赣州市）司法，"烛理精深，晓习律令，有疑狱，众所不决者，皆立断。与郡将议事，守正不倾"④。陈禾初仕为郓州

---

① 《新唐书》卷49下《百官四下·外官》，第1313页。
② （宋）刘宰撰：《漫塘文集》卷22《真州司法厅壁记》，《宋集珍本丛刊》第72册，第377页。
③ 《新编翰苑新书·前集》卷57《曹官》，北京图书馆古籍珍本丛刊第74册，书目文献出版社1988年影印本，第456页。
④ （宋）胡安国：《龟山先生墓志铭》，（宋）杨时撰，林海权整理：《杨时集·附录二》，中华书局2018年标点本，第1134页。参见《朱子全书·伊洛渊源录》卷10《杨文靖公》，第1049页。

司法，也曾"直死囚之冤"①，且"治狱多平反"②。如果司法参军检法有误，据以判断的案件发生了错判误断，被监察官或上级官员驳正，则司法参军与参与审理和判决同一案件的官员均要受处罚。

除检法议刑外，司法参军还被赋予一些理财职能。史称："祖宗时有《会计录》，备载天下财赋，出入有帐，一州以司法掌之，一路以漕属掌之，驱磨申发，赏罚条置甚严。"③司法参军也"兼管诸库"④，参与管理常平仓、义仓及均平差役、兴修水利等事务。

4. 司户参军

唐制，司户参军"掌户籍、计帐、道路、过所、蠲符、杂徭、逋负、良贱、刍藁、逆旅、婚姻、田讼、旌别孝悌"⑤等。与唐代相比，宋代司户参军职责范围大为缩小，仅"掌户籍赋税、仓库受纳"⑥，以及参与和户籍关系密切的婚田词讼。宣和四年（1122）两浙转运副使奏："本路财计系逐州户曹专任其责。"⑦宋代房屋出租业及旅店业相当发达，管理这一物业的机构称楼店务，又称左右厢店宅务，最初置于京师，后推广至诸郡，所收官屋出租的租金、邸店房廊钱，由司户参军掌管。尽管如此，由于宋代实行土地私有制，赋役征收以资产为本，户口管理的重要性不如唐以前，加之录事参军、判官与通判直接掌管户帐、税籍，司户在这方面的作用大为减弱，多数司户仅掌管州仓而已。

此外，司户参军往往参预审理有关婚姻、户籍、田产争议等方面的民事诉讼案件。在远小州军诸曹官设置不完备时，司户参军则兼理录事参军或司法参军之职事。按绍兴诏敕，司户参军必须"同书狱

---

① 《乾道四明图经》卷2《鄞县》，宋元方志丛刊影印本第5册，第4889页。
② 《延祐四明志》卷4《陈禾》，宋元方志丛刊影印本第6册，第6191页。
③ 《宋会要·食货》56之57，第7314页。
④ 《庆元条法事类》卷4《职掌·职制令》，第28页。
⑤ 《新唐书》卷49下《百官四下》，第1312—1313页。
⑥ 《宋史》卷167《职官七》，第3976页。
⑦ 《宋会要·职官》61之44，第4713页。

事"①，签书狱事，就应对狱案办理的正误负责。在婚田诉讼案中，司户参军参与亲属继承关系的核查、田产契约真伪的检校，或直接拟定审理结果，这类例证在《名公书判清明集》的案例中也有体现。②

三 小结

从上述宋代州郡行政属官的设置及其职能来看，宋代幕职、诸曹官制度的特点主要有以下几点：

其一，与唐朝相比，宋代地方行政属官人员有所减少。如幕职诸官，唐朝多达数十人或十数人，宋代则减为文臣一般不超过5人。唐代诸曹官原置六曹参军，每曹不止一员，宋朝减为5员以下，一般都在4员以下，文臣担任的行政属员明显减少。宋代地方行政属官减少的原因，首先是宋代州级官员的职能有了专项分类。幕职诸曹官以与百姓接触较多的税籍、狱讼、赈灾等为主要职能，所以也被称为亲民官。在幕职、诸曹官锐减的同时，宋代负责巡警捕盗与缉私的巡检③，负责盐酒香矾等专卖收入与商税征收的各类监当官，由员多阙少问题引起的不厘务添差官、宫观官、待阙官等皆大量增加，巡检官与监当官的增设从不同侧面反映出宋代社会经济发展与时代变迁的新特征。其次是宋朝中央集权的加强。宋代军权高度集中，作为作战部队的禁军或屯驻大军直接归枢密院、三衙与皇帝控制，其管理系统与地方关联不大。厢军虽归地方使用，但其指挥官自成系统。由于地方长官军权被削弱，军政性的幕职官渐少，隋唐时刺史辖下的州佐官中的司兵参军、参军事等不再设置。宋代财权高度集中，路有转运使、提点刑狱、提举常平等代表中央直接担负理财职能，在州府之中，财税收入

---

① 《宋会要·职官》39之22，第3986页。
② 《名公书判清明集》卷5《经二十年而诉典买不平不得受理》，第162—163页；同书卷7《阿沈、高五二争租米》，第238—239页；同书卷9《揩改契书占据不肯还赎》，第314—315页。
③ 参见苗书梅《宋代巡检初探》一文，《中国史研究》1989年第3期，见本书第十一部分。

与支出多倚办于知州、通判，加之宋代不再像中唐以前那样由国家推行均田制，而是土地自由买卖，所以府州属官中的司仓、司田参军等不再设置。宋代人事权也高度集中，凡地方任职的朝廷命官皆由吏部或宰相府统一铨选、考核、奖罚，地方长官对属官虽有荐举、劾察的权力，但辟举属员的权限缩小了，贡举、荐士由长官亲自负责，司功参军也不再设置。

其二，宋代幕职、诸曹官的职能有鲜明的时代特色。南北朝至唐代，地方上均有管军府官与理民州官之分，宋代则合二为一，州长官如知州、通判全称为知某州军州事、通判某州军州事，其"军州事"的"军"指军政，"州"指民政，表示兼理军民之政。知州对本州驻兵的训练教阅负有监管责任，有战乱则系指挥官。宋代幕职官虽带节度、防御、团练、军事等名号，实际上已与诸使无关，基本上不理兵戎之务，诸曹官虽带"参军"之称，也并不参与军事。由于财权集中，幕职诸曹官理财职权也较小。与此形成较大反差的是，宋代幕职诸曹官的司法行政事务特别繁重。这一方面说明宋代土地私有制发展、商品经济发达，人们的物权观念、法制观念迅速增强，宋人被称为"好讼"，打官司者多，另一方面也反映出宋代阶级矛盾的尖锐复杂，以及宋政府对法制的重视。

宋代最高统治者非常重视法制对制止犯罪、稳定社会、巩固统治的作用，很重视路、州司法官员的设置、人员的配备及其职能分工，并重视培养和提高官员的法律素养[1]，对不依法办案、出入人罪者有专门的处罚条例。宋代县级政府审理裁决日常民事案件及杖以下刑事案件，徒以上刑事案件在县级审理以后须将初审情况上报州政府，由州级司法行政官员审理。州政府受理县政府呈报的刑事案件、本州治所内发生的各类案件，同时也受理不服县官裁决而上诉的民事案件。因此，宋代地方的司法重任便落在了州官身上。一般州政府内有两个审讯狱案的

---

[1] 关于州级司法机构的组成及其运作，可参阅徐道邻《鞫谳分司考》等，载《中国法制史论集》，台北艺文出版社1975年版；戴建国：《宋代刑事审判制度研究》，《文史》第31辑，中华书局1988年版，第115—142页。

常设机构，即州院和司理院，有些地方还有幕职主持的当直司，这些是负责审讯犯人的鞫勘（推勘、勘断）机构，或称推司、狱司、鞫司。司法参军被称为检法官、法司、谳司，根据审讯结果依照犯罪情节负责为鞫司检出适用的法律条文，供长官断案时照用。如果一州之内没有同时设置录事参军、司理参军与司法参军，则由他官代行其职，而不允许一个官员在同一案件的办理过程中既是审讯官，又是检法官，这就是在中国法制史上影响非常深远的"鞫谳分司"制度①。如宁宗嘉定五年（1212），信阳军只设司理院，军院无正官，以判官兼录事和司法参军。吏部指出，"信阳军判官既兼司法检断，难以又兼军院鞫勘，委以职事相妨"，遂为之增设1员司户参军兼录事参军，主持军院鞫勘。②

除鞫、谳分司外，宋代州级司法还实行录问制度。在州院、司理院初审之后，一般徒刑以上的案件还要履行录问（虑问）程序，录问官须选派没有参加过同一案件审讯的、依法不须回避的其他官员（不干碍人）担任。宋初一般由判官一人录问，真宗咸平五年（1002）规定，凡是人命要案，必须由知州、通判、幕职诸官共同录问，称为"聚录"。死刑罪同案犯在5人以上者，还须差邻州通判或幕职官再行录问。③ 录问时，录问官当面向案犯陈述罪状，犯人承认其罪行并签字画押，如果录问时犯人称冤、翻供，则"移司别推"，重新选派未参与过同一案件审理的其他"无干碍"官员审理。幕职诸官在这一录问过程中有纠正错判误判的职责。录问无异词，长官认可后，通常由推官或判官参照司法参军检出的法律条文，拟写出案件的判决书，称为"拟判"或"书拟"，然后依次由幕职官、通判、知州签押，并加盖公印方能结案。在签押时，如果幕职官对这种已初步结案的"具狱"有不同意见，还可以与长官争辩，以正其冤，雪活

---

① 参阅陈景良：《两宋皇帝法律思想论略》，《南京大学法律评论》1998年秋季号；陈景良：《文学法理，咸精其能—试论两宋士大夫的法律素养》，《南京大学法律评论》1996年秋季号。
② 《宋会要·职官》48之14—15，第4316页。
③ 《长编》卷73，大中祥符三年六月庚午，第1675页。

冤狱的地方官，在考核时有奖励条法。否则，若将来大辟案被监司或中央司法机关发现有冤情，则"元奏断"者（鞫司断官）、"定夺"者（法司检法官）、"签书官员"（录问官，即幕职与正副长官）等，皆在处罚之列。① 这是宋代法制进步的表现，也是州级官员狱讼职能特别突出的原因。

其三，存在的问题。宋政府虽然重视地方司法政务，选用京朝官出任州级正副长官与大县知县，并为户多事繁的大州配备精强能干的录事参军与司理参军等，吏部差注幕职诸曹官有详密的条令制度。但是，宋代县级政府官员配备很少，不得不大量依靠吏人参预司法行政，如果县级审理案件时取证不实、有故意枉法的，到州一级再行挽回就有一定难度。州级官员所断狱案多是在县官初审的基础上进行的，而州级官员中，幕职诸官特别是诸曹官多由新及第进士初出官者或进纳出身、或吏胥出职、或老于选调的各类无出身选人担任，其中精通法律并坚持依法办案，勇于有为，敢于与长贰争辩是非的幕职曹官是少数，多数人在任无所作为，甚者仰承监司、郡守的旨意，"视监司、郡守颦笑以为轻重"②，或将职事付之胥吏，其结果是"州郡小大之狱往往多失其平"③。

原载《中国史研究》2002 年第 3 期

---

① 《宋会要·刑法》4 之 73，第 8485 页；《宋会要·刑法》4 之 69，第 8482—8483 页。
② （宋）陈造撰：《江湖长翁集》卷 28《重狱官札子》，景印文渊阁《四库全书》第 1166 册，第 360 页。
③ 《朱子全书·晦庵先生朱文公文集》卷 14《延和奏札二》，第 658 页。

【补记】

宋徽宗大观年间对幕职州县官的改革,留下的史料很少,政和改制的史料主要保留在《续资治通鉴长编拾补》及其所依据的《续资治通鉴长编纪事本末》等相关文献中,福州、台州、明州的宋元方志有部分记载,但是都不系统。

这一时期的改革过去没有受到重视,相关研究很不充分,具体官名难以理出头绪,本文原来受篇幅所限,论述很不清晰。难得的是,《文史》2020 年第 1 辑刊发了张晨光博士《论宋徽宗曹掾官改革》一文,文章系统研究了宋徽宗朝曹掾官的改革背景、制度渊源、改革进程、实施情况、废罢原因及其历史影响等,特别是列出了 5 个表格,对这一改革进程进行全景式直观呈现,使读者能够很清楚地认识和理解。为了方便对本文的理解,特转引这篇文章中的表 1 和表 5,并略做修改,改名为"转引表 1""转引表 2",以供读者参考。①

转引表 1　　　　　　　大观二年分曹建掾改革表

福州		明州、台州	
改制前官称	改制后官称	改制前官称	改制后官称
签判	司录参军	判官	司录参军
节度推官	户曹兼兵曹参军	推官	户曹参军
观察推官	刑曹兼工曹参军		
录事参军	士曹兼仪曹参军	录事参军	士曹兼仪曹参军
司户参军	治狱参军	司户参军	右治狱参军
司法参军	议刑参军	司法参军	议刑参军
左司理参军	左狱参军	司理参军	左治狱参军
右司理参军	右狱参军		

---

① 张晨光:《论宋徽宗曹掾官改革》,《文史》2020 年第 1 辑,第 161—188 页。

转引表2　《嘉定赤城志》卷12载台州幕职州曹官官名变化表

	大观改制前	大观改制后	政和改制后
幕职	判官	司录参军	司录事
	推官	户曹参军	司士曹事
曹官	录事参军	士曹兼仪曹参军	改司录，以参军为掾
	司理参军	左治狱参军	司士曹事
	司户参军	右治狱参军	司户曹事
	司法参军	议刑参军	司刑曹事

宋朝选人官阶等级及其改官制度

宋制，文臣寄禄官从高到低大体上可分为朝官、京官、幕职州县官3个层级，其中京官和朝官常合称京朝官，幕职州县官又称选人。苏洵曾说：

> 凡人为官，稍可以纾意快志者，至京朝官始有其仿佛耳。自此以下者，皆劳筋苦骨，摧折精神，为人所役使，去仆隶无几也。①

这段话较形象地说明了宋代选人与京朝官是差别较大的两个官僚群体，他们不仅在品阶上有高下之分，分属不同的铨选部门，考核升迁的机制各不相同，更重要的是，他们可以担任的差遣也是有明确区分的。凡升为京朝官者，可以担任知县、通判、知州以上清紧要阙，从而获得随时被提拔重用的资格，而选人品阶低下，俸给微薄，在地方上只能差注监当、主簿、县尉、司户参军、司法参军、推官、判官、录事参军等职事繁重、地位卑微、升迁缓慢的州县次要职务，如果不改为京朝官，始终只能在四等七阶的诸阶中徘徊，很难有破格提拔的机会。

在宋代，七阶选人即幕职州县官通过艰难的磨勘程序升改为京朝

---

① （宋）苏洵著，曾枣庄等笺注：《嘉祐集笺注》卷13《上韩丞相书》，上海古籍出版社1993年标点本，第352页。

官的制度称为"改官",或曰"改秩"。《宋史·选举一》称:"铨法虽多,而莫重于举削改官、磨勘转秩。"① 可见,磨勘改官制度在宋代文臣官员管理制度中具有十分重要的地位。

一 北宋选人的分等问题

选人的概念源于唐朝,北宋大体上是作为阶官幕职州县官四等七阶低级文臣的统称。宋代选人必须参加元丰改制前吏部流内铨、改制后吏部侍郎左选的铨选,才能循升官阶,换易职任,故称选人。此外,有些未入流而赴吏部铨选的试衔官、斋郎等"白衣选人"也称选人。一般情况下,选人是就官阶而言的,幕职州县官则侧重指差遣职事,二者常常被混用,但是并不完全等同。② 如前所述,幕职州县官是唐末五代藩镇幕府属官和州县属官中部分官称重新组合后而形成的新的职官系统。其中节度、观察判官,节度、观察推官,节度掌书记,观察支使,防御、团练、军事判官和推官等,源于唐末五代藩镇的幕府属官,宋代仍概称为幕职官。幕职之下原来州县所设的录事参军、县令合称令录,京府军巡判官、诸州司户参军、司法参军,与各县的主簿、县尉等合称判司簿尉,令录与判司簿尉是原来州刺史制度下的州县官,宋代仍概称为州县官。幕职官和州县官一起,统称为幕职州县官,或曰选人。

宋徽宗崇宁以前,幕职州县官的名称既用于寄禄官阶(元丰改制前称为本官阶),又是所担任州县地方官差遣职事的名字,二者名称相同,往往混淆不清。崇宁二年(1103)和政和六年(1116),宋政府先后两次对选人的官阶名称进行改革,设立了从承直郎到迪功郎7阶新的寄禄官官阶,此后幕职州县官一般代表州县的差遣职事官,在

---

① 《宋史》卷155《选举一》,第3603—3604页。
② 参阅邓小南《北宋文官磨勘制度初探》,《历史研究》1986年第6期;朱瑞熙《宋代幕职州县官的荐举制度》,《朱瑞熙文集》第4册,上海古籍出版社2020年版,第155—185页;邓小南《宋代文官选任制度诸层面》,中华书局2021年版。

提到官阶的循资、改官时，更多地使用选人的称谓，如"承直郎以下""迪功郎以上"之类。

宋代将选人的官阶分为四等七阶，又称四等七资。所谓四等，即两使职官、初等职官、令录、判司簿尉。有关史籍对第一等"两使职官"的记载并不一致，今拟对此略作说明。为便于叙述，将选人七阶列表如下：

表3　　　　　　　　　　宋代选人官阶表

总称	类称	七阶简称	七阶全称（宋初至崇宁年间）	崇宁改制	政和改制	官品
选人／幕职州县官	幕职官	京府节、察判官	三京府、留守判官，节度判官，观察判官。	承直郎	同左	从八品
		支、掌、防团判官	节度掌书记，观察支使，防御判官，团练判官。	儒林郎	同左	
		节察推官军事判官	三京府、留守推官，节度推官，观察推官，军事判官。	文林郎	同左	
		防团推官军监判官	防御推官，团练推官，军事推官，军监判官。	从事郎	同左	
	州县官	令、录	县令，录事参军。	通仕郎	从政郎	
		知令录	试衔知县，知录事参军。	登仕郎	修职郎	
		判司簿尉	三京府军巡判官，司理参军，司法参军，司户参军，主簿，县尉。	将仕郎	迪功郎	从九品

关于宋代选人寄禄官的等级，叶梦得在《石林燕语》中有如下记载：

> 国朝选人寄禄官，凡四等七资。留守、节、察判官；掌书记、支使，防、团判官；留守、节、察推官，军事判官，为两使职官。防、团、军事推官，军监判官，为初等职官。司录、县令、知县为令录。军巡判官、司理、司户、司法、簿尉，为判司簿尉。其升迁之序，则自判司簿尉举令录、迁令录；举职官，迁初等职官。自职、令荐书及格，皆改京官，不及格而有二荐书，

则迁两使职官，谓之"短般"；以劳叙赏，谓之"循资"。①

据此，选人的前三阶为第一等，统称"两使职官"。这种四等七资选人官阶分类法，还见于《山堂考索·后集》卷19《文阶类·崇宁初换选人七阶》及《古今合璧事类备要·后集》卷62《文阶》所引崇宁三年（1104）改制诏书，并被后世广泛引用。但是，参照其他文献，四等之说颇有歧义。李焘《长编》卷5②及《宋史》卷158《选举四》记载陶谷所议《少尹幕职官参选条件》，即将幕职四阶称为四等。

就"两使职官"而言，宋代的州沿旧制仍有节度、观察、防御、团练、刺史之别，其中节度、观察系节镇州，又称"两使"。史载："国朝两使各置判官、推官一人，节度掌书记，观察置支使；余州置判官、推官各一人。事简者不具设。"③这里所称"两使"代表节度使州、观察使州，与被称为"余州"的防御、团练、刺史等州相对。刺史州又称军事州，因此，表中军事判官、军事推官是刺史州的判官和推官，不能与军、监判官混为一谈。《长编》卷5，乾德二年（964）七月庚寅条及王栐《燕翼诒谋录》卷1《选人服绯紫》条，均将第四阶中的"军监判官"误作"军事判官"④。既然防御、团练不属于"两使"，则防、团判官等"自不得为两使职官"。叶梦得的分法偏重于选人奏举改官的资序，金中枢教授早已指出了这一点⑤，今补充论证如下：

因为节度使、观察使常称"两使"，所以北宋有"两使判官"

---

① （宋）叶梦得撰，宇文绍奕考异，侯忠义点校：《石林燕语》卷3，中华书局1984年标点本，第45—46页。
② 《长编》卷5，乾德二年七月庚寅，第129—130页。
③ 《职官分纪》卷39《幕职官》，第724页。
④ 《长编》卷5，乾德二年七月庚寅，第129页；《燕翼诒谋录》卷1《选人服绯紫》，第3页。
⑤ 金中枢：《北宋选人七阶试释》，《宋史研究集》第9辑，台北：编译馆、中华丛书编审委员会，1977年，第271—273页。参见《宋史》卷169《职官九》，第4041—4042页。

"两使推官"及"两使职官"诸称谓。史籍有"已至两使判官以上，次任即入同类职事者，加检校官，或转宪衔"①的记载，这当是五代旧制。宋仁宗天圣四年（1026）六月，"诏吏部流内铨，选人八考入令录，旧与初等幕职官，自今并与两使职官"②。这里的初等幕职官应是指第四阶职官，即后来所说的初等职官，而"两使职官"是否代表所有一至三阶幕职官，还难以确定。以下记载说明，两使职官的涵盖范围与叶梦得的说法颇有出入。

首先，宋神宗熙宁四年（1071）四月，中书所定选人磨勘、酬奖、致仕改官条例，把选人七阶分为5个改官起阶：一是节度、观察判官；二是支使，掌书记，防、团判官；三是两使推官，军事判官，令、录；四是初等职官，知令、录，防、团、军事推官，军、监判官；五是判司簿尉。③这里的"两使推官"是指节度、观察推官，而"初等职官"与第四阶幕职官的防、团、军事推官和军监判官同出。在引用以上改官条例时，《宋史·选举四》将"节度、观察判官"记载为"留守、两府、两使判官"，其他皆同。④《宋史·职官九·选人改京官之制》则将"两使推官"和"军事判官"合称"两使职官"，并把"初等职官，知县、录事参军，防御、团练、军事推官，军、监判官"简称"初等职官，知令、录"⑤，都是可取的。

其次，《宋史》所载选人的"酬奖"循资法为：

> 判、司、簿、尉初任循一资入知令、录，次任二考已上入正令、录。

> 知令、录循一资入初等职官，正令、录入两使职官。

---

① 《长编》卷5，乾德二年七月庚寅，第129页。
② 《长编》卷104，天圣四年六月丁丑，第2410页。
③ 《长编》卷222，熙宁四年四月壬午，第5412—5413页。
④ 《宋史》卷158《选举四》，第3694页。
⑤ 《宋史》卷169《职官九》："选人改京官之制""改"字原误为"选"，第4038—4039页；据邓广铭《〈宋史·职官志〉考正》改，《邓广铭全集》第9卷，河北教育出版社2005年版，第195页。

初等职官循一资入两使职官，两资入支、掌、防、团判官，三资入节、察判官。①

这里的"两使职官"显然不包括支使、掌书记、节察判官，而仅指第三阶的节度推官、观察推官和军事判官。《宋史·职官九·文臣换右职之制》，也用"两使职官"代表节度观察推官和军事判官这一阶，而与防御、团练判官等并出。

再次，元丰元年（1078）七月二十五日诏书所定酬赏等级中，得第一等者，"京朝官、大小使臣转一官"，若系选人，则"判司、主簿、尉，五考；初等职官、知令录，四考；两使职官、令录，三考；支、掌、防、团、节、察判官并因军功捕盗，不限考第，并转合入京朝官。不及以上资考者，循两资"②。这里所称"两使职官"仍不包括选人七阶中一、二两阶的节、察、防、团判官及支使、掌书记，而只代表选人第三阶。

此外，崇宁三年（1104），邓洵武在要求更改选人官阶的奏章中，也仅把第三阶称为"两使职官"，即"留守、节、察推官，军事判官，谓之两使职官，为文林郎"③。而南宋宁宗朝所修《嘉泰吴兴志》卷7则称："签书节度判官、节度掌书记、观察支使，号两使职官。"④ 与上述定义又有出入，还有待进一步分阶段考辨。

总之，除前述《山堂考索·后集》卷19所引崇宁三年改制诏及《石林燕语》卷3所载选人"奏荐"循资条例外，多数情况下，两使职官并不能概称选人第一到三阶，因此，在运用选人四等七阶分法时，对两使职官的解释，还是应该细加区别的。

---

① 《宋史》卷169《职官九》，第4041页。
② 《宋会要·职官》11之20，第3324页。
③ （宋）章如愚辑：《山堂先生群书考索·后集》卷19《文阶类·崇宁初换选人七阶》，中华再造善本，北京图书馆出版社2006影印本，第2页；（宋）谢维新、虞载辑：《古今合璧事类备要·后集》卷62《文武阶官门·文阶》，中华再造善本，第9页。
④ 《嘉泰吴兴志》卷7《官制》，宋元方志丛刊影印本第5册，第4718页。

二　选人的改官途径与条件

选人的七阶，又称"七资"或"七等"。选人在七阶之内的升迁称为循资，循资有常调、酬奖、恩例、奏荐等几种途径。官员循资的主要条件是历官考任、功赏及举主保荐等，多数情况下是名副其实的论资排辈。对于选人来讲，通过循资升到最高一阶，仍属选人，官品为从八品以下，各种待遇、地位改变不大，只有改官成为京朝官，跳出这七阶"选海"，才有超资升擢、飞黄腾达的机会，因此改官制度备受宋政府及广大官员的关注。

选人从七阶中的任何一阶都可以在额定举主的保荐下，凭历官资历和考核政绩改合入京朝官，幕职官的上层还可以越过京官，直接升改为朝官。改官的途径主要有磨勘改官、捕盗改官、职事官改官、特恩改官、致仕改官等。其中，磨勘改官是宋代选人改官的主要途径。

（一）磨勘改官

选人改京朝官，名额有限，条件苛刻，是宋政府淘汰、拣选文臣官员非常重要的一道关卡。磨勘改官是选人改为京朝官的最重要途径，其考核标准包括历官考任、功过和保任举主，因此又称考第改官、奏荐改官、荐举改官。凡磨勘改官的选人，在办理一系列复杂的磨勘手续之后，必须接受皇帝的召见，或曰引见，故这一改官方式又称引见改官。保举选人改为京朝官，是宋代确立的、借助中高级官员对基层官员的了解与把关，从中选拔治国人才的重要手段之一，所以磨勘改官时，既审查申请改官者自身的条件，又审查担保人的条件。

为抑制基层官员升迁过快，宋朝铨选部门制订了一系列细密的资格，限制选人磨勘改官的规模。

参加磨勘者的首要条件是历官年限与在任功过。此外，是否进士出身也至关重要。宋初两朝，特诏某些大臣保奏选人升改京朝官，对申请改官者往往没有严格的考任限制。宋真宗大中祥符三年（1010）

正月，诏令规定："幕职、州县官须三任六考，方得论奏。"① 从此，除进士高科或直接授京官，或一任回不需要用举主就可以改官，以及通过其他特殊途径改官者外，普通选人历官3任，积累满6考或7考，成为申请磨勘改官的基本要求。当然，任职有功劳者，可以在规定的时间及时磨勘改官，而非进士出身或任职有过犯者，则须增加考任，推迟改官。② 北宋中期以后，选人普遍面临着员多阙少、多人守一阙的待阙问题，待阙时间长，就难以快速积累差遣考任，因此，入仕十几年甚至二三十年而不能改官者大有人在。

选人磨勘改官的第二个必要条件是需要有符合资格和人数要求的举主的担保推荐。选人申请改官时须同时提供几份保荐书，且保举者即举主的身份和员数有严格的限定。宋朝自太祖开宝三年（970）就实施了幕职州县官必须经人荐举才能改官的制度，只是尚未限定每位改官人需用举主的员数。宋真宗大中祥符三年，颁布了岁荐法，朝廷内外中高级文武官员，每年年终都有向朝廷推荐各地基层官员的义务，不推荐者有相应的惩罚。③ 岁荐法的确立，使每年被举参加磨勘的选人人数日益增多，为了减少改官总人数，确保改官人的整体素质，宋政府在严格规定选人自身条件的同时，对举主的资格和人数也不断提出新的要求。大中祥符七年（1014）四月，中书门下言："文武臣僚年终举到幕职、州县官，今欲定五人以上同罪保举者，替日令吏部流内铨磨勘引对。"④ 真宗下诏同意这一建议，天禧三年（1019）

---

① 《长编》卷73，大中祥符三年正月丙子，第1652页；《宋会要·选举》27之10，第5773页。
② 关于有无进士出身和任职功过对选人改官的影响，宋代均有详细的条法。参阅（宋）章如愚辑：《山堂先生群书考索·后集》卷19《文阶类·崇宁初换选人七阶》，中华再造善本，第3页；《长编》卷222，熙宁四年四月壬午，第5412—5413页；《长编》卷99，乾兴元年十一月癸巳，第2304页；《长编》卷159，庆历六年十月甲戌，第3850页；《朝野杂记·乙集》卷14《选人历任有负犯者改官增举考》，大象出版社2019年标点本，第226页。
③ 《宋会要·选举》27之10，第5773页；《长编》卷73，大中祥符三年四月戊午，第1664—1665页。
④ 《宋会要·选举》27之13，第5775页。

十月又重申此制。① 在此基础上，仁宗天圣二年（1024）规定：

> 自今转运、制置、发运、提点刑狱劝农使副使，知军州、通判，钤辖、都监崇班已上，并令奏举本部内幕职、州县官。在京大两省已上，并许举官。其常参官及馆阁曾任知州、通判升朝官，许依条举奏。余升朝官未经知州军、通判已上差遣者，不在举官之限。所举之人，须是见在任所。举主但有转运、制置、发运、提点刑狱劝农使副使两人，便与依例施行。如是一名举到，无本处知州军、通判，即更候常参官二人保举，并乞与磨勘。②

就是说，路级和跨路级的监司、发运使等，州级长官与副长官，地方都监以上武臣，在京任职的大两省以上京朝官曾经担任过知州、通判差遣者，都可以担任选人磨勘改官的举主。此后，一般情况下，磨勘改官的选人必须由 5 位符合上述资格的举主同罪保举，而且这 5 人中，必须包含有选人所在本路的现任监司即所谓"职司"与本州的长官知州、通判，这种对举主的苛刻要求逐渐成为两宋沿用不改的定制。仁宗朝以后，举主的资格虽时有变化，但改官所需 5 位举主的人数限定始终未变。

选人改官的资考可以凭任职年限积累，而举主这一条件却较难达到要求。由于举主必须是符合以上条件的现任且没有犯错误者，如果举主在所推荐的选人引见改官之前离任或去世、或因罪过被责降，所举荐的选人便只能循资，不能改官，或者等待得到新的合格举主，再次参加磨勘改官。南宋孝宗朝以后，实施"增考减员"法，即选人任职 12 考或 15 考以上，无赃私罪者，可以减免一到两员职司之外的

---

① 《宋会要·选举》27 之 17，第 5777 页。
② 《宋会要·选举》27 之 20，第 5779 页；《长编》卷 102，天圣二年六月戊寅，第 2359 页。参阅《朝野杂记·乙集》卷 14《建隆至元祐选人升改举主沿革》，第 210—211 页；邓小南：《宋代文官选任制度诸层面》第五章《凡要切差遣，无大小尽用保举之法》、第六章《擢才校功，限年乃迁》，中华书局 2021 年版。

举主，以照顾那些长期凑不足 5 员合格举主的孤寒之士。① 正因为合格举主难以凑足，奏举改官的举状即所谓"京削"便成为至关重要的磨勘条件。哲宗朝臣僚上言：

> 选人惟以举主应格方得升进，若举主不足，虽老于铨调，亦无由改转。寒士所系利害非轻。②

高宗绍兴年间，臣僚上言指出："选人用举主磨勘改官，在吏部法最为严密，毫厘之差，辄遂报罢。"③

磨勘改官的选人，在符合资历、举主等条件后，还必须经铨选部门办理一系列烦琐的磨勘手续。磨勘审查的文书，主要有选人的家状、历子、官告、考状、解由、举状等各种文字材料，必须分毫不差，文字记录的任何出入和遗漏，都会影响改官结果。

（二）捕盗改官

捕盗改官又称军功捕盗改官、获盗改官等，是把官员经过努力及时捕捉盗贼的功劳折合成改官条件的制度。为了维持封建王朝的基层统治，宋政府一开始就为负责地方治安的县尉等设立了捕盗奖赏办法，凡在限定时间内亲自带兵消灭所辖境内的各种反抗势力，朝廷予以或循资或赐章服等奖赏。真宗朝以前，捕盗还没有纳入改官的参照条件④，仁宗天圣七年（1029）始规定："凡县尉躬亲斗敌，捉杀贼

---

① 《朝野杂记·甲集》卷 12《减举吏员》，第 198 页；《朝野杂记·乙集》卷 14《隆兴至嘉泰积考改官沿革》，第 213—216 页；《吏部条法》《改官门·改官通用》，第 323 页。（宋）佚名撰，汝企和点校：《续编两朝纲目备要》卷 6，庆元六年十月癸巳，中华书局 1995 年标点本，第 105 页；同书卷 7，嘉泰三年十一月己丑，第 134 页；同书卷 8，开禧元年五月己巳，第 149 页。参阅朱瑞熙：《宋代幕职州县官的荐举制度》，《朱瑞熙文集》第 4 册，上海古籍出版社 2020 年版，第 155—185 页。

② （清）黄以周等辑注，顾吉辰点校：《续资治通鉴长编拾补》卷 13，绍圣三年二月癸未，第 503 页。

③ 《宋会要·职官》11 之 33，第 3331 页。

④ 《燕翼诒谋录》卷 1 盗赏不改官，第 3 页；《宋会要·职官》48 之 62，第 4355 页。

全火十人以上，合入令、录人，并授京官，仍赐绯章服。"次年又诏："未合入令、录人，止令循资。"这是宋代捕盗改官制度确立之始。南宋孝宗时规定，县尉必须"马前三步亲自捉到"①强盗7人以上，才能以军功捕盗条例改官。因县尉是州县官中最基层的官员，很难通过磨勘改官，有些任县尉的选人为了尽快获得改官的机会，不惜弄虚作假，如通过把其他人捉获的反叛人数据为己有，或将多次分散捕捉的人数拼凑为一伙上报，甚至妄捕无辜百姓充数，"往往凑足人数，迁就狱情，求合法意。所以捕盗改官者甚多"②。两宋时期，改官总数有时候有名额限定，有时则无，凡是设立总额限定之时，朝廷就会给捕盗改官分配一定的改官员数。如淳熙元年（1174）至六年之间，每年因捕盗改官者皆在10人以上，引起大臣的批评。为此，淳熙七年孝宗下诏把每年捕盗改官者的总人数限定为8员以下。当时全年的改官总数为80员，捕盗改官者占其中的十分之一。这一限额一直沿用到南宋后期，宁宗嘉定十三年（1220），又从8员中拨出2员专为极边地区的县尉酬赏改官使用。③

（三）职事官改官

宋代，在中央官僚机构中也有选人所任之职，如北宋前期刑部和大理寺的法直官、详断官等。元丰改制后，九寺五监的"寺监丞簿、学官、大理司直、密院编修之类，谓之职事官"④。这个层次的官职也多由选人担任，这些选人也有改官升职的需求。淳熙七年规定，在特旨改官之外，全国每年改官总额80人，其中，磨勘改官、职事官

---

① 以上俱见《宋会要·职官》48之78，第4364页。
② 《宋会要·职官》48之79，第4365页。参见《宋会要·职官》48之84，第4367—4368页。（宋）俞文豹撰，许沛藻、刘宇整理：《吹剑四录》，大象出版社2019年标点本，第229页。按"凑足人数"的"凑"原文为"揍"，不通。《宋会要·职官》10之11作"凑"，第3286页，据改。
③ 《宋会要·职官》48之88，第4369—4370页。
④ （宋）佚名撰，孔学辑校：《皇宋中兴两朝圣政辑校》卷47，乾道五年八月乙未，第1063页。

改官和捕盗改官共用 65 员，四川换给 15 员。① 淳熙十三年又规定："今后职事官改官，许在捌拾员岁额之外。"② 可见，职事官改官也是宋代选人改官的途径之一。

北宋真宗朝以前，奏荐改官条例主要是针对在地方任职的幕职州县官而制定的。太宗端拱以后，已经开始通过刑法考试从京朝官或幕职州县官中选拔士人以代替吏人担任刑部、大理寺的详覆、详断官，其中选人担任者，也存在改官问题。真宗景德二年（1004）诏：

> 刑部、大理寺、三司法直官、副法直官等，自来以令史转充，自今应法直官、副法直官，令铨司于见选人中选流内官一任成三考、干谨无遗、习书判者，具名引见，试断案五道。差官与刑部、大理寺、三司交互考试，以可者充。三司、大理寺满一年、刑部满三年，无私罪，并与京官。③

这是在京职事官不用举主而就任改官之始，这种改官制度最初是对通过刑法考试担任司法部门繁重刑狱职任的选人的一种奖励和照顾，以示激励。宋仁宗明道二年（1033）十一月，又规定刑部详覆官"有能驳正死罪五人以上，岁满与改京官"。其法直官任职"及二年，亦与改京官"④。景祐四年（1037）七月诏令规定，选人任御史台主簿者，"自今满二年，与改京官"⑤。北宋中期以后，其适用范围渐广。如神宗熙宁年间扩建太学，担任太学直讲的选人，"到监五年，

---

① 《朝野杂记·乙集》卷 14《隆兴至嘉泰积考改官沿革》，第 214 页；《朝野杂记·甲集》卷 12《选人改官额》，第 197 页。
② 《吏部条法》《改官门·改官通用》，第 324—325 页。其中"十三年"点校本误为"十五年"，据《永乐大典》影印本改。
③ 《宋会要·职官》15 之 34，第 3426 页；《长编》卷 60，景德二年六月己卯，第 1344 页；《宋会要·刑法》1 之 63，第 8275 页。
④ 俱见《长编》卷 113，明道二年十一月辛卯，第 2645 页。
⑤ 《长编》卷 120，景祐四年七月乙巳，第 2834 页。

与转京官"①。北宋末年到南宋，凡在"会要所"等书局与馆阁任职的选人，以及担任枢密院编修官，敕令所删定官，秘书省正字，国子监博士、正录，大理司直、评事，诸州教授等职务的选人，达到规定的年限以后都可以不用举主而改官，不同官府任职的选人改官年限有别。②

概言之，职事官改官的主要条件是担任在京重要司法或学术职务的选人，其任职达一定年限后即可就任改官，与磨勘改官相比，其改官途径较为便捷，这是宋政府优待贤才的手段之一。

（四）特恩改官

特恩改官或称酬赏改官、酬奖改官。这种改官方式不受磨勘法规限制，没有固定成法。如选人到两广等条件和环境恶劣的边远地区即所谓远恶州军任职者，改官时可以减少举主或不用举主。同时，选人因押送纲运官物有功，或陪伴大臣出使外国，或上书可采，或因监司奏举其特殊功劳，或因大臣言其有某项突出才能，或以特殊学问闻名于世，等等，可由皇帝特诏为之改官，称为特恩改官。特恩改官不受名额限制，由此改官者容易增多，势必挤占普通选人的升改之路。通过特诏改官的选人中虽不乏真才实能者，但更多的是侥幸经营而得。这种改官方式在北宋末年和南宋初年曾被滥用，从而引起有识之士的激烈批评。绍兴三年（1133），吏部侍郎陈与义上言即称，"自艰难以来，选人用恩赏改官者甚多，用举主改官者甚少"③。《建炎以来系年要录》中记录有许多绍兴初年特恩改京官的事例，这与当时处于战时状态有关，孝宗朝以后有所减少。

---

① （清）徐松辑，苗书梅等点校、王云海审订：《宋会要辑稿·崇儒》《崇儒一·太学》，河南大学出版社2000年标点本，第42页。

② 参见《宋会要·选举》24之16，第5708页；《宋会要·职官》11之29—30，第3329—3330页；《宋会要·职官》11之37，第3333页；《系年要录》卷43，绍兴元年四月丁丑，第927页；《系年要录》卷57，绍兴二年八月戊戌，第1153页；《朝野杂记·乙集》卷14《职事官改官法》，第225页。

③ 《建炎以来系年要录》卷71，绍兴三年十二月丁未，第1379页。

（五）致仕改官

宋朝基本上沿用 70 岁致仕的退休制度，凡在任期间没有机会改为京朝官、又无明显过错的合格选人，到 70 岁退休时，可申请改为京官致仕。条令规定，选人"曾关升、通满六考人（举主、劳绩、常调并同），无赃罪致仕者，与改转通直郎"。曾任实际差遣，不曾犯有赃罪，在司法办案过程中不曾误断死罪的选人可以申请致仕改官，而担任实际职务时间过短者除外，凡"历任未及半年者，以本官致仕"①，而不予改官。致仕改官是对那些年龄较大才中举入仕，或因其他原因一直沉沦于选海未能改官的选人退休时的一种安慰而已。

除以上改官途径外，南宋孝宗朝所定的改官名额中，往往有"四川换给"的改官限额。所谓四川换给，是南宋在交通不便、远离京城的四川地区实行的特殊改官制度，即四川诸路的选人，可以由当地地方长官依照吏部磨勘改官的条法在当地落实奏荐改官，凡被改官者，最终须由朝廷颁发改官官告予以确认，所以这是磨勘改官的一种补充或者特殊形式。②

三　选人磨勘改官制度的特点及其利弊

捕盗改官法、职事官改官法、特恩酬赏改官法等，都是特殊的改官形式。对于广大选人来讲，磨勘改官才是改官的必由之路。因此，在议论改官制度时，宋人最为关注的便是磨勘改官法。概括起来讲，磨勘改官有以下主要特点：

其一，重视资格资历。严守资格法是宋代吏部铨选遵守的最重要

---

① 《吏部条法》《改官门·致仕改官》，第 320—321 页。
② 参见《朝野杂记·乙集》卷 14《四川举削倍改官之额》，第 216—217 页；《朝野杂记·乙集》卷 14《隆兴至淳熙立改官员数》，第 212—213 页；《朝野杂记·乙集》卷 14《隆兴至嘉泰积考改官沿革》，第 213—216 页。

原则，改官法是其重要组成部分。改官的前提，不仅对选人本身的历官年限、出身、功过有严格要求，而且对举主的资格也有严格限定。由于苛求历官年限，宋代记录官员个人档案的各种文字材料日益详密，对磨勘年限计日累月进行计算，使磨勘过程实际上成为对官员履历、举主资格等细节的勘验。

其二，限员奏荐。荐举改官是宋政府通过资格审核、举主保荐，抑制下层官员过多进入中高级官僚队伍的重要手段。为此，宋代为每位改官举主限定了每年可以荐举改官的最高限额，而且还将所配名额分上半年和下半年两个时段使用。北宋前期每年改官总人数没有限额。北宋中期以后，不但每位举主每年可荐举选人的限额日益苛刻，而且还时常对全国每年允许改官的最高总额进行限制。如嘉祐年间曾以 100 员为额，元丰初年以 140 员为限。南宋不同时期或者不限额，或者有限额但是变动不居，如孝宗隆兴初以 100 员为额，乾道三年（1167）增为 120 员，淳熙七年（1180）二月定为 70 员，四月增加为 80 员，十三年复增为每年 100 员，等等[1]。实际上由于难以凑足 5 员举主，南宋多数年份奏举改官人并不能足额。宋人王栐称："中兴以来，改官人数绝少，岁不过数十人……至绍熙初，号为顿增，亦仅三十余员"，磨勘改官人减少，"盖孤寒路绝"[2]。

其三，严守保举连坐法。宋朝最高统治者很重视"择举主于未用之先，责举主于已用之后"[3]。前者是指对举主资格的要求，后者指保举连坐法。自汉代实行察举制度之始，荐举过程中就广泛实施了连带保任制，宋代保荐法运用的范围很广范，而尤以选人改官的保举连坐法最受重视。宋初，每当降荐举之诏，必申严连坐之令，一旦触

---

[1] 以上参见《周必大集校证》卷141《论选人改官立额》，第 2168 页；《朝野杂记·甲集》卷 12《选人改官额》，第 197 页；《朝野杂记·乙集》卷 14《隆兴至淳熙立改官员数》，第 212—213 页；参见邓小南《宋代文官选任制度诸层面》第五章《凡要切差遣，无大小尽用保举之法》、第六章《擢才校功，限年乃迁》。

[2] 《燕翼诒谋录》卷 5《选人改官》，第 52 页。

[3] （宋）林駉撰：《新笺决科古今源流至论·别集》卷 7《举主》，中华再造善本，第 6 页。

犯，连坐者多从重处罚。太宗太平兴国七年（982），始区别对待，规定"自今文武常参官所保举人有罪连坐者，犯私罪无轻重减一等论，公罚即减二等论，仍著为令。"①真宗大中祥符三年（1010）四月诏："自今每年终，翰林学士已下常参官，并同罪举外任京朝官、三班使臣、幕职州县官各一人。"②九年三月重申："自今文武群臣举官犯赃，举主同罪，不至追官及经恩原降者，仰审刑院具情理奏裁，当议量贬官秩，或降差遣。"③ 此后，连坐法一般只适用于被举人犯赃罪和私罪情节严重者，私罪情轻及公罪多不连坐或处罚较轻。为了提高举主荐举选人的积极性，宋政府还制定有自首法，即如果举主发现所举之人有违法犯罪行为时主动向官府报告，可免予连坐。但是，被举人所犯罪已经被其他官员揭发按劾者，自首无效。连坐法在南宋初年一度废弛不行，孝宗朝再度申严之，凡连坐受罚，宰执大臣也概莫能外。④

连坐之罚累及举主，往往称"同罪"，虽非举主本人犯罪，但因为担保人有负朝廷重托，显系失职。关于保举连坐而被贬官或责降的官员遇到赦恩时能否及如何减免其处罚，政府也有严格的规定：

> 因举官缘坐已经恩者，如罪人不该原减，听减一等；若再会恩，从原减法。罪人该特旨及于法不以赦降原减者，举主自依赦降。⑤

在保举连坐法的约束下，为朝廷举荐贤能成为宋代中高级官员的

---

① 《宋会要·选举》27 之 3，第 5768 页。
② 《长编》卷 73，大中祥符三年四月戊午，第 1664 页。
③ 《长编》卷 86，大中祥符九年三月壬戌，第 1979—1980 页。
④ 孝宗淳熙六年，参知政事钱良臣、户部侍郎陈岘、待制张宗元等五人，即因保举选人改官后，所举人犯赃，各被追夺三官。见（宋）佚名撰，孔学辑校：《皇宋中兴两朝圣政辑校》卷 57，淳熙六年二月庚寅、癸巳，第 1302 页。
⑤ 《长编》卷 455，元祐六年二月丙辰，第 10912 页；《庆元条法事类》卷 14《荐举总法·职制敕》，第 289 页。

责任和义务，有不少官员以向国家举荐贤才为荣。如北宋谢泌"居官不妄荐士，或荐一人，则焚香捧表，望阙再拜而遣之。其所荐虽少，而无不显者"①。曾敏行曾生动地记录了零陵郡守严肃荐吏的故事：

> 先君官零陵，山谷之从弟吏部叔豹为守，政事有体，识度甚高，遇僚属严重。先君从之逾年，一日，袖出荐章，其辞云："检身清慎，率职公勤。"时，一同僚迫于代满，望公合尖，而公不与。先君愿推以授之。公曰："君之举削可推以及人，而吾之举辞，不可妄以许人。"其相知如此。②

所谓"合尖"，就是选人缺最后一份合格保荐书，有了这份保荐书，就满足磨勘所需举主条件了。宋代用人权高度集中，而恩荫补官、流外入仕者又远远多于进士出身人，在此情况下，众多举主的认真保荐，是保证优秀人才脱颖而出的得力措施。因此，奏荐改官法虽然弊蠹丛生，仍备受时人称赞。欧阳修在其所作的一篇改官制词中以仁宗的口吻说：

> 朕思与多士共宁庶邦。而贤豪材美之人，或自沉于幽远，与夫懿节茂行之韫于中而未见于事者，吾皆不得而遍观焉。故以举类之科，而为官人之法。今举者言尔材行可称，命尔新恩，以期后效。③

洪遵等人在绍兴末年奉诏奏论选人改官法时称：

---

① （宋）魏泰撰，李裕民点校：《东轩笔录》卷10，中华书局1983年标点本，第116页。
② （宋）曾敏行撰，朱杰人整理：《独醒杂志》卷6，大象出版社2019年点校本，第239页。
③ （宋）欧阳修著，李逸安点校：《欧阳修全集·外制集》卷1《颍州推官江槱可大理寺丞制》，第1146页。

> 选人改官之法，自祖宗以来行之二百年，法令章程，粲然备具。至于今日，不能无弊者，非法之不善也，患在士大夫以私情汩之耳。夫自一命以上，仕于州县之间，虽有真贤实廉，势不能以自达于上，故为之立监司、郡守荐举之法。必使之历任六考，所以迟其岁月而责其赴功；必使之举官五员，所以多其保任而必于可用。奸赃巨蠹者既有按治之科，而龌龊冗懦之辈既无材可以被荐，又无过可以斥逐，宁予之幕职曹掾之禄，使足以代耕，至于没齿而不敢望致身于京官。所以分别材否，可谓至矣。①

改官制度让沉寂于州县的"贤豪材美""真贤实廉"的基层官员有机会得以升迁，平庸无能之辈得不到荐举，只好终身在基层为官，拿着微薄的俸禄度日，维持生计而已，要求举主保荐，是为了让举主担保所举之人"必于可用"，为朝廷甄别人才。

但是，宋代荐举改官制度，"倚荐以为信"，过于依赖荐举，"荐所不及，虽课入优等，皆未预选"②，在当时等待改官之人多而改官员额有限的情况下，改官的举状即所谓京削，便成为可居之奇货，改官制度因此而弊端百出。其主要表现是选人为取得举状而不择手段，或登门乞求，或设法行贿，或乞求权贵转为之说情，或虚报政绩等，而有的举主则将举状作为受贿的工具，或作为讨好权贵、应付亲故的手段，其结果便是荐举不实，孤寒之士多受抑制，从而严重败坏士风。

举主方面也可作弊，如有用一章举状而妄举数人以蒙蔽铨选机构者，也有将已发举状擅行收回以改荐他人者。绍兴二十四年（1154），大理评事刘敏求评论说：

> 荐举之法，昭若日星。比年以来，监司、郡守有以一章而举

---

① 《宋会要·职官》11 之 38，第 3334 页。
② 《文献通考》卷 38《选举考十一》，第 1116 页。

二人，甚至于三四人，前所举者未用，后来求者复举之，名曰"改举"，黩害风教，莫此为最。①

绍兴二十六年，吏部侍郎洪遵上言称：

> 荐举之制，祖宗所以均齐天下之至权，行之百年，讲若画一。比年以来，监司、郡守不能体国，有同时一章而巧为两牍并至而不疑者；有岁荐五人，而发奏削至以十数而不止者；有当发职官〔原文"官"误作"言"，标点本失校〕而诈为京状者；有止系常调，而诡称职司者；有转运双员，交承各异，而南厅、北厅妄行挽补者；有上下半年，月日有限，而先时、后时了无忌惮者；有被举之人见存，而假称事故，夺而之他者；有经隔数年，而冒作交代，即行补发者。若此之类，不可概举。②

行贿受贿是南宋荐举改官过程中存在的又一个严重弊端。当时，举主不但妄发举状，而且还将举状作为可谋私利的筹码，或者应权贵之请托，或者索取选人之财物。绍兴九年殿中侍御史周葵上言：

> 荐举之法……本欲使监司、郡守收择人物，激扬士行，亦使晚进下僚，知所以修身临政，以赴上之公举也。今奔竞之风大炽，请托之弊公行，监司、郡守以权势高下为论荐之先后，孤寒之士，无所求知，或货赂以干其私，或谄曲以阿其意，仅而得举。③

有关系有权势可以凭借的选人，举主便主动为之发奏状，而孤寒下士，只有通过行贿或卑躬屈膝、阿谀逢迎，才可能获得荐举，这对当

---

① 《系年要录》卷166，绍兴二十四年六月己酉，第3161页。
② 《宋会要·选举》30之8—9，第5826—5827页。
③ 《系年要录》卷130，绍兴九年七月丙戌，第2440页。

时的仕风带来了严重的不良影响。

绍兴二十六年（1156），右正言凌哲上言论改官之弊时指出："憸巧之徒，不顾廉耻，多行贿赂，凡可以得利者，无所不为。荐章一纸，阴求先容，有费及五六百千者。"① 御史台主簿李庚也指出，有些举主的举状，专意"待权臣不时之须"，或"以为子孙换易之地"，"甚至关升改秩，各有定价，交相贸易，如市贾然。是以廉隅之吏，绝意于荣途；而奸赃不逞之辈，侵渔公上，掊敛百姓，日营苞苴之计，其弊有不可胜言者"②。

选人不但在争取荐章时需要行贿，到吏部参加磨勘、审核改官材料时也免不了受到吏部吏人的刁难和索贿。孝宗隆兴年间，起居郎胡铨上言极论吏部改官过程中行贿受贿之弊：

> 臣闻今日之弊，无甚于差役之法，无甚于改官之法……今改官者非五百千赂吏部主吏，虽有文字五纸，不放举主，士大夫至相谓："无五百千，莫近临安。"而五纸文字非二十年干求不能得，往往多是宰执、侍从关节，方始得之。不然，孤寒之士每纸文字须二百千经营乃可得，合五纸之费为千五百缗，孤寒之士安得宰执、侍从关节？安得千五百缗？势必枉道以媚当途权贵以求之，势必贪墨黩货以赂吏部之吏。不然，终身为选人，老死不得改官者多矣。③

虽然宋政府把荐举受贿当作赃罪予以重罚，但货卖举状者仍大有人在。

荐举改官在选人仕宦生涯中是至关重要的一个升进台阶。南宋时期，吏部铨选员多阙少，基层官员普遍受着无阙可任的"待阙"困扰，待阙时间长而在任时间短，积累符合改官要求的3任6考需要十

---

① 《系年要录》卷174，绍兴二十六年八月戊寅，第3326页。
② 《系年要录》卷173，绍兴二十六年七月庚戌，第3315—3316页。
③ 《历代名臣奏议》卷49，胡铨奏，第665页。

多年甚至长达二三十年才能实现,求取举状又如是之难,无怪乎磨勘改官者为数不多了。由于获得举状不易,因此,在宋人的文集中,既有高级官员向其他举主为自己亲属索求举削的书信①,又有不少寒士向举主谄媚以乞求举状的书札②。周密在《齐东野语》卷8《嘲觅荐举》中,生动地描绘了在绍兴府任职的一位选人向长官乞求举状的窘态,从而说明举主保荐是选人改官难以逾越的关卡之一。

荐举改官从最初的中高级官员在选人中挑选人才,演变到南宋时选人奔竞请托、求荐觅举,其结果不但导致荐举失实,而且也严重地败坏了士风,③ 这是宋朝统治者所不愿看到的,但却是封建官僚制度所难以克服的痼疾。

此文原名《宋朝幕职州县官及其改官制度》,载《庆祝邓广铭教授九十华诞论文集》,河北教育出版社,1997年版。原为笔者与恩师王云海先生共同署名,王先生是第一作者,先生当年嘱咐,此文将来不收入他的文集,而是让笔者一人署名。感念师恩。这次对文章名称稍作调整,谨此说明。

---

① 参阅(宋)杨万里撰,辛更儒笺校《杨万里集笺校》卷111《尺牍·答赣州张左史移广西帅》,第4245页;同书卷108《尺牍·与江陵范侍郎》,第4087页。(宋)佚名撰,汝企和点校《续编两朝纲目备要》卷7,嘉泰三年岁末,记潼川府路转运判官张演,多次向同郡官王勋恳求举状以荐其子而未得,从而与王勋不和,第135—136页。

② 参阅(宋)李流谦撰:《澹斋集》卷10《上樊运使书》、《上张雅州书》,景印文渊阁《四库全书》本,第1133册,第674—676页。

③ 参阅(宋)范浚著,范国梁点校:《范浚集》卷5《进策一·更化》,浙江古籍出版社2015年标点本,第64—65页。

宋代巡检初探

宋王朝的建立，在政治上结束了五代十国分裂割据的局面，为社会经济的巨大发展创造了良好条件。与此同时，边境危机和阶级矛盾始终是宋代统治者面临的重大隐患。为解决这些社会问题，宋代增设了大批巡检，或带兵御边，或维持内地统治秩序。

巡检起源于何时，宋代巡检有哪些特点和变化，以及宋代大量设置巡检的原因等问题，传世史料缺乏系统记载，也未见专文论述。下面试借助零散的史料就这些问题展开初步探讨。

一 北宋之前的巡检

宋人赵与时在其所著《宾退录》中称：汉代长安设有4名县尉，唐代万年、长安、河南、洛阳、奉先、太原、晋阳7县各设有6名县尉，"本朝虽赤县无三尉者，盖前代无巡检。今剧县巡检至四五人，小县亦一二人，尉虽少未害也"①。其所谓"前代无巡检"，意即宋代才开始有巡检。现在通行的《辞海》在解释"巡检"一词时也认为巡检"始于宋代"。

明朝人在追溯巡检的起源时，认为"秦汉之世，当山海扼塞，奸宄出没处，立亭设长，掌兵夫以讥察诡异，即今制巡检司之始"②。

---

① （宋）赵与时著，齐治平点校：《宾退录》卷3，中华书局2021年标点本，第50页。
② （明）郭棐撰：（万历）《广东通志》卷9《蕃省志九》，爱如生中国方志库，明万历三十年刻本，第1页。

这只是根据后代巡检的某些特征进行的类推，秦汉之世并未设置巡检。

事实上，巡检最初是作为动词而不是官称出现的。北朝魏孝静帝天平三年（536）曾诏："尚书可遣使巡检河北流移饥人。"① 这里的巡检意即巡视、检察或安抚之意，并非职官名称。巡检作动词沿用至唐、五代，如唐武宗会昌元年（841）制文称："如闻近年长吏不守法制，分外征求，致使力农之夫转加困弊。亦有每年差官巡检，劳扰颇深。"② 五代后晋天福八年（938），因契丹入侵，石重贵遂命使臣到河阳（治今河南孟州市）、宋州（治今河南商丘市）、同州（治今陕西大荔县）、陈州（治今河南周口市）等地巡检。

巡检开始用作官职名称的确切时间尚无法下定论，大体上应该始于唐后期。五代初已有巡检官的明确记载：后梁末帝龙德三年（923），"唐军袭郓州（治今山东东平县西北），陷之。巡检使、前陈州刺史刘遂严、本州都指挥使燕颙，奔归京师，皆斩于都市"③。此后，巡检使更多地见诸史书记载。后唐庄宗李存勖进驻邺都（治今河北临漳县西）时，选派心腹袁建丰为魏府都巡检使。同光初年，张廷蕴跟从唐明宗收汶阳县（治今山东泰安市），遂加检校尚书右仆射、充魏博（节度使军额，治所在魏州，治今河北大名县一带）三城巡检使④。明宗天成二年（927），任命田武出任襄州（治今湖北襄阳市）都巡检使。后汉时，京城设有左右厢巡检使。后汉高祖刘知远入

---

① 《魏书》卷12《孝静纪》，中华书局2017年标点本，第351页。
② （宋）王溥撰：《唐会要》卷84《租税下》，第1828页。唐代有关于大臣奉使巡检种植果树、巡检苗稼、巡检两街诸寺等的记载，均为动词。
③ 陈尚君辑纂：《旧五代史新辑会证》卷10《梁书十》，复旦大学出版社2005年版，第312页。
④ 《旧五代史》卷94《张廷蕴传》，第1451页。此外，五代时，赵进、常思、刘崇、侯章等等，皆曾被授予三城巡检使之职，分别见《旧五代史》卷34《庄宗纪第八》，第539页；《旧五代史》卷99《高祖纪上》，第1551页；《旧五代史》卷135《刘崇传》，第2109页；《宋史》卷252《侯章传》，第8858页，等等。此外，五代已有徐州巡检使、凤翔巡检使等带具体州府地名的巡检。因此，五代巡检的设置已经比较制度化了。

汴京，以郭从义为河北都巡检使，"时京东诸州寇盗充斥，以（司）超为宋、宿、亳三州游奕巡检使"①。后周太祖出兵兖州（治今山东济宁市）时，派马令琮担任京城四门外巡检。显德四年（957），周世宗征淮南，以张勋为申州（今河南信阳市）沿淮巡检，三司使张美为大内都巡检，又令宋偓、赵赞、张彦超、刘建四人分任寿州（治今安徽凤台县）四面巡检。大将韩通颇受周太祖宠信，广顺初曾任孟州巡检，周太祖亲征兖州时，又担任在京右厢都巡检，周世宗攻打南唐时，均留韩通为在京内外都巡检。

五代时期，还有一类地方巡检作为下级武臣与所由、节级、村保等共同巡察和治理煎制和贩卖私盐等。在盛产盐的安邑、解县，设有巡检等专切巡察，以防食盐走私。"若诸色人偷刮碱地，便仰收捉"。"其犯盐人经过处，地分门司、厢界巡检、节级、所由，并诸色关连人等不专觉察，委本州临时断讫报省"②，且按捉获私盐之数支给赏钱。此类巡检或被称为"巡司"。后唐天成二年（927）规定，诸道州府县镇寺院"不计斋前斋后，僧尼不得辄有相过，如敢故违，仰逐处坊界所由及巡司节级画时擒捉，并准奸非例处断"。凡僧尼有"伤割形体，或负担钳索，或书经于都肆，或卖药于街衢"者，"并委所在街坊巡司纠察，准上决配"。其州城之内及村落之中的违法僧徒，则"委所在州府县镇及地界所由、巡司、节级，严加惩刺"③，这里巡司的职能与宋代巡检已大体相似。

据上可知，五代时期的巡检大致可分为两类：一是率兵戍守边境或京城的，二是帮助稽查和镇压州县内违法活动以维持地方治安的。这两类巡检对宋代有重要影响。

---

① 《宋史》卷272《司超传》，第9319页。
② 以上并见（宋）王溥撰：《五代会要》卷26—27《盐铁杂条》，上海古籍出版社标点本2012年，第324、328页。
③ 《五代会要》卷12《杂录》，后唐天成二年六月七日，第197—199页。

二 宋代巡检的设置状况及特点

同五代相比,宋代巡检设置得更为普遍,职官体系更加繁杂。其设置特点主要有二:

首先,宋代巡检的设置不按行政区划配置,且无管辖区域大小之限。

宋代巡检设置的一个主要特点是不受地方行政区划制约,根据需要设置,管辖区域或很广,或很小,很不一致。北宋时,有统摄一路以上的巡检,如鄜延路巡检、麟府路缘边都巡检、福建路巡检等,有泛称的广南诸州巡检、江南诸州巡检、荆湖江浙巡检等。有管辖两州乃至十几州的巡检。如四川有黎(治今四川汉源县北)、雅州(治今四川雅安市)都巡检,荆湖北路有归(治今湖北秭归县北)、峡州(治今湖北宜昌市)、荆门军三州巡检使,马知节曾担任益州(治今四川成都市)都钤辖加益、汉(治今四川广元市)等九州都巡检使,这个九州巡检,不同史料或称"蜀汉九州都巡检使",或称"绵汉九州都巡检使"、"成都管内十州都巡检使"等[①],多兼成都府(益州)钤辖。翟守素和郭延浚在太祖、太宗时分别担任过剑南十州都巡检使和成都十州都巡检使。常延信和卢斌又分别在太祖和太宗时任梓(治今四川三台县)、遂(治今四川遂宁市)等十二州都巡检使。在西北地区的宋夏交界处,宋太宗时,田钦祚任银州(治今陕西横山县东)、夏州(治今陕西靖边县北)、绥州(治今陕西绥德县)、宥州(治今内蒙古南缘与陕北交界处)都巡检使。东南地区,曹克明曾任温州、台州等七州都巡检使,魏震为庐州(治今安徽合肥市)、寿州(治今安徽凤台县)等八州巡检,周莹曾任杭州、睦州等五州都巡检

[①]《宋史》卷278《马全义传附马知节》,第9451页;《王安石文集》卷87《检校太尉赠侍中正惠马公神道碑》,第1510页;《宋史》卷280《张思钧》,第9508页;(宋)王禹偁:《王黄州小畜集》卷29《故商州团练使翟公墓志铭并序》,中华再造善本,北京图书馆出版社2004年影印本,第2页等。

使兼杭州都监。有管辖一至数县的巡检。如成州（治今甘肃成县）天水县巡检，郢州（治今湖北钟祥市）长寿、京山两县巡检，衡州（治今湖南衡阳市）衡阳、安仁、茶陵三县巡检，韶州（治今广东韶关市）曲江、乐昌、乳源三县巡检。福州有两县、三县巡检，也有五县、六县巡检。皇祐元年（1049）七月，宋政府设置了管辖范围跨滑州（治今河南滑县）韦城县、开封长垣县和东明县、曹州（治今山东曹县西北）冤句县、南华县三州五县的管界巡检1员。

有些巡检的管辖区域很小。在边境上的城、寨、堡中，宋朝多设巡检与寨主、知城等，共同主持本城、堡、寨的军政。如绍圣四年（1097）四月，鄜延路建置石门城和好水寨，石门城置官8员，其中巡检4员；好水寨设官7员，其中巡检3员。有的城、寨、堡则只设巡检带兵防护。

内地商品经济发达地区的镇、市、场、务及交通险要之处也多设巡检。如楚州（治今江苏淮安市）盐城县（治今江苏盐城市）有岗门市水陆巡检，福州怀安县有鸡菜镇巡检，庆元府（治今浙江宁波市）的岱山、大嵩等沿海盐场也都设有专职巡检。

宋代还在沿江、沿淮、沿河、沿海等水路交通沿线设有不受行政区划影响的跨政区巡检，如长江上游的嘉（治今四川乐山市）、眉（治今四川眉山市）、戎（治今四川宜宾市）、泸（治今四川泸州市）等州水陆都巡检使，长江中游的池州至岳州（治今湖南岳阳市）江路巡检等，均是"从道路便宜，不限境土"[①]。

其次，宋代巡检的设置区域差别很大，因地而异，因事命官，职能范围相差悬殊，极不统一。

河北沿边地区是北宋与辽交界之处，宋太宗时，在"瀛（治今河北河间市）、莫（治今河北任丘市）、雄（治今河北雄县）、霸州，乾宁（治今河北青县）、顺安（治今河北安新县）、保定军（治今河北

[①] 《宋会要·职官》48之122，第4388页。

文安县新镇），置忠顺，凡三千人，分番巡徼，隶沿边战棹巡检司"①。沿边战棹巡检司的管辖范围自淘河至泥姑海口，屈曲九百余里，"太宗置砦二十六，铺百二十五，廷臣十一人，戍卒三千余，部舟百艘，往来巡警，以屏奸诈"②。当时，宋辽交界地带沿界河设置有界河巡检，宋英宗时有界河巡检3员，"以一员屯独流寨，一员屯信安军，一员居霸州治本司事，仍一月一出巡，每季番休相代"③。郭绪曾任沧州总管兼雄、霸州沿界河至海口及沧州界沿海都巡检使。当地还有"船鱼巡检"④"刀鱼巡检"⑤。真宗景德三年（1006），因"边民多赍禁物及盗贩北界马"，遂置长城口巡检2员，"一沿西山，一东抵顺安军，各给兵百人，分道巡逻"⑥，以防止宋辽双方人员偷渡往来。

西北地区是北宋与西夏交界之地，除鄜延路巡检、麟府路缘边都巡检使外，延州（元祐四年改称延安府）、庆州（治今甘肃庆阳市）、镇戎军（治今宁夏固原市）等沿边重要州军的知州都兼任巡检，沿边寨堡各地大都设都同巡检或巡检，带兵守御。此外，西北地区还设置过弓箭手巡检，招募边民为弓箭手，"设堡戍、列部伍"，"置巡检以统之"⑦。仁宗皇祐元年（1049）二月，曾选派4位使臣充原州（治今宁夏镇原县）等处弓箭手巡检。至和二年（1055）八月，又"置宁化军（治今山西宁武县西南）东阳、西阳川至天池东西巡检使臣一员，专管勾弓箭手公事"⑧。鄜（治今陕西富县）、延、环（治今

---

① 《宋史》卷190《兵四》，第4710页。
② 《宋史》卷273《何承矩传》，第9329页。按《长编》卷44，咸平二年五月，第946页，为28砦。
③ 《宋会要·职官》48之129，第4392—4393页。
④ （宋）张耒撰，李逸安等点校：《张耒集》卷59《刘承制墓志铭》，中华书局1990年标点本，第880页。
⑤ 《长编》卷236，熙宁五年闰七月庚申，第5739页；《长编》卷490，绍圣四年八月癸未，第11617页。
⑥ 《宋会要·兵》27之13，第9188页。
⑦ 《长编》卷60，景德二年五月癸丑，第1338页；《文献通考》卷156《兵考八》，第4656页。
⑧ 《宋会要·职官》48之128，第4392页。

甘肃环县）、庆、泾（治今甘肃泾川县）及河东路的一些州县等，都设有巡检统领弓箭手。

西南地区，宋朝西部、西南部与诸多少数民族政权或地方武装势力接界，这些地区所设的巡检多称沿边溪洞巡检、蕃汉都巡检、羁縻州巡检以及夷界巡检、蕃界巡检等，管理与少数民族交往事宜并严防其与宋发生边境冲突。例如邕州（治今广西南宁市），"左右两江，并是归明羁縻州洞居止，外通交趾诸蕃，自来于溪洞内置五寨镇弹压洞民，每寨有都同巡检"①等。

周边少数民族首领投奔或者愿意归附者，宋朝多授他们以官职，其中就有蕃官巡检或称本族巡检等，让他们继续统驭所部蕃民。如真宗大中祥符七年（1014），渭州（治今甘肃陇西东南）蕃族首领唃厮啰率帐下归宋，被授以"殿直、充巡检使"②。神宗熙宁七年（1074），靠近泸州的乌蛮被宋军击败，其首领晏子和斧望个恕愿归附宋朝，宋政府遂任命"个恕之子乞弟、晏子之子沙取禄路，并为把截将、西南夷部巡检"③，并在当地设淯井监（治今四川长宁县南双河镇）管理盐业生产等。

宋朝沿袭五代在京城设置巡检的惯例，并使之更加规范化。开宝三年（970），宋太祖征讨河东北汉政权，留李进卿为在京都巡检，张令铎为在京旧城内巡检，楚昭辅为京城巡检。太平兴国五年（980），太宗前往大名视察，命高琼与朱守节分任京城内巡检。以上均属皇帝离开京城时的临时委派。北宋开封常设的巡检有京城外四面巡检、京城左右厢巡检、旧城里巡检、新城里巡检、厢界及每厢巡检等，负责京城日常的烟火治安之事。真宗大中祥符二年六月规定，在京民户失火，"仰探火军人走报巡检，画时赴救。都巡检未到，即本厢巡检先救。如去巡检地分遥远，左右军巡使或本地分厢界巡检、员

---

① 《宋会要·方域》19之25，第9664页。
② 《宋会要·蕃夷》6之1，第9907页。
③ 《宋史》卷496《泸州蛮》，第14246页。

僚、指挥使先到，即指挥兵士、水行人等，与本主同共救泼"①。可见，京城的消防火警由京城巡检负责。正因为如此，熙宁七年十一月三司发生火灾，旧城里左厢巡检孙吉、右厢巡检张忠、新城里左厢巡检顾兴、右厢巡检石嵒等人，因救火不力，分别受到降官罚款的处分。南宋时，临安也仿照开封设置城外四厢都巡检使、城东西都巡检使、新城里六巡检等。

北宋时，皇帝每次出京，除留巡检警卫京师外，为了自身安全，还选派御营、驾前、行宫等巡检，随行护驾，担任武装警备。如太祖征太原，命慕容德丰为御营南面巡检，王审琦为御营四面都巡检，符昭愿为御营四面巡检使。咸平初，真宗到宋辽战争前线，呼延赞为行宫内外都巡检，卫绍钦为车驾前后行宫四面都巡检。每三年一次举行南郊大礼，涉及人员较多，也设置御营巡检使。哲宗元符元年（1098）规定，御营四面巡检所带士兵从上四军中选拔，应差人数为："御营巡检下，每员各步军二百四人""马军一百二十人"，"青城至郊坛巡检下，每员各步军一百二人""马军五十一人"②。南宋举行南郊大礼时，依旧设"行宫都巡检使，部领甲军，往来巡逻"③。

水运是古代物资流通的重要手段，北宋建都开封，部分粮食及生活用品依靠运河漕运从东南地区供应开封，并通过汴河、黄河、渭河等运向西北，为保护漕纲顺利通过，宋政府沿运河、蔡河等设置有诸河催纲巡检、自京城开封至楚州夹河巡检，等等。纲船所过之处，催纲司巡检等官员，必须"躬亲前来巡防，照管出界，递相交割"④，即全程护送纲船顺利通过本辖区，在纲船的行程文书上签字，与排岸司等官员一起，防犯纲船货物散失或被盗卖。哲宗元祐六年（1091）

---

① 《宋会要·兵》3之1，第8657页。
② 《长编》卷498，元符元年五月丁丑，第11864页。
③ （宋）吴自牧撰，黄纯艳整理：《梦粱录》卷5《郊祀年驾宿青城端诚殿行郊祀礼》，大象出版社2019年标点本，第254页；（宋）孟元老撰，伊永文整理：《东京梦华录》卷10《驾诣青读诚斋宫》，大象出版社2019年点校本，第74页。
④ 《宋会要·职官》42之8，第4074页。

规定：“江、湖、浙、淮六路沿流州县巡检催纲，据本司官如一任内捕到博易巢粮纲斛斗公事，将透露不觉察折除外，获徒罪三次以上，或杖罪六次以上，即发运司保明申奏，与减一年磨勘”，若有透露而失察，则展年磨勘。①

此外，宋代还设巡检负责地方州县缉私，此类巡检或称巡捉私盐茶矾，以保证国家专卖税收为职责。特别是在南方商品经济发达的地区，宋政府也多设巡检负责市镇治安消防或往来缉捕走私盐茶之人。南宋时，宋金交界处的安丰军花靥镇榷场，"全藉巡检机察私渡"，其巡检即"兼烟火公事、酒税河渡"②。

与前代相比，宋代设置最多的是维持内地地方治安的巡检，此类巡检地位高者统领一州、一路，官阶低、辖区小者分管部分县或者县的某些部分，与县尉等地方官吏共同维护基层社会统治秩序。苏辙称："今国家设捕盗之吏，有巡检、有县尉。"③ 这类巡检在宋初很少，宋仁宗朝开始增多，神宗以后各地逐渐增加，几乎无县不设，且有的县还不止一员。如常熟县即有许浦、福山、白茆3名巡检。南宋孝宗时，令"江南诸司相度于险隘处置巡检寨，招土军一百二十人，置巡检一员，仍令州县置寨屋，以居土军，而防盗贼"④。因巡检下土军多以寨为单位驻扎，所以又称寨兵，《宋史》或作砦兵。

《宋史》卷192《建炎后砦兵》载，当时江南东西路、荆湖南路、福建路、广南西路共设有196个巡检寨，这还不是当时巡检寨的准确统计，如赣州的赣县磨刀巡检，兴国衣锦巡检，南安军都巡检，安远、信丰、龙南三县巡检，宁都、石城、雩都三县巡检、宁都青唐巡检，宁都巡检，会昌县湖乡巡检，会昌、瑞金两县巡检、瑞金苟脚巡

---

① 《长编》卷464，元祐六年八月辛亥，第11089—11090页。参见《宋会要·食货》46之7，第7035页；《宋会要·食货》48之20，第7090页；《宋会要·职官》42之13，第4077页。
② 《宋会要·职官》48之133，第4395页。
③ 《苏辙集》卷35《制置三司条例司论事状》，第609页。
④ 《宋会要·方域》19之30，第9667页。

检等缺载①。绍兴府的 13 个巡检寨、湖州的 5 个巡检寨、镇江府的 4 个巡检寨，均未载录其中。另外，福州当地的巡检寨，至孝宗淳熙年间已增为 12 个，而在《宋史·建炎后砦兵》中仅列了 4 个。可见，《宋史》所记并不完整。当时巡检寨几乎遍及各州县，乃至各乡镇。据南宋所修的几种地方志载，大多数州军巡检设置在 10 个以上，达到了"剧县巡检至四五人，小县亦一二人"②的程度。

作为差遣的巡检，其称谓因官员各自官阶的高下而不同。"以阁门祗候以上至诸司使、将军或内侍充"者，称都巡检使或同都巡检使，"若供奉官以下为之者，即不云使"，而称都同巡检，或称巡检使、同巡检使，"三班为之者，亦不云使"③，只称巡检、同巡检。有称管界巡检者，概取通管两县或两州以上交界之意，与此相对，只管一州一县或某处者多称地分巡检。如熙宁六年（1073），环州（治今甘肃环县）通远县县尉阙改为主簿，"其州界盗贼，责管界都同巡检；镇寨等处盗贼，责管地分巡检"④。负责州府城内治安的巡检，则称"在城巡检"⑤，多以都监、监押兼充，以区别于驻在城邑之外往来巡守的巡检。

三　宋代巡检设置的演变及其主要职能

虽然宋代巡检名称繁杂，但就其发展演变的脉络来看，乃以率兵戍边和负责地方治安这两大类巡检为主，兹将这两类巡检演变的过程略述如下。

（一）率兵戍边的巡检

此类巡检受五代影响较大，北宋前期居多，后期渐少，呈现出数

---

① 《宋会要·兵》3 之 33，第 8674 页。
② （宋）赵与时著，齐治平点校：《宾退录》卷 3，中华书局 2021 年标点本，第 50 页。
③ 《宋会要·职官》48 之 129，第 4393 页。
④ 《长编》卷 243，熙宁六年三月壬戌，第 5921 页。
⑤ 《宋会要·职官》49 之 1，第 4403 页。

量渐减、地位渐降的趋势。

鉴于五代藩镇拥兵自重、割据称雄的历史教训，建隆二年（961），宋太祖以杯酒释兵权的手段，解除了石守信等几位重要将帅的军权。此时，北宋统一大业正在进行，新兴的、权微位贱的巡检使臣在统一战争中起了重要作用。例如灭南唐时，池州至岳州江路巡检、战棹都部署王明首先派兵渡江攻占武昌，有力配合了曹彬进攻金陵的战役。在北部和西北地区，宋太祖任命一些地位不高的武官，长期担任巡检等职，驻守沿边地区，如：

> 付郭进以邢州（治今河北邢台市），李谦溥以隰州（治今山西隰县），俾制太原。何继筠以沧、景（治今河北东光县），贺惟忠以易州（治今河北易县），李汉超以关南（坐镇齐州，先后任关南都监、关南巡检），俾控北敌。授姚内斌以庆州（治今甘肃庆阳市），董遵诲以通远军（治今甘肃陇西县），王彦升以原州（治今甘肃镇原县），俾御西寇。

宋政府往往给他们授以"沿边巡检"① 之职。

太宗、真宗、仁宗时期，巡检在边境战争或戍边中，为保卫宋朝国土立下了汗马功劳。太平兴国三年（978），秦州（治今甘肃天水市）诸少数部族"寇八狼砦，巡检刘崇让击败之，枭其帅王泥猪首以徇"②。银（治今陕西米脂县、佳县一带）、夏（治今陕西靖边县北）等七州都巡检使曹光实追杀李继迁，曾"掩袭至地斤泽，俘斩甚众，破其族帐，获继迁母妻及牛羊万计"③。景德元年（1004）年底，真宗特下诏废罢石（治今山西吕梁市）、隰州部署，置石、隰州缘边都巡检使。仁宗宝元二年（1039），西夏入侵鄜延路保安军（治

---

① （宋）曾巩撰，王瑞来校证：《隆平集校证》卷16《武臣·郭进》，中华书局2012年标点本，第490页。
② 《宋史》卷492《吐蕃》，第14153页。
③ 《宋史》卷272《曹光实传》，第9315页。

今陕西志丹县），权东路都巡检张建侯、东路巡检孟方、保安军北路巡检赵瑜、都巡检司指使狄青、蕃官巡检米知顺等，都在守御之战中立功受奖。

宋神宗以后，此类巡检的数量减少，地位有所下降。特别是西北地区，统辖几州以上的巡检已不多见，所剩者多以州军或堡、寨为单位，如柔远寨北路都巡检、荔原堡东路都巡检、德顺军（先治今甘肃隆德县，元祐八年移治静宁县）第 17 堡巡检等。

北宋后期，仍有辖两州以上的巡检，如邕、宾州（治今广西宾阳县北）同巡检，柳（治今广西柳州市）、象（治今广西象州县）、宾州同巡检，容（治今广西容县）、白州（治今广西博白县）都巡检等。直至北宋末期，巡检仍然负有守边御敌之责。徽宗政和五年（1115），西南地区的夷人两次进犯梅岭堡，均被巡检秦望等人击退。宣和七年（1125），金兵围攻代州（今山西代县）崞县，代州"西路都巡检李翼屯崞县"，"帅众坚守"，拒战不屈，"与将吏皆遇害"①。

南宋时，此类巡检大为减少，仅知建炎三年（1129），金军骑兵至瓜州，宋政府以都巡检使刘光世为殿前都指挥充行在五军制置使，驻防镇江府。四年，蕲（治今湖北蕲春县）、黄（治今湖北黄冈市）都巡检使韩世清屯池州，拥兵万余。理宗时，王霆先后知辰州（治今湖南沅陵县）和光州（治今河南潢川县），均带沿边都巡检使之职，防卫边境。南宋时带兵御边的帅臣体制已发生重大变化，此类巡检的数量已寥若晨星，近乎绝迹。

这一巨大变化的出现不是偶然的，它经历了一个长期演变的过程，并具有深刻的历史原因。

其一是，宋政府的对内对外防守策略发生了变化。澶渊之盟后，宋辽边境比较安定，战事相对减少。但从仁宗朝开始，国内阶级矛盾日益尖锐，农民起义此起彼伏，威胁着宋王朝的统治基础，宋政府便

---

① 《续资治通鉴长编拾补》卷50，宣和七年十二月丙午，第1558页；（宋）陈均编，许沛藻等点校：《皇朝编年纲目备要》卷29，宣和七年十二月，第762页。

增设在内地的地方治安巡检，加强内地的镇压力量。河北地区的部分巡检首先转变职能，仁宗庆历七年（1047）八月，"以保州（治今河北保定市）缘边巡检司隶定州路，雄、霸等州界河〔巡检〕司隶高阳关路，其两司守捍之计委逐路主将处置，仍分屯兵马，控御贼盗"①。嘉祐五年（1060），又罢沧州路岚石都巡检司，减高阳关路、广信等军都巡检司，与此同时，维护内地治安的基层巡检大量增设。

其二是，将兵法的推行和随后产生的新型统兵官取代了将领型巡检御边的职责。宋仁宗时，宋夏战端再起，为改变宋初以来将不识兵、兵不识将的积弊，宋政府首先在西北地区实行将兵法。"自庆历初，陕西四路之兵，逐路始分数将，每将马步不下三二千人，各自训练，务要精熟，兼得兵将相谙，使唤之际，尽知人人所能，则鲜败事。"②范仲淹"首分鄜延路兵以为六将，将各三千余人，选路分都监及驻泊都监等六人，各监教一将兵马。又选使臣、指挥使十二人，分隶六将，专掌教阅"③。神宗时，进一步推广将兵法。哲宗时，为防止将官权力过分膨胀，又开始任用统领、统制等临时差遣。绍圣四年（1097）宋夏交兵，吕惠卿"差路分都监刘安统制兵马出塞，修复浮图寨"④。徽宗"宣和间，西南用兵，大将或三四人，不相统一，故即其中拔一人为都统制以总之。兵罢则如故"。南宋以后，此类统制、统领等成为地方统兵官体系的重要组成部分。⑤ 这些新型统兵官制度形成以后，沿边地区的将领型巡检设置单位，逐渐降至州以下的镇、堡、寨巡检为主，到南宋随着北部、西北部国土的沦陷，将领型巡检几乎销声匿迹。

其三是，从宋太祖时起，此类巡检就由官位高不过防御使、刺史

---

① 《长编》卷161，庆历七年八月丁卯，第3885页。
② （宋）文彦博著，申利校注：《文彦博集校注》卷17《乞令边帅练兵约束诸将》，第624—625页。
③ （宋）徐度撰，朱凯、姜汉椿整理：《却扫编》卷上，大象出版社2019年标点本，第238页。
④ 《宋会要·兵》8之33，第8774页。
⑤ 《朝野杂记·甲集》卷11《诸军都统制》，第185页。

者充任,以防止形成尾大不掉之势。到南宋时,半壁河山沦陷,剩下淮河以南的疆域靠将帅们苦力支撑,巡检的卑名难以令人满意,代之而起的是统制、统领、镇抚使等。

(二) 负责内地治安的巡检

虽然这类巡检的辖区也是由大变小,但其数量逐渐增加,在维持地方统治秩序方面的作用越来越大。

北宋前期,受五代影响,各路藩府要郡的长官、一些驻泊兵马钤辖、驻泊兵马都监或者提举捉贼等,多带提举一路诸州军兵甲巡检公事,大约在宋真宗大中祥符年间,兖州、青州、徐州等近三十个州的知州、知府受命兼任了兵甲巡检公事,有十多个州的驻泊钤辖等也兼任了诸州提举兵甲巡检公事,每个地方管辖的范围和称呼不尽相同,如《职官分纪》载:

> 知兖州提举郓、濮等五州军兵甲巡检公事;
>
> 知青州提举青、潍等八州军兵马衣甲巡检公事;
>
> 知徐州兼提举徐、宿等七州军兵甲巡检公事;
>
> 京东诸州军都提举都巡检使,郓、博等六州都大巡河兼提举捉贼;
>
> 徐州驻泊都监兼提举徐州等七州军兵甲巡检公事;
>
> 知单州提举曹、单、徐、兖州,应天府,淮阳、广济军,利国、莱芜监巡检捉贼;
>
> 知定州同管勾真定府州等路驻泊;
>
> 知博州,滨、棣、德、博等州缘河两岸水陆巡检使兼提举郓、齐、淄、濮、济等七州巡检捉贼公事;
>
> 知永兴府兼提举乾、耀、商、华、坊、丹等州军巡检兵甲事;
>
> 知凤翔府兼管勾凤翔、陇州一路巡检驻泊军马公事;
>
> 知陕府,提辖陕府,河中府,虢、解、绛州巡检兵甲公事;

知秦州兼秦、陇、凤、阶、成路驻泊马步军副都总管，提举本州管界，兼诸寨巡检公事；

陕府兵马钤辖兼提举陕府，河中府，虢、解、绛州巡检兵甲盗贼；

华州、陕府、西京路，陕府、河中府，同、华、虢、解、丹等州提举巡检捉贼，其廨宇在华州。

西京、陕府驻泊捉贼兼提举缘黄河两岸至绛州界六寨公事；

知并州兼同管勾并、代州军马，提举巡检事；

知潞州，提举泽、潞、晋、绛、慈、隰州，威胜军一路屯驻、驻泊、就粮本城兵马巡检公事；

潞州驻泊兵马钤辖兼提举泽、潞、晋、绛、慈、隰州，北威胜军一路屯驻、驻泊、就粮本城兵马公事；

知扬州，提举扬、楚、泗、通、泰、海、真州，高邮、涟水军兵马衣甲巡检公事；

知庐州兼提举庐、寿、蕲、黄、光、舒、濠州，无为军兵甲器械事；

江淮两浙都大提举捉贼两员，一在润州，一在洪州；

知杭州提举杭、苏一路兵甲巡检公事；

知越州兼提举温、台、明、越、衢、婺、处等州一路兵甲巡检事；

知洪州兼提举江南西路一十州军巡检兵甲事；

知荆南，荆湖北路兵马都钤辖管勾夔、施州一路巡检兵马公事；

知潭州管勾潭州并全、邵等州一路巡检公事；

知辰州提举辰州新兴等四寨兵甲；

知福州兼提举福、建、剑、汀州，邵武军一路兵甲巡检公事；

知泉州兼提举泉、漳州，兴化军都同巡检公事；

福州驻泊兵马都监兼提举福、汀、建、剑州，邵武军一路巡检兵甲公事；

  知益州充本城兵马钤辖，提举益州路诸州军兵马巡检公事；

  益州路屯驻、驻泊本城兵马钤辖，同提举益州路诸州军巡检公事，二员；

  知利州提举兵甲巡检公事；

  知文州同提举利州路巡检公事；

  知夔州兼梓、夔州路兵马都监，提举两路州军巡检兵甲公事；

  知容州提举容琼路诸州兵马都同巡检公事；

  〔知〕邕州提举邕贵、钦廉两路巡检，充管界缘边溪洞都巡检使兼驻泊事。

  诸州军及缘边又有管勾一州或一路、二路兵甲巡检者。①

  上述记载说明，作用帅司路长官的各州知州，大部分在北宋前期都兼任了提举本路多州军兵甲巡检公事之职，体现了知州负责地方军政、治安的职责。与此同时，各路、州、县也都设置了巡检或都巡检、同巡检，带兵平定反叛，维护地方稳定。如大中祥符五年（1012），"诏三班院择使臣为诸州都、同巡检"②。嘉祐三年（1058），"诸路每一州军巡检，有至三五员者，又三两州至八九州有都、同巡检或驻泊捉贼……"③

---

① 《职官分纪》卷35《提举兵甲巡检公事》，第665—666页。目前在宋代其他文献中尚未见到如此系统的记载。之所以说这一记载应该是大中祥符年间，是因为：其一，其中所用地名并州、益州，在仁宗嘉祐四年分别改回了太原府和成都府，所以这不应该是嘉祐四年之后的事情；其二，真宗大中祥符三年张咏再任知昇州，第二年他就兼任了江南东路安抚、提举兵甲巡检公事，或许与此事有关；其三，天禧五年（1021），杭州知州也有兼任"提举杭、苏路兵甲巡检公事"者（见《金石萃编》卷130《杭州放生池碑》，该碑落款时间是天禧五年三月二十七日，该年三月二十三日宋仁宗已经即位，未改元）；其四，仁宗朝天圣九年（1031），庐州知州也兼任"提举庐、寿八州军兵甲巡检公事"（见《永乐大典》卷7507引《合肥新志》所录李从《天圣梁县新建常平仓记》）。综合来看，这项制度最晚可追溯到宋真宗大中祥符年间。在此之后，地方巡检的军事职能逐步向维护内部稳定的职能过渡。

② 《宋会要·职官》48之130，第4393页。

③ 《宋会要·职官》48之128，第4392页。

这种跨州跨路设置的巡检多称巡检使、都巡检使等，其担任者往往官阶较高，地位也较高。北宋灭南汉后，"群盗未息，以（曹）光实为岭南诸州都巡检使。既至，捕逐群盗，海隅以宁"①。太宗末期，四川爆发了王小波、李顺领导的农民起义，巡检成了朝廷实施镇压的主力军之一。巡检使胡正违"率兵破贼五千人，克巴州（治今四川巴中市）"。峡路都大巡检白继赟"统精卒数千人，晨夜兼行，助讨遗寇"，入夔州（治今重庆奉节县古城，已被三峡库区淹没）后，即"与巡检使解守颙腹背夹击之"，二万多反叛者最终遭到镇压。②

宋仁宗以前，州县维持治安的基层巡检数量还不多。如建隆三年（962），太祖下令，凡县尉不能捕捉盗贼之处，应"画时报邻近巡检使臣及州府同共捕捉"③。仁宗时，各地农民起义和士兵反叛风起云涌，为加强镇压力量，宋政府开始在州县中增设更多官阶较低的基层巡检。庆历三年（1043），"置开封府诸县巡检各一员，又分东、西二路置提举捉贼各一员"④。仁宗朝以后，各县设置的巡检逐渐增加，这类基层巡检开始与县尉相提并论，其官阶和待遇等与县尉相当，"国家设巡检、县尉，所以佐郡邑制奸盗也"⑤。

神宗时，此类巡检的设置与功能进一步发生变化。在北方，作为熙丰新政之一的保甲法推行期间，"悉罢三路巡检下兵士及诸县弓手，皆易以保甲，令主簿兼县尉，但主草市以里，其乡村盗贼悉委巡检，而巡检掌巡按、保甲教阅"⑥。县尉和巡检始分城乡而治。元丰四年（1081）规定，开封府"诸县尉惟主捕县城及草市内贼盗，乡村地分并责巡检管勾，其余职事皆仍旧"⑦。虽然次年根据河北沿边地区武

---

① 《宋史》卷272《曹光实传》，第9315页。
② 《长编》卷36，淳化五年五月甲寅，第784页；同年五月庚午，第789页。
③ 《宋会要·兵》11之2，第8817页。
④ 《宋会要·兵》11之19，第8827页。
⑤ 《宋会要·职官》57之36，第4577页；《长编》卷147，庆历四年三月壬申，第3556页。
⑥ 《司马光集》卷46《乞罢保甲状》，第994页。
⑦ 《长编》卷311，元丰四年正月丁酉，第7536页。

臣任县尉的具体情况，许其县尉仍通管城乡治安，但巡检维持乡村治安的基本方向延至南宋未变。"弓手（按指县尉武装）为县之巡徼，土兵（按指巡检武装）为乡之控扼"①，巡检"止在城外巡警乡村盗窃，及承受追会事件而已"②。

由于巡检负责乡村治安，所以，此类巡检的官廨并不设置在城市，多数位于远离政治中心的乡间偏僻之地，或仅仅处于兵寨中。比如，大中祥符二年（1009），在转运使的建议下，广州都巡检使廨舍被迁到了"州东南之海澳"③。后来广州还设置有海上巡检以防御海盗或海上走私。南方地区，在增设巡检寨的同时，巡检治所多移置到乡间市镇或山区地形险要、盗贼较易出没的地方。如元丰二年（1079），福州永泰县辜岭都巡检司"移于闽县地名方山渡北岸置，以〔土兵〕二百人为额，给与舟船，往来巡警两州军地分"，同时"移南台巡检一员于辜岭，以七十人为额，管认福州永泰县、兴化军兴化县地分巡警"，这些地方都是交通极为不便之处。又如长溪等6县巡检治所设在距长溪县75里的烽火澳④，充分体现了巡检巡治乡村的职能特点。

此类巡检和县尉共同负责基层治安，常被合称为"巡尉"，土兵和弓手则合称"弓兵"⑤。但是，巡检全部由武臣担任，故宋政府明确规定，巡检"不得与州县事"⑥。县尉则不然，除在统治者划定的所谓"重法"地分和沿边州军"或以武臣为县尉"⑦外，一般由文臣充任，且一县之内无县令者县尉或兼县令，无主簿者或兼主簿，没有

---

① 《叶适集·水心别集》卷12《厢禁军弓手土兵》，第785页。
② 《宋会要·方域》19之41，第9672页。
③ 《宋会要·职官》48之123，第4389页。
④ 《淳熙三山志》卷19《辜岭巡检》《烽火巡检》，宋元方志丛刊影印本第8册，第7940页。
⑤ 《宋会要·职官》48之71，第4361页；《刘克庄集笺校》卷79《乞免循梅惠三州卖盐申省状》，第3530页。
⑥ （宋）李埴撰，燕永成校正：《皇宋十朝纲要校正》卷1，乾德三年十二月己亥，中华书局2013年标点本，第21页。
⑦ 《文献通考》卷167《刑考六》，第5000页。

巡检的职任专一。所以，维护地方治安方面，县尉只能捕捉"小可盗贼"，"大段寇劫，即令驻泊使臣与巡检捕捉"①，特别是在远离政治中心、交通条件险恶之处，多靠巡检带兵把守。如明州（治今浙江宁波）鲒埼镇，濒临大海，"商舶往来，聚而成市"，离县五六十里，"南隔山岭，濒海习俗素悍，富者开团出船，藏纳亡赖，强招客贩，贫者夺攘斗殴，雄霸一方，动致杀伤"，实属难治。尚书省请差文官1员充县尉前去治理，了解实情的沿海制置司认为，只差县尉不足以弹压，于是差文、武各1员，文官"兼管鲒埼烟火公事，武官带兼充鲒埼巡检"。嘉定七年（1214），又在镇上增置1个巡检寨，差巡检参与巡警镇压。②

南宋时，在山高水深、交通不便的个别地区，出现了巡检和县尉分区而治的情况。如婺州东阳县共有14个乡，设县尉2员，其县"分为二扇，两尉共管九乡，巡检管五乡"③。庆元府定海县，"从旧系海内、白峰、管界三〔巡检〕寨，并尉司共四处，分认乡界，巡捕盗贼，搜检铜钱禁物，及承受府县送下词诉"。嘉定七年，海内巡检已迁驻乌崎头，"除管界一寨外，所有白峰、尉司却令与海内新迁乌崎寨重分界至"。昌国县（治今浙江舟山市）有管岱山、三姑、烈港、岑江4个巡检寨，"并尉司共五处"，因交通所限，也是"分管海乡事务，及承受府县送下词诉等"。④

四 宋代巡检统辖的武装力量

宋代巡检指挥的武装力量包括禁军、土军、乡兵、蕃兵等各军兵种，但不同地区、不同时期差异较大。

---

① 《宋会要·职官》49之2，第4405页。
② 《宝庆四明志》卷14《奉化志·官僚》，宋元方志丛刊影印本第5册，第5180页。
③ 《宋会要·职官》48之82，第4366页。
④ 《宋会要·方域》19之40，第9672页。参阅陈振《关于宋代的县尉与尉司》，《中州学刊》1987年第6期。

北宋前期，作为率臣御寇守边、攻城掠地的巡检使、都同巡检使等所部士兵主要是禁军。如河北的"保州，广信、安肃军，自五代以来，别领兵万人，号缘边都巡检司，亦曰天策先锋"①。庆历二年（1042）八月，宋政府把河东路本城兵系教阅者升为禁军，组成17指挥，其中有6指挥隶缘边巡检司。缘边巡检司所辖也有厢军，"诸州厢兵，惟保州教战射，隶巡检司"②。这些厢军在庆历初也升为禁军。京城、行宫相关的巡检使所统士兵多是禁军。大中祥符七年（1014），京城四面巡检"各差禁军马军五十人，步军八人"③。九年，因西南"蛮人屡入寇"，宋政府设置宜（治广西河池市）、融（治今广西融水苗族自治县）、桂（治今广西桂林市）、柳等10州都巡检使、同巡检，共同管勾边境溪峒族群事务，所率之兵是潭州（治今湖南长沙市）驻泊的虎翼兵共300人。④ 在西北边境地区，"镇寨及巡检下各有禁军，或军主、都虞候在彼驻泊"⑤。

南宋时，沿边巡检仍统领少量禁军。如，光宗绍熙三年（1192），黔州（治今重庆市彭水苗族土家族自治县）巡检司所管兵力除10名土军、30名义军外，尚有10名禁军，"建置隘铺，捍御夷汉"⑥。

内地负责治安的巡检军兵，初期是参用禁军和厢军，北宋后期逐渐转变为以土军为主。由于禁军实行轮戍制，各地常驻的是厢军，而宋代厢军仅能供役使，无甚战斗力。在宋仁宗时，巡检带领厢军捉捕盗贼，远不如县尉带领的乡弓手更有战斗力，范仲淹曾称：

诸道巡检所统之卒，皆本城役徒，殊非武士，使之禁暴，十

---

① 《长编》卷151，庆历四年八月甲午，第3676页；(宋)李攸撰：《宋朝事实》卷16《兵刑》，第246页。
② 《宋史》卷187《兵一》，第4593页。
③ 《宋会要·职官》48之124，第4389页。
④ 《宋会要·职官》48之125，第4390页。
⑤ 《宋会要·职官》49之3，第4405页。
⑥ 《宋会要·兵》29之45，第9260页。

不当一。①

欧阳修也指出：

> 自来所差巡检兵士，多不能捕贼，反与州县为患。②

因为禁军都是轮戍各地的外地人，不熟悉山川地理，不了解人情风俗，所谓：

> 国家设捕盗之吏，有巡检、有县尉，然较其所获，县尉常密，巡检常疏。非巡检则愚，县尉则智，盖弓手乡户之人，与屯驻客军异耳。③

神宗元丰三年（1080），两浙转运司和两浙东西路钤辖司上奏，称"巡、尉职皆捕盗，而所获多少不侔，盖以尉所用弓兵皆谙熟土人，巡检则用杂攒客军"④。福建路提刑司也指出：

> 诸巡检下兵级，皆杂攒诸指挥厢、禁军或屯驻客军，其间多西北人，与本地分不相谙熟。差到年岁，稍能辩认道路、山川、人物，又迫移替。至于海道，亦不惯习。使之相敌，终无必胜之理。请于逐处令招置土兵。

这一建议很快被宋政府采纳。当时，福建路8州军有巡检28员，兵级3500人，其中"二十四处，二千七百人，及添续巡检四员，三百

---

① （宋）范仲淹撰，李勇先等点校：《范仲淹全集·范文正公文集》卷9《上执政书》，中华书局2020年标点本，第185页。
② 《欧阳修全集·奏议二》《谏院进札子十首·再论王伦事宜札子》，第1513页。
③ 《苏辙集》卷35《制置三司条例司论事状》，第609页。
④ 《嘉定赤城志》卷12《诸县属官》，宋元方志丛刊影印本第7册，第7387页。

211

五十人，共三千五十人，一概招募土兵，以额定人数一半许厢、禁军中旧人投换"。

所谓"土兵"，又称"土军"，是招募的当地人。哲宗时为防止本地土军在执行巡捉盗贼的公务活动中碍于乡情，包庇容纵，规定可以参用土军和厢军、禁军。元祐二年（1087），"或言招置土兵，岁月既久，间多亲戚邻里，故相遮庇。乃以其半复差禁军"。不过，到徽宗政和年间，因禁军的流动性太大，又全部改用土军。"臣僚复言，禁军所至，往往一心惟望替期，又不谙习彼处道里，宜依元丰法，一概招土兵以代之"①。当时，福建路除4处都巡检所统军兵招用禁军外，其余旧置新添的36处巡检兵士共计3515人，其中原有1553人系已差土兵，所剩1962名禁军从此也都招土军替代。至此，福建路巡检兵大部分改用由当地人组建的土军。

与此同时，其他地方的巡检兵员招募制度也发生了相同的变化。绍圣四年（1097），"淮南东西、江南东西路巡检，并依旧法，全招置土军"②。元符三年（1100），京西路也"依元丰五年诏，巡检司全置土兵"③。这一时期，从元丰到元祐，从元祐到绍圣的这些变化，当然与当时变法和反变法的时局变动有关。宋徽宗宣和五年（1123），两浙路巡检所管军兵，百人以下全招置土兵，百人以上，一半土军，一半禁军。

禁军、土军之外，巡检兵也有用乡兵者。真宗大中祥符九年（1016）九月规定，诸道巡检兵如有老病不任事者，"宜令该路转运、提点刑狱司分行点检，悉以强壮兵卒易之"④。熙丰变法时，西南地区减罢巡检兵级和县尉弓手，代之以保甲乡丁。夔州路施（治今湖北

---

① 以上并见《淳熙三山志》卷19《甘蔗洲巡检》，宋元方志丛刊影印本第8册，第7938—7939页。
② 《宋会要·兵》1之11，第8607页。
③ 《宋会要·兵》1之11，第8607页。
④ 《宋会要·职官》48之125，第4390页。

恩施市)、黔、思（治今贵州务川县）3 州的义军、土丁总 6365 人，隶都巡检司。① 元丰年间，广西经略司团结邕（治今广西南宁市）、钦（治今广西灵山县）2 州峒丁为 175 指挥，籍武艺上等者 13607 人，神宗令增置都巡检使 2 员，提举峒丁。②

此外，缘边内属诸部落蕃官巡检所部为蕃兵。如鄜延路永平寨，东路都巡检领 8 族，有蕃兵 1754 名；西路德靖寨，同都巡检领 8 族，有兵 1114 名。安定堡，东路都巡检领 16 族，有兵 1989 名。可见，宋代巡检兵力是因时因地而异，根据实际需要而灵活配置的。

五　宋代巡检的选任制度

各地各类巡检官的地位高下有差，其选任标准和职责也各有差异，且各具时代特征。

（一）巡检选任中几类特殊的人选

作为带兵御边的帅臣类巡检和一些驾前巡检、京城内外巡检，宋仁宗以前主要从以下几类人中选任。

一为五代旧臣。宋初官僚制度在继承五代的基础上不断调整，其中五代旧臣多被留任，且北方地区的武将任期时间还较长。如前举太祖时重用的五代旧臣李进卿、司超、荆罕儒、李汉超、郭进、李谦溥、姚内斌、贺惟忠、田钦祚、常延信等，均担任过各种不同名目的巡检。西蜀孟昶降宋后，其弟仁赟被授以大同军节度、西京都巡检使。

二是名将之后。宋代武臣的来源主流是恩荫与军功。其中武臣将领的子孙恩荫时仍授武阶官。巡检是当时很普遍的武职之一，将门子弟自小习武，有较高的武技，又多随父辈征战，富有实战经验，品阶

---

① 《文献通考》卷 156《兵考八》，第 4661 页。
② 《文献通考》卷 156《兵考八》，第 4663 页。

较低，易于控制，故他们在北宋前期，多被选充巡检。如石守信之子石保兴，通过恩荫补官，在太宗朝曾历任御砦四面都巡检，银、夏、绥、府（府州，治今陕西府谷县）都巡检使，延州都巡检使兼署州事。抗辽名将杨业之子杨延昭，太平兴国中被命为江淮南部都巡检使，后徙保州缘边都巡检使，咸平六年（1003）夏，契丹南侵至北宋的望都县，杨延昭被任命为都巡检使。景德初，真宗选守边之臣，再以杨延昭知保州兼缘边都巡检使。另查阅《宋史》列传，宋初名将之后如韩重赟之子韩崇训，侯益之孙侯延广，王审钧之子王凯，李崇矩之子李继昌，李处耘之子李继隆，荆罕孺之子荆嗣等，在这一时期均担任过不同名目的帅臣类巡检。

三是皇帝的亲信和内臣。这是北宋前期君主防范武将，加强专制主义皇权的表现之一。北宋前期，受五代藩镇体制的影响，皇帝的藩邸旧臣，即皇帝即位之前的同僚或者亲信部下，有不少出任巡检者。其中，太宗藩邸获重用者最多，也有相当一部分出任巡检。如程德玄擅长医术，"太宗尹京邑，召置左右，署押衙，颇亲信用事"①，太平兴国五年（980）冬，即被任为总御营四面巡检。太宗潜邸人卢斌曾先后被任命为霸州破虏军缘边巡检，永兴军（治今陕西西安市）、华州（治今陕西渭南市）巡检和梓（治今四川三台县）、遂（治今四川遂宁市）等12州都巡检使，并曾被准许"便宜从事，不须中覆"②。其他如魏震、王能、周莹、裴济、石普、高琼、张煦、元达、尹宪等人，都是宋太宗的潜邸旧僚，均充任过各地巡检之职，且大多数在宋真宗朝继续留用。真宗潜邸人周美、夏守赟等也担任过不同名目的巡检。

所谓"内臣"主要是指服侍皇帝左右的宦官。据《宋史·宦者传》载，宦官张继能，建隆初以黄门事禁中，在太宗、真宗时期历任泾、原、仪、渭州都巡检使，灵（治今宁夏吴忠市北）、环（治今甘

---

① 《宋史》卷309《程德玄传》，第10155页。
② 《宋史》卷308《卢斌传》，第10139—10140页。

肃环县）等10州兵马都监兼巡检安抚使，川峡两路招安巡检使，利州招安巡检，陕西捕贼巡检，行宫四面巡检，京城内巡检钤辖，旧城内巡检钤辖等。其他宦官如石知颙、窦神宝、卫绍钦、王中正、甘昭吉、李神祐、邓守恩等，也先后担任不同地方的巡检、巡检使、都巡检等。

此外，外戚也有被任为巡检者。如宋太祖、太宗之祖母简穆皇后的从孙刘文质，宋太宗封泰山时任之为内殿崇班、青州（治今山东青州市）、淄州（治今山东淄博市）、潍州（治今山东潍坊市）巡检，后迁礼宾副使担任石州（治今山西离石县）、隰州缘边都巡检使。其他出任过巡检的外戚还有刘知信、刘美、柴宗庆等人。前述任命名将之后为巡检，从一个侧面也是为了表示最高统治者对这些将领的信任与笼络。

（二）普通武臣巡检的选任

一般情况下，巡检的主要来源还是广大的基层武臣，这类武臣的选用有严密的条令准则。随着宋代武臣选任制度的逐步完备，巡检的选任不断规范化、制度化，相关条例也日益复杂。

宋真宗朝以前，未见有关于巡检选任具体的制度性规定。自真宗朝以后，随着武臣官僚队伍的壮大和内地基层巡检的增设，相关的选任条例逐渐增多。咸平五年（1002），宋政府比较具体地规定了充任巡检应具备的条件：

> 自今都巡检差供奉官，或遇少供奉官时，即差历事有武勇侍禁；内地州府兵马监押、巡检、同巡检，差殿直已上；远地小处州军监押、巡检、同巡检并广南小郡知州，差奉职以上……其内地小可县镇及漳、泉、福、建、荆湖、江南、两浙远地州军，元不系屯驻禁军去处，即拣选奉职内有人材勇，或经历勾当得事，

堪任监押、巡检差遣者，品量定差。①

这里，侍禁（正九品）、殿直（正九品）、三班奉职（从九品）等，都是武臣的官阶名，是武臣官阶最低的"小使臣"，这是出任巡检者应具备的现有官阶要求。大中祥符五年（1012），又命"三班院择使臣为诸州都、同巡检"②，以限制那些荫补出身、还没有历官经验者充任。另外，武臣即使有前科之嫌，只要勇敢善战，也可以充任巡检。英宗治平元年（1064）规定：

> 自今使臣冲替及降监当者，历任曾经亲民，实有武勇，堪捕贼者，元犯情轻，许举充权巡检，理监当资序。其入亲民差遣，曾犯赃私罪，实武勇者，亦听举沿边任使。③

一般情况下，恩荫入仕、军功入仕是武臣的主要来源。宋神宗朝复行武举、武学以后，武学生员也成了巡检的来源之一。宋神宗熙宁五年（1072），宋政府复建武学，规定武学生员完成三年学业后，原是三班使臣者，授予河北、河东、陕西三路巡检、监押、寨主。原是无官人试中者，"与经略司教押军队，准备差使，三年无遗阙，与亲民巡检"④。元丰改制，三班院原来差注的基层武臣转归吏部侍郎右选差注，官阶稍高的武臣，由吏部尚书右选负责选任。哲宗元祐三年（1088）调整了元丰改制后武臣官员的选任制度，令吏部和枢密院共同负责任命沿边级别高的帅臣类巡检，如：

> 雄、霸州沿界河及海口巡检、都监……并枢密院差人。雄、霸州沿界河同巡检，归信、容城知县、县尉，河东、河外六巡

---

① 《宋会要·选举》25之1，第5721—5722页。
② 《宋会要·职官》48之130，第4393页。
③ 《宋会要·选举》28之1—2，第5787页。
④ 《宋会要·选举》17之13，第5591页。

检，忻、代州都巡检使，宁化军天池、岢岚军草城川都巡检使，沅州渠阳寨、邵州莳竹县、广西左右江都巡检，左江、右江四都同巡检，宜融溪洞都巡检，朱崖军使，吏部依格拟差，申枢密院铨量，降宣处分，在京者引验。河东、陕西、川峡、荆湖、广西极边及接连溪洞巡检城寨大小使臣，即吏部先条具差举窠名，申枢密院看详，指定要切处，别具取旨铨量。①

吏部差注的巡检需要枢密院同意，重要的岗位还需要通过枢密院的考察和上报皇帝，进行"铨量"。徽宗政和七年（1117）又规定，"沿边巡、尉武臣，并枢密院选曾历边任、有方略或战功人充"②。

南宋基本沿用神宗以来的巡检选用法。除了沿边帅臣类巡检和内地知州、都监、钤等兼任者之外，地方治安类巡检的资格较低，"在巡检则为亲民，武举初任人亦可入，止带权字"③。本来要求巡检从曾经历任过差遣的使臣中选拔，但是，南宋时，初出官的武举出身人也可以担任。孝宗淳熙五年（1178）规定，武举登科人，"不愿从军，或虽愿从军人材不应选人，并依乾道八年已前旧法：第一名补保义郎，注沿江巡检、驻泊、捉贼、押队；不入等，承节郎，沿边亲民巡检、县尉、准备差使、缉捕盗贼"④。当然，沿海沿边巡检的资格要求仍比较高，沿海巡检须"先选曾经海道捕贼立功、谙会船水人，次注武举出身人"⑤。西南沿边宾州（治今广西宾阳县北）管界巡检，须选"曾经任巡检或主兵官、已关升亲民资序、无过犯大使臣""年未六十、应边功或材武无赃罪人"⑥ 充当。而且南宋政府明确规定，

---

① 《宋会要·职官》56 之 18—19，第 4537 页；《长编》卷 419，元祐三年闰十二月丙辰，第 10154 页。
② 《宋会要·职官》48 之 67，第 4358 页。
③ 《宋会要·选举》17 之 31，第 5601 页。
④ 《宋会要·选举》18 之 4，第 5606 页。
⑤ 《宋会要·职官》48 之 133，第 4395 页。
⑥ 《吏部条法》《差注门三·兵官》，第 99 页。

"恩科、吏职、杂流非材武之人，不许注授巡、尉"①。

此外，巡检还有两个来源，"或因臣僚以武略荐，或自陈兵略得出身之人"②，即被其他官员推荐，或者自我展示自身有特殊军事才能而受赞赏者，也可以出任巡检。仁宗嘉祐八年（1063）规定，"自今陕西四路极边城寨主、都监、监押、巡检，令帅臣举官"③。神宗元丰七年（1084），德顺军（治今宁夏隆德县）弓箭手马诚，自乞任本军巡检。神宗批复吏部，"虽当用常格，缘边寨主兵官，正要得生长彼方，谙习山川迂直向背之人，乃可缓急将兵出入，不失地利。宜依所乞"，遂命之。④徽宗政和五年（1115）八月，"朝旨，应钞盐路分巡检、县尉，有地分阔远，自来私盐多处，令盐香司奏举有胆勇人"⑤充。

六　宋代巡检制度确立的背景

任何历史现象的存在，都有其复杂的原因，宋代普遍设置巡检也有其广泛的社会历史背景。

首先，任用巡检带兵御边，是宋初集中军权的表现之一。

鉴于唐末五代藩镇势权太重、尾大不掉的历史教训，北宋建国不久，就采纳宰相赵普的建议，对地方实行"稍夺其权，制其钱谷，收其精兵"⑥的策略。其中"收其精兵"包括三分兵权，集精兵于中央，禁军实行轮戍制，兵不识将，将不识兵等。所谓兵权三分，即由枢密院掌调兵之权，三衙管理诸军平时训练，战时则由皇帝临时命帅臣出征。将兵分离即所谓"边境有事，命将讨捕，则旋立总管、钤

---

① 《宋会要·职官》48之135，第4396页。
② 《长编》卷328，元丰五年七月癸卯，第7907页。
③ 《宋会要·职官》49之4，第4406页。
④ 《长编》卷343，元丰七年二月庚寅，第8248页。
⑤ 《宋会要·选举》29之8，第5810页。
⑥ 《长编》卷2，建隆二年七月戊辰，第49页。

辖、都监之名，使各将其所部以出，事已则复初"①，以防止将帅和士兵联系密切，再度形成割据势力。但是，由此形成的将不识兵、兵不识将的局面，则削弱了宋军的战斗力。为抵御辽和西夏的进攻，宋政府需要有一批熟识边事的将帅长期驻守宋辽和宋夏边境，为防止守边将领拥兵自重，从太祖时起，最高统治者就有意选用一些职位不高的将帅充任巡检，率兵守边。如：

> 郭进在邢州，李汉超在关南，何继筠在镇定，贺惟忠在易州，李谦溥在隰州，姚内斌在庆州，董遵诲在通远，王彦升在原州，但得缘边巡检之名，不授行营部署之号，率皆十余年不易其任，立边功者，厚加赏赉，其位或不过观察使。位不高则朝廷易制，久不易则边事尽知，然后授以圣谋，不令生事，来则掩杀，去则勿追。所以十七年中，北狄、西蕃不敢犯塞②。

这既起到了御边作用，又达到了集中军权的目的。

宋政府出于强干弱枝的策略考虑，精锐禁军轮番在全国各地戍守，居无定所，训练不足，还应差作他用。禁军之外，平时屯驻内地州军的多是淘汰下来的羸弱病老之卒，地方武官训练不力，其结果是：

> 州郡禁卒多以供工匠，备厮役，事艺未尝练习，教阅只为具文，则兵不足以为兵矣。有副总管，有路钤，有路分，又有州钤，有将副，下至都监、监押，皆以主兵为职，而未尝知兵。问其得官之由，或宗戚、或阁门、或国信所、或堂部吏……要于将略，鲜曾闲习。或饰文墨以自喜，或矜富贵以自娱，甚者，阘茸

---

① （宋）洪迈撰，孔凡礼整理：《容斋五笔》卷3《三衙军制》，大象出版社2019年标点本，第37页。
② 《长编》卷45，咸平二年十二月丙子，第973—974页。

废放，无所不有，则将不足以为将矣。①

所谓的"多盗之处"往往远离城邑，这样的禁军兵将显然难尽捕盗之责。因而，宋政府不得不另寻路径，在远离城邑的"多盗之处"增设巡检，置寨兵，以备弹压。如荆湖北路多山水，"地分阔远，港汉甚多，缓急盗贼窃发，卒难会合，艰于擒捕""自监利县鲁家洑入沌内至汉阳军通济口，一去水路约七百余里"，原无巡检驻扎把截，"盗贼无以畏惮"。乾道四年（1168），遂在沌内新滩处创置巡检寨一所，以"汉阳军通济口至鲁家洑沌内巡检、新滩驻扎"为名，"招置土军五十人，巡船三只，专切往来沌内巡警，捕揖盗贼"。②再如庆元府昌国县三姑巡检寨，在县西北数百里处，台州临海县的亭场巡检寨、吴都巡检寨，黄岩县松门巡检寨均置于距县城百余里的地方。可见，巡检的大量设置又是宋代地方兵制不完善的必要补充。

唐末五代方镇割据的历史教训使北宋君臣矫枉过正，认为武人位尊权重就必然会"侈然自大""跋扈骄蹇"，形成"方镇之患"③，似乎只有文臣主兵，方可保证国家长治久安，所以，重用文臣成为宋朝祖宗家法的重要内容之一。"凡州县有兵马者，其长吏未尝不兼同管辖。盖知州即一州之将，知县即一县之将"④。赵宋王朝是通过兵变，而不是借助农民起义的斗争成果建立起来的，立国初期，社会矛盾就比较尖锐，特别是仁宗朝以后，伴随着土地兼并剧烈化和农民阶级贫困化的同步进展，农民阶级与地主阶级的矛盾更趋激化，农民起义不断爆发。宋政府不得不加强地方统治力量，以镇压人民的反抗斗争。作为朝廷命官出任知州、知县者，虽身兼兵职，但各自均有安抚百姓、征调赋税、平决狱讼等重要职责，且宋代地方官员实行定期轮任

---

① 《西山先生真文忠公文集》卷9《江西奏便民五事状》，《儒藏》精华编第241册，第243页。
② 《宋会要·方域》19之28，第9665页。
③ （宋）赵汝愚编：《宋朝诸臣奏议》卷65《上徽宗论西北帅不可用武人》，第727—728页。
④ 《长编》卷355，元丰八年庚寅，第8499页。

法，任期短暂，"郡县之臣率二岁而易，甚者数月或仅暖席而去"①。有的"到任未满一年，或才三两月辄代去"②，"或未能尽识吏人之面，知职业之所主，已舍去矣"③。依靠这些文职官员显然难以取得镇压反叛的成效，所以，宋代专令县尉担当捕盗之责。但作为选人最底层官员的县尉"多是新及第少年，儒生怯懦，往往不能捉贼"④。同时，宋代商品经济发达，为增加收入，政府对茶盐等实行严苛的专卖制度，导致地方走私盛行，甚至出现武装走私，以对抗官府。

宋政府为了有效镇压各地民众的反抗及走私活动，在各地增设巡检，巡检官群体及其所统领的武装力量便成为朝廷得力的镇压工具。早在建隆三年（962），宋太祖就下诏令出现盗贼的地方，如果知县、县尉无力捕捉，须及时报邻近巡检使臣及州府共同捕捉。此后，凡是所谓"多盗"之处，多增设巡检，协助州县进行镇压。如前所述真宗时各地帅臣知州，多带提举巡检兵甲公事。仁宗皇祐元年（1049），在"自来多盗贼"的滑州韦城等五县之间置五县管界巡检一员。庆历、皇祐之际，因京东西、淮南、江浙、荆湖南北路"比年水灾，盗贼仍起"，宋仁宗即诏令上述诸路"安抚、转运、提点刑狱、钤辖司，于控扼之地，相度增置都巡检"⑤，以备镇压。在数州或数县交界的三不管地区，宋政府多设巡检往来巡警。例如，广南西路"邕、宾、横、贵数州之间，有古棘虚通诸州境，寇盗往来会集之地，向来有巡检"专一察治。江陵府石首、监利、潜江三县巡检，原驻监利县，为"通照三县地分"，后移治于三县交界的鲁家洑⑥。另外，在地形险要及远离州、县城邑之处，也多设置巡检。如福州：

---

① （宋）陈舜俞撰：《都官集》卷3《经制五》，景印文渊阁《四库全书》第1096册，第435—436页。
② （宋）张纲撰：《华阳集》卷14《乞久任札子》，《四部丛刊三编》本，第2页。
③ 《司马光集》卷23《论财利疏》，第615页。
④ 《欧阳修全集·奏议二》《谏院进札子十首·再论王伦事宜札子》，第1512页。
⑤ 《长编》卷195，嘉祐六年十月丙戌，第4727页。
⑥ 《宋会要·职官》48之132，第4394页。

> 东南薄海，联络上下数百里，囊寇橐奸，少失巡察，则相挺为盗。西北负山，穷崖绝岭，一夫执梃，莫有谁何，则亦将无所不为。是以风帆浪舶，往来冲集，要害之处，与夫去城邑为远地者，莫不置寨巡检。①

可见，巡检的普遍设置与宋代的军政制度和当时尖锐的社会矛盾有直接关系。

其次，增设巡检是宋朝边境统治政策的体现。为达到以夷制夷的目的，宋政府通过羁縻制度，笼络边境内外少数族首领，授予他们官职，巡检是所授主要官职之一。如蕃官李继周，在太宗时多次率本族人马击退其他蕃部对宋朝的入侵。真宗咸平年间，宋夏交兵，李继周带领族人"复为先锋，入贼境，焚积聚，杀人畜，获器甲凡六十余万"，被授予"供备库使、领金明县兵马都监、新砦解家河卢关路都巡检"②。咸平六年（1003），西凉府六谷大首领潘罗支因帮助宋军攻打李继迁，被授予"灵州（治今宁夏灵武市西南）西面都巡检使"③。咩逋族首领泥埋也因与潘罗支联合攻打西夏，被宋政府授予灵州河外五镇都巡检使。为促进更多的蕃族归顺，宋政府对积极投顺宋朝的蕃族首领多授以本族巡检，仍治理所部。英宗治平末年，秦州（治今甘肃天水市）青鸡川蕃部献九寨，于川南牟口置城堡，募弓箭手，"以通秦州、德顺二州之援，断贼入寇之路"。熙宁元年（1068），宋政府对"其大首领，上自刺史，下至殿侍，并补本族巡检"④。不仅如此，蕃官巡检还可以世袭。最突出的例子是，哲宗绍圣年间，熙河兰岷路蕃官包诚战死于泾原，他的13个儿子，除长子升为岷州（治今甘肃岷县）一带蕃部都巡检外，共余12个儿子中，4人充本族巡检，8人均充本族同巡检。南宋仍沿用此制。这样做，不仅在一定程度上

---

① 《淳熙三山志》卷19《诸寨土军》，宋元方志丛刊影印本第8册，第7938页。
② 《宋史》卷253《李继周传》，第8870页。
③ 《宋会要·方域》21之17，第9706页。
④ 《文献通考》卷156《兵考八》，第4668页。

减少了蕃部与宋朝的冲突，"所任不过本部巡检之类，平居无事，气志慑服，故缓急之际，易为驱策"①，巡检地位不高，不容易形成坐大之势，而且宋政府不用派兵驻扎在这些地区，减轻了军费负担。

其三，宋代巡检的增设，尤其是南方巡检寨的大批涌现，是宋代商品经济，特别是市镇经济新发展在上层建筑领域的反映。宋代农村商品市场活跃，商业市镇急剧增加。这些市镇多处在农村僻远之处，宋政府一般设置监镇官负责市镇税收，有些地方则增置县尉，专门负责治安管理，但更多的还是设置巡检，负责市镇消防治安，保证朝廷税收。如皇祐三年（1051），"置渠州（治今四川渠县）邻水县荣支镇、广安军（治今四川广安市）渠江县望溪镇捉贼巡检各一员"②。无为军（治今安徽无为市）庐江县金牛镇市，虽差本军指使权摄烟火公事，仍别"创置巡检一员"，负责"专一巡视，修治城壁，关防盗贼等事"③。另如湖州长安县的四安管界巡检、绍兴府鲒埼巡检、福州海口巡检等，也都设在发达的商业市镇上。

宋政府为增加收入，解决财政危机，沿用秦汉以来的禁榷制度。宋代禁榷商品的种类很多，贩卖禁榷商品利润可观，于是越来越多的人参与走私，以牟取厚利。"民无以为生，去为商贾"④"民乐负贩，俗尚奢泰，十夫里居，游手太半""并兼之害，吏胥之暴，且夕而有，故元元争欲采山煮海，执技列肆，以邀美利"⑤。为保证政府获得更多专卖收入，宋朝在各茶、盐、矾等产地设置巡检。如通州（治今江苏南通市）金沙余庆盐场、庆元府大嵩盐场、岱山盐场等，均设有"盐场巡检"。走私者一般会避开通衢大道，走崎岖的山间小道，宋政府便在商贩所经之途，多设巡检进行把截。福州侯官县甘蔗洲，地处"大江津要，下通产盐之地，上抵建（治今福建建瓯市）、剑

---

① 《长编》卷384，元祐元年八月丁亥，第9349页。
② 《长编》卷170，皇祐三年三月丙子，第4085页。
③ 《宋会要·职官》48之137，第4397页。
④ 《苏轼文集》卷25《上神宗皇帝书》，第734页。
⑤ （宋）夏竦撰：《文庄集》卷13《议国用》，景印文渊阁《四库全书》第1087册，第164页。

（治今福建南平市）、邵武（治今福建邵武市），私贩所由散入"，宋政府在此设巡检一员"据要把截"①。广南东路肇庆府，"常于冬春之时，有温、台、明州白槽船尽载私盐，扛般上岸""广州新会县界有地名潮连山及鸡湾官子渡，正是温、台、福、建私盐槽船入广路，及海寇藏泊劫掠地头"，宋政府遂在上述两地"各添置一寨，往来巡捕海寇及温、台州等处盐船作过"。②《淳熙三山志》卷24所载福州属县一些巡检所带的头衔更集中地反映了其设置的动因，如：

（1）闽县巡检，廨宇驻扎在刘崎，故又名"刘崎巡检"，"衔带长乐、连江、闽清沿海巡检私盐贼盗公事"。

（2）长溪县烽火巡检，廨宇在陆路距县城75里的烽火澳，兼管沿海六县海道，"衔带长溪、宁德二县巡检，兼烟火巡捉私茶盐矾"。

（3）福清县海口巡检，"衔带海口巡检，兼巡拦香药、沿海巡检及催纲、巡捉私茶盐矾、防护番船"，廨宇在钟门、马门等多个地方"移置不常"。

（4）福清县松林巡检，"衔带长乐、福清、松林巡检，专切巡三处地分私煎贩盐公事，兼催纲、捉私茶盐矾，主管巡拦货物事"。

（5）福清县南匿巡检，管福清县海道，"衔带南匿屿巡检、福清就近水陆贼盗公事，兼催纲、巡捉私茶盐矾"。

（6）古田县水口巡检，廨宇在水口镇，"衔带水口镇巡捕私茶"。

（7）永福县辜岭巡检，"衔带福州永福、兴化军兴化两县地分巡检，兼催纲巡捉私茶盐贼盗公事"③。

（8）宁德两县巡检，元祐之前，曾管长溪等四县"巡捉私盐公事"，驻扎地改在蛇崎，故又名"蛇崎巡检"，"衔带长溪、宁德两县巡检，巡捉私茶盐矾"。

---

① 《淳熙三山志》卷19《五县寨巡检》，宋元方志丛刊影印本第8册，第7942页。
② 《宋会要·方域》19之35—36，第9670页。
③ 《淳熙三山志》卷24《县官》，辜岭是处于永福县与仙游县两县也是两州交界处的崇山中的关隘，宋初已设巡检司。永福县原名永泰县，宋哲宗时避讳改为永福县。宋元方志丛刊影印本第8册，第7996页。

（9）罗源县南湾巡检，"衔带连江、罗源两县南湾巡检，兼催纲，兼管沿海陆路私盐贼盗、巡栏市舶货物，兼管两县私煎贩，主管本澳烟火事"。

（10）五县巡检，廨宇后来移置怀安县鸡菜镇，故又名怀安县鸡菜镇巡检，"衔带闽、侯官、怀安、闽清、古田五县巡检，兼催纲巡捉私盐茶矾"。

从上可知，宋代巡检的设置与市镇经济的发展、禁榷制度的严苛等也有密切关系。

宋代遍布全国各地的地方巡检与州县官府军兵"牙钩股附，气势相犄角，一旦有急，合以从事，盖一郡之藩篱也"①。巡检土军熟识山川地形，所以"一有缓急，朝令而夕至，弹压封境，孰有急于此者"②，遂成为宋政府镇压人民反抗斗争、维护封建统治秩序的得力工具。宋代是中国封建社会中爆发农民起义次数最多的王朝之一，小规模的农民起义不断发生，但却没有形成席卷全国规模的起义，恐怕这与宋代密如蛛网的巡检的设置有关。故宋代设置众多基层巡检被当时人称为"万世良法"，且被元、明、清各王朝所继承。③

原载《中国史研究》1989 年第 3 期

---

① 《淳熙三山志》卷 19《诸寨土军》，宋元方志丛刊影印本第 8 册，第 7938 页。
② 《宋会要·兵》3 之 32，第 8673 页。
③ 《嘉泰吴兴志》卷 10《州治》，宋元方志丛刊影印本第 5 册，第 4730 页。

宋代巡检再探

巡检作为差遣官名大约始于中唐以后,具体时间尚待进一步确定。中晚唐时期,中央政府在盐产地、交通要道、馆驿、仓场和军队中,开始任命一些巡检。五代时期巡检设置已经比较普遍,多见于藩府要郡所在州、京城和留都、战争的前沿地区以及沿边、沿江河湖海、山区的交通要道等处。①

两宋时期,巡检的种类和设置数量空前增加。在远离州县政治中心的交通要道,沿边、沿海等边防要地,新兴的商业市镇或者盐茶生产场务等处,宋朝普遍增设巡检司。这些巡检以巡捉盗贼、维持基层社会秩序,巡查捉拿走私、维护国家的经济利益为主要职责,这种局面在宋代最终形成,并被元、明、清三朝沿用。可以说,巡检制度的变迁是近世中国基层社会管理体制演变的重要组成部分。

1988年,笔者的硕士学位论文曾以宋代巡检制度为题,当时对五代巡检的创制、宋代巡检的设置状况及其特点、宋代巡检的职能、巡检士兵的组成、巡检的选任制度、宋代巡检制度产生的历史原因及其地位等进行了概要的研讨,后来经过压缩提炼,发表在《中国史研究》1989年第3期。在此之前,日本学者对此已有专门讨论,在此之后,有关不同朝代巡检的研究成果越来越多,并取得了一些可喜的

---

① 刘琴丽:《五代巡检研究》,《史学月刊》2003年第6期。按,本书前文写作时,基本观点是巡检作为官名,"五代初"已有明确记载,尚未确定唐代是否已然。现参考刘琴丽的研究可知,中唐开始已有巡检被当作官称者。

进展，学者们对从五代、西夏到元、明、清各朝巡检制度的研究，都已经有了更多精审的成果，①说明这一制度已经引起了更多学者的关注。但是，就宋代巡检制度而言，研究成果还很有限，这与该项制度在当时地方治理体制中的重要作用、广泛影响还是极不相称的。

以下拟在前人已有研究成果的基础上，更加系统深入地论述宋代巡检的类型、巡检兵级的组织特征、宋代巡检官的管理体系及该制度在执行中存在的问题，从而进一步揭示宋代基层社会管理体制的时代特征。②

一 宋代巡检官的分类

中国古代官僚体系中，恐怕没有哪一种官职的名称像宋代的巡检那样，根据地域的不同和职能的差异而呈现出如此丰富多彩的面相。宋代这些级别高低差别很大、管辖范围大小悬殊、名称因地因事而异的巡检，在类型性质上受到了五代一定的影响，其职责更加繁杂，队伍更加庞大，社会影响更加广泛和深入。为了叙述方便，现根据当时不同巡检设置及其职能的特点，把宋代巡检分为以下几个类型。

---

① ［日］羽生健一：《北宋の巡检と保甲法》，《史渊》1964年第92辑；肖正文：《论宋代"巡检司"设置的作用及意义》，《江西公安专科学校学报》2000年第1期；吕进贵：《明代的巡检制度：地方治安基层组织及其运作》，台北：乐学书局2001年版；黄宽重：《从中央与地方关系互动看宋代基层社会演变》，《历史研究》2005年第4期；孙茜：《浅议宋代巡检制度及其启示》，《吉林公安高等专科学校学报》2006年第3期；刘琴丽：《五代巡检研究》，《史学月刊》2003年第6期；李华瑞：《西夏巡检简论》，《中国史研究》2006年第1期；李治安：《元代巡检司考述》，《来新夏教授学术研讨会纪念集》，新疆大学出版社2002年版；陈宝良：《明代巡检司初探》，《天府新论》1992年第6期；王伟凯：《试论明代的巡检司》，《史学月刊》2006年第3期；李克勤：《清代广州府属巡检司研究》，《广东史志》1994年第3期。2006年以后，明清时期有关巡检的研究已经有数十篇论文，不再一一列举。

② 本文初稿2007年9月曾经在台北"国立"政治大学历史系召开的第三届中国史学会"基调与变奏：7—20世纪的中国国际学术研讨会"上宣读，得到过王德毅、黄繁光、黄宽重、梁庚尧、李华瑞、方震华、雷家圣等先生的指正，在此谨向诸位先生深致谢意！

（一）边防型巡检

边防型巡检或称将领型巡检、将帅型巡检，是指设置在边境地区，以带领士兵巡逻防盗、守御边防、抵御外族侵入为主要职责的巡检。五代后周时，张藏英曾任沿边巡检招讨都指挥使①。北宋前期，宋廷在北部、西北、西南沿边地区所设巡检官多属于这一类型。这些巡检的设置不受驻军编制体制的限制，也不受行政区划的制约，而是根据需要，或者兼领几州乃至十数州，或者仅辖某个县、寨、城、关、堡等。

北宋时，在宋辽交界地区，宋廷设置有沧州总管兼雄霸州沿界河至海口及沧州界沿海都巡检使、定州路北面缘边都巡检使、长城口巡检等。在西北地区，设置有泾原仪渭州、镇戎军巡检，鄜延路巡检，泾原路巡检，银（治今陕西横山县东）、夏（治今陕西靖边县北）、绥（治今陕西绥德县）、宥（治今内蒙古南缘与陕北交界处）4州巡检使，有蕃界沿边都巡检使等。在西南地区，则设置有高（治今广东高州市东北）、窦（治今广东信宜市西南，熙宁四年并入高州）、雷、化等州巡检使，梓、遂等12州都巡检，嘉（治今四川乐山市）、眉（治今四川眉山县）、戎（治今四川宜宾市西北）、泸等州水陆都巡检使，戎（治今四川宜宾市）、泸、资（治今四川资中县）、荣州（治今四川荣县）、富顺监（治今四川富顺县）都巡检使，等等。海南归当时的广南西路统辖，也设置有琼（治今海南海口市）、崖（治今海南三亚市）、儋、万四州都巡检使。

此类巡检所管辖的范围大小不一，大者跨越多路十多个州，小者或具体到某县、某城、某寨。如哲宗绍圣四年（1097）四月，鄜延路建置石门城和好水寨，石门城共置官8员，其中巡检4员；好水寨共设官7员，其中巡检3员。

---

① 《资治通鉴》卷292《世宗睿武孝文皇帝》，显德二年正月，第9523页。"招讨"原作"招收"。文渊阁《四库全书》本作"招牧"，待考。

南宋时，西南边境沿线仍然有此类巡检，只是在不同时期所领兵种有所差异。如高宗绍兴年间，邕州（治今广西南宁市）"左右两江并是归明羁縻州洞居止，外通交趾诸蕃，自来于溪洞内置五寨镇弹压洞民。每寨有都同巡检、知寨、都监、主簿及兵级三四百人"①。南宋理宗端平年间，此处的五镇寨，已经变为四镇寨，邕州此类巡检设置有：邕州同主管左江四镇寨兵马贼盗公事，兼沿边溪洞同巡检、太平寨驻札1员；邕州同主管右江四镇寨兵马贼盗公事，兼沿边溪洞同巡检、横山寨驻札1员；邕州管界巡检、巡捉私茶盐矾、搜捉铜钱下海出界、私铸铜器、金城驿驻札1员；邕州左江溪洞巡检，兼催纲搜捉铜钱下海出界、私铸铜器、永平寨驻札1员，等等。②

（二）京城、行宫等巡检

受五代影响，宋朝在京城以及皇帝临时所在的行宫乃至去世后的皇陵所在地等处都设置巡检，负责治安巡逻，处理突发安全事故，包括消防救火，等等。北宋时，京城开封常设的有京城外四面巡检、京城左右厢巡检、旧城里巡检、新城里巡检、厢界及每厢巡检等。南宋时，临安城也仿照开封设置城外四厢都巡检使、城东西都巡检使、左右厢巡检、新城里六巡检等。宋朝皇帝每次出京，为了自身安全，还选派御营四面巡检使、行宫内外都巡检、车驾前后行宫四面都巡检等。

（三）沿江、河、湖、海水路交通线设置的"水路巡检使臣"③

两宋在内地普遍设置的地方治安巡检数量庞大，名称五花八门，成为宋代巡检官的主要组成部分。前引吕进贵的著作指出："巡检常驻地方，当以宋代为肇端，"这是正确的。这些地方巡检可以再分为三类：其一是江、河、湖、海水路沿线设置的巡检。其二是在远离政

---

① 《宋会要·方域》19之25，第9664页。
② 《吏部条法》《差注门三 兵官》，第100—101页。
③ 《宋会要·职官》48之126，第4391页。

治中心的多个州县交界处、较为偏僻的道路交汇处设置的管界巡检。其三是在新兴的工商业城镇、各类与官营专卖收入有关的场务所在地设置的巡检。这几类巡检对元、明、清有较大影响，这三点在以下（三）（四）（五）中予以介绍。

从前揭刘琴丽论文所列表6来看，五代时期此类巡检已开始出现，如有沿淮巡检使（当然，五代、南宋时的沿淮地区同时具有沿边的性质）、缘汉水都巡检使、沿河巡检使、西京水南巡检使等。此类巡检在宋朝大幅增加。

宋代水运发达，运河漕运沿线，沿江、沿河水运通达的区域，南方湖泊之间水运通达处，以及沿海航运通达地区，这些地区人员往来频繁，商业贸易兴盛，宋政府一般都在此广泛设置巡检，由巡检带领官兵防范走私和抓捕盗贼，保证纲船运输和行人安全，记录过路纲运官船的到达和离开时间，并巡捉走私违禁商品，维护专卖品的生产和运销秩序。

北宋时，运河沿岸曾设置有自京城开封至楚州夹河巡检，自汴河至泗州千里堤岸的各地县镇，均有监押、巡检，汴河、淮河、黄河等沿岸都设置有相关巡检。如前所举，知博州兼任滨、棣、德、博等州缘黄河两岸水陆巡检使，西京陕府驻泊捉贼则兼任提举缘黄河两岸六个巡检寨公事。由于巡检设置员数过多，造成兵力分散，嘉祐三年（1058），宋仁宗曾诏令减少州军新增巡检，但是，"其缘边缘海及河汴江湖险僻之地，旧有巡检处并留之"①。

南宋时，长江水运是连接中央政府所在地杭州与长江沿途各地以及江淮之间的重要交通要道，宋政府在长江沿岸以及流域内较大的湖泊水面航道上增了较多巡检官。如，孝宗乾道年间，为了方便捕捉盗贼，在荆湖北路帅司、监司等申请下，把峡州（今湖北宜昌市）的蜀江巡检及其土军，迁移到人口迅速增加的江陵府沙市镇（今湖北荆州市），同时在"自监利县鲁家洑入沌内至汉阳军通济口，一去水路

---

① 《宋会要·职官》48之130，第4393页。

约七百余里并无巡检弹压"的长江汊流河道上一个叫新滩的地方，增创一所巡检寨。当时人们之所以走长江北面的这条支流，是为了避开岳州（治今湖南岳阳市）一带水流湍急的危险地段，同时也是避免绕道，而这个汊流水道上，随着通船的增加，治安问题也突出出来①。新增的巡检以"汉阳军通济口至鲁家洑沌内巡检，新滩驻扎"为衔，配置土军和巡船，专门巡警、捕缉盗贼。② 鲁家洑地处石首、监利、潜江三县交界处，三县巡检本来就在此驻扎，此次新设巡检，说明那里确实需要更多的弹压力量。

沿海地区海上商贸发达，走私贩和海寇也会频繁出入，宋政府遂在沿海各地设置巡检带兵缉私和弹压。如广州本来有广、恩州（今广东恩平市）海上都巡检一员③，嘉祐六年，由于"广州东江水路至东莞县界，海水至阔，多盗贼，去东南道巡检至远，难为防遏"，经广南东路转运司的建议，又在一个居民较多、且"日有市井"名叫亭头的地方，增设巡检一员，"仍分东南道巡检水军二百人防截"④。南宋时，温州有海内巡检、温台州海内巡检等，广南西路有钦廉沿海巡检。浙东路、福建路贩卖私盐的船只，在冬春季节，往往前往潮州、广州、肇庆府等广南地区，"白槽船尽载私盐，扛般上岸，强卖村民，因而劫掠家财"。为此，潮州等地就设置较多的巡检加以遏制。宁宗嘉定年间，宋政府在新会、番禺等县沿海村落再次增加巡检，以便捉捕私盐贩子和海寇。⑤

---

① 参阅杨果：《南宋江汉平原"百里荒"考辨》，《中国经济史研究》2000年第1期。"七百里"的记载不准确。
② 《宋会要·方域》19之28，第9664—9665页。
③ 《宋会要·职官》48之126，第4390页。
④ 《宋会要·职官》48之129，第4392页。
⑤ 《宋会要·方域》19之35—37，第9670页。据《三阳志》载：南宋后期，统领三县的潮州派驻有禁军四营、厢军三营共计1584人，另有摧锋军一寨100人、水军寨200人，同时设置有巡检寨5个，统领土兵500人。元朝增加为九寨，明朝管辖四县，巡检司增为14处。潮州的这几个数据载《永乐大典方志辑佚》（马蓉等点校，中华书局2004年标点本）第四册第2670—2672页、第2759页、第2618页。这些巡检未必都设在沿海，但是多与当地的沿海缉私有关，这在下面介绍的福州的例子中体现得很明显。

（四）管界巡检

五代时期，州县巡检多为某州巡检或巡检使等，管辖多州或称某三州、某四州巡检使者较少，而且州巡检多设在藩镇治所所在地。

除沿边和京城所设巡检外，宋代在内地增设的治安巡检机构多在远离政治中心之地。宋真宗仁宗朝以后，境内反抗势力激增，宋政府在地方设置的巡检大为增加，其中，大使臣以上担任者称都同巡检使、巡检使等，小使臣担任者称巡检、同巡检，特别是县级以及县以下的巡检，逐渐成了与县尉、兵马监押等地位相当的基层武官，在地方治理中发挥的作用日益突出。所谓"国家设巡检、县尉，所以佐郡邑制奸盗也"[1]。宋神宗元丰四年（1081）规定县尉和巡检分城乡而治，即开封府"诸县尉惟主捕县城及草市内贼盗，乡村地分并责巡检管勾，其余职事皆仍旧"[2]。根据此后实施的具体情况看，一般情况下，县尉仍通管城乡治安，但巡检维持乡村治安的基本方针延至南宋未变，"弓手为县之巡徼，土兵为乡之控扼"[3]，巡检"止在城外巡警乡村盗窃，及承受追会事件而已"[4]。因此，宋代巡检司官兵大都不驻扎在州城和县城，往往跨州跨县设置，这些打破州县行政界限的巡检，被冠以"管界巡检"。无论是称某路、某州巡检，还是几州、几县巡检，管界巡检的廨舍往往设置在远离政治中心，特别是数州、数县交界的所谓三不管地带，那里往往非常偏僻，治安形势险恶、官方行政力量薄弱、盗贼和走私商人容易通过或者聚集。此类巡检或可称之为"乡村巡检"。如，宋仁宗皇祐元年（1049）七月，京东地区反抗力量风起云涌，政府设置了滑州韦城县（治今河南滑县东南），开封府长垣县、东明县，

---

[1] 《宋会要·职官》57之36，第4577页；《长编》卷147，庆历四年三月壬申，第3556页；《宋会要·兵》11之19—20，23—24，第8827、8829页；
[2] 《长编》卷311，元丰四年正月丁酉，第7536页。
[3] 《叶适集·水心别集》卷12《厢禁军弓手土兵》，第785页。
[4] 《宋会要·方域》19之41，第9672页。

曹州冤句县（治今山东菏泽市西南）、南华县（治今山东东明县、鄄城县一带）5县管界巡检一员，兼管5县的缉捕事宜。一位巡检兼管数州、数县，是宋代此类巡检设置的普遍特征。

南宋时，此类巡检更多。如，宋宁宗嘉定年间，经枢密院批准，把广南西路廉州（治今广西合浦县）的管界巡检司迁移到秋风山永平寨（今属越南）驻扎，原因是那里"系傜人出没之冲，廉、郁要害之处"。同时，"象（治今广西寿阳县）、贵（治今广西贵港市）两州之间，有古铁峡，一路客旅官军往来，藏伏逃军，凶徒聚劫，最为害要"，在经略安抚司的考察建议下，在两州交界处名叫"穿山铺"的地方，"创置一寨"，专置巡检一员，"以象、贵、浔（治今广西桂平县北）、宾（治今广西宾阳县北）、柳五州管界巡检穿山寨驻扎系衔，三年为任，受两州举刺，任满从两州保明，方许批书离任"①。即这个巡检寨处于5州关联交界地域，巡检历任的考核文书，要由象州、贵州2个州的长官给他们书写离任的考课文书，实际上是接受相关州长官的人事监督。

从方志记载来看，福建路汀州（治今福建长汀县）的12个巡检寨中，有的离县城45里，有的离县城120里，或跨州乃至跨路设置。② 福州、明州等江南各地沿海、山区基层巡检的设置也都具有这一特点。③

宋代巡检设置的这一突出特点，有助于突破州县行政区划的制约，有效减少或制止武装走私及其他突发事变，强化政府对基层社会的治安管理，从而巩固政权对地方的统治。

（五）缉私巡检

五代时期，在盐铁产地已设置巡检（有时作巡简或巡司），负责

---

① 《吏部条法》《奏辟门·奏辟》，第176—177页。
② 马蓉等点校：《永乐大典方志辑佚》第2册，中华书局2004年标点本，第1338—1340页。
③ 参见前引拙文《宋代巡检初探》，见本书第十一部分。

巡查、缉私、捉拿犯人。李锦绣先生称之为"财务行政协助管理官吏",刘琴丽把此类巡检定义为"经济领域巡检官员",① 就是因为此类巡检与经济发展和税收管理关系密切。

宋政府对铜、铁、茶、盐、酒、矾、香药等实施专卖,在茶盐产地、矿业开采地、酒税商税收入较多之地发展起来的小城镇如雨后春笋般大量涌现。为了保证国家的专卖收入,宋政府在禁榷收入数量较大的市、镇、场、务等处普遍设置专职的监当官,负责禁榷品生产、税收及其市镇的消防等事务。同时,为了加强这些市镇场务的治安与缉私力量,也在那里设置巡检。如,楚州盐城县(治今江苏盐城市)有岗门市水陆巡检,南康军(治今江西庐山市)建昌县有河湖市巡检兼巡捉私茶盐,无为军(治今江西无为县)庐江县有金牛镇巡检,福州怀安县(治今福建福州市)有鸡菜镇巡检等。有些州、县巡检也驻扎在市镇,如吉州(治今江西吉安市)安福县巡检在杨宅市驻扎。在沿海海盐生产和销售地,重要的盐场均设置巡检,所谓"在法,有盐场处皆置巡检,以捕私商"②。

巡检既要负责防范巡捉走私,还要兼管税务及各种专卖品生产地的治安,保障官纲的安全运营,因此,巡检的职衔往往很长,从中常常能体现出其职责的范围和特点。例如前文列举的《淳熙三山志》卷24《县官》记载的巡检,职衔上都带有巡拦香药、催纲、巡捉私茶盐矾等③,突出了福建沿海地区巡检海道缉私的职能特点。

两宋政府非常注意防范专卖物品及铜钱、铁钱等被走私或者运至境外。因此,无论内地还是周边地区,巡检缉私的职责都很明确。宋理宗端平元年(1234)四月,在原来由枢密院任命转为由吏部任命的243个官阙中,淮安州(原为楚州,治今江苏淮安市)、招信军(治今江苏盱眙县东北)等沿淮巡检,南部、西南沿海潮州、邕州、

---

① 参见李锦绣:《唐代财政史稿》下卷,北京大学出版社2001年版;参前引刘琴丽《五代巡检研究》一文,第39页。
② 《宋会要·食货》27之1,第6581页。
③ 参见拙文《宋代巡检初探》,又见本书第十一部分。

宜州、钦州、融州、琼州等地的众多巡检，其官衔多数带"兼催纲、巡捉私茶盐矾铜钱、私铸铁钱铜器"①。宋代严谨铜铁钱外流，北部边境严防流入辽、金，南部沿海严防流入海外。条令规定：

> 诸将铜钱入海船者，杖八十。一贯，杖壹百；三贯，杖一百，编管五百里；五贯，徒一年，从者杖一百；七贯，徒二年，从者徒一年；十贯，流二千里，从者徒三年。知情引领、停藏、负载人，依从者法。若化外有犯者，并奏裁，不以赦降原减。许徒伴及诸色人捕，其随行钱物，并全给捕人。
>
> 诸打造海船先经所属请给《禁纳铜钱入海条令》，雕注船梁。违者，杖八十。
>
> 诸沿海巡检、县尉透漏铜钱入海者，所属具申尚书省。②

表明这些巡检有搜查下海和出境人员携带铜钱的职责，这些巡检虽可以称为缉私巡检，同时也有不受行政区划限制的管界巡检以及沿海巡检的特征。

总之，宋代巡检的设置，在缉捕盗贼、维持地方治安的同时，与推行禁榷制度，维护当时的经济秩序有着密切关系。

二 宋代巡检兵级的构成

两宋时期，在禁军、屯驻大军等主力作战兵种之外，还有厢军、民兵，以及"就其乡井募以御盗"③的土军，土军主要由巡检统领。

---

① 《吏部条法》《差注门三·兵官》，第99—101页。尽管沿海巡检都有"搜捉铜铁钱下海出界"的职能，但是，成效应该不太突出，所以，近年来公布的"南海1号"宋代沉船上，还有大量金银铜铁块等金属器物与一万多枚铜钱，这些都是违禁物品，从另一方面也说明当时带着铜铁钱、金属等出海是很突出的问题，所以，宋政府设置大量巡检力图阻止。

② 《庆元条法事类》卷29《铜钱下海 卫禁敕》《铜钱下海 职制令》，第415页。

③ 《宋会要·职官》14之2，第3395页。

如前文所述，由于宋代巡检管辖的地域面积差别很大，其职能在不同时期、不同地区各有侧重，巡检所统领的兵级在数量上和种类上有很大差别。总体上，宋代巡检所属武装力量包括了禁军、厢兵、土军（又曰土兵）、乡兵、蕃兵等各兵种，而且不同地区、不同时期又有不断调整。北宋前期，沿边地区的巡检和京城类巡检所统兵力以禁军为主，内地巡检所统兵力以厢军为主。宋神宗元丰以后，内地巡检兵力以土兵为主①，在沿边、东南沿海地区，部分巡检仍旧统领禁军等。

（一）禁军

北宋前期，北部、西北部等沿边地区任命的将领型巡检，其主要职责是御寇守边，这些巡检所部兵级几乎全是禁军。如河北的保州、广信军、安肃军等地，"自五代以来，别领兵万人，号缘边都巡检司，亦曰天策先锋"②。庆历二年（1042）八月，宋政府把河东本城教阅厢兵升为禁军，组成17指挥，其中有6指挥隶缘边巡检司。两宋在京城设置的各类巡检，包括行宫所在的各类巡检等，所领士兵均是禁军。

宋神宗元丰以后，内地州县巡检所属兵级改为以土兵为主，但是，在沿边地区、沿海地区所设置的巡检，因为要参与平定边境冲突、扼制海寇劫掠等重大军事活动，所以还依旧制使用禁军。在西南地区，因地处"极边，水土恶弱"，如邕州所属都巡检、同巡检的寨镇兵级，是从桂、宜、融、钦、廉等州的系将、不系将马步军中轮差，一年一替。③宋光宗绍熙三年（1192），在黔州与少数部族居住地接壤之处，宋朝在夷人出入频繁的湎潭隘创置巡检司，"建置隘铺，捍御夷汉"，配置的捕盗官兵有土军10名、义军30名外，同时还有禁军10名。④

东南沿海是盐的主要产区，"类多私贩"，绍兴二十九年

---

① 关于北宋巡检统领厢兵及其变化的情况，参阅淮建利《宋朝厢军职能新探》，《文史哲》2006年第6期。
② 《长编》卷151，庆历四年八月甲午，第3676页；（宋）李攸撰：《宋朝事实》卷16《兵刑》，第246页。
③ 《宋会要·兵》5之11，第8705页。
④ 《宋会要·兵》29之45，第9260页。

(1159),诏令在绍兴府余姚县"并海之地"、商人云集的眉山和庙山设置巡检寨,从明州(治今浙江宁波市)水军中拨200人于此驻扎,后来曾一度改用衢、婺两州的100名土军,两年一替。但是,因走私者"海中出没,非土军所能制",不得已又改为兼用土军和水军,共150人驻防。① 乾道年间,因为当地"盗贼群聚",宋政府又增设3个兵寨,3寨兵力共以500人为额,其中选300人驻守眉山寨,200人分屯三山、庙山,隶属于浙东安抚司水军。② 此外,庆元府(原明州)昌国县(治今浙江舟山市)的三姑山都巡检寨及其附属子寨等,都是由沿海制置司选派水军轮流驻防,驻军最多时达六百多人。③ 福建路28处巡检在熙宁改革招募土军后,仍有4处都巡检因"地分阔远,依旧轮差厢、禁军"④。

(二)厢军

元丰改制以前,巡检司统领的基本兵力是厢军和禁军,在禁军数量较少的内地和东南沿海,厢军是巡检司守备地方所依靠的主要军事力量。元丰三年(1080),在臣僚建议下,地方基层巡检的兵力改为招募土兵,即实现巡检兵级的"本土化"。但是,由于所招土兵战斗力不强,仍有臣僚建议恢复使用厢军。元祐以后,厢军逐步退出了巡检司的兵力系统,但在土军战斗力不足之地,巡检仍然有统辖厢军者。⑤

---

① 《宋会要·食货》27之8,第6584—6585页。
② 《宋会要·方域》19之29—30,第9666—9667页。
③ 《宋会要·方域》19之38—39,第9671页。
④ 《淳熙三山志》卷19《甘蔗洲巡检》,宋元方志丛刊影印本第8册,第7938页;参阅淮建利前揭论文。
⑤ 关于宋代巡检统领厢军的问题,参阅淮建利《宋朝厢军研究》,中州古籍出版社2007年版。论文主要可参考,张德宗:《北宋的厢兵制度》,《史学月刊》1982年第4期;葛金芳:《从宋朝集权政治看厢军制度的形成背景——宋代冗兵成因研究之二》,《湖北大学学报》(哲学社会科学版),1988年第6期;卢俊勇:《浅论宋代厢军与国家安全》,《大庆师范学院学报》2008年第6期。卢俊勇针对宋代厢军的兵源、差别、生活等还有系列论述。

（三）土军

宋代禁军实行轮戍制，都是外地人，不熟悉驻防地的地理山川和风俗人情，不利于在山高水深的偏僻去处巡捉盗贼和缉私，而厢军的战斗力普遍不强。王安石变法期间，结合保甲制的推行，曾经在熙宁五年（1072）规定，巡检司留少量厢军外，其余兵力悉罢，以"保甲代巡检兵上番"①。但在南方广大区域，问题依然存在。所以，元丰三年七月，根据大臣建议，宋政府下令"巡检下兵级并易以土兵"。福建路8个州军有巡检28员，除4处巡检因管辖区域太大，依旧轮差厢、禁军外，其余24处巡检及其另外新增的4员巡检所领3500人的兵级，一概改为招募土兵。与此同时，在两浙转运司和两浙东西路钤辖司建议下，两浙路巡检下兵级也开始招置土兵。②

元丰以后，巡检所领兵级虽有局部微调，但全国内地的巡检兵级逐步转变为以土军为主。南宋立国之初，宋高宗仍然下诏江南各地"于险隘处置巡检寨，招土军一百二十人，置巡检一员。仍令州县置寨屋，以居土军而防盗贼"③。从现存南宋时期的一些地方志看，尽管此后各地基层所置巡检寨招募土兵的人数多少不一，但是大体上保留了少则几十人、多则一百多人的规模。④

巡检统兵制度发生的上述变化主要是在内地，包括东南沿海。在西北、西南沿边地区，北宋一开始就存在着招募当地人作土兵（或称土丁）参与戍边的情况，这些土兵有的是隶属于巡检司的。⑤元丰改制后，继

---

① 《长编》卷235，熙宁五年七月壬午，第5698页。
② 《淳熙三山志》卷19《甘蔗洲巡检》，宋元方志丛刊影印本第8册，第7938—7939页；《宝庆四明志》卷7《土军》，宋元方志丛刊影印本第5册，第5073页。
③ 《宋会要·方域》19之30，第9667页。
④ 《宋会要·兵》3之28载，临安府13处巡检司，土兵定额1366人，每处约一百余人，第8671页；《宋会要·兵》3之29，乾道七年七月二十三日载有江南西路55个巡检寨，管土兵5400人，每处平均近百人，第8672页；《宋会要·兵》3之32，绍熙三年八月十八日载有赣州诸县12个巡检寨，所管土兵一千一百余人，平均每寨九十余人，第8673页。前引《淳熙三山志》卷19所述，元丰时期福州28处巡检，兵额3500员，平均每寨约一百二十人。
⑤ 《宋会要·兵》5之3，第8700页。

续延续此制。如绍圣元年（1094），广南西路钦州、廉州（治今广西合浦县）、融州沿边驻泊及巡检下诸寨戍兵都由部分土兵和土丁组成。①

总的来看，元丰以后到南宋，东南沿海与西南沿边地区巡检统领的兵级，一直是既有土兵又有禁军。需要补充的是，作为军事性质的土军，虽然是"就其乡井募以御盗"，但也有离开本土、戍守他乡的。如北宋时，陕西路的土兵有被派往西南地区参战的。南宋时，前述婺州、衢州的土兵曾经派往绍兴府下设的巡检司驻防。另外，福建的土兵有发往明州驻扎的，也有发赴建康府和临安府的忠锐、忠武军中校阅的。② 说明土兵虽然以驻守地方为主，但其名籍隶属于朝廷，是听中央政府统一调度的。

在禁军、厢军、土军之外，巡检统领的兵力中也有乡兵、蕃兵。

两宋时期，从西北到西南广阔的边境线上，聚居着众多少数部族，在宋朝境外的部族首领，只要在名义上归属宋朝，宋政府就授予他们以各种官称，其中就包括巡检，这些官称往往由他们的家族成员世袭。居住在宋朝境内的边疆部族，其子弟被征为士兵时，就称为蕃兵或曰番兵，即所谓"羌戎附属，分隶边将为蕃兵"③。这些蕃兵，或者由其部族内自行选官，或是由朝廷派官组织训练，平时防守，战时参战。有些蕃兵有的便归都巡检、巡检司等统辖。

总之，宋代巡检所辖士兵的组成因时因地而异，根据实际情况和需要灵活配置。广泛分布在全国各地的巡检司兵卒与驻守州县的其他官兵相互配合，"牙钩股附，气势相犄角，一旦有急，合以从事，盖一郡之藩篱也"，成为宋政府维护地方治安的得力工具④。而且，巡检司土军一般熟识本地山川地形，往往比禁军等其他外地派来的官兵

---

① 《宋会要·兵》5之12，第8705—8706页。
② 《宋会要·兵》5之27，第8714页；《宋会要·兵》20之30，第9040页。
③ 可参阅的研究成果有，顾吉辰：《宋代蕃官制度考述》，《中国史研究》1987年第4期；任树民：《北宋西北边防军中的一支劲旅——蕃兵》，《西北民族研究》1993年第2期；安国楼：《论宋代"蕃兵"制》，《郑州大学学报》（哲学社会科学版）1997年第1期；刘建丽、赵炳林：《略论宋代蕃兵建制》，《西藏研究》2004年第2期。
④ 《淳熙三山志》卷19《诸寨土军》，宋元方志丛刊影印本第8册，第7938页。

更有战斗力,所以史称"土军之在州县,去官司为最近,一有缓急,朝令而夕至,弹压封境,孰有急于此者"①?这也是宋朝中央控制地方力度加强的制度保证。

三 巡检及其管理制度②

宋代的巡检官由武臣担任,依照其官阶的高低,在元丰改制前由枢密院、审官西院、三班院等机构分别负责选任、考核和赏罚。具体由哪个机构来铨选,主要取决于官员本身官阶的高下,这与普通地方武官没什么不同。元丰改制后,三班院的选任职责归于吏部侍郎右选,审官西院的职责归于吏部尚书右选。武臣升朝官官阶自皇城使以上则由枢密院宣授,或称朝廷除授。吏部差注的、岗位重要的巡检,需要到枢密院进一步考察,称为"铨量"。巡检的治所虽然大多数在地形险隘、交通不便、人口分散的偏僻乡村、边关、海岸线等地,但巡检却是朝廷正式官僚队伍的组成部分,是中央政府控制基层社会的重要力量,中央官员管理部门对他们的管理非常严格,相关条例法规非常多。

宋政府针对不同地区、不同功能的巡检,制定有诸多相关的考核赏罚条例。沿边地区巡检的赏罚与带兵御边的武将相同,内地基层巡检的赏罚则与兵马都监、兵马监押等武官以及县尉、巡辖马递铺官员等类似。除了通常情况下普遍的恩赏,如皇帝为百官加恩之外,内地巡检获得奖赏的多少主要来自是否巡捉到盗贼以及获得盗贼的凶恶程度、人数多少;是否捉到了更多制造、贩卖违禁物品的走私贩,使辖

---

① 《宋会要·兵》3之32,第8673页。
② 河南大学2006届硕士研究生胡旭宁所写学位论文是《宋代巡检制度》,该文对巡检的设置问题,如少数民族地区巡检、临时性巡检等的讨论更加细致;作者分五个方面研究了宋代巡检的管理制度,涉及巡检的巡历与批书印纸制、兼官情况、赏罚制度、监察制度及其俸禄等问题,对前人的成果有所补充。本节侧重说明巡检在地方官僚体制中,受到了来自方方面面行政长官的监察与管理,借以探讨巡检在地方政治体制中的地位。参见胡旭宁:《宋代巡检制度研究》,硕士学位论文,河南大学,2006年,第32—42页。

区内经济秩序良好，官府收入增加；① 是否很好地维持了本地的交通安全，使邮传、纲运通行顺畅，等等。

为了保证巡检有效地履行职责，宋政府制定了诸多赏罚措施。在日常管理中，将领型巡检之外，地方基层巡检官还接受来自所在地州县行政长官、路级监司、帅臣以及中央各相关部门的考察、监督、保荐等管理。一般情况下，知县如果官衔中不带兵马都监或兵马监押，就没有权力统领本地的巡检及其兵级，官衔中带着兵马都监或兵马监押者，则有权监管辖区内的巡检。从北宋晚期开始，由于走私者越来越多，宋政府强化了巡检缉私的职能，要求巡检对辖区定期（一般1月1遍）进行巡查。为了防止巡检弄虚作假，不亲自外出巡查，宋政府规定凡是兼管数州的巡检巡历各地时，一定要有巡历所到的各州长官在巡检携带的印纸上签字，担保巡检实施巡查任务完成的真实性，写明巡检维持本州治安的效果等。巡检任期届满后，由巡检官置司所在地的州官汇总其他各相关州的意见，填写在其印纸中，以备吏部或朝廷考核时参照。巡检官因抓捕盗贼被奖赏时，需要本州知州和通判、本路监司等为其担保。② 凡担保失实，所有保官均受连坐处分。因此，州府长官、监司、帅臣等地方高级官员都承担着监督、考察辖区内基层巡检及土兵的管理事宜，有关巡检的能力与人品，土兵、弓手缺额情况及其衣粮保障，巡检司的创置与废并，寨屋的修建，巡检履行职务的情况，等等，均需如实上报。特殊情况下，如果巡检年老体弱，或者因其他原因难以胜任其职，州府长官、监司、安抚使等各类地方长官，有权临时调用其他官员替换，或派人临时

---

① 《庆元条法事类》卷28《铜镴石铅锡铜矿》，第402—403页。
② 《宋会要·职官》48之67—68，宣和二年引用政和敕："诸巡、尉下乡巡捕，应书历而令人代书及代之者，各杖一百"。并重新规定"诸巡检、县尉应出巡而不出，或限内不遍、及不书粉壁者，各杖一百"（第4359页）。又见《庆元条法事类》卷6《批书·捕亡令》，第84页；同书卷7《巡尉出巡·职制敕》，第133页，等。

权摄巡检司的空阙①。新巡检寨的创建和旧有巡检寨的废并，往往由朝廷委托监司、帅臣等诸司联合调查，集体讨论决定。北宋元丰以后，地方巡检的考核、升改由吏部尚书右选、侍郎右选各相关铨选机构给予考校、分等、差注，官阶在皇城使以上、由枢密院任命的巡检最终的考核奖惩仍然归枢密院。

北宋后期至南宋，提点刑狱司担当了更多督责、统领基层巡检、县尉及其土兵、弓手的职责。凡训练校阅土兵和弓手，禁止违法差用土兵、弓手等相关事务，沿边地区多由帅臣检查；内地或由帅司、提点刑狱司共同约束核查，或以提刑司为主。帅司、宪司督促不力，则由御史台督察。②

此外，巡检如果有违法犯罪行为，和其他官员一样由审刑院、大理寺、刑部等司法部门处置。凡是处理渎职的巡检和县尉，以及违法差使

---

① 可参阅的资料很多，如：a.《宋会要·职官》48 之 126，天圣四年九月，诏："诸路转运使、提点刑狱、知州、知军等，今后常切提举觉察巡检、捉贼使臣，若有盗贼之处，不住催促擒捕。如显是怯懦，即具状闻奏，仍于部内选有武勇使臣权差替换。候有劳绩，则具奏闻。如不切觉察，当行朝典。"第 4391 页。b.《宋会要·兵》11 之 24 载：皇祐三年四月二十八日，诏：京东路齐、郓、博等州"寇盗群起，宜令巡检、县尉会合捕除之。其不任职者，安抚、转运、提点刑狱司廉察以闻"。第 8829 页。c.《长编》卷 221，熙宁四年三月丙申载："诏河北、京东转运提点刑狱司察所部知州、通判、都监、监押、巡检、知县、县令不职者以闻。"第 5378—5379 页。d.《宋会要·兵》12 之 15 载：大观元年八月一日，根据臣僚建议，规定："今后巡检、县尉除依条举辟人外，其吏部以法差注而疲懦谬不任事者，许安抚、钤辖、提点刑狱司量人材能否对换，具奏听旨。其非本职事不修者，仍不理遗阙。"第 8841 页。e.《宋会要·职官》48 之 70 载：绍兴三年十一月三十日，规定："诸乡村巡、尉每月〔出巡一遍〕（原书小字注文：地界阔远处，听巡、尉更立分巡），于要会处置粉壁，州给印历，付保正副掌之。巡、尉所至，就粉壁及取历亲书到彼月日、职位、姓名，书字仍与本身历对行抄转（原书小字注文：本身历候巡遍赍赴州对押，州县当日给还）。仍仰提举茶盐司及主管官逐季点检。"第 4360 页。f.《宋会要·职官》48 之 135 载，开禧二年（1206 年）根据大臣建议规定："专委诸州守臣铨量巡、尉，如有年老昏耄、不堪任职之人，即与改授祠禄。若年高精力未衰之人，即与管下主簿或监当对易职任。"第 4396 页，等。

② 《宋会要·兵》3 之 23，绍兴五年诏令各地校阅土兵和弓手，"逐州选差兵官同巡、尉措置教习，委逐路提刑司岁终比较精粗，保明闻奏，其当职官依旨升擢。如弛慢不职，重行黜责"。10 天之后，又要求每月县官按视，每季知州检查，然后"仰诸路安抚、提刑司常切检察施行，如有违慢去处，按劾闻奏"。第 8668—8669 页。《宋会要·兵》3 之 27—28；《宋会要·兵》3 之 30—32，第 8672—8673 页；《宋会要·兵》3 之 34—35，第 8674—8675 页，等，还有诸多孝宗、光宗、宁宗等朝的类似记载，不再列举。

巡检土兵的其他官员时，其职位姓名等并须申报给枢密院。元丰改制后，尚书省的有关部门如户部、兵部、刑部等也参与巡检及其兵士的管理。

四 巡检制度实施中存在的问题

宋朝人普遍认为巡检的设置意义重大，土兵和民兵有时比禁军的战斗力更强。在西南地区，山高路险，土兵往往是不可替代的防守力量。如，南宋孝宗时荆湖北路提点刑狱马大同曾言："本路土旷人稀，素多寇盗，又与蛮傜接境，所资备御者惟土兵、弓手，最为切近。"① 在东南沿海地区，食盐走私是一大社会问题，两浙东路诸郡，私盐贩卖盛行。时人认为，凡是有盐监和坑冶矿场之处，设置巡检并配备足够的训练有素的土兵，与县尉所指挥的弓手配合，是可以"足以扞护乡井，而为盗贼之防"② 的。福建路"汀、剑诸州与夫江之东西、湖之南北，民俗尤为轻悍，捕缉之责，全藉弓兵"③。然而，受各种因素影响，宋代巡检及其兵制在实施中也存在不少问题，使其在基层社会管理中难以充分发挥作用。其主要表现有：

（一）巡检待遇低下，土兵衣粮常被拖欠，④ 激励机制难以发挥作用

广大基层巡检、县尉，大多数是由官阶最低的小使臣担任，他们俸禄较低，如果立功受赏制度再落实不好，就会大大挫伤其积极性。按照当时的规定，内地治安类巡检捉到盗贼后有相应的奖赏措施。但是，史料记载中，巡检与县尉等立功以后往往得不到应有的奖赏，或者地方官府不按时发放土兵的月粮，造成土兵衣粮不给，从而产生巡

---

① 《宋会要·兵》3 之 31，第 8672—8673 页。
② 《宋会要·兵》3 之 34，第 8674 页。
③ 《宋会要·兵》3 之 31，第 8673 页。
④ 巡检的俸禄问题在《宋史》卷 172《职官十二》中有记载，其他文献中，关于土兵衣粮被拖欠的议论也比较多。因篇幅所限，这里不加展开，也不专门讨论土兵的具体待遇。

检违法受贿敛财等弊端。

有时为了牟取私利，巡检在捉到盗贼后不依法报告官府，而是与盗贼或走私贩私下交易，损害官府和民众的利益。北宋末年地方治安状况恶化，原因之一就在于基层官员的赏罚制度未得到及时有效的落实。[①] 如巡检及所领兵士，在边境审查出入境人员时，因为功赏制度得不到落实，便"上下计会，受赂作弊，容纵客旅，公然般运违禁物色，透漏盗贩过界"[②]。在广南东路，贩私盐的大商人很多，其实力强大者往往武装走私，于是"私盐盛行，商旅不通"，其原因也是"巡尉下弓兵，皆受贼赂，以此之故，无由败露"[③]。更有甚者，巡检打着捉贼的旗号，"以缉贼为名，捉搦平人，执缚拷决，逼取资财"[④]，祸害平民百姓。尽管宋政府规定，这种行为按强盗罪处理，但是，类似的事情还是屡禁不止。

（二）巡检选任不当，能力不强，不能尽职尽责

宋代很重视一般州县亲民官的选任，中高级武官也很受重视，但是低级武官的选任条件就相对较低。

官阶较高、管辖范围较大的巡检，特别是由枢密院选任的巡检，其选任标准比较严格，多经过重点筛选。而作为州县最基层的巡检，则往往由初入仕的低级武臣担任，有的甚至是不识字的文盲，其中老弱病残者也占一定比例。沿边条件较差的地区，巡检和其他地方官一样，往往没有正官，而是由权摄官代理，他们更难以尽心职守。

南宋时期，有些正规的官兵得不到严格训练，被长官役使而从事各种营利活动，巡检下的土兵也不例外。乾道年间，江南西路的土兵、弓手，"其能弓弩武艺者，十无二三，巡、尉往往不晓军旅"[⑤]。

---

① 《宋会要·兵》12之25，第8846页。
② 《宋会要·刑法》2之51，第8311页。
③ 《宋会要·食货》26之21，第6568页。
④ 《宋会要·兵》11之15，第8825页。
⑤ 《宋会要·兵》3之27，第8671页。

巡检官本人或不习水性，却被派往江湖水路或沿海参与缉私。用这些武艺不佳的官员统领训练不足的土兵去应对深谙水性、敢冒风险的私盐贩子，显然不会有好的效果。当遇到规模较大的水上团伙抢劫时，"巡、尉官吏惧遭责罚，务在掩覆，往往率众劝和，备偿所失，不欲上司之知"①。有的巡检甚至设法赔偿被盗之家，阻止他们告官，目的是不得罪贼盗，蒙骗上级，逃脱责罚，其结果往往是盗贼更加肆无忌惮，治安秩序变得更差。

如前所述，宋政府为加强对地方的控制，从北宋后期到南宋制定了巡检巡历稽查制度，基层巡检每月必须把辖区巡视一遍，并在重要村落的特定墙壁即"粉壁"上书写到达情况，接受保正长、地方长官的监督。但是，有些巡检下乡途中强拿百姓的物品，责令保正副为其准备饮食器用，骚扰百姓。至于沿海地区，"弓手、寨兵，倚盗为利，巡捕所至，邻里骚然，濒海细民，反以为害。盗不为止，职此之由"②，遂造成所谓"弓兵月巡之扰"③。

（三）土兵缺额严重，或不专其责，影响其正常履职效果

地方政府有时为了减少开支，不按定额招用兵员。本来100人定额的土兵，只保留几十人，却领取足额军俸，从中获取缺编费。土兵缺额一直是中央政府责令监司、知州等着力解决的问题，但是这一问题一直存在。同时，土兵与其他官兵一样，常被地方官借差他用，地方长官或让巡检兵充当手工作坊的工匠，为自己牟取私利，甚至让土兵练习音乐，"占充乐人"。④

地方政府催纳赋税，本是户长或保正长等县乡役人承担的职役，但是，南宋时，因为过分苛征，赋税征收困难，地方官往往指派土军，实行武装催缴，"所至将带枪手动十数人，惊扰乡民，烦费百

---

① 《宋会要·瑞异》3，淳熙九年五月二十六日，第2677页。
② 《宋会要·兵》13之49，第8877页。
③ 《宋会要·食货》14之42，第6288页。
④ 《宋会要·刑法》7之24，第8589页。

出",造成所谓的"追催之弊"。这与"差役之弊""受纳之弊"①一起成为民间突出的弊害。条例规定,巡检出行,只许骑马,不得乘轿,但是,有些地方官员往往私自占用土兵,土兵中有很多"虞候、厅子""负轿"之类②,为官员个人服务。"占破他役"的结果是,土兵校阅成为具文,缺乏训练,"捕盗之时,人力不胜"③。在沿海的一些盐场,没有战斗力的土兵,乃至于和生产盐的亭户串通一气,"与亭户相为表里,庇其私煎盗卖,复以巡捕为名,横行村落,反与私贩之徒极力防护"④,巡检官竟无可奈何。

尽管如此,巡检这种官僚系统的创建,对于处理宋代新产生的基层社会治安问题,发挥了重要作用,所以这一制度被其后的元、明、清各朝所沿用。

原载 2008 年宋史研究会《宋史研究论文集》,云南大学出版社 2009 年版。

---

① 《宋会要·刑法》2 之 153,第 8381 页。
② 《宋会要·兵》3 之 26,第 8670 页。
③ 《宋会要·兵》3 之 27,第 8671 页;《宋会要·兵》3 之 36,第 8675 页。
④ 《宋会要·食货》28 之 49,第 6629 页。《宋会要·食货》27 之 1—2,第 6581 页也载,盐场四弊之一为"纵私贩":"在法,有盐场处皆置巡检,以捕私商,缘岁久,而土军与亭户交往如一家,亭户私货自若。兼贩私盐之人类皆强壮为群,号曰水客,土军莫能制,反相连结,为之牙侩,巡检者徒备员,盐场官熟视无策。"

宋代监当官初探

监当官或曰监临官，简称监当、监官，它是宋代监税、监盐、监酒、监仓、监库务、监矿冶、铸钱官等具体负责基层手工业制造、矿冶业开采或冶炼铸造、库藏、专卖机构与税收等事务的官僚群体的统称，也是宋代大量增加的最基层的官职群体。其职位虽然不高，但在当时社会经济生活中却扮演着十分重要的角色。

商税及茶、盐、酒等产品的专卖收入在宋代国家财政收入中占有举足轻重的地位，宋政府因此设置了庞大的监当官队伍负责基层工商业和各种专卖机构的管理及其税收等具体事宜。宋代经济史已有研究成果表明，宋仁宗皇祐初年，商税收入2200万贯，在财政货币总收入中所占比例一度高达56.4%。其后，这一比例有所下降，但商税收入总数仍在不断增长。另据统计，皇祐年间，酒课的专卖收入为1498万贯，占当时货币总收入的38.4%，嘉祐以后，持续增长，往往超过商税收入。此外，盐课的收入也在不断增长，太宗、真宗时期在300万贯左右，熙宁十年（1077）增至1200万贯，南宋绍兴末年增至2320万贯，孝宗朝又达到3000万贯。[①] 当时，"朝廷大费，全藉茶、盐之利""军国大计，仰于盐利""朝廷养兵之费，多仰盐课"

[①] 漆侠：《宋代经济史》第二十七章《宋代的商品及其流向、商税的征收及其对社会经济的影响》第三节，中华书局2009年版，第1025—1026页。参阅李华瑞：《宋代酒的生产和征榷》第十四章《酒课的征收及其分配》，河北大学出版社2001年版；郭正忠：《宋代盐业经济史》第六章《盐产与盐利》，人民出版社1990年版；汪圣铎：《两宋财政史》《附表》，中华书局1995年版，第700—706页，等等。

"国家岁入，唯仰酒务""州郡财计，除民租之外，全赖商税"①，等等，在宋代的有关史料中诸如此类的论述连篇累牍。

一般情况下，宋代酒的专卖收入较多地归地方政府支配，其他收入须上缴中央财政。但是，不同地区不同时期都不尽相同。酒的专卖收入在宋代地方财政中的支撑作用非常突出。如西北地区，仁宗庆历年间，三司曾奏："兵久屯陕西，而军费不足，尤（籍）〔藉〕天下酒榷之利。"神宗元丰年间，西北用兵，陕西转运司又称："本路利源所入，全藉酒课。"②东南地区，南宋初年两浙路转运使王琮等说："本路利源，唯酒务与买扑坊场课利钱所收最多。"③绍兴三年（1133），临安知府梁汝嘉称："临安府素号会府，前此费用，悉藉酒税。"④平江府常熟县（治今江苏常熟市），南宋时其钱库所入也是以酒钱和商税为主，"本县目今所收，别无项目，大都不过酒钱、商税钱而已"⑤。福建"本路财赋，全仰州军运盐息钱及趁卖产浮契盐、丁米等钱以为岁计"⑥。西南地区，四川长宁军（北宋政和四年改淯井监置长宁军，治今四川长宁县南双河镇）"岁计独仰盐井"⑦。绍兴十七年，四川宣抚副使郑刚中言："四川财赋利源，大者无过盐、酒。"⑧在淮南西路，黄州黄陂县（治今湖北武汉市）龙骧税务每岁缴税额8686贯以上，"亦为本州利源之助"⑨。在广南，"广右漕计，

---

① 《宋会要·食货》26之3，第6558页；《宋会要·食货》26之25，第6569页；《宋会要·食货》26之7，第6560页；《宋会要·食货》21之10，第6453页；《宋会要·食货》17之41，第6368页。
② 《长编》卷133，庆历元年八月壬辰，第3165页；《长编》卷342，元丰七年正月丁未，第8221页。
③ 《宋会要·食货》21之12，第6454页。
④ 《宋会要·食货》20之15，第6433页。
⑤ （宋）孙应时纂，（元）卢镇续纂：《琴川志》卷6《叙赋·钱库》，宋元方志丛刊第2册，第1211页。
⑥ 《宋史全文》卷27下，淳熙十二年十一月壬辰，第2324页。
⑦ 《宋史全文》卷27下，淳熙十四年正月癸丑，第2333页。
⑧ 《系年要录》卷156，绍兴十七年七月癸未，第2964页。
⑨ 《宋会要·食货》18之27，第6387页。

在盐而已"①。当时，商税、盐、酒等各项工商业经济收入即所谓"课利"，大多是通过各级各类场务监当官从基层征收上来的。

下面试图对宋代这一体系庞大的监当官队伍的建置、选任、职能、地位及其存在问题等展开初步探讨。

一　监当官的创置及其类别

我国古代很早就有通过征商税、榷盐铁以增加国家收入的传统。汉武帝以后，盐铁专卖收入日益受到最高统治者的重视。唐末五代，军费大增，中央王朝为补充庞大的军费支出，重征商税及茶、盐、酒的专卖收入，地方割据势力也纷纷自派属吏主持盐酒场院，"厚敛以自利"②。宋朝建立以后，为革除唐末五代割据混战之弊，统治者极力加强专制主义中央集权，削弱地方势力，"藩镇有阙，稍命文臣权知，所在场务，或以京朝官廷臣监临，凡一路之财，置转运使掌之，一州之财，置通判掌之。为节度、防御、团练、留后、观察、刺史者，皆不预签书金谷之事。于是，外权削而利归公上矣"③。可见，由朝廷派官监临地方场务，与派文臣知州、设通判与转运使等改革措施相同，在维护宋朝统治的过程中起了重要作用。

宋人朱弁称：

> 五代以前官制及士大夫碑碣，并不见有场务监官，太祖亲见所在场务多是藩镇差牙校，不立程课法式，公肆诛剥，全无谁何，百姓不胜其弊。故建隆以来，置官监临，制度一新，利归公上，官不扰而民无害，至今便之。④

---

①　（宋）周去非著，杨武泉校注：《岭外代答校注》卷5《财计门·广右漕计》，第179页。
②　《长编》卷6，乾德三年三月乙未，第152页。
③　（宋）李攸撰：《宋朝事实》卷9《官职》，第154页。
④　（宋）朱弁撰，孔凡礼点校：《曲洧旧闻》卷1《太祖设场务监官》，中华书局2002年标点本，第85页。

他认为宋朝建立以后，始设场务监官，那么宋以前的场务长官如何称谓呢？史称："隋镇置将、副，戍置主、副，关市置令、丞。大唐因之，各有上、中、下三等。"① 即关市之征由令、丞负责。当时各县县令皆兼掌"籍帐、传驿、仓库、河堤"②等事。虽然唐代律令条文中经常提到"监当官司"或"监临之官""监当之官"等等，但这些称谓多属"统摄""案验""主守"等意，与宋代的场务监当官不是一个概念。③ 五代时期，各种场、院的主管官吏仍没有统一的称谓，如后晋天福七年（942）十一月曾下诏三司："应有往来盐货悉税之……其诸道应有系属州府盐务，并令省司差人勾当。"④ 即从中央派人负责盐的生产和销售。但如前所述，当时各地场务多系藩镇差牙校主管，很难有"省司差人"。监某某处税收的称谓在五代已经出现。南汉政权曾在广南西路邕州（治今广西南宁市）创设制置务，抽收商税。⑤ 如杨吴时，马仁裕在润州曾监蒜山渡。⑥ 但这种称谓似不普遍。

宋太祖建隆元年（960）十一月，平李重进，命宣徽北院使李处耘知扬州，枢密直学士杜韡监扬州税，南宋人陈傅良称："以朝臣监州税始于此。盖收方镇利权之渐。然是时初未以此置官也。"⑦ 这时虽开始了以朝臣监州税，但并未正式在各州县普遍设立税务监当官。如建隆元年五月，太祖以京师转输浩繁，"吏多旁缘为奸"，遂命殿中侍御史王伸、户部郎中沈义伦等8人"分领在京诸仓"，尚未称监

---

① 《通典》卷33《镇戍关市官》，第918页。
② 《琴川志》卷1《叙县·仓库》，宋元方志丛刊影印本第2册，第1160页。
③ 刘俊文撰：《唐律疏议笺解》卷9《职制》，中华书局1996年版，第741、755页；同书卷11《职制》，第843—897页，等等。
④ 《五代会要》卷26《盐》，第419页。
⑤ 《宋会要·食货》17之11，第6350页。
⑥ （南唐）徐铉著，李振中校注：《徐铉集校注》卷11《唐故德胜军节度使检校太保同中书门下平章事扶风马匡会神道碑铭》，中华书局2016年标点本，第395页。
⑦ 《文献通考》卷14《征榷考一》，第402页。

仓。① 在宋朝政府逐步收复南方各割据政权后，所派监税官逐渐增多。开宝三年（970）五月，诏令约束地方长官，限制他们私自派人掌管场务，"诸州长吏，毋得遣仆从及亲属掌厢镇局务"②。开宝年间，朝廷所派监当官既有监某州税者，也有监州仓、酒曲务、钱监及榷货务者。③ 一些州已正式设立了商税院。④ 不过，由于统一战争尚未结束，由中央政府大规模任命监当官的局面并未出现。宋太宗即位之初，三司使王仁赡因"纵吏为奸，诸州场院皆隐没官钱以千万计"而被罢职，借此机会，太宗下诏罢免原来所有旧吏，"分命使臣掌其事"。一年以后，成效显著，原来税务收入千缗者增长为一二万缗，万缗者增加为六七万缗。随着收入的增加，监当官的设置渐次普遍，任此职者不仅有京朝官，而且还有武臣和选人。雍熙三年（986），宋政府还制定条例："监当使臣、京朝官并三年替，仍委知州、通判提举之，遂为定员。"⑤ 此后，随着商品经济的不断发展和宋政府官卖法的推行，监当官的队伍不断壮大，南宋时期，一些州县监当官的总人数甚至超过了正额州县亲民官。

宋代监当官体系非常庞大，其称谓依据所管职务的类别而各不相同。南宋人编著的《古今合璧事类备要·后集》卷81《监当门》所列监当官，有州粮料院、钱监、监仓、监盐、监酒、监镇、作院、交引、库务、监门、监茶、监场、监务，共13种。这还未能概括宋代监当官的所有类别，但已列出了当时较重要的监当官种类，其分类主要依据其所主管职事的不同而分，并不一定科学。以下拟作进一步介绍。

（一）监粮料院

粮料院是宋代负责发放各级官员及禁军俸料的机构之一。在京粮

---

① 《长编》卷1，建隆元年五月，第15页；汪圣铎点校：《宋史全文》卷1，建隆元年五月己亥，第9页。
② 《长编》卷11，开宝三年五月戊申，第246页。
③ 《宋史》卷270《边珝传》，第9264页；《长编》卷12，开宝四年正月丁未，第258页。
④ 《宋会要·食货》17之11，第6350页。
⑤ 《文献通考》卷14《征榷考一》，第402页。

料院最初分为诸司与马军、步军三院，神宗元丰末年合并马、步军院，成为二院，其监当官多由朝廷命京朝官或使臣担任。在地方各州，目前尚未有足够的史料证明每州都设粮料院，但在京城诸司、陪都、地方藩府大郡、运河沿线官仓较多的地方，如泗州、楚州等地都有设立，各州粮料院或由其他州府官员兼管，或由朝廷派专官任粮料院监当官。

（二）监钱监

宋承唐制，在部分铜、铁、锡等矿产所在地设立"钱监"，为国家铸造钱币。唐朝的钱监监官都是其他官员兼任的，宋代则设置专职监当官负责。如宋真宗朝，刘濛叟曾"掌饶州（治今江西鄱阳县）铸钱监"，他任职3年，"增课十余万"[①]，通远军（治今甘肃陇西县）威远镇也设有铸钱监官。政府对铸钱监监官铸造钱币的质量和数量建立有考核机制，宋哲宗朝，还专门颁布了"铸钱监监官任满得替殿最法"[②] 此外，在各地矿产之处，还有其他各种各样的矿冶监官。

（三）监仓

宋代在京师及各州、各县设有诸多仓或场储存粮食、食盐及其他官物。如北宋京城开封有著名的百万仓，南宋首都临安有省仓上中下三界、丰储仓、平籴仓、端平仓、淳祐仓、都盐仓，等等。各州设置的有省仓、常平仓、盐仓，等等。宋初，京城诸仓多由三司或宰相府选京朝官监临，地方各仓或由州县官如通判、司户参军等兼管，太宗以后，也有派专官监临者。每仓所管场数各不相同，或只管一场，或管辖数场。如南宋时临安天宗盐仓便管辖19个盐场。[③]

---

① 《古今合璧事类备要·后集》卷81《监当门·钱监》，中华再造善本，第2页。
② 《长编》卷469，元祐七年正月己酉，第11207页；《长编》卷504，元符元年十一月戊申，第11999页。
③ （宋）吴自牧撰，黄纯艳整理：《梦粱录》卷10《本州仓场库务》，大象出版社2019年标点本，第302页；

（四）监盐

宋代盐业或实行官榷，或实行有限度的通商，产量高者多设监，少者设场务。盐监、盐场或综合负责食盐的生产管理、成品收购及支发销售等全部业务，或将盐的生产与销售分开，分设盐场（或称盐务）与盐仓（或称支纳仓等）。综合性的盐监主要设置在四川井盐产区、北宋河东解盐产区及北宋时东南海盐某些产区，其监官地位较高。宋真宗以后，东南海盐产区的综合性盐监逐步被废罢，代之而起的是分设盐场（催煎场）、盐仓（买纳场），监盐官因此增设。北宋末年至南宋，从朝廷到各帅府、军府、总领所等，均仰仗卖盐谋利，各地监盐官乃成倍增加①，监盐官因此成为宋代监当官的重要组成部分。

（五）监酒

宋代酒的生产及税收机构一般称酒务，绝大部分州、县均有设置，有些州县还不止一处。此外，京城有曲院，在经济发达、交通便利或驻军较多的乡镇市集等处，也多设酒务。产量较大的酒务均由政府派官监临，产量较小的或由民户竞标买扑。酒务监官负责酒的各项生产事宜，包括购买原料、酒的调配等。如吕惠卿任杭州酒官时，认真负责，"终日起居于糟浆之侧，气臭酷烈，熏目逆鼻而不敢以为劳"，该州酒利"岁入钱以千计者，殆四十万"②。监酒官负责征收酒课，在没有专设税务的州县，酒务监官往往兼收商税，多称监酒税。

（六）监镇

宋代，凡"民聚不成县而有税课者，则为镇，或以官监之"③。

---

① 郭正忠：《宋代盐业经济史》第三章《宋代食盐的流通》（一），第177—191页。
② 《咸淳临安志》卷55《仓场库务等》，所引吕吉甫（吕惠卿，字吉甫）《杭州监酒厅记》，第3841页。
③ （宋）高承撰，金圆、许沛藻点校：《事物纪原》卷7《州郡方域部》，第358页。

镇设置于商业贸易比较发达或战略地位比较重要、人口众多而不足以设县的地方。监镇官的职责是"掌警逻盗窃及烟火之禁，兼征税榷沽则掌其出纳会计"①。监镇官专管或兼管"烟火盗贼"即负责民事、消防、治安者，多被视为亲民官，只负责税收榷沽者则被列为监当官。

（七）监作院

作院是宋代设置于州、府、军中掌管制造兵器等器物的官司，隶属于军器监。北宋时地方作院或由本州都监等兼管，或差武臣专监。如欧阳修出使河北路就提到，仁宗时相州（治今河南安阳市）有作院监当官，其他还有任监汝州都作院者，有监鄂州（治今湖北武汉市）都作院者，有监沧州都作院者等。②

（八）监交引

由于商业等领域信用关系空前发达，宋代经济领域中出现了"茶引、盐钞、矾引、见钱交引等专用于赊籴军需粮草和禁榷专卖品批发销售领域的各种票据"③，这些有价证券名目繁多，性质复杂，统称交引。宋代交引广泛介入了商业经营活动，其自身也连带进入了买卖市场。在北宋京城开封设有交引铺，经营货币的兑换与回笼，市籴军需粮草等。南宋或称钞引院，是经营交引的场所。在地方州郡，北宋时期在解盐销售区有卖钞场，南宋时在东南各茶、盐主产区曾设立卖钞库、卖钞场、榷货务都茶场及折博务等交引交易机构。这些交易机

---

① 《宋会要·职官》48 之 92，第 4371—4372 页；《文献通考》卷 63《职官考十七》，第 1913 页。
② 《欧阳修全集·河北奉使奏草》卷下《乞条制都作院》，第 1819 页；（宋）范祖禹撰，贾二强等校点：《太史范公文集》卷 46《三班奉职墓志铭》，《儒藏》精华编第 219 册，北京大学出版社 2014 年标点本，第 673 页；（宋）晁补之撰：《鸡肋集》卷 65《奉议郎高君墓志铭》，《四部丛刊初编》本，第 16 页。
③ 姜锡东等：《宋代榷货务的经济职能及其演变》，《河北大学学报》（哲学社会科学版）1989 年第 4 期；《宋代商业信用研究》，河北教育出版社 1993 年版，第 145 页。

构的官员多数属监当官。

（九）仓、场、库、务类监当官

此类监当官是宋代监当官队伍的主体。宋代一般存贮粮食、食盐、茶等官物之处称仓或场，而存贮酒、钱等钱物之处称库。如南宋时，京城临安府有左藏库、军资库、公使库、醋库、御酒曲料库、赡军南酒库等近30库。① 在地方各州县，库的种类也很多，如庆元府，南宋时设有军资库、省库、籴本库、经总制库、公使库、酒库、钱库、银器库、牙契库、盐本库等近20种库。② 这些库务的管理或由州县官兼领，也设监当官主持。

"监茶"官包括产茶地区茶场的买茶官、茶叶经销过程中合同场的监官等。"监场"官涵盖范围较广，主要指宋代在茶场（南宋时包括合同茶场）、盐场、抽解竹木场（又称木税场）、炭场、柴场、船场、金场、银场、铜场、铁场等生产场所设置的监当官，其数量也相当多。

"监务"官包括的类别也很多，宋代各种官营生产场所、交易类机构等多称"务"，盐场又称盐务，与酒务、税务构成监务官的主体，此外设监当官的务还有市易务、窑务、矾务、织罗务、市舶务、楼店务、折博务、榷货务等。其中商税务监官设置最为普遍并有许多不同的称谓。宋初，监税官简称监某州或某县税收，因管辖范围不同又有监茶、盐、酒税与监某种茶税、监某处酒税之不同。宋代榷茶制度反复变更，改行通商法时，监茶盐酒税官多改称监盐酒税务，省去"茶"字。宋代税务的数量不亚于酒务，各州县乃至镇、市、城、寨等处以及江、河津渡多有设置。

"监门"是主管京城中央官府衙门、王府宅院，或地方州郡各城门的监当官，一些重要的官府如三省、六部以及仓库也设监当官，城

---

① （宋）周淙撰：《乾道临安志》卷1《库》，《南宋临安两志》，第12页；同书卷2《仓场库务》，第38页。
② 《嘉定赤城志》卷7《公廨门四》，宋元方志丛刊影印本第7册，第7329页。

门的监当官兼收商税。

除上述监当官外，宋代还有许多专管某项事务的官职属于监当官，如与水利设施、水路交通管理有关的监堰闸官、监河堤、监渡官、监排岸官，等等。

宋代监当官按所掌职事的不同有许多不同的称谓，他们主要集中在为国家增加收入的工商业产品的生产和流通领域。

二 监当官的普遍设置

宋代监当官是一个体系庞大的官僚群体，随着经济的发展和征调任务的加重，这一群体不断壮大，其分布遍及京师及全国各地州县城乡。如宋仁宗皇祐五年（1053），开封城中收入在 7 万贯以上设置监官者就有京师百万仓、左藏库、都商税务等十多处。南宋末年，临安城中的"监当诸局"多达 27 处。[1] 在地方各州县，仅存的一些宋代方志，可以帮助我们了解部分监当官的设置状况。如两浙东路的镇江府，在北宋时称润州，宋真宗大中祥符年间，州城官舍共 13 处，其中监当官舍有监酒二、监茶二、监织罗务一、监堰一、监回车院共 7 处。[2] 南宋时产盐重地明州（治今浙江宁波市），监盐官多达 21 员，加上其他监税等，监当官总数多达 42 员。[3] 两浙西路的湖州，在 21 员州级官员中，有监当官 6 员，在 6 县 36 名县级官员中，监当官占 12 员。[4] 另如常州，州属文武官员约 38 员，而监当官占 12 员，此外，该州还有隶属于三省和户部的激赏酒库监官 11 员，两类监当官加起来共达 23 员，与该州的其他文武行政官员总数接近。[5] 福建路的

---

[1]《咸淳临安志》卷 9《行在所录·监当诸局》，宋元方志丛刊影印本第 4 册，第 3435—3439 页。
[2]《嘉定镇江志》卷 12《治所》，宋元方志丛刊影印本第 3 册，第 2405 页。
[3]《宝庆四明志》卷 3《官僚》，宋元方志丛刊影印本第 5 册，第 5030 页。
[4]《嘉泰吴兴志》卷 7《官制》，宋元方志丛刊影印本第 5 册，第 4718—1421 页。
[5]《咸淳毗陵志》卷 9《秩官》，宋元方志丛刊影印本第 3 册，第 3023—3032 页。

福州，州级官员 24 员，其中监当官 7 员，占将近 1/3。① 在秀州华亭县（治今上海松江区），根据《云间志》卷上记载，绍熙年间，在知县、主簿、县丞、县尉 4 员县官之外，监盐、监酒等场务监官多达十余员。在北宋时的西北边境地带，熙宁五年（1072）新置熙州（治今甘肃临洮县），设通判 2 员，曹官 3 员，驻泊监押 3 员，而各种监当官有 9 员。②

以上所举主要是隶属于各州府的场务监当。此外，像常州有隶属于三省和户部的酒库监官一样，南宋时，有些州府设有不属于本州本府的仓、场、库务。如建康府（治今江苏南京市），南宋初年所创酒库有 29 个，其中行宫 1 库，本府 3 库，江东安抚司 2 库，淮西总领所 4 库，侍卫马军司 1 库，御前诸军都统制司 18 库。孝宗乾道以后，始不断合并减少。③

就全国范围而言，监当官的数额也是相当大的。如监税官，宋代商税务设置非常普遍，"凡州县皆置务，关镇亦或有之"④。熙宁十年之前官设税务 1857 处，熙宁十年时已增到 2011 所。⑤ 据《元丰九域志》载，元丰时全国共有个 1235 县，据此，当时每县平均设税务 1.6 所，不过，由于各地经济发展水平差距较大，有些县不置税务，而有些县则多达 5 务以上。酒务数与商税务之数大致相当，熙宁十年前，北宋各地官设酒务 1861 处。⑥ 另如盐场，以东南沿海海盐产区为例，北宋时，淮南共设盐场 25 个，其中，通州（治今江苏南通市）利丰监辖盐场 7 座，泰州海陵监（治今江苏如皋市）辖盐场 8 座，楚州（治今江苏淮安市）盐城监（治今江苏盐城市）辖盐场 7 座，海

---

① 《淳熙三山志》卷 23《秩官类》，宋元方志丛刊影印本第 8 册，第 7988—7992 页。
② 《长编》卷 240，熙宁五年十一月甲子，第 5834 页。
③ 《景定建康志》卷 26《提领建康府户部赡军酒库所》，宋元方志丛刊影印本第 2 册，第 1778 页。
④ 《宋史》卷 186《食货下八》，第 4541 页。
⑤ 《宋会要·食货》15—17，第 6293—6349 页。原书熙宁十年仅列 1993 处，残缺部分据陈高华：《北宋商税补缺》一文补充，《中国史研究》1987 年第 4 期。
⑥ 《宋会要·食货》19，第 6391—6416 页；李华瑞：《宋代酒的生产和征榷》第六章《宋代榷酒政策概说》，第 146—179 页。

州（治今江苏连云港市）设 2 座盐场，涟水军设海口 1 个盐场①。这些盐监的长官，往往由京朝官担任。范仲淹为官之初曾在泰州西溪盐仓任监当官。南宋初年，受宋金战争影响，淮东路盐业生产严重萎缩，但战争稍有平息便又发展起来，复设盐场 19 个；两浙路盐场至少在 47 个以上。② 再如矿冶场务，《文献通考》记录有宋代金、银、铜、铁等官设场务的数量，总计 271 处，"皆置吏主之"③。该统计颇不完备，南宋人洪咨夔说，当时"监务坑井，殆几万计"④。漆侠先生认为，"这个估计与实际情况当相去不远"⑤。当然，数以万计的矿产生产基地不可能都设监当官，其中绝大多数当由其他官员兼管或民户承包。但即便有一部分派官监临，其人数也是很可观的。

上述事实表明，宋代设置监当官的数量是相当多的，东南经济发达地区每州多者四十余员，少者近 10 人，其分布密度超过了常设的州县亲民官。当然，每州、每县监当官的员额并不像知州、通判、知县、县尉等州县官那样固定，而是根据当地物产丰歉及经济制度的变革，如茶、盐专卖方式的变革，或根据场务收入盈亏而经常予以调整，其总趋势是北宋前两朝员额较少，真宗至神宗朝有所增加，北宋后期到南宋时大量增加。

宋徽宗朝，监当官数额大量增加的原因之一是政和茶法、盐法改革。茶法改革增设了合同场监官，东南盐法改革将一处监盐官分为监场官、监仓官与押袋官，酒务之外又设比较酒务等。南宋时，其主要表现在监酒官的广泛增设，以及各地因税网繁密大量监税官的设置。以税务监当官为例，由于军费巨大和官员冗滥，财政拮据，南宋中央政府及各地方政府均通过提高税额、增设税务等手段增加收入，监当

---

① 《宋史》卷 182《食货下四》，第 4438 页。
② 郭正忠：《宋代盐业经济史》第二章《宋代食盐生产中的诸关系》，第 104—105 页。
③ 《文献通考》卷 18《征榷考五》，第 520—521 页。
④ 洪咨夔著，侯体健点校：《洪咨夔集·平斋文集》卷 1《大冶赋》，浙江古籍出版社 2018 年标点本，第 2 页。
⑤ 漆侠：《宋代经济史》第十四章《宋代采掘业和冶矿业的发展（下）》第三节，中华书局 2009 年版，第 593 页。

官也因此大幅度增置。税务增设过多，势必弊端丛生，甚至制约商业的正常发展。高宗绍兴二十六年（1156），尚书省指出：

> 盖缘税场太密，收税处多。且如自荆南军（治今湖北荆州市）至纯州（原岳州，绍兴二十五年改为纯州，治今湖南岳阳市）才五百余里，而税场之属荆南者四处；夔州（治今重庆奉节县）与属邑云安、巫山，相去各不满百里，亦有三税务。如此之类甚多。

其结果是商业发展严重受阻，朝廷多次下诏令诸路转运司调查并裁减过多的税务，这一次便合并了 134 处，减罢 9 处，另有 5 处免交过税。[①] 孝宗即位以后，也多次下诏省并距离太近的税务，但往往是议而不减，或减并以后又变相增设。

宋代各仓、库、场、务等一般置监当官 1 到 2 员（添差官、权摄官除外），而无论是税务、酒务、盐场、茶场，还是矿冶场务、各类库务，规模较大者其政务丛脞，仅凭一两位监当官，很难完成各项职责。因此，宋代监当官还配置有各种吏人、公人、役兵等协助其履行相关职能。这些吏人地位较高者有专知官、专副或专匠、专典、主典等，地位较低者有栏头、节级、十将、作头等。其中专知官常以州县吏人或衙前充当，作为监当官的副手，主管仓、库、场、务的具体事务，并督率库子、秤子、拣子、贴司之类吏人。有时，监官与专知官合称监专，专知官往往与监官共同对所掌职事负责。在酒库，如果监官只有 1 员，每当酿酒繁忙时节，监官需与专库轮流值夜班。官物如有亏欠，监专同受惩罚。[②]

各仓、库、场、务规模大小不等，所置属吏及役兵的人数相差悬

[①] 《宋会要·食货》17 之 42—43，第 6369 页。
[②] 《庆元条法事类》卷 32《鼓铸·营缮令》，第 526 页；同书卷 36《场务·场务令》，第 538—540 页；同书卷 32《理欠·场务令》，第 517 页；同书卷 36《仓库约束·仓库令》，第 558—559 页。

殊。一般专知官等属吏人数较少，役兵人数较多，规模较大的生产性盐场、酒务、钱监、矿场、造船场等役兵较多，税收、仓库管理等部门的役兵较少。如宋仁宗乾兴元年（1022）四月，杭州置清酒务指挥，由雇百姓改为募兵充役，酒官所属兵士以400人为额，江宁（治今江苏南京市）则以150人为额。明道二年（1033）二月，苏州置清酒务指挥，所募役兵以350人为额，隶属酒官。① 南宋孝宗淳熙十一年（1184）曾规定："沿江税务，每处止留专知、攒司各一名，拦头四名，监官每员破厢军六名"②。不过，这是一则裁减人员诏令，在此之前，各地税务尤其是沿江税额较大的税务所管吏人、公人、役兵的数量大大多于此数，此后往往也有超过这一限额者。

三　监当官的选任

以往论著涉及监当官时，都是从经济史的角度把他们当作税收及专卖制度的组成部分给予关注。事实上，监当官也是地方官僚制度的重要组成部分，与地方治理关系密切。虽然地位较为低下，但这一官僚体系队伍庞大，其选任制度也是宋代基层官僚制度的重要组成部分。

中唐以降，藩镇"率令部曲主场院，厚敛以自利。其属三司者，补大吏临之，输额之外辄入己，或私纳货赂，名曰贡奉，用冀恩赏"③。藩镇自派牙校属吏主管场务及税收是五代时期地方割据的经济基础之一。如前所述，为了加强并巩固专制主义中央集权，宋朝最高统治者一开始便致力于削弱地方势力，逐步派京朝官出任地方财税官，到太宗朝基本统一以后，各地州县官包括监当官任命的主导权已基本上全部收归中央。

---

① 《长编》卷98，乾兴元年四月丙寅，第2280页；《长编》卷112，明道二年二月己未，第2606页。
② 《庆元条法事类》卷36《商税·随敕申明》，第556页。
③ 《长编》卷6，乾德三年三月，第152页。

伴随着整个差遣除授制度的发展演变，监当官的选任制度在北宋前期也发生了较大变化。太祖朝，一些重要的差遣职务如知州、通判、知县等，皆由中书门下直接除授，京朝官担任监临税收者亦然，即由中书堂除，而且所任之官品阶都比较高。宋太宗朝，随着差遣院（后改为审官院）、流内铨、三班院等铨选部门的创立和职责的调整，依照不同的官阶，监当官渐次由各差遣机构分别差注。同时，朝廷所派监当官不再局限于京朝官，选人和武臣担任监当官者不断增加。宋真宗朝，恩荫补官制度开始泛滥，由荫补入仕的无出身文武官员大量增加，这些官员通过荫补得到了品阶，但因受宋政府重用科举及第有出身人政策的影响，他们初次注授差遣时只能担任最基层的判司簿尉或不亲民政的监当官、巡检、指使等。于是监当官人选的品阶与北宋初年相比迅速降低，许多文武官员在初涉仕途时多从监当官做起。这一变化从仁宗初年一位臣僚的奏言中便可看出。天圣三年（1025）三月，开州（治今重庆开州区）刺史王应昌指出：京城诸仓原由"朝官、供奉官已上历外任者勾当"，官位较高，专副、所由等吏有所畏惧。"今来诸仓多是京官、殿直，兼有未历外任者，每有纲运卸纳取样之时，或即到门，或即不来"，职事只凭专副、所由等把持，因此军饷被偷籴乃至搀入水土，严重受损。[①] 条例规定，恩荫补官未曾经历差遣的京官、小使臣等，不能担任在京诸仓库务的监当官，这些初入仕的官员被源源不断地派往地方担任外地监当官等职务，他们资历浅，能力有限。神宗朝推行官制改革，最终确立了由吏部尚书左右选与侍郎左右选分别差注常调京朝官、大使臣与选人、小使臣的四部铨选制度。由于宋代监当官的职能、地位差别较大，因此四选及堂除等铨选机关都参预监当官的选任，收入较多的场务监官还特许大臣奏辟，所以，各阶层官员都是监当官的候选人。

其一，京朝官可以担任监当官。

宋代京朝官是文臣品阶中选人以上的官阶体系，文臣升至京朝

[①] 《宋会要·食货》62之7，第7552—7553页。

官以上，便获得了破格提拔重用的资格。京朝官出任监当官有宰相堂除、吏部差除、诸司奏辟三个途径，又可分为正常除任和黜降任职两种情况。宰相府选派京朝官担任职务繁重的场务监当官，说明这一职务地位重要。如北宋初年以京朝官监临税收，真宗朝以后，所掌事务繁重、收入多的京城仓场库务监官，中央官府的监门官等也特诏派京朝官监临。① 正常情况下，京朝官出任监当官者渐少，而京朝官犯了错误，其罪又不致于除名、流放的，在降级使用时，往往被授予监当差遣，这类事例在宋代文献特别是《宋会要辑稿·职官》之《黜降官》中也俯拾皆是。如真宗咸平六年（1003）十一月，光禄寺丞李永锡，王禹偁的儿子、奉礼郎王嘉祐因受弹劾，分别被授以和州（治今安徽和县）和天长县的监酒税官。② 景德元年（1004）十二月，在辽军攻宋时，知通利军（治今河南浚县东北）王固弃城逃走，本当重罚，因遇大赦，"责监贺州银锡场"③。仁宗朝以后，在历次政治斗争中，如庆历新政、哲宗朝的元祐党争和徽宗朝的崇宁党禁中，均有大批朝廷要员被降职，其中任监当官者相当多，庆历名臣余靖、尹洙曾分别降授监均州（治今湖北丹江口市，原均州城旧址被丹江口水库淹没）与永州酒税。北宋末年到南宋，京朝官被责降为监当官者，多以添差监当处之，并不过问具体职事。

其二，选人出任监当官。

选人或曰幕职州县官④，在官阶体系中属于文臣八九品的最低阶层。进士及第除少数高科人直接授京官外，绝大多数都被授予选人官阶，文臣的子弟荫补入仕时也多被授予选人官阶。元丰改制前，选人

---

① 参阅《长编》卷100，天圣元年四月乙未，第2319页；《长编》卷216，熙宁三年十月戊寅，第5261页；《宋会要·食货》17之36，第6365页；《朝野杂记·乙集》卷13《三省监门官》《六部监门官》，第198—199页；（宋）佚名编，汝企和点校：《续编两朝纲目备要》卷13，嘉定六年九月，第246页。
② 《长编》卷55，咸平六年十一月己亥，第1217页。
③ 《长编》卷58，景德元年十二月壬午，第1290页。
④ 参阅本书第十部分。

大体上由流内铨铨选除授，元丰改制后由吏部侍郎左选差注，担任的差遣以幕职州县官如县令、县尉、主簿、司户参军、司法参军、诸州推官和判官等为主，也有出任监当官者。仁宗庆历四年（1044）五月，河南府颍阳（治今河南登封市）、寿安（治今河南宜阳县）、偃师、缑氏（今河南偃师市）、河清（治今河南洛阳市）5县降为镇，每镇由转运司荐举幕职州县官、使臣两员出任监酒税、并兼管勾烟火公事。南宋时，襄阳府的户部大军仓、大军库监当官，要求差注选人，先注从政郎、修职郎，这两个官阶的选人无人可注，允许差注选人最低阶的迪功郎。①

其三，大、小使臣担任监当官。

宋代武臣主要来自于恩荫入仕、军功补官、军员升补。此外，各种流外入仕也多补授武阶官。大使臣一般指内殿崇班（修武郎）、内殿承制（敦武郎）两阶。元丰改制以后，在吏部四选铨选时，大使臣又包括诸司正、副使，即武臣中的升朝官，由吏部尚书右选差注。②小使臣则指东头供奉官（从义郎）以下八阶，由吏部侍郎右选（元丰改制前的三班院）差注。在武臣品阶官之下，还有一些无品武阶官，由兵部掌管除授。具有这些官阶的武臣初次注授州县差遣时，多被授以巡检、监当、指使、差使等职务。宋初两朝，使臣的人数较少，也很少出任监当官。真宗朝大开恩荫之门后，使臣人数大幅上升，北宋中期以后，小使臣一直占四选总数的1/3乃至1/2以上，与此同时，监当官的阙数大为增加，因此，使臣注授监当的人数是相当多的。如真宗景德元年（1004），允许70岁以上本该致仕而身体尚好的三班使臣担任"家便监临"③，以便养老。神宗熙宁八年（1075）八月，诏令规定："熙河路有功使臣，未有差遣、借职以上，并增差

---

① 《吏部条法》《差注门三·监当》，第112页。
② 王曾瑜：《从岳飞及其部将的仕历看南宋前期武官的升迁资序》一文，《岳飞研究》（第三辑），中华书局1992年9月版。
③ 《长编》卷56，景德元年三月戊子，第1231页。

内地监当。"① 北宋后期到南宋，大小使臣担任监当官更为普遍，一般收入较少的场务监当官由小使臣担任，收入稍多者由大使臣担任。南宋初年，没有为官经历的小使臣担任监当时，往往因为"不通文法吏事"难以胜任，遭到大臣批评，最终或不得不改由文臣京朝官担任。南宋中后期，朝廷为拣汰离军使臣差注的差遣岗位既有诸州添差兵将官、岳庙官，也有"差管发卖酒醋监门、河渡之类"②的监当官，弊端屡现。

其四，无品阶官出任监当官。

在九品官阶之下，宋代还有一些无品散官阶，如进士特奏名出身补授某州文学、助教者属无品文散官。因军功补官、进纳入仕或吏员出职等补授三班借差（进义校尉）、三班差使（进武校尉）者即为无品武散官。无品散阶官一般不能出任正式州县官职务，但特殊情况下，如沿边地区无正官时，可以担任权摄官，然后转为正官。周边少数部族地区有归附宋朝者，也有授予无品散阶官，并注授基层差遣者。仁宗庆历二年（1042），泉州商人邵保因协助政府官员从占城国捉获逃贼，被授予三班差使、监南剑州（治今福建南平市）顺昌县酒税。③ 神宗熙宁年间，湖南招降到的地方部族首领舒光勇"面色如漆……如鬼物然"④，也被授以三班差使、监安州（治今湖北安陆市）酒税。另如南宋后期，饶州乐平县（治今江西鄱阳县）监税，曾由纳赀买官入仕的进义副尉王鼎之担任，文学出身的黄某曾担任常州税务监官，任权官3年后，始"合系落权，理为官户"⑤。

由上可知，宋代出任监当官者，既有已担任外地州县官而升为京朝官的中级官员，也有大批初入仕的低级文武官乃至无品散阶官。

---

① 《长编》卷267，熙宁八年八月丙申，第6545页。
② （宋）程俱著，徐裕敏点校：《北山小集》卷36《四月二十二日车驾经秀州赐对札子》，人民文学出版社2018年标点本，第616页；《宋会要·职官》48之141，第4399页。
③ 《长编》卷137，庆历二年七月己巳，第3287页。
④ （宋）王铚撰，朱杰人点校：《默记》卷中，中华书局1981年标点本，第33—34页。
⑤ 《名公书判清明集》卷3《限田·限田外合同编户差役》，第99页。

为了保证职责繁重的监当官职位差到得力人才，宋代在派任监当官时广泛运用了荐举保任法。

宋代任官制度中广泛采用的荐举保任法大体上可分为三种形式：一是举主响应朝廷诏命荐举可以担任某类差遣的候选人，由朝廷从中选择任用；二是朝廷委命某些中高级官员作为保人担保中下级官员的升迁；三是某些部门和地区的长官可以为某些重要阙位物色人选，然后由朝廷正式任命，即所谓辟差或奏辟，这种荐举形式通常又称为保举、奏举、举辟等。如前所述，在吏部任命监当官时，往往要求任命一些曾历任差遣、曾受人荐举的候选人，这当属第一种形式。在任命较为重要的监当官时运用得最多的是第三种形式。

宋代奏辟官制是为了弥补吏部注官恪守资格之法存在的不足而实施的。为了选到能干之人，收入丰厚的场务，一般由三司（元丰改制后由户部）或诸路监司奏辟监当官。宋初，开封府属县的酒务，"多为豪民买扑，坐取厚利"，真宗天禧四年（1020），改由"三司保举"① 监官。此后，保举法几经反复兴罢，仁宗庆历四年（1044）诏令称："旧制，诸道榷酤，课满三万贯，举官监临……自今满五百万以上，方听举官。"② 不过，此后实际上一般情况下，往往是，年收入 3 万贯以上的场务，才通过辟举选用监当官。在京城，"诸司库务，皆由三司举官监当"③。庆历以后，年收入 3 万贯以上场务监官由奏举产生的制度渐次稳定下来④。如蔡襄所说：京城"以外州军场务钱数三万贯以上，及茶盐转般仓等，并是举官监当。"⑤ 皇祐年间，由三司奏举的阙位有"京师百万仓、左藏库、都商税务、榷货务、东西八作司、文思院、事材场、南北作坊、店务、曲院、内香药库、裁造院、作坊料务库、西染院、陕西折博务、解州盐池、缘边便籴粮草、

---

① 《长编》卷108，天圣七年十二月辛亥，第2529—2530页。
② 《长编》卷146，庆历四年二月辛亥，第3542页。
③ 《归田录》卷2，第23页。
④ 《长编》卷132，庆历元年六月甲午，第3139页。
⑤ （宋）蔡襄撰，吴以宁点校：《蔡襄集》卷18《乞商税院不用赃吏》，上海古籍出版社1996年标点本，第333页。

诸茶场、榷货务、转般仓、米仓、银铜坑冶场、盐井监"①等收入在7万贯以上的仓场库务监当官。

神宗朝曾大量裁减奏辟官的阙数,但四川地区茶马司所辖的"买茶起纲场监官十员"以及"沿边兵官、防河捕盗、重课额场务之类"的所谓"要司剧任"仍实行奏辟制②,并因此形成了举官任监当的"元丰旧法员数"③。哲宗元祐以后,这些"要司剧任"包括京城的"粮料院、诸司诸军审计司、左右厢店宅务、香药库、北抵当所"等,其监当官由户部奏辟④。此外,年收入在3万贯以上的各地场务监官,仍由本路转运司依旧奏辟⑤。南宋时,课利收入数额大的课利场务监官,多改由堂除或吏部注授,只有在朝廷所派官员不胜任或派不到正官时,才允许转运司或其他监司奏辟。州城、县城之外所设的监当官兼管治安、防火等民政事务,或州县交界之处兼管收税点较多者,往往由吏部选派"有举主",曾历任、无过犯人担任,或委托当地转运司、提举司奏辟。

四 监当官的职责及地位

宋代监当官的职责涉及当时经济领域的诸多方面,不同称谓的监当官,其职能各不相同。以下以税务、仓库等几类监当官为例,略述其职责。

税务监官以征收商业税为主要职责,商业税包括城镇的住税和来往于各地商人的过税。宋政府对监当官制定有严格的征税任务额,监税官首先必须按期完成中央政府分配的年度上缴税额,超额者受奖励,亏额或匿税不缴者,监当官及专典、拦头等均受处罚。铨选部门

---

① 《长编》卷175,皇祐五年十月壬子,第4237页。
② 《宋会要·选举》28之14,第5794页;《宋史》卷160《选举六》,第3755页。
③ 《宋会要·选举》28之26,第5801页。
④ 《宋会要·职官》27之14,第3717页;《文献通考》卷39《选举考十二》,第1135页。
⑤ 《长编》卷375,元祐元年四月己亥,第9090页。

往往以监当官增亏祖额的多少作为奖惩的重要标准，南宋时，监税官的政绩由主管部门"月校季比，岁终会其课，视前岁之增减以为殿最，课增有厚赏"①。此外，地方监税官还负责检查过路商人所贩卖的商品种类及其应纳税钱数，为持免税公引的商人签字盖章。宋政府严禁监当官刁难商旅，以保障商品流通。天圣元年（1023）七月，朝廷采纳了大臣的建议，规定陕西凤州（治今陕西凤县东北）或凤翔府（治今陕西宝鸡市）的税务监官，对经过当地的川陕纲运货物，每10担许抽检1担，"如有影带匹帛，即尽底点检勘罪"，违者将受到处罚。同年十月从发运使之请，规定各沿江、沿河州军商税务，"应纲运经过，画时点检发遣，不得住滞"②，即不能故意阻拦扣留纲船。条令还称："诸客贩茶货经由税场，监官不躬亲检察者，杖一百""诸客贩解盐往通商州县，经过税务不将引状批凿者，杖六十。"③

诸仓库监当官的主要职责是掌管官物，如官仓中钱、粮及其他物资的出纳、质量保障、上供及财务账目等事宜，宋政府出台有诸多法令条例，规范、监督监当官履职情况。雍熙二年（985），宋太宗告诫宰相们，"国家以百姓为本，百姓以食为命，故知储蓄最为急务"，为此诏命"诸路转运使及诸州长吏，专切督察知仓官吏等，依时省视仓粟，勿致毁败"④。仁宗天圣七年（1029）编敕规定，诸处仓场所收头子钱，一半纳官，"其余并于仓场内置柜封锁，凡有支破，监官与知州、通判同上文历，其县镇逐旋具支破数目申州，候纳罢日，磨勘具帐申奏"。神宗熙宁七年（1074），又重新规定了各州县场务和库务监当官申报、交缴官物的时限。⑤ 州县仓、库的监当官不但需要亲自管理官物的出纳，还须与监专等轮流值夜班。监当官任满离任，

---

① （宋）强至撰：《祠部集》卷32《送监征钱宗哲序》，《丛书集成初编》本，第507页。
② 《宋会要·食货》17之18—19，第6355页。
③ 均见《庆元条法事类》卷36《商税·厫库敕》，第548页。
④ 《长编》卷26，雍熙二年七月庚申，第596页。
⑤ 均见《宋会要·食货》54之4，第7236—7237页。

所管账历与官物数目不符或所缴官物有质量问题，则按相应的条例处罚。条例规定，凡离任时亏欠官课者，扣除监当官已领添支后，"诸官物安置不如法，暴凉不以时致损败者"，监当官与专副、本州知州、通判及库子之类，均要受罚。①

盐场、酒务等其他监当官的职能各不相同。如：盐场监官主管官盐的生产和销售，或只管生产而由支盐官、盐仓官负责销售。酒务监官掌管榷酒的生产和税收，或兼收商税。其他如铸钱监官以所铸钱的多少及质量高低为赏罚依据，市舶监官以招诱外商舶船的多少及抽解货物价值的高下为赏罚标准。

宋代实行官、职、差遣分授制度，官员官阶、职、差遣的迁转各成体系。监当官属于差遣范畴，就差遣资序而言，在宋代逐步确立的资序体系中，监当资序是最低的。进士高科、制举入等者，可以直接授京官、差注州县行政官职，如通判、签判等。一般获得选人官阶者，也可以出任判官、推官、诸曹参军、县令、县尉、主簿，等等亲民官。这些职务直接处理地方行政、司法、军政、民政等与百姓关系密切的事情，更受重视。而非进士出身的官员或进士及第名次靠后者，则不能直接获得亲民官差遣，须先注授监当、巡检、指使等差遣，担任监当 6 年或 8 年以后，没有过失，才有可能积累满监当资序，从而升改亲民资序。与其他官员一样，流外出身人关升亲民资序时，还须有推荐人保举。官员担任亲民差遣，取得亲民资序，才有了逐步升任知县、通判、知州等重要差遣的资格，因此监当差遣与亲民差遣的区分逐步明确。到南宋时，还特意公布了哪些职务系监当窠阙，哪些职务系亲民窠阙②，监当资序人关升亲民资序的条例也日益严格。当然，一些重要的监当官阙又必须由亲民资序人担任。

宋代监当官的地位呈现出先高后低的趋势。宋初两朝，监当官人数少，多由京朝官出任，地位较高。真宗朝以后，中下层文武官员担

---

① 《庆元条法事类》卷 36《场务·厫库敕》，第 537 页。
② 《周必大集校证》卷 143《乞指定亲民官职札子》，第 2186 页。

任监当者迅速增加，除了少数三司举官或堂除京朝官担任者外，绝大多数监当官品阶低下，京朝官受贬逐者多授监当官，黜降官叙复之初多授监当官，大量无出身的文武官员初入仕时主要担任监当官。南宋时，归明归附官员、拣汰离军将校等也多除授监当官。监当官人选的素质良莠不齐导致其地位进一步下降，对宋代经济发展和基层管理也带来了诸多不利影响。

五　监当官制度存在的问题

监当官的设置及其管理制度关系到国家财政收入的基础来源。宋政府大量设置监当官与宋代非农业经济的大发展密切相关。但是，受传统的重农抑商、重义轻利思想的影响，特别是监当官大量增加以后，监当官的地位迅速下降，文化素质较高的官员多不担任监当官，无出身官员、甚至不识字的武臣成为监当官的重要来源，这是监当官队伍构成存在的突出问题。宋政府设置监当官的目的主要是为了从地方征收钱物，以便解决庞大的军费及其他开支。虽然有诸多条令法规限制监当官胡作非为，但是，多数监当官素质低下，收税方式苛暴，往往极尽搜刮之能事，反而阻碍了当时商业的正常发展，这在南宋表现尤甚。

其一，税务设置过多，税网繁密。

北宋前期，地方商税由监当官征收后通过转运司上交中央政府，税务数目虽有所增加，但相对稳定，监税官的人数增长缓慢。北宋后期，特别是南宋立国以后，政府军费与官俸支出大增，国家财政压力增大，中央政府便设法加重税收，导致地方财务多头管理，本来地方有上供中央政府的定额，或归三省，或隶户部；有供地方支配者，或"供郡之版计"[①]。北宋中期增设了提举常平司，两宋之交增设了经总制司，南宋又设置了四大总领所，处处都要提高课利收入。地方长官

[①] 《琴川志》卷1《叙县》，宋元方志丛刊影印本第2册，第1161页。

为保证上缴数额，同时为增加自己所支配的经费以便宴饮交游或中饱私囊，遂加码收税，甚至在官设税务之外私设税务。

南宋税务比北宋增加了许多，这些现象引起有识之士的持续批评，朝廷为此多次下诏省并，但收效不大。如高宗绍兴二十八年（1158），饶州鄱阳县境内120里之内有3处税务，导致税收亏欠，该州知州因此请求省去一处。① 当时一般人认为，两税务之间应相距百里以上，但实际税务的密度往往大于此。宋孝宗朝曾多次诏令省并距离太近的税务，但是并未有大的改观。如在长江岸边的和州（治今安徽和县），"客旅往来，一日之间，三过场务"②。宁宗朝"襄阳境内二十里，而有三税"，太平州（治今安徽当涂县）境内"不出八十里间，凡三务场"③。这是朝廷允许设置的税务。除此之外，各地为了增加收入，往往私设税务，或于离税务十几里或几十里处非法拦税，"有一务而分之至十数处者，谓之分额；一物而征之至十数次者，谓之回税"④。成都府路的麻布产品甚至被分为麻皮、成色、麻种、麻枝、麻绠、麻纱6种税额，民户终年辛苦，所织麻布"一匹所直不过交子六七分，凡六经税，而官吏、牙侩多端侵刻"⑤，导致民不堪命。

其二，征税手段粗暴。

由于税务监官队伍素质较为低下，政府又以收入的盈亏作为赏罚标准，为了增加收入，许多监当官指挥吏人、公人、军兵等，残暴征税。婺州（治今浙江金华市）浦阳县处于穷山地带，北宋时，经济尚不发达，路过商旅较少，征税官为了完成课额，无所不用其极。"故关征之官常病岁课，益张其防，伺人之来，间有一触者，则必倾囊倒箧，算缗而去。譬夫设机待兽，中则不释，故商旅益不来，常岁之课益不登"。强至总结道："笼商之术，在宽不在急"。税官之所以

---

① 《宋会要·食货》17之44，第6370页。
② 《宋会要·食货》18之5，第6375页。
③ 《宋会要·食货》18之28—29，第6387页。
④ 《宋会要·食货》18之2，第6373页。
⑤ 《宋会要·食货》18之21—22，第6384页。

"探囊发箧，索人之隐"，大概是政府"赏格诱之尔。今有司之令主关征者，月校季比，岁终会其课，视前岁之增减以为殿最，课增有厚赏，惟恐搜隐之不至"①。南宋时，税官苛取收税的手段花样翻新，各税务往往在官府定额的吏人之外，"违法额外增置公吏、栏头，邀阻客人"②，额外增置栏头多者"至于一务却有一二百人，及巧作名色，容留私名贴司在务，更不计数，皆是蚕食客旅"③。他们私增税收名目，将官府免予收税的米、麦等也列入收税范围，甚至还经常拘拦官员、举人，向他们的行李和路费征税。④ 在税收过程中"非理邀阻、欺隐作弊"，更有甚者，如蕲州的蕲阳（治今湖北蕲春县附近）、江州（治今江西九江市）的湖口、池州的雁仪三税务，被称为"大小法场"⑤，用来比喻征税手段残酷，犹如杀人的刑场。

增设税务，增置税吏，苛取暴征，其结果只能是迫使商人不走官路，而走无人防备的小路，"却致暗失课入"⑥，或"致商贾不行，百物踊贵，细民艰难"⑦。所谓"商贾不行，盖缘税场太密"⑧。而增收的税收又有相当一部分用于支付增设公吏的开支，或用于州郡额外消费，政府所得甚少。

其三，监当官额外设置过多。

税务增设，税网加密，监税官势必增加，此外，宋代监税官增置还有其他方面的原因。

宋代官与差遣互相分离，只有官阶而得不到差遣的各级官员在生活上也有一定保障。但是，宋政府为了扩大政权的统治基础，大开入仕途径，入仕人数过多，自仁宗以后官员的人数就始终多于较为稳定

---

① （宋）强至撰：《祠部集》卷33《送监征钱宗哲序》，《丛书集成初编》本，第507页。
② 《宋会要·食货》17 之 40，第 6367 页。
③ 《庆元条法事类》卷36《商税·随敕申明》，第555页。
④ 《宋会要·食货》18 之 1—3，第 6373—6374 页；《西山先生真文忠公文集》卷12《申尚书省乞将乐平大通监税镌罢》，《儒藏》精华编第222册，第315页。
⑤ 《宋会要·食货》17 之 41，第 6368 页。
⑥ 《宋会要·食货》17 之 37—38，第 6366 页。
⑦ 《宋会要·食货》17 之 40，第 6367 页。
⑧ 《宋会要·食货》17 之 46，第 6371 页。

的阙位,北宋末年到南宋更甚。为了尽量安慰那些暂时得不到差遣的官员,宋代一方面采取预使窠阙的办法,为某些官阙提前注官,导致待阙人数增多,另一方面采取了差注闲职的办法,即为无阙可注的官员注授宫观岳庙官、添差官等。由于员多阙少的矛盾异常突出,添差官的人数也相当多,添差监当官成为添差官的重要组成部分,在沿海盐场或税务这类收入较好的地方,有时添差官的人数多于正官。一般情况下,条令禁止添差官干预地方行政事务,但干预者并不少。此外,地方长官为安排自己的亲友,还往往在朝廷允许的监当官员额之外以机察、措置、提点、提督等名义加派监当官,致使"一官而数人共之"[①],既危害官政,又影响政府收入,这是当时整个官僚制度自身矛盾影响的结果。

原载中国宋史研究会第七届年会论文集《宋史研究论文集》,云南民族出版社1997年版

---

① 《宋会要·职官》62之51—52,第4749—4750页;《宋会要·职官》62之54,第4751页;《宋会要·职官》60之57,第4753页。

墓志铭在宋代职官制度研究中的价值

——以北宋元丰改制前的监当官为例

1996年在昆明云南大学举办的第七届中国宋史研究会年会上，笔者曾宣读了《宋代监当官初探》一文，概要论述了宋代茶、盐、商税等领域监当官的创置沿革及类别、职责地位及其存在的问题[①]。当时是对两宋监当官进行了笼统地概括性论述，研究不够深入细致，有一些问题尚未明了，有继续深入研究的必要。如：（1）在《宋会要辑稿·食货》中列出的熙宁十年（1077）的二千余税务和一千八百六十多处酒务，还有其他茶场、盐场、银场、铜铁场，等等，是否都设置了监当官，在什么规模、年均收入多少以上的场务才设监当官，尚是不能准确回答的问题，这关系到宋代监当官队伍规模的估算；（2）由于监当官大都是由当时名不见经传的基层官员担任，而有些监当官后来升任要职以后，其早年监当官的经历在传记中也未必体现，所以关于这些基层官员担任监当官时履行职责的状况，还缺乏丰富的揭示；（3）对由其他州县官兼领监当官的问题尚未涉及；（4）有关京城的各类仓场库务监当官的论述较少；（5）在一些基本问题尚未充分研讨清楚的前提下，还没有对整个监当官群体给出一个比较全面的总体评价，等等。

那次会议的文章发表以后，笔者托人从北京图书馆、日本东洋文库复印到了日本学者幸徹关于北宋监当官的两篇专论，2001年又拜

---

① 载《宋史研究论文集》，云南民族出版社1997年版。见本书第十三部分。

托台湾师范大学雷家圣博士复印到了幸徹发表的另一篇论文①。幸徹第一篇论文主要研讨了北宋监当官设置的意义,认为设置监当官是宋初加强中央财权的重要一环,并指出北宋出任监当官者的阶官存在着由高到低的演变,监当官的地位呈下降趋势,越来越受轻视。作者的第二篇论文依据《宋会要辑稿·食货》保存的资料概述了北宋以盐、酒、商税为主的场务的分布概况,指出北宋熙宁、元丰时期,全国盐、酒、商税及茶、矾等专卖机构总计达五千多个,并论述了监当官专监一务或兼监多务的不同称谓等。作者在第三篇文章中指出,北宋不仅在3万贯以上等年收入较高的场务设京朝官等地位较高的官员监临,而且在年收入1000贯以上,或500贯以上,乃至不足500贯的场务,也大多设置了监当官,并估算出北宋盛时,全国应有2500名监当官,因此,北宋监当官的设置是十分普遍的。不过,幸徹的这一数字是在假设熙宁年间约2000个城镇,以每个城镇约设1.5名监当官为前提谨慎估算出来的,仅仅是一个推断,离实际情况有多大差距,还是值得继续探讨的问题。

2001年暑假,雷家圣博士在王曾瑜先生介绍下到河南大学访问,他谈到了他拟以宋代监当官作为博士论文选题的研究计划,雷博士给了宋代监当官一个较为准确的定义,并把宋代监当官分为三大类进行研究。一是生产制造机构的监当官,如铸钱监、作院等机构的监当官;二是监督管理机构的监当官,如商税、监酒、监盐、监仓、监门,等等;三是官营商业机构的监当官,如市易务、平准务、榷货务等。他的这种分类较为简明合理,但也有可商榷之处。如监酒务、监盐场之官,要直接负责盐的催煎、酒的原料储备及生产过程,这与铸钱监监官又当属一类。同时,监盐、监酒官往往还负责盐的运销、批发,酒的销售、税收等,也兼有官营商业的双重性质,又难以与第三

---

① 3篇论文分别是:《北宋時代における監當官の地位》,《東洋史學》第26辑,1963年;《北宋時代の官營場務における監當官について》,《東方學》第27辑,1964年;《北宋時代の盛時における監當官の配置狀態について》,《東洋史研究》第23卷第2號,1964年。

类截然分开。①

以下笔者也按三个分类,分别介绍北宋前期监当官的设置情况,并依据《全宋文》已出版的前50册中宋人墓志铭的相关资料,对此前的研究成果加以细化补充。

一 北宋前期监当官设置规模蠡测

这里所谓的北宋前期,是以元丰改制为断限,不是政治史、经济史、思想史等方面的历史分期。因为笔者最初查阅的墓志铭主要来自《全宋文》第一批出版的50本,后来就以元丰改制为界,又查阅了此前的宋人墓志铭资料。其次是因为熙宁末年《中书备对》的相关记载,较容易展开数字统计。在原有研究的基础上,以下尝试按三类对北宋前期监当官的设置规模予以估算。

(一) 矿冶业及其他官营制造业中的监当官

北宋对金、银、铜、铁、锡等矿产品实行专卖,每当有矿藏被发现时,规模较小的,政府鼓励民间有财力的个人承包开采,官方收购其产品,经过初步开采及评估,政府对赢利较大的矿场实施官营,同时设监当官,负责其生产及治安等。

由于矿产开采产量或增或减,导致矿坑兴废不常,其总数经常处于变动之中,矿务监当官的设置也随之波动。王菱菱教授的研究表明,宋真宗末年,各采矿场务已达二百余处②。另据《文献通考》载,北宋英宗治平年间,有金、银、铜、铁等场务271处,"皆置吏主之"③,这271处坑场并没列出详细名录。其余不设官监者,"殆几

---

① 雷家圣2004年博士毕业,其博士论文已经出版,参阅《宋代监当官体系之研究》,花木兰文化出版社2009年版。
② 王菱菱:《宋代提点坑冶铸钱司与矿冶业》,载《中日宋史研讨会中方论文选编》,河北大学出版社1991年版,第108页。
③ 《文献通考》卷18《征榷考五》,第520—521页。

万计"①。

另据《元丰九域志》各卷记载，宋神宗元丰时全国约有 200 个矿场，证诸宋人的墓志铭等相关史料，这约 200 个矿场，大多曾设置了监当官。可以认为，这些坑冶场大体上都是官监场务。如秦州（治今甘肃天水市）太平监，"开宝初于清水县置银冶，太平兴国三年（978）升为［太平］监"②。约在开宝初年，已拜监察御史的朱遵式由宰相府堂除监秦州银坑③，秦州银矿升为太平监后，种世衡入仕之初曾监太平监④。真宗大中祥符四年（1011），曾被免官的张蕴复官三班借职，监汀州（治今福建长汀县）大广冶⑤。在宋真宗天禧二年（1018）开矿的古田县宝兴银场，曾由转运使奏荐福州观察推官虞肃监领⑥。此外，漳州龙岩县银铜场、衡州（治今湖南衡阳市）常宁县茭源银场、虔州（治今江西赣州市）雩都县（治今江西于都县）银场等都曾设有监当官。⑦

---

① （宋）洪咨夔著，侯体健点校：《洪咨夔集·平斋文集》卷 1《大冶赋》，浙江古籍出版社 2018 年标点本，第 2 页。

② （宋）王存撰，王文楚、魏嵩山点校：《元丰九域志》卷 3《陕西路·秦凤路》，中华书局 1984 年标点本，第 123 页。

③ （宋）王禹偁撰：《王黄州小畜集》卷 30《监察御史朱府君墓志铭》，中华再造善本，北京图书馆出版社 2004 年影印本，第 5 页。以下所引墓志铭中的史料主要是《宋史》中无传之人，或《宋史》有传但漏载的史实。

④ 种世衡在《宋史》中有传，但并未记录其监当官经历，此外他还曾监京兆府渭桥仓、邛州惠民监等。见（宋）范仲淹撰，李勇先等点校：《范仲淹全集·范文正公集》卷 15《东染院使种君墓志铭》，第 311 页。

⑤ 张蕴墓志铭见（宋）宋祁撰：《景文集》卷 57《范阳张公神道碑铭》，景印文渊阁《四库全书》第 1088 册，第 540 页；大庇银坑见（宋）王存：《元丰九域志》卷 9《福建路》，第 405 页。据查，北宋未见"大广"这一地名，疑为汀州宁化县大庇银坑之误。因为汀州在《文献通考》中是 23 个产银州之一。

⑥ 按《宋会要·食货》16 之 20，第 6340 页；（宋）王存：《元丰九域志》卷 9《福建路》，第 400 页；（宋）梁克家撰：《淳熙三山志》卷 14《版籍》，第 7903 页；银场名均作宝兴，墓志铭本身原误作"宝积"（见《王安石文集·集外文》卷 2《屯田员外郎致仕虞君墓志铭》，第 1833 页。宝积银场在江西赣县）。

⑦ （宋）刘攽撰，逯铭昕点校：《彭城集》卷 37《右侍禁江君墓志铭》，齐鲁书社 2018 年标点本，第 965 页；（宋）范纯仁撰：《范忠宣公文集》卷 13《范府君墓志铭》，中华再造善本，第 1 页；（宋）曾巩撰，陈杏珍、晁继周点校：《曾巩集》卷 43《秘书丞知成都府双流县事周君墓志铭》，中华书局 1984 年标点本，第 591 页。

据《文献通考》卷 9 载，北宋建国之初，铜钱监由 9 个减为 4 个，铁钱监由 5 个减为 3 个。熙宁末年，铜铁钱监又增至 26 个，其中铜钱监 17 个，铁钱监 9 个，铸钱监"每监二员，至或用三员"为监管。①

由上述材料的考察可以推测，北宋与采矿、铸钱相关的监当官近 300 员。

与此相类的制造业监当官，还有造船场监当官。北宋水运船只需求量很大，官府在虔州、吉州、抚州、明州、温州、台州、楚州（治今江苏淮安市）、鼎州（治今湖南常德市）、嘉州（治今四川乐山市）、潭州（治今湖南长沙市）、福州、泉州、漳州、婺州（治今浙江金华市）、苏州、润州（治今江苏镇江市）、凤翔府（治今陕西宝鸡市）等近 20 个州府都曾设有官营造船场。太宗时，全国每年造船额共计达 3337 艘，真宗末年减少至二千九百多艘。从墓志史料看，北宋前期以上诸州多已见到监船场官的记录。②造船、制作皇宫与百官及诸军诸司生活用品等相关生产部门的监当官，后来归于将作监的事材场、东西八作司、窑务、竹木务的监当官等曾达到 18 员③。史料可见，潭州、鄂州、郓州、沧州、杭州等重要州府的都作院，也任命有专职监当官。此外，采石场④，军器监下属的东、西作坊，京师南作坊，归属少府寺的绫锦院、裁造院、文绣院（针线院）、在京染院等，在京斗秤务、在京内衣库、某某州织罗务，等等，均设有专门的监当官。

初步推断，以上各类监当官在北宋前期总计在 350 员左右。

---

① 参见《宋会要·食货》11 之 2，第 6211—6212 页；《宋会要·食货》11 之 8，第 6214—6215 页；（宋）王应麟编：《玉海》卷 180《钱币 元丰二十七监》，静嘉堂文库藏元刻本，第 36—37 页。

② 如监楚州船场。见《王安石文集》卷 96《右侍禁周君墓志铭》，第 1661 页。

③ 墓志铭的记录中，北宋前期可见西京洛河抽税竹木务、在京京东竹木务、监在京抽税竹木务等，此外，凤翔府有司竹监，河中府、升州、福州、澶州等也有竹木务监官。

④ 李枢曾监郑州贾盲山采石场。见（宋）苏颂著，王同策等点校：《苏魏公文集》卷 53《皇城使李公神道碑铭》，中华书局 1988 年标点本，第 808 页。

(二) 茶、盐、酒、专卖管理与商税征管类监当官

管理茶、盐、酒专卖的监当官和负责商税征收的监当官是北宋监当官的主体。其中监茶、监盐、监酒官，既负责禁榷品的生产增收，又负责专卖税收、仓储管理及出纳等事宜，又称监酒税务、监盐税等。宋代茶、盐、酒等相关的禁榷制度变动不居，随着专卖制度的调整，相关的监当官设置也随之变动，两宋总的趋势是此类监当官总数不断增加。

1. 茶叶经营管理类监当官

北宋茶法频繁变动，榷茶监当官总数大体上呈稳步上升状态。宋初在东南产茶地区曾设六榷货务和十三茶场，对所产茶叶实行专卖管理。六榷货务监当官从文臣京朝官、武臣左右班殿直以上官阶的文武臣僚中选任，十三茶场的监当官则从选人中选任。六榷货务十三茶场之外，还有35个州军有买茶任务，这35个州军也往往设监茶场官。从北宋前期墓志铭的记录看，不但十三茶场和六榷货务皆设有监当官，榷茶的州军如潭州（治今湖南长沙市）、建州（治今福建建瓯市）、兴国军（治今湖北阳新县）、洪州（治今江西南昌市）等地也有茶场监官。在不设茶场监当官的地方则由其他监当官或州县官兼领。如福州12县，监当官多数情况下合称监茶盐商税务。宋仁宗朝实行通商法时，监茶官有所减少。熙宁七年（1074）以后，原本不榷茶的成都府路、利州路、梓州路改行官榷法，以支援川陕茶马贸易。为此，三路的产茶州县广设监茶官。熙丰年间，川峡和京西南路的金州（治今陕西安康市）共有47个茶场，陕西卖茶场有三百多个[①]。这些买茶场、卖茶场多由专门的监当官管理。元丰元年（1078），茶马司提举官奏辟的大小使臣担任的监茶官"殆及百员"，

[①] 《宋史》卷184《食货下六》，第4500页；《宋会要·食货》28之14—16，第6611—6613页。其中《宋史》称陕西卖茶场有332个，待考。

指名奏辟的"买茶起纲场监当"又有 10 员。① 由上可见，宋仁宗时，东南地区的监茶官约有 50 员以上，宋神宗时期，川陕地区仅大小使臣担任的监当官已近 100 名，大的场务往往设 2 名监官。

综上，北宋中期，监茶官当在 100—200 名之间。

2. 盐业生产经营类监当官

唐代后期，盐务机构如盐场、盐仓、榷盐院、巡院等已开始在朝廷同意的情况下设置监官或知院官负责盐的专卖，并兼收茶税、矿冶税、关津税、酒税乃至两税等，安史之乱后这一体制在财政上有力地支持了中央王朝的统治。这些榷盐机构后来由藩镇节度使把持，成为地方割据势力的经济支柱之一。五代时，相关税收机构的设置更加普遍。②

宋朝建立后，仍广设监盐官。据统计，北宋前中期，在未实行钞引法以前，监盐官主要分盐监监官、监盐场、监盐仓、监榷盐院等。其中盐场多在生产场所，主要分布在沿海盐场，四川井盐、河东路池盐等的产盐地。河东地区池盐有监池官，四川井盐大者为监、小者为井，监设有监官。真宗咸平年间，全国产盐之地有 2 池、7 监、22 场、822 井。③ 仁宗时，产盐之地又有所增加，到熙宁、元丰时，有增有减。《元丰九域志》列出的东南沿海及四川地区有 17 监、六十多个场，沿海地区的盐亭、四川地区的盐井近千口。如，宋仁宗时通州（治今江苏南通市）约有盐场七八个、泰州有 8 个场、海州（治今江苏连云港市）有 3 个场，这些在《元丰九域志》中皆没有记载。以上是盐的生产地，池、监、场大多设监官。此外，在官般官卖盐法制

---

① 《宋会要·职官》43 之 52，第 4136 页；《宋会要·选举》28 之 12，第 5793 页；《长编》卷 341，元丰六年十二月癸未，第 8210 页。
② 参阅张邻、周殿杰：《唐代商税辨析》，《中国社会经济史研究》1986 年第 1 期；王怡辰：《唐代后期盐务组织及其崩坏》，载《晚唐的社会与文化》，台北：学生书局 1990 年版，第 273—327 页；[日] 日夜开三郎著，黄正建译：《唐代商税考》，载刘俊文主编：《日本学者研究中国史论著选译》第 4 卷《六朝隋唐》，中华书局 1992 年版，第 405—443 页；陈明光：《唐五代"关市之征"试探》，《中国经济史研究》1992 年第 4 期，等。
③ 《玉海》卷 181《盐铁·咸平江淮盐法》，中华再造善本，第 26 页。

度之下，官府还在产盐之地建盐仓，储存盐货。在不产盐的州县，设盐仓、盐院由监当官负责其监管，在运输过程中则有纲运押解官，等等。北宋前期，大州府如江宁府（真宗天禧二年前为昇州，治今江苏南京市）、梓州（治今四川三台县）、西京河南府（治今河南洛阳市）、洪州等地设有盐院，一般州县设盐仓或都盐仓。另如真州（治今江苏仪征市）、涟水军（治今江苏涟水县），则由转般仓分受楚州和通州五仓的盐。宋真宗时，胥某曾监温州乐清县的天富盐场①，范仲淹曾监泰州西溪盐仓，大中祥符年间李陟曾监真州盐场②，宋仁宗庆历初年，上官融由转运使奏荐监真州盐仓③。

此外，据当时墓志铭的记载，北宋前期海州洛要盐场、通州利和盐场、杭州汤村盐场、泰州角斜盐场、广州清远盐场皆曾置监场官。其中，广州清远盐场等在《元丰九域志》中，并不是所列九场之一，说明常见文献的记载都是有缺漏的。另如在陕州（治今河南三门峡市）有监集津垛盐务者④，在夔州路有监云安军（治今重庆云阳县）盐井者⑤。

据此，北宋前期监盐官在 100 员左右，这还不包括各州县兼监酒税者。

3. 酒业经营类监当官

宋代酒的生产及禁榷机构一般称酒务，南宋时也有称酒库者。酒务监当官比监盐官、监茶官设置范围更广泛，遍及全国各地州、县、镇，以及矿场、沿边城寨等。宋太宗太平兴国年间大部分州（府、军）已设酒务及监酒官，大州府酒课收入多者置 2 名监官，少数县已

---

① 《欧阳修全集·居士外集》卷 13《左班殿直胥君墓志铭》，第 919 页。
② （宋）张方平撰，郑涵点校：《张方平集》卷 39《朝奉郎、尚书屯田员外郎、通判杭州军州兼管内劝农使……李君墓志铭》，中州古籍出版社 1992 年标点本，第 700 页；《王安石文集》卷 89《尚书屯田员外郎赠刑部尚书李公神道碑》，第 1540 页。其中"盐场"，后者作"盐仓"。
③ 《范仲淹全集·范文正公文集》卷 15《太子中舍致仕上官君墓志铭》，第 319 页。
④ 《曾巩集》卷 43《尚书比部员外郎李君墓志铭》，第 584 页；集津垛盐务，见《长编》卷 102，天圣二年二月丙寅，第 2350 页，称"集津镇"，属平陆县。
⑤ 《曾巩集》卷 43《库部员外郎知临江军范君墓志铭》，第 588 页。

开始置监酒官①。宋真宗朝以后，县、镇中开始普遍设监酒官，这在《续资治通鉴长编》及《宋会要辑稿·食货》20 中均有记录，甚至远在渭州（治今甘肃陇西县东南）的得胜寨，因驻军多，既有酒务，又有税务，仁宗康定元年（1040），还曾派专官监德胜寨酒税②。

墓志铭史料对基层监当官，特别是在县以下设置的监当官的记载比官修文献丰富。如舒州（治今安徽潜江县）北宋前期就置有 19 个酒务，孔城镇排名最后，该镇已设有税务，在真宗朝，唐介的父亲唐拱即曾监孔城镇酒税。③ 王安石的叔祖王某，进士出身后累历地方要职，真宗末年因为所荐官员犯赃罪被连坐，责降为监池州顺安镇酒税。④ 顺安镇是熙宁之前池州 6 个酒务所在地之一，也是 11 个税务所在地之一。熙宁十年（1077）顺安镇年收商税额仅 375.4 贯，大概监酒务是其主要职责。此外，秀州（治今浙江嘉兴市）海盐县广陈镇是该州 17 个酒务之一，大名府经城镇是该府 27 个酒务之一，二者在北宋前期皆曾任命监酒税官。⑤

在北宋前期实行榷酒的有 254 个州府军监，设有一千八百六十多个酒务⑥。四川地区的一些州府，如兴元府（治今陕西汉中市）、普州（治今四川安岳县）、陵井监（治今四川仁寿县）、邛州（治今四川邛崃市）等地，一州之中有二十多个或三十多个酒务，这些拥有数十个酒务的州军很难在每个酒务都派监当官。除此之外，尽管有些酒务由州县官兼领，但大多数酒务是设有监当官的。另将《元丰九域志》中开列的约 1900 个镇和《宋会要辑稿·食货》中所载熙宁十年

---

① 太宗雍熙初年，陈洪进之子陈郜文出任监秦州长道县盐酒税。（宋）蔡襄著，吴以宁点校：《蔡襄集》卷 38《右千牛卫大将军致仕陈公墓志铭》，第 695 页。
② 《长编》卷 129，康定元年十一月癸丑，第 3054 页。
③ 《欧阳修全集·居士集》卷 25《右班殿直赠右羽林军将军唐君墓表》，第 388 页。
④ 《王安石文集》卷 96《主客郎中知兴元王公墓志铭》，第 1653 页。
⑤ （宋）郑獬撰：《郧溪集》卷 20《右侍禁赠工部侍郎王公墓志铭》，景印文渊阁《四库全书》第 1097 册，第 300 页；（宋）杨杰撰，曹小云校笺：《无为集校笺》卷 12《故通直郎签书商州军事判官厅公事谢君墓志铭》，黄山书社 2014 年标点本，第 434 页。
⑥ 参阅李华瑞：《宋代酒的生产和征榷》第七章《官榷酒制度》，河北大学出版社 1995 年版。

以前酒务、税务相比，这约 1900 个镇大多设有酒务。如成都府 19 个镇，有 11 个镇兼设酒务和税务，7 个镇单设酒务。普州 32 个镇，有 31 个设有酒务；汉州 15 个镇，有 13 个镇设有酒务；陵井监 14 个镇，全部设有酒务。① 从墓志铭等的相关史料看，《元丰九域志》所列的镇大部分设有监镇官，保证酒税收入也是这些监镇官最基本的职责。

综上，将州城、县城所设酒务与镇的酒务合计，北宋前期全国酒务酒税类监当官当有 2000 员左右。

4. 税务征管类监当官

两宋商税务在数量上超过酒务。唐末五代，中央开始设立少量的榷盐官兼征商税，有时也派朝官主征商税，当时称税茶场院、杂税务、关市场院、税场等，并已出现了商税院之名，② 各地节度使也擅自派将吏掌收商税。北宋建国之初即开始在各地设监税官，"命文臣权知所在场务，或遣京朝官廷臣监临"③。宋太祖即位当年，即命枢密直学士杜韡监扬州税，同时派兵部郎中曹匪监秦州税。少数州称商税院，大部分州、县、镇称商税务，简称监××税，俗称监××（州或县、镇）市征。与此相类的监当官还有沿江沿河等设置的监排岸司、监津渡、监堰闸，以及监市易务、监市舶司、监榷场、监楼店务，等等。

根据《宋会要辑稿·食货》15、16、17《商税》的资料统计，北宋神宗熙宁十年（1077）之前，官设税务 1857 处，熙宁十年增至 2011 所④。元丰时，全国 1235 个县，这样计算，平均每县 1.6 所商税务。另据统计，熙宁十年全国县以上各地税务中，每年商税收入在 5000 贯以上者有 323 处。其中，3 万贯以上的城市有 28 处，1 万贯到 3 万贯者 117 处，5000 贯至 1 万贯者有 178 处。县以下市镇、渡口等税务的商税年收入 1 万贯以上者有 42 处，5000 至 1 万贯者有 116 处，

---

① 参阅郁越祖《关于宋代建制镇的几个历史地理问题》，《历史地理》第 6 辑，上海人民出版社 1988 年版，第 109 页。
② 《册府元龟》卷 504《邦计部·关市》，第 6052、6053 页。
③ 《宋史》卷 179《食货下一》，第 4347 页。
④ 参阅陈高华《北宋商税补缺》一文，《中国史研究》1987 年第 4 期。

墓志铭在宋代职官制度研究中的价值

其中有31处市镇的商税超过了其所在州州城。①宋仁宗时曾规定税务收入在3000贯以上设专职监当官,据此,以上这646处税务大体是设监税官的。数据显示,康定、宝元以后,在北方诸路,500贯以上乃至1000贯以下的县、镇、寨等场务,已广泛设置了监当官,课利多的商税务还设2名监官。②《文献通考》卷14《征榷考一·关市》笼统地称,从宋太宗即位开始,增派武臣为监当官,雍熙三年(986)开始,"凡州县皆置务,关镇或有焉,大则专置官监临,小则令佐兼领,诸州令都监、监押同掌之",武官仅仅是协助管理。但是,究竟什么样规模以上的税务算"大",什么样规模的税务算"小",并不明确。因此,常见一些监当官是同时监茶、盐、酒税。

仁宗朝以后,朝廷改革茶法和盐法,一般州县商税务监当官不再监茶,有些商税务监当官也不再监盐,但习惯上还常称监某州某县盐酒税。因此,在上述近二千处酒务和二千余处商税务中,要区别哪些是兼监,哪些是专门的监官,仍是一个繁难的问题。不过,对有些州县监当官,政府在差注时,会明确区分是监商税(或简称监税)还是监酒务(或简称监酒、监榷酤)。如北宋建国之初,赵匡胤派后周旧臣、右拾遗杨徽之出监唐州方城商税③,真宗时,胥某以三班奉职监黄州商税④,表明他们只负责商税务。而沈严监杭州酒⑤,尹洙的弟弟尹湘监偃师县酒⑥,张保雍监尉氏县酒⑦,与戚舜臣监雍丘县

---

① 杨德泉:《关于北宋商税的统计》,《杨德泉文集》,三秦出版社1994年版,第193—194页。
② 《宋会要食货》54之3—4,第7236页;《长编》卷106,天圣六年十月甲戌,第2483页。参阅前引幸徹《北宋時代の盛時における監當官の配置状態について》,《東洋史研究》第23卷第2號,1964年。
③ (宋)杨亿撰:《武夷新集》卷11《故翰林侍读学士正奉大夫……赠兵部尚书杨公行状》,福建人民出版社2007年标点本,第181页。杨徽之在《宋史》有传,但不载此事。
④ 《欧阳修全集·居士外集》卷13《左班殿直胥君墓志铭》,第919页。
⑤ 《范仲淹全集·范文正公文集》卷14《宁海军节度掌书记沈君墓志铭》,第285页。
⑥ (宋)尹洙撰,时国强校注:《尹洙集编年校注》《宝元元年·故三班奉职尹府君墓志铭》,中华书局2019年标点本,第107页。
⑦ 《曾巩集》卷47《刑部郎中张府君神道碑》,第645页。

税①、崔公孺丁忧之后监许州合流镇酒税,再监许州商税②,这些表述是有明显分别的。假设前述收入在5000贯以上的481处监税官不与监酒官兼设,还有年收入在3000贯至5000贯者未予统计,监酒官加上监商税官应在2500人左右。

此外,大城市的监门官也负责征收商税。熙宁七年(1074)之前,京城开封"外城二十门,皆责以课息"。如,郑侠曾监安上门等③。

从杭州到京城开封,沿运河的杭州、真州、楚州、泗州、南京应天府(治今河南商丘市)等地各设排岸司,开封设京东、京南、京西、京北4个排岸司,均设监官或称勾当官,负责诸路纲运货物的装卸及运至京师以后分送诸仓,并带领排岸司兵卒,负责维修运河,监管纲运兵卒中的罪犯行为等。京城的四排岸司设监官1到2名,以京朝官充任。此外,也有担任西京、虔州等地排岸官的记载。

古代水运交通是物资交流的重要通道,城市、市镇多因水运交通的兴废而兴衰。除城镇外,许多税务设在江河渡口,征收渡钱或曰津渡钱,在此基础上形成许多新的商业市镇。如泰州柴墟镇盐税官又称监柴墟口岸。北宋前期,全国有21堰、65渡,均设置监官,征收舟船木筏过往之税,当时收入少的津渡或不设专官,而由其他监当官兼领。官府或在河上架浮桥以便于通行,于是又有了监泗州浮桥、监河中府(治今山西永济市)浮桥等监当官。

此外,北宋时宋政府在河北霸州等地设榷场与辽朝进行贸易,在西北沿边设榷场与西夏展开贸易,在广州等沿海城市设有市舶司管理海外贸易,此类监当官总数当不会超过100员。

总之,第二类课利场务监官,估计有二千八九百员。

---

① 《曾巩集》卷42《戚舜臣墓志铭》:"乃出监雍丘税,又监衢州酒",第566页。
② (宋)韩琦撰:《安阳集》卷49《故尚书比部员外郎崔君墓志铭》,《宋集珍本丛刊》第6册,线装书局2004年影印本,第606页。
③ 《文献通考》卷14《征榷考一》,第407页。

(三) 仓、库管理类监当官

上述茶、盐、酒、商税等监当官，都是赢利性的，宋人称之为课利场务监当官。另有一些监当官，以管理、出纳官物为主，所管仓、场、库、院、务、门等相关官物不直接进入市场，被称为非课利场务。如监粮料院、军资库、甲仗库、各种粮仓等。

粮料院、军资库监官。北宋在京城开封设三粮料院，任命勾当官，各州府是否全部设置，还难以确定，但在五代以来形成的藩府要郡，在运河沿岸的储运中心城市，如成都府、蔡州（治今河南汝南县）、鄂州、潭州、陈州（治今河南周口市）、庆州（治今甘肃庆阳市）、河南府以及杭州、楚州、真州、泗州等地，北宋前期皆曾有任命监粮料院官者。军资库大约是随着节度使制的确立，为保障募兵制下迅速增加的庞大军费支出而创立的。唐代安史之乱后，地方上已有军资库[1]。王建在四川称帝时，把军资库改名国计库。唐僖宗初年，刺史张某曾在湖州修建军资库库房。后晋开运年间，已见有"监军资库"官职之名[2]，或设军资库使、军资库副使等差遣。北宋前期滑州（治今河南滑县）、延州（治今陕西延安）、大名府、广州、杭州、雄州（治今河北雄县）、成都府、京兆府等州府皆有监军资库的相关记载。鉴于担任监当官者多为品阶低下升迁缓慢或入仕不久的基层官员，沉沦下僚者为他们撰写墓志铭的不多；那些后来官升要职、有传记的中高级官员，又往往忽略其担任监当官的经历。虽然史籍记载并不完整，但在唐代以来形成的四十多个藩府要郡，朝廷派官监领粮料院及军资库是极有可能的。

北宋前期大州府贮纳官用钱粮物资的其他仓库也有设监当官者。州府仓库储藏的、听命中央调遣的钱粮帛物被称为"系省钱物"。这些钱物调用权属中央，散存在地方仓中备用，账籍由各地定期上报

---

[1] 参阅冯培红：《唐五代归义军军资库司初探》，《敦煌学辑刊》1998年第1期。
[2] （宋）张唐英撰，黄纯艳整理：《蜀梼杌》卷上，大象出版社2019年标点本，第104页；《册府元龟》卷449《将帅部·专杀》，第5328页。

"省司"（三司或户部），地方不能擅自支用，只能按规定的项目和数额使用，多称"都仓"或"省仓"，简称仓。如太宗时进士出身的王利曾监并州（治今山西太原市）仓[①]；真宗时傅尧俞的祖父傅珏以荫入仕，一生中曾4次任监当官，其中第3任监当官就是监赵州（治今河北赵县）仓[②]。潭州称茶米仓[③]，真州有装卸米仓，此外还有监曹州（治今山东曹县）仓、监洪州（治今江西南昌市）仓、监郓州（治今山东东平县）仓等。在驻军较多的沿边地区或者政府养战马的仓草场，或设监官保护军用粮草。如监保州（治今河北保定市）仓草场、监卫州（治今河南卫辉市）黎阳仓草场等。县级储备量大的官仓，也有设监官的。如宋仁宗时，冯文显荫补入仕，初任曾监中牟县仓；王得君则曾监永城县仓。

总之，北宋前期，地方州县监当官，虽然没有像南宋时那样一州或多达二十多员，乃至四十多员，但商贸繁荣、税收任务繁重的州府，一般都设置多员监当官。在北宋熙宁年间新置的边州熙州（治今甘肃临洮县），也设各种监当官9员。[④]除去州城一般所设监盐、监酒、监税之外，地方各类监库、监仓总计也当不少于100员。

在北宋京城开封，非赢利性库务类监当官设置较为集中。后来隶属太府寺的左藏库、内藏库、布库、茶库、杂买务等25个库务，各设监当官，有的库务设二三名监当官。如尚衣库、御厨、医官院等6个部门各设2名监当官。元丰之前御厨有勾当官5人，其下又分法酒库等5个机构，设监当官、监门官共15人。元丰改制后，六尚（指尚衣、尚食、尚药、尚舍、尚乘、尚辇）除典御等官外，还各设监门官2员或1员。军器监下属的皮角场等4个机构各设监当官2员。将作监下属10个机构，如竹木务、事材场、箔场等，元丰时共设18名

[①] 《尹洙集编年校注》《明道二年·故大中大夫尚书屯田郎中分司西京上柱国王公墓志铭》，中华书局2019年标点本，第34页。
[②] 《司马光集》卷78《右班殿直傅君墓志铭》，第1578页。
[③] 《曾巩集》卷47《太子宾客致仕陈公神道碑铭》，第640页。
[④] 《长编》卷240，熙宁五年十一月甲子，第5834页。

监当官。元丰改制后归入太府监的文思院等 5 个附属机构，设监当官 10 员，鸿胪寺下属机构共设监当官 9 员，群牧司下 15 个机构共设监当官 26 员，司农寺下设监当官五十多员，其中有 25 名是诸仓监官。以上监当官总计一百八十余名，其中大多是元丰时期的建制①。这些机构的监当官在北宋前期官员的墓志铭中大部分都有实例佐证，说明这些场务库司在元丰改制前已存在并设官监临，元丰时只是将其纳入相应的中央行政机构中而已。

经过以上初步探究和推测，北宋前中期，即宋仁宗到宋神宗元丰时期，全国监当官的总数大致在 3000 员以上。

二 监当官履职情况举隅

监当官一部分是官员初入仕时的起步官，大量的是那些非进士出身人或者进士出身名次靠后者担任的常见职务。对于那些后来官运发达、升至高级官员的人而言，他们后来作为地方大吏、朝廷重臣的事迹更多、更显著，所以在正史官员的列传中，这些高级官员早年担任监当官的经历往往被忽略。那些有较多监当官经历、终生沦落在基层的官员，绝大多数由于仕宦不显，无法进入正史列传，在正史中便难以找寻他们的踪迹。这些无名小官中，有部分人或许与其他高级官员有亲戚、同年、同僚等各种社会关系，就有可能留下名臣高官们受托为他们撰写的墓志铭，这些墓志铭中往往有他们稍微详细的担任监当官的记载。那些正史传记中被忽略掉其监当官经历的官员，有部分人的墓志铭会对此有只言片语的记载。因此，墓志铭资料是研究监当官这类基层官员履职情况的重要资料来源。以下试列举相关记载以明之。

宋太祖乾德六年（968）状元及第的柴成务，曾以大理寺丞"监

---

① 《文献通考》卷 55—57《职官考九、十、十一》，第 1609—1713 页。

潭州茶场",由于"管榷之利"大增,遂升补太常丞、任峡路转运副使。①

赵概之父赵某,宋太宗初年赐进士及第,罢司理参军后,以光禄寺丞,监梓州榷盐院,在任"制贸迁之法,操其奇赢,不设峻防,大储放利",因政绩突出,加官著作佐郎,升任密州(治今山东诸城市)通判。②

林从周,宋真宗景德二年(1005)进士,担任泉州南安县主簿期间,以能干闻名,被计司推荐,监剑南银冶,"半岁,入银铜七十一万。第其最以闻,天子嘉之,擢授大理评事,筦榷永嘉(温州市古代的郡名)"③,由于课利增加,林从周的官阶升为大理寺丞。

钱冶,景德二年进士,历任三次州县官后,监黄州麻城县茶场,遂知县事。因为"茶课岁增五倍",罢任后受到表彰奖励,改官著作佐郎。④

陈巽,大中祥符八年(1015)进士,三任州推官后,被荐举出任监潭州茶米仓。潭州茶米仓是负责征收茶课,"天圣初,潭州茶课视景德亏十之六",陈巽到任后"谨于绳吏,而果于去民之所素不便者,茶视旧课岁增九百万斤",受到长官举荐,遂改官出任知庐陵县(治今江西吉安市)。⑤

丁宗臣,宋仁宗景祐年间进士,曾因三司举荐,知太湖县兼榷茶场。"旧制岁市茶八十万,受上赏",而丁某认为,课额增加是县官苛取的结果,他奏请每年减收三十万,"自是无暴征、无滞积,公私

---

① (宋)杨亿撰:《武夷新集》卷10《宋故太中大夫行给事中……平阳柴公墓志铭》,第160页。
② (宋)张方平撰,郑涵点校:《张方平集》卷37《朝政大夫赠礼部尚书天水赵公神道碑铭》,中州古籍出版社1992年标点本,第637页。
③ (宋)余靖撰:《武溪集》卷19《宋故两浙提点刑狱尚书度支外郎林公墓碣铭并序》,《北京图书馆古籍珍本丛刊》85,书目文献出版社2000年影印本,第182页。
④ 《欧阳修全集·居士集》卷25《尚书屯田员外郎赠兵部员外郎钱君墓表》,第384页。
⑤ 《曾巩集》卷47《太子宾客致仕陈公神道碑铭》,第640页。

两便"①。

李宽，以恩荫入仕，守将作监主簿、监洪州盐院，"用岁课倍"之业绩升职，出任知袁州宜春县（治今江西宜春市）。②

以上事例表明，课额增减，是考核课利场务监官的主要指标，课额增加，监当官多受到表彰，而收入减少且不称职者，多被处罚。如：郑平，天禧三年（1019）进士甲科，为郴州军事推官，监潭州茶场，"坐茶恶免官"，很久之后才被叙复再仕。③

陈某，知庐州（治今安徽合肥市）舒城县，兼以榷茶为职，该县有5个大户专擅茶利，导致"他商莫能行"。陈某到任后，革除了旧弊，五家大户因不能垄断茶利，怀恨在心，就向上级诬告陈某，陈某险些被免官。后经本路转运使查明真相，认可陈某的做法，并支持陈某，黥配诬告者，陈某方才平安无事。④

文臣担任监当官者，有时还受监司委托兼领司法等其他职事。如真宗末年进士萧定基，在仁宗时监成都府市买务，曾受转运使之托，断积年滞讼。⑤

宋代地方亲民官多有职田收入（圭田租），而新的监当官群体不在原有官僚体系之中，不是亲民官，没有职田收入。李某为昆山县令时，本县监酒官楚豫，家里很穷，但"能以廉自处"，不为自己牟利，李某很佩服楚豫的清廉作风，遂将县官的圭田收入均给监酒官一部分。此外，这位李某初次为官时曾监密州税，其墓志铭的"遗事"较生动地记录了他不徇人情、坚持向大商人收税的事迹："一日，同职为大商所绐，阅货不以实，将稍隐其数，以曲减征算，君固执不

---

① （宋）胡宿撰：《文恭集》卷37《故尚书都官员外郎丁公墓志铭》，景印文渊阁《四库全书》第1088册，第944页。
② 《王安石文集》卷97《广西转运使李君墓志铭》，第1676页。
③ 《欧阳修全集·居士集》卷28《永州军事判官郑君墓志铭》，第427页。
④ （宋）祖无择撰，（宋）祖行编：《龙学文集》卷9《郑都官墓表》，景印文渊阁《四库全书》第1098册，第832页。
⑤ 《王安石文集》卷89《故淮南江浙荆湖南北等路制置茶盐矾酒税兼都大发运副使……萧公神道碑》，第1535页。

可",并将此事告知知州,知州因此非常认可楚豫,以其为能吏。① 按条令规定,监税官必须亲自检察商人贩卖物品的种类及其数量,不亲自检查者有处罚规定。② 监税官秉公办事,才能防止偷税漏税,从而提高国家的收入。

课额增减是考核监当官的重要指标,为了追求奖赏,一些监官往往兴利除弊,以增加官课收入,因而受到百姓欢迎。如皇甫鉴知光山县兼买茶场事时"不以一毫过数,民皆乐输,无逋负者"。他体恤下户,认为贩私茶者多是贫民,主张从轻处罚。但也有一些监当官采取不当手段,苛取豪夺,务"求以多赢为最,常数倍取之,下户益困"③。

范仲淹的侄子范纯诚监衡州菱源银场时,能"惠工整弊",使"岁课增羡"④。宋迪的哥哥宋道,进士为官,曾监楚州盐城县都盐仓,在任期间"详究盐法利病,岁课增损,指其奸弊,为《盐政要录》一篇上之,三司多行其说"⑤。不但较好地履行了职责,而且总结了工作经验,这很难得。

范雍之孙范子仪,以荫补入仕,初官被任命为监邓州商税,当时,税务的吏人抓到了私自携带违禁物品出城的人,吏人准备加倍征收税钱,然后把携带违禁物品者放行,"有持金帛私出城者,吏执之,欲倍税而纵之"。范子仪审查后发现,这些人携带的金帛不是一般人家里应该有的,遂把他们解送到州里,"送州以治,果皆巨盗"。由于查税细致,范子仪为官府捕获大盗立了功。此外,范子仪曾监河南府长泉镇税兼采柴务。采柴务监当官的职责主要是带领役卒为官府伐

---

① (宋)强至:《祠部集》卷35《尚书司门员外郎李君墓志遗事记》,《丛书集成初编》本,第540—541页。
② 参阅前引拙文《宋代监当官初探》。又见本书第十三部分。
③ (宋)刘攽撰,逯铭昕点校:《彭城集》卷38《故朝散大夫尚书虞部郎中致仕上骑都尉皇甫君墓志铭》,第975页。
④ (宋)范纯仁:《范忠宣公文集》卷13《范府君墓志铭》,中华再造善本,第1页。
⑤ (宋)范纯仁:《范忠宣公文集》卷13《朝请大夫宋君墓志铭》,第4页。

木砍柴,"旧制,役卒日有定课,虽祁寒暑雨,必如其数,卒或买薪输官,以是多冻馁为盗,民居患之"。范子仪改变了旧有的"日有定课"制度,"积日会数并输,皆乐事劝功。不逾岁,所增者千余万,而卒尚有余间得以为生。于今便之"①。

仁宗朝三司副使陈贯的幼子陈子渊,进士及第,历任县令、知县等职后,以朝官担任监解县盐池。"盐池久例,募民供役。分隶诸官,影象工役,故凡盐官寡清白之誉。公至,一切罢去。久之,僚吏皆以为便"②。

成都府为四川地区最大的商业中心城市,其监税官往往设法增收商税,"征敛无名,求溢常课",有的监税官因为官府增收课利,连升两官。也有的监当官"务职举以办事,耻削民以希进。于是上下两得,民甚乐之"③,仁宗嘉祐年间,进士杨宗惠、杜敏求在监成都商税时,都是宁愿升迁缓慢,而不任意增税。

以上不厌其烦地罗列了一些北宋前期监当官在任履职的例子,从中反映出课额增亏是决定课利场务监当官升降的主要指标,这与被称为亲民官的州县官的考校重点大为不同。多数监当官在任时设法增加收入,也有一些官员裁减税额,轻税宽民,以吸引更多商户。其次,监当官在职期间有一定的决定税收增减方法的自主权。而仓库管理型监官则以库存货物的安全、足额为考核指标,所存官物腐烂变质,或因各种原因导致亏损,监当官须受处罚。如李枢监在京百万仓时,即因仓库失火而遭受贬降。

---

① (宋)范纯仁:《范忠宣公文集》卷16《范大夫墓表》,第1页。
② 张舜民:《朝奉大夫致仕陈公墓表》,《永乐大典》卷3145《陈子渊》,中华书局1986年影印本,第1880页。
③ (宋)吕陶:《净德集》卷22《朝奉大夫知洋州杨府君墓志铭》,《丛书集成初编》本,第250页;《净德集》卷24《朝请郎潼川府路提点刑狱杜公墓志铭》,第266页。

三 余 论

监当官体制的建立，有助于宋政府各种工商财税收入的及时收缴、各类官有仓库的正常管理、各种矿冶业与制造业机构等的有效运转。随着基层监当官的设置日益普遍，监当官的地位在宋太宗朝特别是真宗朝以后逐步下降。与州县亲民官相比，监当官被视为较为卑微的厘务官，但是，监当官数量庞大，已成为多数官员入仕以后必经之路，可以说，监当官一职已与宋代绝大多数官员的仕宦生涯结下了不解之缘。《宋史》本传里虽然记录了一些官员任监当官的经历，如范仲淹监西溪盐等记载，但是更多名不见经传的监当官，很难在历史上留下其轨迹。《宋史》列传中，很少有官员的传记将其曾经任监当官的经历记录下来。除前举之外，如宋神宗向皇后的父亲向经，宋仁宗景祐二年（1035）荫补入仕，在治平三年（1066）其女儿被宋神宗纳妃之前，曾历任监在京都茶库、监在京布库、监京南榷货务、勾当在京抽税竹木务等监当职务，这些在《宋史》向经本传中皆缺载[1]，其本传从熙宁元年（1068）向经知陈州开始记录其履历。此类例子还有很多。因此，宋人认为，广大基层监当官，"虽为卑贱，然缙绅士人、公卿胄子，未尝不由此进"[2]。仁宗朝以后，由于恩荫入仕者很多，凡以恩荫补官者，"例监库务"[3]，而进士下等初入仕者，往往需要待阙，或不想待阙或急于得到阙位以便早日得到俸给，积累资历，也纷纷求任监当。因此，除了进士高科直接授任较高职位外，绝大部分官员，包括后来升至宰执的范仲淹、吕夷简、毕士安、苏辙等，早年都有担任监当官的仕宦经历。那些进士出身名次靠后者、恩

---

[1] （宋）沈括原著，杨渭生新编：《沈括全集·长兴集》卷16《定国军节度观察留后光禄大夫……赠侍中向公墓志铭》，浙江大学出版社2011年标点本，第121页。
[2] 《苏轼文集》卷34《乞罢税务终赏格状》，第981页；《长编》卷476，元祐七年八月丙辰，第11339页。
[3] 《欧阳修全集·居士集》卷34《国子博士薛君墓志铭》，第510页。

荫入仕者，一生没有升达的机会，有些官员一生担任四五任监当①，如果他们有幸成为文臣士大夫的亲属和朋友，有人为他们作墓志铭、神道碑铭等，他们担任监当官的仕宦经历才有可能保留下来。事实上，大量担任过监当官的下层官员，由于他们沉沦下僚，无以显达，且与知名官员没有关系，无人为他们作墓志，历史文献便未曾留下他们的名字，我们已无法得知他们的仕履，这是非常遗憾的。

尽管已经无法描述宋代监当官在任期间丰富的面貌，但是，借助墓志铭等相关记述，还是能够极大地丰富后人对他们履职情况的了解，并推进监当官制度相关的研究。

原载台北《东吴大学历史学报》2004年6月

---

① 如：a. 李沆之侄李某，以荫补官，先后监汝州盐酒税、监在京茶库、监西京粮料院、监南京曲院、监在京丰济仓（《司马光集》卷78《虞部郎中李君墓志铭》，第1580页）。b. 傅尧俞之祖傅珏真宗时荫补入仕，以武臣先后监澶州酒税、监齐州离济寨酒税，盐赵州仓，监博州酒税（见《司马光集》卷78《右班殿直傅君墓志铭》，第1578页）。c. 焦宗说，荫补入仕，在仁宗初年曾监内柴炭库门、监明州盐仓，明道以后，又曾监外香药库门、监福州商税（见《千唐志斋藏志》下册，《大宋故右侍禁焦君（宗说）墓志铭并序》，文物出版社1983年版，第1271页）。d. 陈恕之弟陈某，以荫入仕，曾历任监凤翔府酒税、监虔州税、监泗州粮料院、监饶州钱监、监江阴军酒税，（见《王安石文集》卷95《比部员外郎陈君墓志铭》，第1635—1636页）。e. 薛奎之弟薛塾，以荫补入仕，在仁宗朝也先后任监绛州曲沃县酒税、监龙门县清涧木税、监绛州盐酒税、监河中府浮桥（见《欧阳修全集·居士外集》卷13《内殿崇班薛君墓志铭》，第920页）。

（本文的修改参考了台湾大学历史系王德毅教授等前辈的意见，在此衷心表示感谢！）

从宋朝地方官僚体制看明州监当官设置的特殊性

在宋代地方行政体制中，州（包括同级的府、军、监）级政权是中央治理地方的重要桥梁，它既是地方行政职能最完整的一个行政级别，又是一个正式的和完整的地方财政区划单位①，同时也是地方最重要的司法审判层级，是有效地贯彻中央政策法令、维持地方统治秩序最关键的环节。

在州级政权体系中，知州是长官②，通判是副长官③。在正副长官之下，宋代州郡设置幕职、诸曹官作为行政属僚，辅佐长贰治理州政④。此外，设都监、监押、巡检等武职官，被称为州司兵官；设州学教授主管学校教育；并根据需要增设了管理各种仓、场、库、务、堰闸等的监当官，担负财税征收及经营管理职能⑤。

---

① 参阅包伟民《宋代地方财政史研究》第二章《州军财政制度》，上海古籍出版社2001年版，第46页。
② 参见拙文《宋代知州及其职能》，《史学月刊》1998年第6期。参见本书第七部分。
③ 参见拙文《宋代通判及其主要职能》，《河北学刊》1990年第2期，参见本书第八部分；王世农：《宋代通判论略》，《山东师大学报》（社会科学版）1990年第3期。
④ 参见拙文《宋代州级属官体制初探》，《中国史研究》2002年第3期。参见本书第九部分。
⑤ 参见拙文《宋代监当官初探》，《宋史研究论文集》，云南民族出版社1997年版（参见本书第十三部分）；《墓志铭在研究宋代官制中的价值——以北宋元丰改制以前的监当官为例》，《东吴大学历史学报》2004年6月（参见本书第十四部分）。日本学者幸徹先后发表了3篇论文，分别是：《北宋時代に於ける監當官の地位》，《東洋史學》第26辑，1963年；《北宋時代の官營場務における監當官について》，《東方學》第27辑，1964年；《北宋時代の盛時に於ける監當官の配置狀態について》，《東洋史研究》第23卷第2號，1964年。

从宋朝地方官僚体制看明州监当官设置的特殊性

县是州之下最重要的行政区划。秦汉以后，县是中国地方行政区划中最为稳定且延续至今的一级行政区划单位。和前代一样，宋代根据地理位置及军事战略重要性的差异、经济发达程度与人口多少等因素，把县分成不同的等级，根据不同的等级设置数额不同的政府官员，特别小的县仅设一人兼任诸职。县级行政官员知县或县令、县丞（小县不置）、主簿与县尉、监当官等，一般差用文臣。其中监当官与县尉是文武臣通差。县级以及县以下也配置人数不等、自成体系的武臣担任监押、巡检。监当官和巡检这两类官员的大量设置反映了宋代地方管理体制与前朝差异之处。

监当官或曰监临官、厘务官，简称监当或监官。宋代监当官包括各类税务监官、盐场或盐仓等监盐官、酒务或酒库的监酒官、各类仓库监仓官及监库官、城市和重要衙门的监门官、矿冶业监当官、商业市镇的监镇官、市舶司与榷场的监当官、江河渡口的堰闸官，等等，是负责基层生产制造、商业流通部门的管理和财税征收等事务的官僚群体的统称。其地位虽然不高，但在当时的基层管理体系中却扮演着十分重要的角色。

位于两浙东路的明州（治今浙江宁波市）南宋宁宗朝改名为庆元府。为方便起见，以下主要使用明州这一称谓。中唐以后，随着北方人口的大量南迁，沿海贸易的快速发展，特别是宋政府将其确定为主要的对外贸易港口以后，明州一跃成为浙东重镇。宋元时期，明州在东亚海域对外交流中发挥着重要作用，研究明州官僚体制的变化，可以从一个方面更深刻地展现这一区域的历史发展进程，反映宋代地方治理体系的时代特点。[①]

[①] 关于明州的发展，从经济史角度研究的成果较多。可参阅［日］斯波义信，方健、何忠礼译《宋代江南经济史研究》，江苏人民出版社 2012 年版；［日］斯波義信《宋代明州の都市化と地域開発》，《待兼山論叢》三，1969 年；［日］斯波義信《港市論——寧波港と日中海事史——》，荒野泰典、石井正敏、村井章介《アジアのなかの日本史Ⅲ・海上の道》，東京大学出版會 1992 年版。

一　宋代明州设官概况

明州原是越州属地，唐玄宗开元二十六年（738）政府划出越州的奉化、慈溪、象山等4个县，设立了明州。唐后期，明州是浙东观察使下属的支郡，等级为上州。五代时期，吴越钱氏政权统治下明州的地位上升，改为节镇州，由亲王任奉国军节度使。宋太宗太平兴国初年，吴越归宋，明州成为宋代东南沿海迅速发展起来的海港城市。宋徽宗大观元年（1107）明州从上州升为望州。宣和二年（1120）平定方腊起义后，明州知州开始兼两浙东路安抚使，成为统辖一路7州府的帅臣，其地位大为提高，只有曾任监司、郎官卿少以上者，才有资格担任。

南宋政治中心移到杭州后，杭州周围的苏州、绍兴府（北宋时的越州，治今浙江绍兴市）、严州（治今浙江建德市）、明州成为拱卫行在杭州的要郡。其中，明州控扼海道，"南通闽广，东接倭人，北距高丽"[①]，在海内外交通和商业贸易中具有特殊的地位。高宗绍兴三年（1133），南宋政府在此设置沿海制置使，由明州知州兼任，其后兼罢不常。宋孝宗隆兴元年（1163），明州知州兼任沿海制置使之制被固定下来，凡侍从以上任知明州者即兼沿海制置使或大使，其他官员任知明州则兼沿海制置司公事。制置使司有单独的属官系统，如参议官、书写机宜文字、干办公事、准备差遣、干当使臣等，最多时设属官20员。宋孝宗隆兴后以8员为额。制置使有较大的兵权，绍兴府、温、台、明诸州所属的"州县军兵、将官、巡尉及本地分内应有屯泊官兵"[②]等军事力量，均由沿海制置使统领，沿海防务多隶属于明州知州兼任的沿海制置使，明州在南宋时东南沿海地区的地位更加突出。

[①]《宝庆四明志》卷1《叙郡上·风俗》，宋元方志丛刊影印本第5册，第4999页。
[②]《宝庆四明志》卷3《叙郡下·官僚》，宋元方志丛刊影印本第5册，第5027页。

从宋朝地方官僚体制看明州监当官设置的特殊性

在宋代，知州是集行政、财政、司法、军事、文教等大权于一身的州级最高长官，为了防止知州滥用权力，宋初在统一过程中，逐步在各州设置了通判，作为州府的副长官。通判有监督知州的权力，因此又被称为"监州"。最初，知州和通判之间互相制约，常常产生矛盾。但是，后来随着通判独立承担的财税管理职能不断的增加，事务性职能日益突出，通判监督知州的作用弱化，这在明州也得到了验证。

从现存明州宋元地方志的相关记载看，南宋通判厅有较独立的财税处理权。

> 盖通判厅，除经总制司之外，其所管者又有常平司，则所催者坊场河渡正名钱五分及六县役钱，以奉内藏库等处之经常者也。又有籴本司，则催诸县酒税分隶钱及坊店户四分钱，而奉农寺之经常者也。①

通判还负责州府主要的财赋仓库"军资库"的管理②。由于通判具有相对独立的财政管辖权，南宋明州有4000名水军的军饷是由通判厅支付的。吴潜担任庆元府知府兼制置大使时，想收回这部分水军军饷的收支权，就批评原来的通判存在贪污行为，指斥"通判厅专以饷军之钱为非泛之用，其贪者则卷为囊橐，大约通判一任，入己之钱不下三四十万缗"③。宋代在少数财税事务繁重的州府任命2到3位通判，南宋时明州因为财税收支管理任务繁重，曾经设置3员通判，其中1名系添差通判，宋宁宗嘉定元年（1208），始省罢添差员阙，常置2员。

宋代州级属官的名称源于唐末五代的藩镇幕府属官和州刺史下属州官两部分。其中判官、推官、节度掌书记（或观察支使）等，继

---

① 《开庆四明续志》卷4《经总制司》，宋元方志丛刊影印本第6册，第5964页。
② 参阅拙文：《宋代军资库初探》，《河南大学学报》（哲学社会科学版）1996年第6期。又见本书第十六部分。
③ 《开庆四明续志》卷4《省札》，宋元方志丛刊影印本第6册，第5965页。

承了唐末五代幕府属官的旧称，在节镇州则称节度判官、节度推官、观察判官、观察推官，防御州称防御判官、防御推官，一般的军事州只称某州判官、某州推官，刺史州也称军事判官、军事推官。明州在宋代为节镇州，因此，其属官应该有节度判官、节度推官、观察判官，节度掌书记与观察支使不重复设置（支使一般不任人）。

判官、推官协助知州、通判办理州政府的日常行政事务，一般参与司法案件的审判，判官还为长官预写判决书等。

判官、推官之下，设录事参军、司理参军、司户参军、司法参军，被称为"诸曹官"。这些官阙和县令、主簿、县尉等共同称"州县官"。在文官官阶体系中，州县官和上述幕职诸官合称"幕职州县官"，又叫"选人"。在北宋徽宗朝官制改革之前，其官阶名和差遣名称没有明确区分。崇宁以后，这些官名不再是官阶名，而是实职差遣的称谓①，明州是四参军各置1员。

除上述主要行政官员外，南宋时明州因为海防任务重，设置有比内地一般州更多的驻军和兵官。其中，继承北宋的禁军有5个指挥（一般每个指挥约500人），厢军有9个指挥。统领禁军的兵官是：浙东路副总管（乾道后从绍兴府转移至此）、路分副钤辖（北宋为路分都监）、兵马都监及添差兵马都监、兵马监押及添差兵马监押、押队、准备差使各1员，指使5员。南宋在明州增加的制置司水军最初有2000人，后增至4000人，其长官有统制、统领各1员，正将、副将、准备将各3员。

宋代全国各地设置有大量管辖区域大小不等，负责治安警备、捕捉盗贼、巡捉盐茶香矾等走私犯的官员，即巡检。② 明州下辖有9个巡检寨，统辖土军（或曰土兵），负责缉私防盗，维持地方治安。另外，还设置有数量较多、通过专卖制度为国家增加收入的监当官。

---

① 参阅拙文《宋代州级属官体制初探》，《中国史研究》2002年第3期。又见本书第九部分。

② 参阅拙文《宋代巡检初探》，《中国史研究》1989年第3期。又见本书第十一部分。

二 宋代监当官制度的研究现状

宋代设置监当官主要的目的是加强仓场库务的管理，保证专卖收入，征收更多的商税等。因此，一个地区所设置的监当官数量的多少，在一定程度上体现出这一地区经济的发展程度及其在国家财政收入中的重要地位。研究商业史及商税问题，研究茶盐酒等专卖制度，研究市镇发展史等的论著往往会涉及这一官职。但是，对于这一官职体系进行专项研究的成果还不丰富。[①]

日本学者幸徹最早专门研究了北宋的监当官诸问题。幸徹的大作中，《北宋時代の官営場務における監当官について》一文，依据《宋会要辑稿·食货》概述了北宋以盐、酒、商税场务为主的场务分布概况，指出北宋熙宁、元丰时期，全国盐、酒、商税及茶、矾等专卖机构总计达五千多个，并介绍了监当官专监一务或兼监多务的不同称谓。其第二篇论文《北宋時代の盛時における監当官の配置状態について》指出，北宋不仅在年收入 3 万贯以上的场务设京朝官等地位较高的官员监临，而且在年收入 1000 贯以上，或 500 贯以上，乃至不足 500 贯的场务，也大部分设置了监当官。并估算出北宋盛时，全国应有 2500 名监当官，因此，北宋监当官的设置是十分普遍的。不过，该数字是作者在假设熙宁年间存在的约 2000 个城镇，以每个城镇设 1.5 名监当官的前提下估算出来的，仅仅是一个推断。宋代各个地域发展程度不同，差别很大，因此这一数字离实际情况有多大差距，还是值得继续探讨的问题。幸徹的第三篇论文《北宋時代における監当官の地位》，主要研讨了北宋监当官设置的意义，认为设置监当官是宋初加强中央财权的重要一环，并指出因为出任监当官者阶官由高到低的演变，使监当官的地位日益下降，越来越受轻视。幸徹对

[①] 本文完成于 2006 年，这里所说指的是 2006 年之前的研究成果不多，不涉及此后的新成果。

监当官的研究具有开拓性,但他研究的对象主要局限于北宋监当官中监商税与监茶盐酒矾等,内容还不够全面。

1996年,在云南大学举办的中国宋史研究会第七届年会上,笔者宣读了《宋代监当官初探》一文,概要论述了宋代监当官创置的时间及类别、职责地位、选任制度及其存在的问题。[①] 当时是笼统地论述南北宋监当官,还有一些问题尚未明了。2003年,笔者应刘静贞教授邀请到台北参加了东吴大学主办的"关于宋代墓志史料的文本分析与实证运用国际学术研讨会",提交的论文《墓志铭在宋代官制研究中的价值——以元丰改制前的监当官为例》,借助从墓志铭中查阅到的史料,主要讨论了两个方面的问题,一是通过分类总结,进一步分析和推测,认为北宋中期监当官的总数应该在3000员以上;二是通过查阅当时出版的《全宋文》前50册中北宋前期的部分墓志铭,补充介绍了一些正史缺载的监当官履行职务的史实,进一步丰富了对监当官体系的认知。

近年来对宋代监当官做出系统性研究的是2004年在台湾师范大学历史学系获得博士学位的雷家圣,他的博士论文《宋代监当官体系之研究》,对这一官职体系的研究更加系统和深入。雷家圣博士的主要贡献在于大大拓展了监当官体系的研讨范围。幸徹和拙文的研究都局限于地方,而雷博士把宋代监当官分为中央和地方两大类,指出,地方的监当官以征收财赋为主,并把地方的监当机构分为5类,即生产制造机构(钱监、作院、坑冶等)、仓储出纳管理机构、地方税务机构(监税、监镇、监茶、监酒等)、官营商业机构(监酒、监市舶务、监市易务等)、其他专门性事务的管理机构(监堰、监馆驿等)。

雷家圣指出,两宋中央的监当官以分配和支出财赋为主也分为5类,即军器制造与管理机构、服务皇室及中央官署的监当机构、仓储出纳管理机构、税务与官营商业机构、其他专门性事务之监督管理机构。作者对宋代中央各类监当机构进行了较为全面的探讨,

---

[①] 载《宋史研究论文集》,云南民族出版社1997年版,见本书第十三部分。

在此基础上，还对监当官的上级管理和监督机构，监当官的考核和任用制度，以及监当官在两宋经济发展中所起的作用进行了探讨，涉及的问题已相当全面①。但是，他的研究还是全国性的总括研究，尚难以深入到具体地域的差异性。以下以明州为例，试图通过探讨地方的个案，深化对这一课题的研究，特别是寄希望于将来进行地域比较的研究。

三 明州监当官的设置状况

宋代监当官是随着经济发展、财税征收与管理制度的变迁和行政管理的复杂化等，迅速成长起来的一类新的官僚群体，是所谓的"厘务官"。它不在传统的九品官阶、行政体系中，在升迁资历序列上有别于原有行政序列中的州县"亲民官"。宋政府为了增加财税收入或者加强对仓场库务的管理，在地方普遍设置监当官，但是由于各地经济社会发展水平不均衡，每个地方监当官的配置也很不均衡。例如，在商业发达的大城市，或者在商旅通行频繁的交通枢纽地带设置较多，在矿产地会有坑冶类监当官，在茶叶产地会有监茶官，在盐的主产区则会有较多的监盐官等。

明州濒临大海，拥有较长的海岸线和大量海盐生产管理机构，设有在其他地方较少设置的造船场、市舶司等监当官。以下根据《宝庆四明志》《开庆四明续志》等宋元时期地方志的相关记载②，对明州监当官的设置情况进行考述。

（一）"造船官""作院官"等制造类监当官

"造船官"即船场监当官，或称造船场官，负责管理官船制造相关事务。北宋初，政府已经在沿海的明州、温州、台州、福州、泉州

---

① 雷家圣的博士论文，2009 年由台北花木兰文化出版社出版。
② 本节未注明出处的材料，均出自宋、元时期所修的该地区地方志。

等地和内地濒临河道、水运交通便利的虔州、楚州、潭州、苏州、润州等近 20 个州府设有造船场，这些州府都有便利的水上交通，或木材产量高，有造船的便利条件和丰富经验。

古代造船需要木材，因此，北宋在明州和温州均设有造船场和买木场。宋徽宗大观二年（1108），朝廷合并温州和明州的造船场和买木场，造船场并归明州，买木场并归温州，调整以后，明州设有船场监官 2 员，温州设有买木场监官 2 员，并差武臣担任，政和元年（1111）之后又几经反复。南宋时仍在明州置造船场，设文臣监当官 1 员。

为了强兵，北宋曾在地方各州普遍设置制造兵器的作院，全国 41 处大州包括明州设有"都作院"。都作院统领厢军，负责制造兵器。南宋明州作院工匠最多的时候有 480 人，但是不同时期人数各不相同，宋理宗宝庆初年仅有 46 人在册。明州作院有监院 2 员，选武臣担任，另有添差监当官 2 员，添差不常置。作院在制作兵器时，由提点刑狱负责"专一管干""转运司应副材料"[①]。

此外，明州还有制置合剂药局，设医官 1 员，被称为翰林祗候驻治，掌管制造药品及出售等。

（二）盐、酒等生产与营销类监当官

盐、酒的专卖收入和商税一起，在宋代国家财政货币收入中占有很大比重，所谓"朝廷大费，全藉茶盐之利""军国大计，仰于盐利""朝廷养兵之费，多仰盐课""国家岁入，唯仰酒务""州郡财计，除民租之外，全赖商税"[②]。此类记载是宋人经常提到的，南宋时更甚，明州在这方面表现得尤为突出。

---

① 《宝庆四明志》卷 7《制置司水军》，宋元方志丛刊影印本第 5 册，第 5072 页。
② 分别见：《宋会要·食货》26 之 3，第 6558 页；《宋会要·食货》26 之 25，第 6569 页；《宋会要·食货》26 之 7，第 6560 页；《宋会要·食货》21 之 10，第 6453 页；《宋会要·食货》17 之 41，第 6368 页。

从宋朝地方官僚体制看明州监当官设置的特殊性

1. 监盐官

明州位于海边，生产盐的历史悠久。宋代是明州盐业生产迅速发展的关键时期，因此监盐官也不断增加。北宋时，一般只在官府规定的地方设盐场，产量大的盐场称盐监。在盐的生产地派官管理，称监某盐场，或称"支盐场官"，简称盐官、监盐。在盐的销售地区，设立榷盐院或者盐仓，销量大者也任命监当官。宋徽宗政和年间，根据臣僚建议，为了减少盐场监当官在支发食盐时不正当的违规"搭带"现象，曾经把盐场改为买纳盐场，官府把盐运到州府支盐仓，让商人从州仓中买盐，于是又增加了押袋官、盐仓支盐官，盐场官或称催煎官。南宋前期，支发食盐的地方或在盐场，或在州仓，几经反复。明州原有7个盐场，宁宗庆元年间增创7场，开禧以后共有13场，其设官情况为：

鄞县（治今浙江宁波市）大嵩盐场：武臣监官1员。

象山县玉泉、玉女2盐场：各设武臣监官1员。

定海县（治今浙江舟山市）龙头、穿山、长山3盐场：各置文臣监官1员。

定海县清泉盐场：监盐兼押袋官，文、武监官各1员。

昌国县（治今浙江舟山市）盐监：文、武监官各1员。

昌国县岱山盐场（县北150里海中）：监盐、押袋官，武臣监官2员。

昌国县东江、高南亭2盐场：各置武臣监官1员。

昌国县芦花盐场（县东13里）：文臣监官1员。

慈溪县（治今浙江宁波市江北区慈城镇）鸣鹤盐场：文臣监官2员。

宁海县长亭盐场（县东120里）文臣监官1员，临海县（治今浙江临海市）杜渎盐场武臣监官1员。这两个盐场虽在台州境内，但是，其收入统一归提举茶盐司征收。因此，其监官的俸给由明州支付，也被载入明州方志。

明州州城支盐仓，设文、武监官各1员。

总之，在南宋宁宗朝，明州境内监盐官共计21员，尚不包括添差不厘务者。

2. 监酒官

宋朝政府在各地设酒务，派监当官管理，通过垄断酒的专卖增加政府收入。[①] 明州州城管辖区内曾设有 3 个大的酒务，即都酒务、比较务、赡军酒库务。其中都酒务始于宋真宗天禧五年（1021），比较务始于南宋绍兴元年（1131），赡军酒库始于绍兴六年。比较务和赡军库虽然不久就合并在都酒务中，但是 3 个酒务 6 员监官的局面一直延续到宋宁宗朝。嘉定年间省罢其中 2 员，其编制改设为鲒埼镇监镇和巡检。绍定二年（1229）又裁去 1 员，改设为慈溪县县丞阙。其余酒务虽分散在各县，但是其课利收入都归州政府统一征收，统一缴纳。其分布状况是：

鄞县林村酒务：武臣监官 1 员（或任 2 员）。

鄞县下庄酒务：武臣监官 1 员。

鄞县小溪酒务：与商税务共置，设武臣监官 1 员。

奉化酒务：与商税务共置，设武臣监官 1 员。

慈溪酒务：与税务共置，设武臣监官 1 员。

象山酒务：武臣监酒 1 员。

此外，定海县和慈溪县也曾各设 1 个酒务，南宋增设水军后，定海酒务改为制置司水军酒务。

酒的专卖收入本来较多用于地方开支，但是，北宋中期以后，逐步增加了上缴中央财政的份额。于是，为了增加地方可支配的经费，地方政府往往新创酒务。如明州，乾道年间增设香泉库，分别在州城 6 个城门设置 6 个酒库，后来又增加 2 库，共称香泉八库。所造酒不许进入明州州城，只在城外销售，以免侵夺"省课"，所得收入用于"添助官兵俸料支遣"。南宋后期，吴潜任知庆元府兼沿海制置大使时明州酒库管理发生了较大变化。当时旧管、新创、败而复兴、废罢

---

① 参阅李华瑞：《宋代酒的生产和征榷》第六章《宋代榷酒政策概说》；第七章《官榷酒制度》，河北大学出版社 2001 年版。

酒库的情况是：

> 城内外诸县库务坊场，曰醅酒东库，曰香泉八库，曰江东慈福库，曰下庄务，则旧管者也。曰醅酒西库，曰江东赡军库，曰鲒埼库，曰东门库，曰宝溪子库，则大使丞相吴公新创者也。曰林村库，曰小溪子库，则昔败阙而今兴复者也。曰省务，曰犒赏库，曰江东库，则又今废罢者也。或官给本钱，或听民抱息，或官吏监临，或军将措置，或兼令外库管绍趁办，或以所废库本钱并归他库，拘解日额。凡皆酌地里之均，计公私之便，究兴废之宜，以为分合；酌重轻之则，以课盈亏。公之处此，鉴焉其明，衡焉其平，官有所裨益，而民亦安之。外有五乡碶、奉化、慈溪、象山、江口南渡、东溪、东吴、大小榭、郭宅、灂浦、松林、翁山、大嵩等务场，隶经总制司，具在别目。①

这些场、库、务、坊等，有现存"旧管"的十余库，有新创建的5库，有废罢的3库，有废而复兴的2库。其中，只有一部分派官监临，其余或以民户承包经营，或隶属军将管办。一些酒务的收入直接归经总制司，"具在别目"，与州府的收入是分开的。

（三）商税务、市舶司等税务类监当官

宋代商业发达，征收商税的监当官大增，有些酒务、盐场监当官兼收商税，不少地方商税务的监当官也兼管酒、盐的生产。酒务与商税务，哪个是只负责酒的禁榷，哪个是兼管酒务的生产与商税征收，还较难区分清楚。明州的商税务收入少于酒务，所以鄞县等3个酒务监当官兼管商税务，共设1位监当官。在熙宁十年（1077）之前，明州5个税务的岁额在3万贯以下，而5个酒务的岁额则在8万贯以

---

① 《开庆四明续志》卷4《兴复省并酒库》，宋元方志丛刊影印本第6册，第5960页。

上。南宋时明州单独设置的税务监官有：

都税务：武臣监官1员。

定海税务：武臣监官1员。

石碶、宝幢2税务：共置武臣监官1员，在鄞县阳堂乡。

鲒埼监镇：文臣监官1员（监镇一般情况下是镇上负责治安消防等的行政官员，或兼管税务等）。

此外，奉化、小溪、慈溪3税务和酒务并置，合称监酒税务。横溪、大嵩2税场在庆元四年（1198）废罢。

明州海岸线长，盐的产地多，产量大，对外贸易发达，在监盐、监酒、税务官之外，设有市舶务管理对外贸易及其税收[①]。北宋初年，两浙地区的市舶务在杭州与明州之间轮置。宋真宗咸平二年（999），杭州和明州开始分别设置市舶务。后来，江阴军、秀州、温州也置市舶务，两浙路因此有5个市舶务。宋光宗即位后，废除了临安市舶务，宁宗朝又废罢温州等务，"凡中国之贾，高丽与日本、诸蕃之至中国者，惟庆元得受而遣焉"，庆元府（明州）市舶务遂成为南宋后期办理海外贸易许可证的主要合法机构[②]。

明州"僻处海滨，全靠海舶住泊，有司资回税之利，居民有贸易之饶"[③]。市舶务不但是本州的财源之一，而且所抽取的海外珍物要上贡朝廷，关系到朝廷及皇室的利益，市舶务的官员因此备受重视，一般由知州、通判直接兼管，或者由转运司、常平司兼提举。北宋大观元年（1107）曾任命专职提举官，但三年即罢。南宋前期复置提举官，孝宗乾道年间再罢。一般本州通判为主管官，"专出纳之任"[④]，知州定期检查，转运司监督。但因通判职事繁多，因此还需

[①] 章深：《重评宋代市舶司的主要功能》，《广东社会科学》1998年第2期；章深：《南宋市舶司初探》，《学术研究》1992年第5期；汪廷奎：《两宋市舶贸易出口税初探》，《广东社会科学》1993年第3期；廖大珂：《试论宋代市舶司官制的演变》，《历史研究》1998年第3期。

[②] 《宝庆四明志》卷6《叙赋下·市舶》，宋元方志丛刊影印本第5册，第5054页。

[③] 《宝庆四明志》卷6《叙赋下·市舶》，宋元方志丛刊影印本第5册，第5054页。

[④] 《宝庆四明志》卷6《叙赋下·市舶》，宋元方志丛刊影印本第5册，第5054页。

要实际的管理者。南宋时,市舶务设监官1员,由文臣担任。鄞县知县也兼监临,并有吏人辅佐。

(四) 仓库出纳等财物管理类监当官

上述盐、酒、税务类监当官都是营利性的,宋人称之为课利场务监当官。另有一些监当官,监管仓、场、库、院、务、门等,以管理制造、出纳官物为主,他们可以称为非课利场务,如粮料院、军资库、甲仗库、各种粮仓、水利设施、官府馆驿设施等的监当官。

在明州,除了上述支盐仓、各类酒库之外,还有各类仓库:

甲仗库(储藏兵器和各种军用物资),设武臣监官1员。

军资库。

常平库。

制置使司平籴本钱库。

制置使司犒赏库。

激赏解库。

公使库。

东醋库。

西醋库。

府都仓(储藏苗米、职田米、湖田米、小麦等),设文臣监官1员。

常平仓。

糯米仓。

制置使司平籴仓(南宋淳祐二年创建)。

制置使司平籴南仓(通判专掌其钱,但曾任命提督官和监门官,从本府职曹官中选)。

江东碶闸(管理水利设施的利用),由小使臣担任监闸官。

以上除了甲仗库、都仓(苗米仓)等明确记载有监当官外,其余是否任命专职官员监当,还有待进一步考证。宋代,军资库是储藏州府财赋的主要库藏,一些大的州府设军资库监官。目前尚未见到监明州军资库的史料，或许由他官兼任并组织吏人管理。

从明州设置监当官的大致情况可知，明州在南宋中后期，所设监当官将近 50 员，同时期明州的州级文臣行政官员只有 10 员，兵官和巡检指使共 24 员（其中有 2 员添差，2 员路分官），下辖各县县级官阙共 18 员。监当官之外，整个明州其他各类文武官员编制共 52 员（另有制置司属官 7 员），监当官在明州官员队伍总数中所占的比例，代表了宋代一些地区监当官设置的普遍程度。

明州监当官设置最多的是监盐官，这是其特殊的地理位置决定的。其他如监镇只有一个，说明在南宋明州，除了对外贸易发达外，其辖区内的商贸活动还不够发达，收入较大的商业市镇不多，只有离县城五六十里的鲒埼镇，"濒大海，商舶往来，聚而成市。十余年来，日益繁盛，邑人比之临安，谓小江下"①，海商较多，治安状况较差，因此增设监镇和巡检加以管理。

四 小 结

宋代监当官的普遍设置体现了非常突出的时代特点，其增设不只限于明州，现存有宋元地方志的福州、湖州、台州等地，也反映出这一情况。如两浙西路的湖州，在 21 员州级一般官员中，监当官有 6 员，在 6 县 36 名县级官员中，监当官有 12 员。另如常州，州属一般文武官员约 38 名，而监当官有 12 员，此外，该州还有隶属于三省和户部的激赏酒库监官 11 员，两类监当官加起来共达 23 员，在该州文武官员总数中占比最多。宋光宗绍熙年间，秀州华亭县设置了知县、主簿、县丞、县尉 4 员县官，而监盐、监酒等场务监当官多达十余员。这些数字说明，两宋州县官员正式的编制增加的并不多（宫观官和添差不厘务官不计），随着经济的发展，增加较多的官阙是地方各类仓场库务院等监当官，以及为维持治安、加强缉私而增设的基层武

---

① 《宝庆四明志》卷 14《叙县·官僚》，宋元方志丛刊影印本第 5 册，第 5180 页。

官如巡检。这两类职官体制都被元、明、清所继承，只是有的名称有所变化而已。

本文原为日文，题名是《宋代明州における地方官僚体制研究——監当官を中心とした考察》，载（日本）《高知大学学术研究报告人文科学编》第55卷，2006年。

宋代军资库初探

军资库是宋代州一级官府存储日常钱物经费的主要仓库,并非如字面那样只是用以储藏军用物资。军资库在唐末五代一些节镇所在州已经设置,宋代沿用其名。宋代军资库所保管的钱物归中央统筹使用、存储在地方,类别多,数额大,因此,军资库是宋代地方财政管理体系中举足轻重的一环。以下拟对宋代军资库的设置与储藏、支出及其管理制度等展开初步探讨,以期有助于深化对宋代地方州府财政权限、地方行政体制运作等问题的研究。

宋代一般每州设一个军资库[1],有些大州还设置专门的监军资库官,负责其专项管理。南宋人王明清《挥麈录余话》卷1称:

> 守臣、通判名衔必带军州,其佐曰签书军事,及节度、观察、军事推官、判官之名,虽曹掾悉曰参军。一州税赋民财出纳之所独曰军资库者,盖税赋本以赡军,著其实于一州官吏与帑库者,使知一州以兵为本、咸知所先也。[2]

---

[1] 参阅（宋）周淙撰：《乾道临安志》卷2《仓场库务》，《南宋临安两志》，浙江人民出版社1993年标点本，第38页；《淳熙严州图经》卷1《仓场库务》，宋元方志丛刊影印本第5册，第4290页；《咸淳毗陵志》卷6《官寺二·仓库》，宋元方志丛刊影印本第3册，第3001页；《淳熙三山志》卷7《公廨类一·军资库》第8册，第7853页；《嘉泰会稽志》卷4《库务》，宋元方志丛刊影印本第7册，第6777页；《嘉定赤城志》卷7《公廨门四·仓库》，宋元方志丛刊影印本第7册，第7329页。

[2] （宋）王明清撰，燕永成整理：《挥麈录余话》卷1《祖宗兵制名枢廷备检》，第306页。

即宋代州一级正、副长官的全称分别是知某州军州事和通判某州军州事，其"军州"中的"军谓兵，州谓民政"①。唐代以来的刺史州称为军事州，其判官与推官全称是军事判官、军事推官，各州所属诸曹官有录事参军、司户参军、司法参军、司理参军等。这些称谓有的沿袭于前朝，宋代没有改动。这一方面反映了宋代深受唐末五代影响，另一方面也说明受宋辽、宋夏战争军事压力的影响，宋朝军费开支占国家财政支出的比例较大，因此，军资库等相关名称沿用不改。

一　军资库的设置及其储藏功能

宋代州府所设的仓库种类很多，如有常平仓（或曰常平库）、公使库（或分为公使钱库与公使酒库）、军资库、甲仗库、籴纳仓、籴本库、夏税库、折帛库、经总制库、架阁库、牙契库、帐设库、银器库、杂物库（百物库）、轿库、抵当库、回易库、省仓（后改曰都仓，或分有都米仓、都盐仓），等等。其中，供地方官宴请、馈赠、到罢途中等支出费用的公使库，丰年收藏粮食、灾年发放赈济物资的常平仓，维持一州正常经费支出的军资库，存放武器的甲仗库，收藏诏诰敕牒等档案文书的架阁库等，设立较早，同时也是终两宋变化不大的常设仓库。

宋初沿用五代旧制已设有军资库。宋太祖建隆三年（962）初，渭州（治今甘肃平凉市）节度使张建丰即因"甲仗、军资库火"②而被免官，并配隶唐州。

军资库是存贮各州主要经费财物的综合性财库，那么其收入结构如何构成的呢？《庆元条法事类》卷37《给纳·仓库式》记录有宋代州府提交给转运司的"诸州申钱帛帐"与"杂物帐"，是我们了解军资库难得的史料。在《钱帛帐》格式中开列的军资库每年"新收"

---

① 《宋史》卷167《职官七》，第3973页。
② 《长编》卷3，建隆三年二月乙未，第62页。

项目中，既有钱币，也有其他物品，上报时必须详细说明每年库存和开支总额，列出剩余多少、亏欠多少等各项清单，即"每色撮计都数，支破、应在、见在项准此。所收钱物，每项各开请纳米处名数，内系入便者，更具客人姓名"。军资库的"实收"项包括"税租、酒曲、商税、房园诸色课利，欠负、赃罚、户绝、杂纳之类应正收者"。军资库所收物品的种类有金、银、"钱、帛、丝、绵、布、珠玉、宝货、朱砂、水银、香、矾、铜、铅、锡、铁之类"，此外还有其他杂物。收入的来源途径分为：（一）本州所收的钱数；（二）"别州县支移到二税"，即朝廷从外地"支移"而来者；（三）"自京般到"，即朝廷下拨；（四）"别州般到"，即从他州调济；（五）"某处般到"；（六）"余处般到"①，等等。

根据上述记载，宋代军资库所收物资的主要项目来源为：

（一）二税

二税或曰两税，是中唐以后两税法制度下对土地所有者征收的夏税秋粮，按照农民占有土地的多少分夏、秋两次征收，所收"有谷、帛、金铁、物产四类"，基本上是粮食、纺织品等实物和货币两类。其中谷类有粟、稻、麦、黍、菽（豆）等，纺织品类有罗、绫、绢、纱、丝、绵、布葛等；金属类有金、银、铁等，物产类有六畜、齿革、翎毛、茶盐、竹木、麻草、果药、油纸、薪炭、漆蜡等，许多物品如粟、菽等又有几种乃至十几种不同的分类。② 总之，地方出产什么，宋政府便征收什么，大体上夏税以布帛为主，秋税以粮食为主。宋初，"军国所资，咸出于租调"③，农田租税在国家财政实物收入结构中占最大比例。北宋中期以后，二税的正赋收入在政府总收入中占比逐渐下降，各种工商税收、专卖收入及附加税，亦即所谓课利场务

---

① 《庆元条法事类》卷37《给纳·仓库式》，第581—594页。
② 《长编》卷42，至道三年十二月，第901—902页。参阅漆侠《宋代经济史》第十章《宋封建国家的赋役制度（上）》，中华书局2009年版，第399—400页。
③ 《文献通考》卷4《田赋考四》，第91页。

收入等大为增加。二税等相关收入在上缴朝廷之前，存在在各州军资库，宋高宗绍兴二年（1132），李光称："自来受纳二税，必使赴军资库送纳，却行起赴朝廷。"①

（二）场务课利

宋代对茶、盐、酒、矿藏等多实行官卖即禁榷制度，产茶处多设茶场，产酒、产盐之地则专设酒务、盐务或盐场，矿产地设监或坑冶场，城市官收房租有楼店务，征收商税有商税务等，这些场务以征收专卖课利为主要任务，往往被笼统地称为课利场务，其课利是宋代货币收入的重要来源。据漆侠先生统计，北宋真宗末年到仁宗皇祐初年，商税收入一度占当时政府货币收入总额的 45.4% 和 56.4%，宋神宗以后，商税收入所占比例有所减少，一度降至 17.3%，但南宋以后，各州县的商税收入又有了较大幅度的增长。② 这些收入多经过军资库储藏或上缴。

各地所收场务课利，必须按时纳入军资库。太宗淳化四年（993），诏"令诸州以茶盐酒税课利送纳军资（库）〔府〕"③。神宗熙宁三年（1170）十一月，陕西常平司将原由衙前承包的酒税改为官监后，其收入便"于军资库送纳"④。熙宁七年又诏："诸场务所收课利，除县寨合截留外，并于军资库送纳。"⑤ 条令还规定：

> 诸务场课利，次日纳军资库，少者五日一纳（承买在州官监酒务同），并当日给钞（下文并纳给钞准此）。外县镇寨，次月上旬并纳，先具起离月日报纳处拘催。⑥

---

① 《宋会要·食货》70 之 32，第 8118 页
② 漆侠：《宋代经济史》第二十七章，第 1025—1026 页。
③ 《文献通考》卷 17《征榷考四》，第 490 页。
④ 《长编》卷 217，熙宁三年十一月甲午，第 5275 页。
⑤ 《宋会要·食货》54 之 4，第 7237 页。
⑥ 《庆元条法事类》卷 36《场务·场务令》，第 538—539 页。

军资库收到场务课利后,必须"即时给钞,其每月所给附帐,监官用印"①。此外,地方楼店务的收入,一部分也存放在军资库,可用于地方的"修造"开支,"诸楼店务省房岁收课利钱,十分内桩留五厘(州军资库、县省钱库寄收),充修造支用"②。

(三) 经总制钱物

经总制钱是北宋末年产生,南宋时大为增加的诸多附加税的汇总项。北宋末年,政府收入不能满足统治者的奢费,徽宗宣和三年(1121)陈遘在杭州设立经制司,以管理东南诸路财赋为名,额外增收卖酒钱、田宅买卖的牙税钱、官员等请给的头子钱、楼店务添收三分房钱等,称经制钱,各州军别立账收管,供朝廷调用。南宋初年,随着北方国土沦陷和军费等各项支出猛增,政府财政更加拮据。绍兴五年(1135),参知政事孟庾主管财政,请"以总制司为名,专察内外官司隐漏违欠"③,又增加二十多种附加税,称总制钱。总制钱不仅增加了征收项目而且提高了征收数额。如将头子钱从宣和年间的23文增加到绍兴年间的43文,孝宗乾道初年又增为56文,其中大部分听候朝廷调令使用,小部分留作地方支用。④后来经制钱和总制钱合称为经总制钱。

经制钱创立之初由提点刑狱提举,各州专委通判拘催与保管,绍兴十年,鉴于通判厅专门设库,"别无当职官干预",容易被挪用侵吞,遂改为"发纳军资库,别为库眼桩管,许通判不时检察"⑤。绍兴十五年及二十一年,曾改为由知州和通判共同负责。孝宗乾道以后,又改为专委通判催纳:

---

① 《庆元条法事类》卷36《场务·仓库令》,第541页。
② 《庆元条法事类》卷7《监司巡历·营缮令》,第121页。
③ 《系年要录》卷86,绍兴五年闰二月己巳,1652页。
④ 《庆元条法事类》卷37《给纳·随敕申明》,第595—596页。
⑤ 《淳熙三山志》卷7《公廨类一·经总制库》,宋元方志丛刊影印本第8册,第7853页。

诸经总制钱物，知、通专一拘收（县委令、丞，无丞处委主簿），仍令通判（无通判处委签判）就军资库别置库眼，选差曹职官一员，躬亲出纳。通判常切点检，郡守每月一次驱磨。①

（四）部分封桩钱物

宋朝立国之初，将所灭诸割据政权原有的钱帛全部运送到京都开封，设封桩库储之。其后，每年财政有盈余者，也存入封桩库，以备急需。上缴封桩库的部分钱物在发赴京师之前，应当"依法"在军资库存放。如高宗建炎三年（1129）曾诏："诸路漕司差官根刷到诸路物钱，见于别库寄收，并以后州县起到物钱，并须管依法于军资库桩收。"②如果违犯条令擅自支用，涉事官吏并加重处罚。条令规定："诸提点刑狱司应封桩钱物，于军资库、省仓别敖库封桩，本处监专主管。"③

（五）其他收入

宋代军资库的库藏来源还有：朝廷下拨，即"自京般到"。如元丰七年（1084）四月，知延州刘昌祚上言本州"军资库及转运司军须，年计才可支三两月"，神宗遂降诏"赐鄜延路经略司见钱钞五十万缗，乘秋稔市刍粮"④。除下拨钱帛外，宋政府还通过下发官告、书籍等令地方官府出卖，所得收入也归军资库。如真宗大中祥符元年（1008），诏令四川、两广、福建、荆湖诸路，其部分官告钱"只纳军资库"，以备上缴，其他州军则送于官告院。⑤ 大中祥符五年，诏国子监所印经书"付诸路出卖"，售卖后"所有价钱于军资库送纳"⑥。神宗元丰六年，大名府路安抚使司称，所属博州（治今山东

---

① 《庆元条法事类》卷30《经总制·场务令》，第451页。
② 《宋会要·食货》52之32，第7187页。
③ 《庆元条法事类》卷31《封桩·仓库令》，第478页。
④ 《长编》卷345，元丰七年五月甲辰，第8283页。
⑤ 《宋会要·职官》11之63，第3349页。
⑥ 《宋会要·职官》28之2，第3750页。

聊城市）军资库中，有熙宁初年卖官告所得现钱 9940 缗。①

除朝廷下拨钱物外，在特殊时期，宋政府还允许沿边守臣用官钱作本，从事商贸活动，即所谓"回易"，所赚利润也纳入军资库。仁宗朝，西北用兵，沿边诸州经费紧张，"自来并是于军资库或随军库支拨系官钱作本回易，有此体例"②。但是，军队参与回易之类营商不利于士兵训练，容易滋生腐败，降低军队战斗力，所以宋政府又常常明令禁止。

军资库还收存一些抵押金。关于抵押金，如军将试换进义副尉等，须拿出 50 贯以上的家业，由邻居写保证书，方可上报刑部，凡"愿以见钱为抵者，于所在州军资库寄纳"③。条令还规定：

> 诸安化州归明人有书信、财物寄本家者，申纳所在州县，发书勘验，录书讫，以元书通封，见钱于军资库寄纳，取收附状同书封角入递（余物准此。金帛、衣服之类仍差逐铺节级监传），至广西经略安抚司。④

可见，军资库又有部分邮寄职能。

宋代各级地方官员主要由中央统一任命，如果不愿意接受朝廷新的任命或为了表示谦退礼让而推辞所得新职或奖赏，往往须亲自书写表状上报中央，可以将朝廷的任命通知寄存于军资库。如北宋欧阳修"辞免青州"的三封札子，曾巩《辞直龙图阁知福州状》，南宋真德秀《辞转官状》《辞集英殿修撰知隆兴状》等，均将已受敕诰或省札等寄纳于军资库，以等待朝廷的重新任命。⑤

---

① 《长编》卷 341，元丰六年十二月甲申，第 8211 页。
② 《尹洙集编年校注》《庆历五年·分析公使钱状》，第 332 页。
③ 《庆元条法事类》卷 52《解试出职·杂令》，第 735 页；《长编》卷 504，元符元年十一月庚申，第 12002 页。
④ 《庆元条法事类》卷 78《归明附籍约束·杂令》，第 861 页。
⑤ 《欧阳修全集·表奏书启四六集》卷 5《辞免青州第一札子》《辞免青州第二札子》《辞免青州第三札子》，第 1398—1400 页；《曾巩集》卷 33《辞直龙图阁知福州状》，第 481 页；《西山先生真文忠公文集》卷 11《辞转官状》《辞集英殿修撰知隆兴状》，《儒藏》精华编第 222 册，第 279—280 页。

由上可知，宋代军资库的储藏来源相当广泛，以至于"应州县诸司所入，一金以上，尽入军资库收掌"①。军资库存贮了地方上主要钱物的收入，所以，无论是张海领导的农民起义，还是王则发动的兵变，在州城中，都先"劫军资、甲仗库"②，或强行夺"取军资库钥"③。

二　军资库物资存储及其管理制度

通过上述考索得知，军资库是宋代各州府一个重要的财物库，那么其财物的支出情况如何呢？

军资库钱物的流出方向，主要是上供京师，或用于地方官员和军队的俸料、赏赐等支出。根据前文所举宋代军资库每年上报的"钱帛帐"记录，其物资支出分类为：（一）实支。包括本地官员每月的俸料、本地驻军请给、过往军人费用、运送官物的纲运费用、诸色人费用、赏给等。所谓诸色人概指吏人等。其中"赏给"，分禁军、厢军等。（二）杂支。（三）转支。转支指听从朝廷或转运司的调拨"赴别库务"者、籴买钱、上供、"应付别州"等。其中二税租赋、场务课利的大部分，主要用于上供。条令规定：

> 诸赃罚户绝物库、军资库，其金银（银杂者，官监烹炼，有耗折者除破）宝货、绫罗、锦绮等成匹者附纲上京，余附帐支用。④

可见，不但粮纲上供，地方的金银宝器，整匹的纺织品等，也应上供京师。所谓"附帐支用"者，主要是用于当地官兵月俸，余者

---

① 《宋会要·食货》52之32，第7187—7188页。
② 《长编》卷146，庆历四年二月壬寅，第3539页。
③ 《长编》卷161，庆历七年十一月戊戌，第3890页。
④ 《庆元条法事类》卷37《给纳·仓库令》，第579—580页。

或用于修固城垒等。神宗元丰二年（1079）八月诏令称，"熙州（治今甘肃临洮县）军资库，自六月以来，官吏俸、诸军廪料、随依蕃官请给，修城支用等钱，阙二万余缗"，河州（治今甘肃临夏市西南）、岷州（治今甘肃岷县）、通远军（治今甘肃陇西县）情况"亦如此"。这些地区是宋夏战争前线或新占领的地区，朝廷因此责令陕西转运司从速筹备。①

宋代公使库是"备知、通泛用"②的，由"知州与通判同上历支破"③，即知州和通判共同负责其支出。而军资库则不然，条令明确规定："公使而用军资之钱则为碍条法。"④ 南宋时，知台州唐仲友"以籴本库钱拨入军资库，军资库拨入公使库以支供给"⑤，便成为被朱熹极力弹劾的过错。那么，军资库由什么样的官员掌管其出纳呢？条令规定："诸州军资库，差录事参军监，通判提举，文历簿帐同书，仍别置门历，录官物出入。"⑥ 据此，一般情况下，宋代军资库由录事参军负责日常事务，通判总领，而知州不预。

为加强中央集权，削夺藩镇武官的权势，宋政府一开始就注重从朝中派文臣权知各州府。同时，北方还有较多的州长官依然沿用旧制，由武臣担任。为防备知州专断一方，朝廷又在各州设通判监督知州，与知州共同处理一州的政务。通判虽是"倅贰"，但"佐守之职，政无不关"⑦"一州钱斛之出入，士卒之役使，令委贰郡者当其事，一兵之寡，一米之微，守臣不得而独预"⑧。所谓"贰郡者"即

---

① 《长编》卷299，元丰二年八月癸卯，第7279—7280页。
② （宋）章如愚辑：《山堂先生群书考索·续集》卷44《兵制门·宋朝掌兵管军之职》，中华再造善本，第8页。
③ 《长编》卷12，开宝四年十月丙戌，第272页。
④ （宋）彭龟年撰：《止堂集》卷1《论雷雪之异为阴盛侵阳之证疏》，《丛书集成初编》本，第8页。
⑤ 《朱子全书·晦庵先生朱文公文集》卷18《按唐仲友第三状》，第833页。
⑥ 《庆元条法事类》卷37《给纳·仓库令》，第579页。
⑦ （宋）刘攽撰，逯铭昕点校：《彭城集》卷22《承议郎卢讷可通判德顺军制》，齐鲁书社2018年标点本，第608—609页。
⑧ （宋）王明清撰，燕永成整理：《挥麈录余话》卷1《祖宗兵制名枢廷备检》，第306页。

指通判。通判虽是知州的副职，但以"监州"自居，"既非副贰，又非属官"①。通判在监察知州、加强中央对地方的控制方面起着重要作用，所以，作为州级财政重要一环的军资库由通判总领。从目前查找到的资料来看，宋代在北京大名府、广东首州广州、两浙名府杭州、四川首府成都等较大的州府和泗州、真州等运河沿线纲运转输要地，曾专设监军资库一员，而其他一般州府，则由录事参军兼监。仁宗时，前知渭州尹洙因曾借用军资库官钱从事回易而受到大臣弹劾，他在辩驳时说道，"所有军资库，自有通判、录事参军管勾"，自己并"不知落下赤历因依"②，这反映的当是实情。

军资库由通判提举，有些州军资库的钥匙即由通判掌管。庆历七年（1047），王则兵变时，其部下便杀死了拒绝交出军资库钥匙的贝州（治今河北清河县，当年贝州改为恩州）通判董元亨。通判对军资库的收支全面负责。军资库的收入即"令通判置籍拘辖外，县、镇、寨关报起发钱物月日，验钞勾销点勘。违滞失陷，县置簿，先抄上起发钱物月日，报通判状，候获钞点勘钩销"③。除通判、录事参军主管外，各州府军资库还有一些"库子""敖子"等吏人承办杂务。如宋宁宗嘉定三年（1210），施恭与其子施耕在任宁国府（乾道以前的宣州，治今安徽宣城市）军资库库子时，曾"侵盗官钱"，事情败露，被发配充军。④

宋代军资库有一套规范的管理制度。条令规定，军资库日常每项收入都必须分类逐项入账，并注明其数量和名色即钱物品种，每项支出也须记录其支出原因、支出时间、所支物品种类及数量。如军资库每年上报的"钱帛帐"表中，"杂支""转支"两栏，必须"以名色

---

① 《长编》卷7，乾德四年十一月癸巳，第181页；（宋）欧阳修撰：《归田录》卷2，第31页。
② 《尹洙集编年校注》《庆历五年·奉诏分析董士廉奏臣不公事状》，中华书局2019年标点本，第330页。
③ 《宋会要·食货》54之5，第7238页。
④ 《西山先生真文忠公文集》卷12《按奏宁国府司户钱象求》，《儒藏》精华编第222册，第245页。

一般者为一项，每色计数，仍随项声说准某处指挥及所支事因。谓如支般官物地里脚钱，开水路或陆路、所般官物名件、地里、斤重。内水路仍说溯流、顺流之类。转支准此"。在"籴买钱"栏目下，每一项钱的支出，须说明用钱"若干，支赴某处，买某物附某年分某色帐。若干，买某物若干并价直、使用名目、色数。多者立项开具"①。条令规定军资库的明细账元丰以后由监司每季度检查一次，每年上报朝廷一次：

> 诸州岁具管内应纳军资库钱物，置都簿，当职官一员专掌，录付本库，遇关报，勾销。如次欠或出限，即行举催。监司及季点官到，取索点检。②

北宋前期，军资库的账状一般由各州每一年一次上报三司，北宋后期改为各路转运司汇总各州的账目统一申报，上报的"钱帛帐"等，按照"旧管""新收""开破""见管"逐项罗列，以呈现其盈亏情况，史称四柱结算法③。

南宋时，诸州的经总制钱物由通判提领并，并监督其出纳，或在通判厅专设经总制库，或在军资库"别置库眼，选差曹职官一员，躬亲出纳。通判常切点检，郡守每月一次驱磨，逐季于次季孟月二十五日以前尽数起发。提点刑狱司拘催检察。如州县违限亏欠，并行按劾"④。若出现"赤历"即亏欠，长官就要接受处分。

通判总辖军资库的体制在两宋基本上行而不改，但知州毕竟是一

---

① 以上并见《庆元条法事类》卷37《给纳·仓库式》，第583页。
② 《庆元条法事类》卷4《职掌·仓库令》，第30页。
③ 参阅李伟国：《宋朝财计部门对四柱结算法的运用：对〈中国会计史稿〉（上册）的一点补正》，《河南师大学报》（社会科学版）1984年第1期；蒋卫荣：《唐代会计档案与四柱结算法的推广使用》，载《档案工作》1990年第7期；杨际平：《四柱结算法在汉唐的应用》，《中国经济问题》1991年第2期；方宝璋：《宋代会计帐籍》，《北京师范学院学报》1991年第5期等。
④ 《庆元条法事类》卷30《经总制·场务令》，第451页。

州之长，总领兵民之政，而且肩负有监督通判和其他属官的职责，所以知州过问军资库之事时常发生。北宋太祖时期，统一战争尚未结束，北部沿边州军袭用五代旧制，多由武臣镇守，这些地方长官被赋予了很大的财务权力，军资库自然由州长官掌握。太宗朝统一战争结束后，朝廷开始削夺地方长官权势，巩固中央集权统治，如以通判取代知州，负责军资库的管理，但在沿边地区或战争爆发时，知州仍可借用军资库钱物，或检查军资库的违章事件。如前文例举尹洙知渭州时，曾与通判、监官联名签字，借用军资库钱银，充当回易夲本。而吉州刺史刘涣到保州上任后，"因点检军资库"，发现院虞候（吏人）张吉曾擅开军资库的"金银笼子"，并对知州无礼，遂将张吉处斩。①南宋有时规定，知州应当每月检查一次经总制钱物账。

三　小　结

综上所述，军资库是宋代州级地方政府最重要的仓库，所谓"诸州军资库，岁用省计也"②"军资库、公使库，则皆财赋之在州郡者也"③。宋初军资库所收甚广，而上供较少，北宋中期特别是王安石变法以后，上供增多。史称：

> 二税分数隶属州县，地利（嬴）〔赢〕余归之本州，经费职之军资库，犒宴职之公使库，而又使之回易，收其息利，其财何如哉。强不至纵，弱不至削，此国初之制然也。④

《新笺决科古今源流至论·前集》卷3载：

---

① 《欧阳修全集·河北奉使奏草》卷上《乞不诘问刘涣斩人》，第1788页。
② 《朝野杂记·甲集》卷17《诸州军资库》，第311页；《文献通考》卷24《国用考二》，第718页。
③ 《文献通考》卷24《国用考二》，第719页。
④ 《山堂先生群书考索·续集》卷37《郡守·宋朝郡守》，中华再造善本，第5—6页。

宋代地方官僚制度探研

　　国初一路赋税、榷沽、商税、茶盐、坑冶之利，转运得以哀多益寡，以给逐郡。其二税定例分数，隶属州县，及系官廊税，以地利坊场河渡支酬衙前不尽者，尽归本州。其系省经费钱帛，贮之军资库，转运总之；若属州县之财，别有州府库贮藏，听知通备用非常；其犒馈、燕设则有公使库，仍许回易，收息支费，其量分方镇财用付郡守，其旨远哉！州郡足以聚人率众屏翰王室，皆有其资。

宋人一般认为，王安石变法后，即北宋中期以后，政府设置提举常平官、提举茶盐官等，掌管各路役钱、青苗钱、义仓、赈济、水利、茶盐等事，新法增收的钱物多不属州县，军资库中本属于州县支用的钱物也多归转运司调度，军资库在地方财政中的作用似有所削弱，所谓：

　　茶盐坑冶有使者，而茶盐坑冶之利州县不得私；坊场河渡募衙前，而坊场河渡之利州县不得取；二税分数旧属州县也，至是归运司以备经费矣；军资钱帛旧与州县也，至是亦归运司以备经费矣。昔听其回易也，今禁之；昔许其酝造也，今限之。①

尽管南宋军资库仍然是州府的重要财库，但是，四大总领所的设置垂直统领了地方相当多的财政收入。尽管如此，"诸路州军钱物，并合隶军资库"② 的成法未改。不少州郡或将军资库钱物"别置库眼，赤历拘收，以为羡余之献"③，增加上供以讨好上级，或"自立名色，别置文历，移彼作此，蓄为私帑，轻费妄用，逾越法制"④，

---

① （宋）林駉撰：《新笺决科古今源流至论·前集》卷3《州县财》，中华再造善本，第5—6页。
② 《宋会要·食货》52之33，第7188页。
③ 《宋会要·食货》52之33，第7188页。
④ 《宋会要·食货》52之7，第7240页。

开小金库以便私利。

  军资库体现了州一级财政体制的重要地位，军资库不该上供的项目，朝廷可以拒收。如建炎初年，户部尚书黄潜厚请高宗下令，让诸路监司、诸州守臣将本地现有的金钱布帛押送行在，以"共济国用"。当知濠州（治今安徽凤阳县）连南夫申请将本州从军资库中清理出的"见在未起夏税匹帛官絁七百七十六匹，绌三千七十九匹、绢九千匹"上缴朝廷时，高宗即下诏："军资库物帛既非上供额数，自合桩留，充本州、本路军兵衣赐。诸路依此。"① 因此，马端临称："至军资库、公使库，则皆财赋之在州郡者也。夫以经总制、月桩钱观之，则其征取于州郡者，何其苛细；以军资、公使库观之，则其储蓄之在州郡者，又何其宽假也。"②

  通过对军资库财物收入、支出的考察，特别是其支出中上供与留用比例的考察，将有助于更深入地了解宋代中央与地方的财政权限问题。该问题目前研究尚不充分，还有继续探讨的空间。

原载《河南大学学报》1996 年第 6 期

---

 ① 《宋会要·食货》52 之 32，第 7187 页。参阅《系年要录》卷 10，建炎元年十一月甲辰，第 275 页；《宋会要·职官》43 之 14，第 4118 页。
 ② 《文献通考》卷 24《国用考二》，第 719—720 页。

宋代州级公吏制度研究

宋代州（府、军、监）是地方重要的行政区划层级，州级官府的正副长官是知州、通判，其下文职属官有幕职与诸曹官，武臣属官有都监、监押、巡检等，以及文武官员均可担任的各种场务监当官。总体上，宋代州县正式官员编制定额不多，州府官衙中协助州府长官处理财务、行政、司法等政务的文臣属官一般有五六员，最多不超过9员，小州军仅置一二员，具体的文书行移、收支簿籍、仓库管理、佐理狱讼、官物押运等事务，主要由大量公吏承担。

中国古代地方行政体制中官少吏多属于常态，吏在不同时期的称谓有很大变化，宋代吏人也有很多正式的称呼和非正式的俗称，如称胥吏、吏人、吏等，这里以南宋《庆元条法事类》的定义，统一用公吏指代。

宋代州府公吏本身名目繁多，相关的原始记录既不完整也不详明，因此，至今尚无充分、深入、完整的研究成果。[①] 条例称：

  诸称"公人"者，谓衙前，专副，库、称、掏子，杖直，狱

[①] 相关成果可参阅，王曾瑜：《宋代的吏户》，《新史学》4卷第1期，台北：三民书局1993年；高美玲：《宋代的胥吏》，《中国史研究》1988年第4期；祖慧：《宋代胥吏制度研究》，博士学位论文，浙江大学，1995年；河北师范大学赵忠祥先后发表了论述宋代"吏强官弱"及胥吏职能的文章，见《西北师大学报》2000年第2期及《河北师范大学学报》2001年第2期；祖慧：《论宋代胥吏的作用及影响》，《学术月刊》2002年第6期；林煌达：《北宋吏制研究》，硕士学位论文，台中：中兴大学，1994年；林煌达：《南宋吏制研究》，博士学位论文，嘉义：中正大学，2001年。

子、兵级之类。称"吏人"者，谓职级至贴司，行案、不行案人并同。称"公吏"者，谓公人、吏人。①

在政府公文中，公人、吏人是两宋众多吏役名目的概括性称谓，与中央统一任命的、有品阶俸禄的朝廷命官不同。如北宋哲宗元祐六年（1091）规定：

> 监司及当职官员、吏人，并州县在任官员或吏人、公人，各不得承买官估卖之物及请佃承买官田宅，违者徒二年。即本州县吏人、公人，非当职及管而请佃承买官田宅者，各杖一百。吏人、公人仍许人告，估田宅物价三分中给一分充赏。②

以下拟对州级官府中公吏的设置状况、职能及相关问题展开初步探讨。

一 州级公吏的设置状况

宋代州府吏人的名称、数量与中唐以前差距较大。唐代开元时期，各京府、大都督府、中府、下府、都护府、上州、中州、下州等分别配置134、79到63、45、27员等定额不等的府或佐、史、帐史作为胥吏，此外尚有执刀十余人、典狱8至18人、问事4至12人、白直16至24人不等。京府胥吏总人数最多，设置达二百余员，大都督府142员，上、中、下州分别为110员、83员和52员。宋代州府的公吏则分别称衙前（都知兵马使至客司、客将）、职级（都孔目官至手分等）、散从官、人力及杂职，等等。这些名目较多沿用了唐末

---

① 《庆元条法事类》卷52《解试出职·名例敕》，第737页。
② 《长编》卷461，元祐六年七月壬戌，第11019页。

325

五代节度使衙中兵将武吏的称谓①，但其职能地位已大为不同。

北宋王安石变法之前，州县公吏多从占有土地较多的主户中轮差，即所谓差役法，同时也有不少是招募或民户自愿投充的。熙丰变法以后，推行募役法，政府出钱招募或民户自愿投充成为公吏的主要入役方式。据相关史料记载，宋代州府公吏大体上可分为以下三大群体。

（一）衙前

衙前又称衙吏、衙职，或曰衙前职员、衙前将吏等。②《嘉定赤城志》载，台州的衙前职级自都知兵马使至第六名教练使，共13阶。另据《两朝国史志》载，北宋前期，在节度观察州即所谓节镇州，除设孔目官、勾押官、开拆官、勾覆官、押司官、前后行外，还设置"使院衙职"如下：

> 衙前置都知兵马使、左右都押衙、都教练使、左右教练使、散教练使、押衙军将，又有中军、子城、鼓角、宴设、作院、山河等使，或不备置。又客司置知客、副知客、军将，又通引司置行首、副行首、通引官。其防御、团练等州使院衙职，悉约节镇而差减焉。③

真宗大中祥符九年（1016）九月，开封府定衙吏出职的时间为三等：

---

① （唐）李林甫等撰，陈仲夫点校：《唐六典》卷30《三府督护州县官吏》，中华书局2014年标点本，第740—758页。《新唐书》卷49下《百官四下》，第1308—1318页等。参阅［日］周藤吉之：《五代節度使の支配體制——特に宋代職役との關聯に於いて》，《宋代經濟史研究》，東京大學出版會1962年版。

② 参阅唐刚卯《衙前考论》，《宋史论集》，中州书画社1983年版；王曾瑜《宋衙前杂论》（一）（二），分别载《北京师院学报》1986年第3期，1987年第1期；魏峰《论衙前在北宋的转化》，《宁夏社会科学》2002年第6期。按，其中"押衙"，也作"押牙"。参阅刘安志《唐五代押牙（衙）考略》，《魏晋隋唐史资料》第16辑，武汉大学出版社1998年版。

③ 《宋会要·职官》47之2，第4265页。

左、右都押衙为第一等，以五年出职；客司左右知客、押衙为第二等，六年；通引司左右番行首为第三等，七年，并出职。其职员不立等第，有阙即本司次补。①

其"不立等第"的职员是指都知兵马使等。徽宗时，把衙吏中的"子城使、教练使、都教练使、左右押衙、左右都押衙、中军使、兵马使、都知兵马使"等改名为下隶、中隶、上隶、散皂、衙皂、公皂、介史、副史、都史九等。② 南宋初年又复旧称。

从现有史料看，各州府衙吏的名额极不统一。如北宋的南京应天府（治今河南商丘市）仿照西京河南府（治今河南洛阳市）所设"长入衙前"中，职员有"都知兵马使一人，左、右都押衙二人，都教练使一人，左、右教练使各一人，守阙教练使一人，押衙二人"③。这仅是衙前中地位较高的常设名目，未包括客司、通引司等吏目。南宋时，福州的衙前仿北宋开封府体例分为三等，即押衙 10 人，通引官 10 人，客司 53 人。④

在五代节度使体制下，上述衙吏诸职名多是权势显赫的武官，宋朝只是借用了其名称，其原有的职权大多已丧失。武职群体在节度使体制下本就复杂多变，宋代又没有对这些名称进行统一的规范性调整，所以宋人有关衙前的记载便五花八门。其编制也时多时少，总体上熙宁变法前较多，熙丰以后有所减少。如福州的衙吏，真宗咸平以前，诸色公人 541 人，咸平年间减为 350 人。其中衙前 120 人，占总数约 1/3，其后又有增加，衙前以 254 人为额，英宗治平元年（1064）裁定为 228 人，熙宁九年（1076）减为 129 员，元丰三年（1080）又减为 125 员，南宋初年裁减 1/3，以 83 员为额，相沿至南宋后期。这些仅仅是编制额定的人数，其实，更多的地方有大量额外用吏。

---

① 《宋会要·职官》48 之 95，第 4373 页。
② 《宋会要·职官》48 之 99，第 4375 页。
③ 《宋会要·职官》48 之 97，第 4374 页。
④ 《淳熙三山志》卷 13《州县役人》，宋元方志丛刊影印本第 8 册，第 7889 页。

（二）人吏

这是宋朝在沿用唐末五代州院（府院、军院）、使院旧制基础上重新组织起来的一些吏人团体，主要由职级、手分、贴司、杂职及祗候典等组成，分布于州院（或称州司，即州政府办公厅，由录事参军掌州院庶务）、司理院（司理参军衙门）、法司（司法参军衙门）、使院（幕职官办公厅，北宋末年改曰签厅）之中，相关或附属机构有书表司（简称书司）、勾院、客司、当直司、开拆司、诸案等。

台州地方志所载宋初人吏的设置情况是：

> 自都孔目官至粮料押司官，凡十阶，谓之职级；其次曰前行、曰后行；又其次曰贴司。募有产而练于事者为之。或无人应募，则俾职级年满出职，其子侄继替。天圣初令，无子侄可继者，与募百姓。庆历初，诏并许投名。①

另据《淳熙三山志》卷13《州县役人》载："建隆四年（963），使、州院人吏员阙，并募有田产谙公事人充。不足，则据数均于属县曹司正员内差补。"据此可知，地位较高的人吏，自宋初就实行以募为主，以差法为辅的入役制度，如遇吏人缺额，可暂时从属县曹司调用。

不同时期不同州府，人吏的编制各不相同。开宝六年（973），宋政府曾规定："诸州主户三万以上者，使院书表司、勾院共五十人，州司三十人。"② 如福州，"先是，本州使院书表司、勾院二百四人，州院三十人，总二百三十四人"③。仁宗时，福州使院的204名人吏中，166人系主户投充，38人为外县轮差。根据上述史料，福州人吏

---

① 《嘉定赤城志》卷17《州役人》，宋元方志丛刊影印本第7册，第7416页。
② （宋）赵彦卫撰，傅根清点校：《云麓漫钞》卷12《四正旁通图》，中华书局1996年标点本，第216页。
③ 《淳熙三山志》卷13《州县役人》，第7890页。

最初的编制是 80 人，但是，因为福州是一路首府，"狱讼账目遣发甚繁，实难按条立额"。英宗时，福州使院诸司以 170 人为额，州院 30 人中，有 12 名是从县里抽差的，实际上超过了 200 人。使院是州级公吏的管辖部门，各州判官或签判负责衙前、人吏的差使、奖罚及保明出职等事。元丰以后，州院吏人法定名额再度减少。如福州曾有人吏二百多人，元祐三年（1088）减至 181 人，南宋减为 100 人。在这 100 个名额中，职级 20 人，前行 40 人，后行 40 人。

北宋初年，贴司尚未立额，多为私下添置，或曰私名书手。宋真宗景德二年（1005）规定，"量私名书手人数立额，许正行人吏保明籍定姓名。祗应人吏有阙，选无过犯者充"。此后，贴司成为人吏的备差对象。南宋时，贴司公开立额，人员逐渐固定下来。如绍兴五年（1135）诏令规定，"州县帖司，每案不得过五人"，每州可置二三十人。绍兴末年又规定，"以吏额之半置帖司"，福州有 100 名人吏时，定贴司为 50 员。台州有人吏 50 人，贴司便以 25 员为额。[①]

根据哲宗绍圣元年（1094）所定"使院规约"，台州将元丰年间所定"人吏"名额分为"法司、州院勘事司、司理院、常平两案、职级、前后行、书表司之数"。南宋时，台州 50 名人吏，其中刑法司 8 人，常平两案 3 人，职级 10 人，前后行 25 人，书表司 4 人。南宋所称刑法司，或许是北宋的法司、州院勘事司、司理院的合称。

《嘉定赤城志》所称 10 阶"职级"到底包括哪些职名，尚难确定。唐朝末年，各地藩镇设有孔目院，孔目院除了设置子录事、粮料官、衙司、表奏官等外，还设置有名目繁多的孔目官。如厅头开拆书状孔目官、书状孔目官、厅头开拆孔目官、军事孔目官、兵马都孔目官、鼓铸都勾孔目官、读示孔目官、厅勾孔目官、州司孔目官、表奏孔目官，等等。这些都是节度使体制下掌管文书、军事、财赋等重要政务的重要职位，其位高权重，因此由孔目官升至高官者较多。宋

[①] 以上《淳熙三山志》和《嘉定赤城志》两书互见，但是相关史料的具体时间有差异。见《淳熙三山志》卷 13《州县役人》，宋元方志丛刊影印本第 8 册，第 7890 页；《嘉定赤城志》卷 17《州役人·贴司》，宋元方志丛刊影印本第 7 册，第 7416 页。

初，随着藩镇统治体制的解体，藩镇旧吏体系瓦解，孔目官成为州院、使院人吏之首，政和时改称典史，南宋或称为都吏。周藤吉之指出，北宋时，职级10阶大体上指都孔目官、副都孔目官、都勾押官、节度孔目官、观察孔目官、勾押官、勾覆官、开拆官、粮料官、押司官。①

与前述衙前的名额一样，宋代各州人吏的分类及等级也是有差别的。如北宋时，京城开封府及西京河南府、南京应天府三京"府院置孔目、勾押司、开拆官、行首、杂事、前行，其余州府使院置都孔目官、都勾押官各一人，又节度、观察有孔目、勾押、勾覆、押司官、前后行之名"②。当时开封府六案吏人曾多达600人。

南宋时，临安府公吏中有人吏69名，分士、户、仪、兵、刑、工六案。其中：

> 户案分上中下案，外有免役案、常平案、上下开拆司、财赋司、大礼局、国信局、排办司、修造司，各治其事。置吏：点检文字、都孔目官、副孔目官、节度孔目官、观察孔目官各一名，磨勘司主押官、正开拆官、副开拆官各一人，下名开拆官二名，押司官八人，前后行守分二十一人，贴司三十人。③

在上述诸司外，两宋还设推司，置推吏，专掌司法鞫勘等相关事务。

（三）公人

公人是在衙前、人吏之下，由散从官、院虞候、杂职等组成的州

---

① ［日］周藤吉之：《宋代州縣の職役と胥吏の發展》，《宋代經濟史研究》，東京大學出版會1962年版，第657—816页。
② 《宋会要·职官》47之2，第4265页。北宋前期，使院、州院并行互设，北宋后期至南宋，州院、使院（签厅）之分不再明确，该问题还有待进一步研究。
③ 《宋史》卷166《职官六》，第3944页。

府第三个层次的公吏。公吏奔走驱使,"追催公事",督办各种具体政务,包括主要从事仓场库务的收支与管理的斗子、库子、秤子、拣子、专知官等。这些公吏分布在州县,参与农田水利修建、催租纳税,以及盐场、茶场(合同场)、商税务、市舶司、堰、闸、桥、门等的管理。其中,散从官、院虞候队伍庞大。五代后汉时诸道州府置散从官,定额是大府500人,上州300人,下州200人。① 宋初继承此制,不同类别公人数目各有变动。如福州的散从官北宋太宗时多达200人,此后减为100人上下。南宋时再次减少,以66人为额。其院虞候北宋后期以120人为额,南宋则以80人为额。

综合起来看,唐代地方吏员大约是官员总数的5倍。两宋州府中,公吏约是官员总数的10倍多。如,南宋台州文武官员有职事者约28名(添差不厘务者不计),各类公吏即"州役人",在嘉定年间裁减后仍有303员。另如福州,淳熙时在编文武职事官26员,同时期各类公吏约363人,公吏约是命官的14倍。

此外,地方往往在正额之外巧作名目,私置公吏,有所谓"守阙""习学""私名""专行""兼案"等,"率置一局则三四人共之",贴司、手分往往"不可胜计"②。

这表明,从人数上看,两宋州郡官府中,称为"吏人世界"或"公人世界"是名副其实的。

二 州级公吏的主要职能

以往研究宋代吏人制度的论文,在论述吏人职能时常常是将中央和地方各级吏人放在一起,分为刑狱吏、文书吏、仓场库务吏、督课押运吏、账籍吏或治安吏等。③ 但是,宋代州级公吏有其自身的职能

---

① 《册府元龟》卷61《帝王部·立制度第二》,第687页。
② 《宋会要·职官》48之101—102,第4377页。
③ 参阅赵忠祥《宋代吏胥的职能浅析》,《河北师范大学学报》2001年第2期,及浙江大学祖慧教授的系列文章。

特点。有些吏员既主财赋，又兼掌司法事务，还负责相关的文案，所以难以把它确定为上述的哪一类别。今将吏员群体分4类，简要介绍其职能如下。

（一）衙前的职掌

衙前的诸多职名，在唐末五代节度使体制下，是分掌军事、财政、司法、日常行政等各项事务的、职能宽泛的官职。如左右押衙、都押衙"尽管节度使牙内之事"①，既掌外交出使军事战作，又司财政与民政。或以士人为之，其势炽者，甚或取代长官。"其久则根势深固，反视节度有客主之势。至有诛逐其上，而更代为之。凡陆梁跋扈之事，因兹而有"②。及至宋代，衙前仅是吏职，且与地位较低的仓斗、库子等并称"公人"。

北宋前期，衙前交替使用召募、轮差之法，其制度变迁较为复杂，是讨论北宋役法的焦点之一。但其主要职能却保持了相当的继承性。即衙前主要用以"主持管押官物"③，或曰"主典府库或輂运官物"④，又称为"笼仓库，部飞挽，趋摈呼指尔"⑤。

1. 主掌官仓

衙前的重要职掌之一是"主典府库"，即掌管公使库、茶酒司、什物库、帐设司，以及馆驿等。宋代公使库及其附设机构的财物主要用以招待过往官员，地方长官有权自主支配。主管公使厨库者，须保证官库不至亏损，"若主持官物，必以家业及二百缗者"始可担任，因此衙前必须从富裕之家选用。如果衙前在任职期间，仓库经营不

---

① 《资治通鉴》卷216，天宝六载十二月己巳，第6887页。参见刘安志前引文，刘安志先生总结唐五代押衙的职能为：一是作为使者出使四方；二是领兵作战，戍守地方；三是接待外国使者；四是保卫巡逻节度使衙府；五是经管财经事务。
② 《朱子语类》卷110《论兵》，第2707页。
③ （宋）赵彦卫撰，傅根清点校：《云麓漫钞》卷12《四正旁通图》，第215页。
④ 《长编》卷114，景祐元年正月庚午，第2659页；《文献通考》卷12《职役考一》，第343页。
⑤ （宋）吕祖谦编，齐治平点校：《宋文鉴》卷87《奉国军衙司都目序》，中华书局1992年标点本，第1233页。

善，入不敷出，亏折官钱物，则须以家产赔偿。主掌仓库被视为当时衙前的"重难差使"。如仁宗天圣九年（1031）以前，"河北多差役上户，使掌公用宅库，至有破产者"①。赵抃任益州路转运使前，益州"州郡以酒食相馈饷，衙前治厨传，破家相属"②。宋仁宗时，阎充国在京东路曾"罢诸州差乡户为衙前以主公用六库者，乡户始免破产之弊"③。

北宋中期以后，差役、募役交替使用，公使库等仓场库务或设监当官，以专知官、专典为其属吏，衙前主管库务者减少，但充当茶场专典、酒库专知官、盐场专典者仍较多。熙宁变法时把原由衙前买扑的酒税场务改由官府自卖，"凡衙前部水陆运，旧或官以微物占分数，及领仓驿、场务、公使库，并送迎往来及治他事尚多扰者，今当省使毋费"④。减省了衙前担任的重难差使之后，官员的迎送改用将校，"官给路费"，由官府按月支给部送者"食钱"，衙前总额随之减少。其他一些职役，也参用将校。条法规定：

> 诸主管公使库、酒库、设厨、茶酒、帐设司，并差将校，其器用陈设之类，许轮有职掌衙前兼管（不得过二人）。⑤

敕令还规定了"衙前被差充场务专知"⑥时犯赃罪后的处罚措施。孝宗乾道四年（1168），郢州（治今湖北钟祥市）增创转般仓，设排岸官负责催交，监当官掌给纳，专知官、攒司各一名，掌管收支。其专知官、攒司"从本路转运司踏逐见役人吏、衙前充，每月量

---

① 《长编》卷110，天圣九年七月丙辰，第2563—2564页。
② 《苏轼文集》卷17《赵清献公神道碑》，第518—519页。
③ （宋）范纯仁撰：《范忠宣公文集》卷14《朝议大夫阎君墓志》，中华再造善本，第9页。
④ 《长编》卷227，熙宁四年十月壬子注文，第5521页。
⑤ 《庆元条法事类》卷4《职掌·公用令》，第31页。
⑥ 《庆元条法事类》卷36《场务·厩库敕》，第537页。

行添支"。① 所谓"量行添支",即地方政府给他们支付报酬。

2. 押运上缴官物

衙前的第二项重要职掌是负责押运官物。宋初"承唐之法,天下财赋除其供辇送京师之外,余者并留之州郡"②。宋代,县并非一级独立的财政单位,地方要上缴中央或调配他处的财赋,主要以州为中转站。随着宋朝中央财政支出不断增长,"留之州郡"的余财逐渐减少,运输京城或被中央调配到其他州府的财赋日益增多,衙前保障押运官物上缴数量的责任日益繁重。宋代地方上供中央的财物往往分类团并,称为纲,如茶纲、绢纲、米纲等,由厢军、梢工等搬担,而由衙前押运。熙宁以前,官物在运送过程中如果有损毁,衙前须以家产赔偿,因此倾家荡产者屡屡见诸史端。熙宁四年(1071)颁布募役法的原因之一就是减少差役之弊,改制以后,水陆漕运多令罢任官员或低级将校押运,"又上京纲运,召得替官员,或以殿侍、军大将管押,其粗色及畸零之物,差将校或节级管押。衙前苦无差遣"③,不闻更有破产之人。但实际上,北宋后期和南宋,衙前仍然参与押运官物。如淳熙七年(1180),朱熹知南康军(治今江西庐山市),曾派衙前萧彦把上一年的208贯茶租押送到总领所,又曾派衙前王溥把当年秋季的7463贯经总制钱押运上交。两广地区,官盐的运送仍由衙前押运。但是,南宋时,衙前可以取得报酬,且往往与职级、手分等一起,被派遣参与收籴粮米,与一般吏人的职掌渐趋接近,已不再如北宋前期那样引人注目。

位列衙前次等的"客司"在唐末五代属于藩镇的礼仪职司,置知客、副知客、军将等。五代时客司"主赞导宾客",地位也很高,多有升任要职者④。宋代客司是地位很低的吏目,除为官府提供迎来送往招待役使外,还被差往外地迎送官员、负责州城城区的司法缉捕等

---

① 《宋会要·食货》54之9,第7242页。
② 《文献通考》卷19《征榷考六》,第557页。
③ 《长编》卷367,元祐元年二月丁亥,第8825—8826页。
④ 吴丽娱:《试论晚唐五代的客将、客司与客省》,《中国史研究》2002年第4期。

各种杂差使。福州方志记录客司名额时解释说："内十七人权募，或充诸厢虞候及非泛差使"。① 宋人又称客司为客将、典客等。

衙前的第三等"通引司"，置行首、副行首、通引官。通引官或曰承引官，其具体职能因史料缺乏，还有待进一步考证。②

（二）人吏的职掌

宋代人吏的组成名目繁多，其职能各不相同。以下对一些主要人吏的职能略作考述。

1. 职级

孔目官之名，始于唐朝。"唐世始有此名，言凡使司之事，一孔一目，皆须经由其手也。"③ 在唐末五代藩镇使府衙门中，孔目官是重要的文职属吏，既负责文书表章的起草、收发、读示，又掌管场务、冶铸，乃至经营商贸（回易、回图）、督征两税等，往往成为节度使的心腹。如安禄山起兵时，就有孔目官与掌书记等做参谋骨干。节度使篡位成功或升任朝中要职后，其原来府衙的孔目官就有获得重用的机会，因此而有人升任三司使等要职者。

宋代孔目官及其相关吏目往往合称"职级"。孔目官与前举通引官、后述散从官等一样，虽名带"官"字，实则为吏人。虽为吏人，宋初沿旧制仍赋予孔目官掌赋税簿籍等重任。"诸路州府，每至纳税，即追属县簿籍，付孔目官，督摄逋欠，颇扰于民"，乾德六年（968）九月，太祖下诏罢之，"委录事参军案视文簿，本州判官提举"④。宋代孔目官职位虽不如唐末五代高，但在州院、使院中，仍是人吏之首，被称为都吏，负责协助官员办理刑狱诉讼、税赋账簿等政务。其

---

① 《淳熙三山志》卷13《州县役人》，宋元方志丛刊影印本第8册，第7889页。
② 唐末，节度使衙置有"行官"，其任务是"将命往来京师及邻道及巡内郡县"，即奔波于中央和地方之间、地方诸州之间，本地州县之间传达节度使的要求和指令。见《资治通鉴》卷216，天宝六载十一月己巳，胡三省注，第6887页。宋代通引司吏人中的行首，或许与此有关。
③ 《资治通鉴》卷216，天宝十载二月丙辰，第6905页。
④ 《宋会要·食货》70之3，第8101页；《长编》卷9，开宝元年五月甲午，第202页。

主要职责可归纳为以下3个方面：一是督征违欠税租。条令规定，"诸税租末限满"，欠不及一分时，止罚县级官吏；欠及一分以上，既罚州县命官，也罚都孔目官、副都孔目官。① 凡孔目官等催纳钱物失期，或催纳差误，也要摊纳，即赔偿。南宋推行经界法时，徽州孔目官章愈即经常帮助知州处理一些如何征纳税钱的问题。② 二是负有管理仓斗等其他公人之责。仓库的斗子等，"都吏所差"③，仓斗等充役，必由"都吏保明"，斗子等公吏如有违法行为，孔目官要连坐。④ 三是参预司法活动。前举"平生多惠"的徽州孔目官章愈，即因"鞫狱务多全活"而留名青史。此外，孔目官有时也被派至属县追催公事。

宋代，与孔目官并称为"职级"者尚有书表司、开拆司、勾押官（勾覆押司）等。其中开拆司、勾押官、书表司承担的职能与唐末五代孔目官的部分职掌有相同之处。如书表司起草文书奏状，收发书信等，因与州长官交往密切，往往成为长官的得力助手，官员违法时，他们也会成为帮凶。如朱熹弹劾唐仲友状中提到书表司丁志曾"抄写假会"，杨楠"伪作书札，送与官员，封角了当，却供入宅堂"。且杨楠"每月写单历，供送官员等"⑤，还从官库中支钱，收买海味，送给亲戚。

开拆司吏人，负责收发文书，特别是接收文书，如百姓的诉讼状，即由开拆司人吏分拣、审查并递送给有关官员，开拆司吏人因此有机会和推司、法司人吏等一起，在百姓打官司时，从中上下其手，甚至受贿，制造冤案。开拆司人吏或称"阁人"⑥，或称"牌司"⑦，

---

① 《庆元条法事类》卷47《违欠税租·户婚敕》，第627页。
② 《新安志》卷10《记闻》，宋元方志丛刊影印本第8册，第7770页。
③ 《景定建康志》卷40《镂榜式》，宋元方志丛刊影印本第2册，第1997页。
④ 《名公书判清明集》卷3《革受纳弊幸》，第70页。
⑤ 《朱子全书·晦庵先生朱文公文集》卷19《按唐仲友第四状》，第853页；同书卷18《按唐仲友第三状》，第833页；同书卷19《按唐仲友第六状》，第863页。
⑥ （宋）佚名撰，张亦冰校点：《州县提纲》卷1《情勿壅蔽》，《宋代官箴书五种》，中华书局2019年标点本，第105—106页（本书以后参考该文献，均用此版本，出版信息从略）。
⑦ 《长编》卷184，嘉祐元年十二月壬子，第4460页。

在州级司法事务中起重要作用。

勾押官，五代时，州县都设置勾押官，负责征收两税钱谷等，并与孔目官一起签署财赋、刑狱等文书。北宋沿用之，州院、使院均设勾押官。如开封府使院设有11案，"每日行遣钱谷、税赋及刑狱诸般文书不少"，宋仁宗天圣六年（1028）七月，特增置守阙勾押官，"与都孔目官同共系书，点检诸司公事"①。

南宋时，一些州府还专设财赋司，主管法外征敛及支用。如唐仲友在台州，用郭起、张鄂、邓庄、郑榛、陈忠等充财赋司人吏，非法征收私盐税钱入公使库，非理科罚，征收赃罚钱等，"凡官赋所入，其间有不该系省及诸库收附者，尽是别作名色支破，差人往外州买银子"②。

2. 手分

北宋时，各县设手分，地位仅次于押录，主要负责处理县级相关公用文书。随案所分，差无定额。州级行政中，手分之职可能以经管财赋的会计出纳为主，需要熟悉账目制作，因此，北宋时"家习书算"的南方各地人户，甘愿投充手分，"不待召募，人争为之"。在北方的陕西、河东、河北三路，"民间不谙书算"，"嘉祐以前，皆系乡差，人户所惮，以为重于衙前"③，把充当手分视为畏途。实行募役法后，北方诸路的百姓，仍认为"惟手分最为重役"，"不闲书算、不谙公家行遣次第"者，多不敢充任。④可见，熟悉财务出纳，造表做账是充任手分的主要条件。前行、后行是手分所分，但限于史料，其制度演变还难以理清脉络。手分数额较多，分布于有财赋出纳的相关机构中，如和籴场曾置手分2名，1名和斗子等共同"司纳以给凭由"，1名和库子一起"司出以给价值"⑤。手分有时还参与催纳

---

① 《宋会要·职官》48之96，第4374页。
② 《朱子全书·晦庵先生朱文公文集》卷18《按唐仲友第三状》，第834页。
③ 《苏辙集》卷45《论衙前及诸役人不便札子》，第791页。
④ 《苏辙集》卷45《论衙前及诸役人不便札子》，第790页。
⑤ （宋）王之道著，沈怀玉、凌波点校：《〈相山集〉点校》卷20《论和籴利害札子》，北京图书馆出版社2006年标点本，第264页。

钱物。①

3. 贴司

贴司，史籍中或作"帖司"，是仅次于衙前、职级、手分的人数众多的又一人吏名目。林煌达博士比喻称：如果手分介于现代的科长与科员之间的话，那么，帖司（或曰贴书）就是科员。② 贴司与手分一样，也得考试书算合格才能充任。贴司除掌官物收支外，也受都孔目官指派，分散在各官府听候使唤，参与管理案牍。另如公使库有手分，也有贴司，由于史料缺乏，其具体职掌及其运作还不太容易疏理清楚，应当属于账籍文书吏。

4. 造账司

在职级、手分、贴司之外，宋代还分设两种吏职，即造账司人吏与祗候典。其地位也属于人吏，造账司，又作"造帐司"，其人吏"专掌造帐"。宋初从诸县曹司中选人吏充，一般负责给路一级"造转运、提举司钱帛账"③。英宗治平年间，由于从县所差者多不熟悉造账业务，改用使院后行为之。熙宁以后召募熟悉造账业务者充。造账司人吏以造账为专职，凡不造账的时间，就随其便，一般官府优给雇钱，不许造账司人吏充任其他役使。此类吏人人数不多，如南宋时台州以 5 人为额，福州仅置 4 员。

祗候典，祗候典或曰知后典，负责将州府之命令传达于县。宋神宗熙宁十年（1077），诏令罢除了各州府从各县选用后行人吏到州衙"承领文帖，付解子达于县"④ 之旧制，创置了祗候典。其人数也较少。如南宋时，台州为每县各置 2 人，后减为 1 人。福州 12 县仅置 4 名。

除上述吏目外，宋代州府还专设"推司"、法司等，选熟悉法律的人担任推吏，以协助承办刑狱案件为主职，属于司法专职吏人，一

---

① 《欧阳修全集·河北奉使奏草》卷上《乞一面除放欠负》，第 1794—1795 页。
② 林煌达：《南宋吏制研究》，嘉义：中正大学博士学位论文。
③ 《嘉定赤城志》卷 17《州役人》，宋元方志丛刊影印本第 7 册，第 7416 页。
④ 《淳熙三山志》卷 13《州县役人》，宋元方志丛刊影印本第 8 册，第 7891 页。

般"不得差出及兼他役，亦不许他处抽差"，3年一替。① 如南宋时，临安府左右司理院及府院三狱，每院设推级4名，其下又有杖直、狱子各12名，均实行重禄法。两宋，特别是南宋，留下了诸多推司人吏受贿枉法或向官司打通关节而导致冤案的记载。

（三）散从官、人力、院虞候、当直司狱子等

宋初承五代旧制，各州设承符、散从、步奏官，掌"追催公事"，其次还有人力（或曰手力）、杂职、院虞候等。元丰三年（1080），承符、散从官、步奏官统一改称散从官，其下还有节级、厅子等役目。

散从官，从字面讲当是官员的随从，五代时与衙前一样，也有到属县追催公事者。宋代，散从官或分配给官员。如咸平编敕规定，"州三万户以上，节院、散从、步奏官并杂职总一百人"。真宗时期福州因为不满二万户，所以有这类人吏共64员，其中，两使判官属下有15人，节度和观察推官各配置7人，录事参军分配25人，司法兼司户参军属下设10人。宋仁宗后的整个北宋，福州的散从官类吏人都在100名以上，南宋立国之初，朝廷普遍裁减官吏，福州的散从官类吏人也缩减1/3，减为66名。② 有些散从官则分散设置在各官府中。

所谓"追催公事"，即奔走于官衙及州县之间，督促承办各类公事。如，至道三年（997）四月，开封府曾派散从官下咸平县办事。③ 此外，散从官有一重要任务是迎送官员。苏辙指出："熙宁以前，散从、弓手、手力等役人，常苦接送之劳，远者至四五千里，极为疲弊。"④ 接送官员除了途中有搬担等体力付出外，还可能赔钱。法令

---

① 《庆元条法事类》卷52《差补·吏卒令》，第730页。
② 《淳熙三山志》卷13《州县役人》，宋元方志丛刊影印本第8册，第7891页。
③ 《长编》卷41，至道三年四月甲辰，第864页。
④ 《苏辙集》卷37《论差役五事状》，第645页；《长编》卷369，元祐元年闰二月癸卯，第8897—8898页。

虽然规定官员接送途中食宿所需费用由被接送的官员自己支给，但是，由于种种原因，承役人还得付出经济赔偿，"未助役已前，凡官员迎送，并不计程途远近，每散从官、承符、手力一名，出备盘缠，多者至四十贯，少者亦三十贯"。熙宁改行募役法后，始按旅程远近出钱雇人。①

散从官等"身自出力"②"供身指使"③，是地位较低的吏人，或视之为役人，除了"追催公事"，还承担后勤物资供应，如督促军兵为官府提供燃料及养马饲料等杂差，即亲自出力，"有打草供柴之劳"④。

与散从官地位相当的吏目还有"杂职"，其名额并不多，如北宋时，福州杂职往往和散从官的编制在一起。宋仁宗嘉祐八年（1063）曾在散从官外，定杂职为8名，宋神宗熙宁七年（1074）定为6名，宋孝宗淳熙年间增至11人。台州在北宋时仅1人，南宋末增至7人。杂职的职能史文缺载，当与散从官一样是跑腿办事者。

唐和五代已有都虞候、虞候之名，当时，节度使下既有藩镇马步军都虞候，左右厢都虞候，也有左右厢行营虞候、左右厢子弟虞候、衙前虞候、将虞候、子弟虞候等等，既负责用军队纪律约束军人、整顿军纪，也参与民事案件的处理。五代还设马步院，任命武臣为都虞候及判官，主掌地方狱讼治安事务。⑤宋初，虞候成为吏人，从主户中差，或从节级转充，分隶州院、司理院。其编制较多，如元丰时福州有120人，南宋减为80人。南宋时台州有70人。其主要职责是协助录事参军、司理参军承办与狱讼有关的杂务，如追捕、缉拿与狱讼

---

① 《长编》卷376，元祐元年四月，第9135页。
② 《苏辙集》卷45《论衙前及诸役人不便札子》，第790页。
③ （宋）宋庠撰：《元宪集》卷31《乞差当直兵士札子》，景印文渊阁《四库全书》第1087册，第645页。
④ 《长编》卷378，元祐元年五月壬午，第9189页；《苏辙集》卷38《再言役法札子》，第678页。
⑤ 张国刚：《唐代藩镇军将职级考略》，《学术月刊》1989年第5期；荣新江：《唐五代归义军武职军将考》，《中国唐史学会论文集》，三秦出版社1993年版，第76—87页。

有关的人等。院虞候也负责接送司理参军，其另一项重要任务是押送判决以后流配编管的犯人，包括获罪官员。条令规定：

> 诸部送罪人，量轻重多寡，差兵级或院虞候（外界及两地供输人送他州者，准此。编管、羁管、移乡人止差院虞候部送）。七人以上（妇人及男子年十五以下者不计），或凶恶人及事干边界者，仍差将校或衙前（强盗配军系配沙门岛、远恶州或死罪贷命者，但及三人，虽非凶恶亦添差节级部送）；十人以上，所经由州长吏量度人数分番差人部送。①

院虞候之下，州院、司理院还设有狱子、杖直、节级等公人，负责监禁事务。

（四）专知官、斗子、库子、掐子、拣子、秤子及拦头等

宋代在盐、酒、茶等专卖机构，金、银、铜、铁等坑冶场务，转般仓等存放、管理官物之处，以及驿馆等，多设由衙前担任的专知官，或曰专典、专副，负责官物的收支，并制作账表，督催盐酒生产、监督器物制造等。

斗子、库子等公人是典型的仓库吏，主掌度量衡、官库钱物入库时的品质检验、入库后的保管出纳及籍账等。差役制下，主要由第三、四等主户（下户）轮差，熙宁年间实施雇募制后，多自愿投充，但仍需召有家产之人担任。斗子或曰籴纳斗级，主要负责谷物等的称量入官、保管及支出等。库子以掌管钱物为主，除管理库藏外，还掌管斗、秤、尺等度量衡器物。地方学校也设库子，专掌收纳办学经费、房廊钱等。秤子掌官物称量，如有盐务秤子等。掐子（"掐"或指计算之意，当属于计算类吏人）、拣子主要负责钱、绢等征纳物的质量检验或参与官钱的计算、保管、出纳等。《淳熙三山志》卷13

---

① 《庆元条法事类》卷75《部送罪人·断狱令》，第793页。

《州县役人》称，福州拣子7名，主掌"诸色钱"。在台州，拣子、库子还"以掐子为之"①，说明，他们的区别不大。

拦头，或作栏头、拦子、揽子、揽头等。五代时，藩镇在关津河渡等处广设拦锁，征收过往商旅的钱物，宋太宗时改为差税户主之。差役制下，乡户管理关津河渡，须定额向官府交钱，若收入减少，就需以家产抵当，"以至一缕尽输之官而未偿者"②，应此役者与衙前一样，多至破产。募役法实施后，允许民户自愿投名充任拦头，但不支雇钱。拦头的编制定额不多，如北宋时福州有37人，南宋时设30人；台州北宋时有14人，南宋时有12人，但是超额设置的情况非常严重，南宋尤为突出。拦头与专知官合称专拦，本以拦纳商税及禁榷物品为主，但南宋时，因为专拦往往与纳税官及仓库人吏通同作弊，地方征收二税的官吏不得已只接受拦头拦纳的钱物，于是夏、秋二税及和买绢、和籴米的征收，都有拦头参与其中，他们以次充好，少纳于官，多收入己，使官府与纳税者均受其害。

三　州级公吏制度的作用及其问题

宋代，无论是财政、司法还是其他政务，其分工的细密程度、管理条例的复杂化程度、政务运行的专业化程度等都相应增加，州县公吏呈现出职能复杂、作用广泛、名目繁多、变化频繁等特色。在州府中，十数倍于正式官员的公吏，特别是掌管财赋、狱讼等各类事务的地位较高的吏人，密布官员周围，承办各种具体政务，在宋代地方行政体制运行机制中发挥了重要作用。

州级政府是宋代地方完整的财政核算单位，是宋代具体经办地方财务的中心，负责征集赋税课利，上缴中央，并以中央存留或调拨的

---

① 《嘉定赤城志》卷17《州役人》，宋元方志丛刊影印本第7册，第7417页。
② （宋）文同著，胡问涛、罗琴校注：《文同全集编年校注》卷24《龙图毋公墓志铭》，巴蜀书社1999年标点本，第764页。

钱物应付地方各类开支。① 宋代州府财政收入的主要来源是田赋及其各种附加税、禁榷专卖及商税收入等，州吏下县催缴欠赋，公人设法增加税收，成为完成州级财赋征收任务的支撑力量。宋代田赋在二税之上的各种附加税等名目繁多，征收条例繁杂，农业税之外的各种工商税收在整个政府财政收入中所占比例增大，这些都不是几位、十几位官员所能胜任的。宋代地方仓场库务越来越多，如福州有各类库、务、院、场20个，湖州有各种库务15个，台州有各类仓库14个。台州的军资库又分常平库、省库、籴本库、经总制库等多种，公使库又分为酒库、钱库、银器库、帐设库、设厨等子库。另如南宋时，汀州（治今福建长汀县）军资库有子库11所，庆元府（治今浙江宁波市）有各种场务约30所，减去制置司的5所，仍有25所，其中公使库有库房166间，军资库有库房39间。各种仓场库务，除少数设监当官，或由地方其他官员兼管外，日常钱物出纳、籍账及库藏管理等基础性事务主要由吏人负责。

州府又是宋代地方司法行政的主要审理层级机构。宋制，县级政府负责初审本县所有案件，但其判决权仅限于杖以下轻罪，徒以上重要案件均须初审以后报送州府审理判决。州级官府既受理属县上报的徒以上各类案件，也直接受理本州治所所在地及倚郭县的各类案件。因此，地方繁重的司法政务主要由州级官员审理。

录事参军、司理参军、司法参军等诸曹官，推官、判官等幕职官以及知州、通判，均参与司法审理事务。② 宋代司法行政实行鞫谳分司制、移司别推等制度，一般大州府有州院、左右司理院3个审判机构，法司负责检法议刑，幕职诸官参与复审、会问，并为长官草拟判决结果。每个机构中均有一批协办狱讼的吏人。因此，在官员不能秉公执法时，吏人往往得以受赇纳贿、曲法卖狱、制造冤案，或为富豪

---

① 包伟民：《宋代地方财政史研究》第三章《中央与地方财赋分配关系的演变》，上海古籍出版社2001年版，第125页；同书第二章《州军财政制度》，第46页。
② 参阅拙文：《宋代州级属官体制初探》，《中国史研究》2002年第3期，又见本书第九部分。屈超立：《宋代地方政府民事审判职能研究》，巴蜀书社2003年5月版。

权贵打通关节、减免刑罪,而使贫弱者无辜蒙冤。南宋朱熹在弹劾唐仲友的第四状中,就列举了一些由于唐仲友的亲属或亲信属吏受贿而发生的司法错判案例。

　　州级政府是中央联系地方的重要桥梁,宋代知州的职能无所不统,其中领会朝廷诏命,并将诏旨及时地颁布、贯彻下去,便是知州承流宣化的重要行政职责之一。在当时落后的交通通讯条件下,供奔走驱使的各类吏人经常奔走于中央与州府、州与县、县与乡以及各官衙之间,对政令的贯彻执行起了重要作用。

　　此外,公吏参与具体承办灾伤赈济、兴修水利、修城筑路等各种公共事务的运作,公吏在州级地方行政体制运行中承担了繁重的差事,发挥了很大的作用。但是,权重处易生弊,宋代州府公吏利用手中的权力,主要是借助官府的威势,也做了许许多多危害官府和百姓的事情,甚至成为地方行政中备受文臣士大夫批评的巨大祸害之一。

　　首先,公吏害政在财经领域的表现主要是多收强取,苛剥百姓,为官员的违法枉支提供便利。在前引周藤吉之的文章和王曾瑜先生的专著《宋朝阶级结构》中,都有专节论述了拦户与胥吏相互勾结、互为表里,苛敛百姓、侵欺官府的行为。南宋人王之望指出,当时不良公吏经常下乡骚扰百姓:

> 方今郡县之间,为民之害者,莫大于公人。无赖不逞之徒,散出乡村,乘威怙势,恐喝良善。小邀酒食,大索货财,秋取稻禾、夏求丝麦,稍不如意,鞭篓随之,民之畏怖,甚于盗贼……又征税场务,私人猥多……大抵商贾所输,官得其十之一二,以故岁课日以不登,而有司不察,犹以为征之未尽。此皆公私之大蠹,而天下之所共疾者也。①

---

① (宋)王之望撰:《汉滨集》卷5《荆门军替回论禁约公人下乡奏议》,景印文渊阁《四库全书》第1139册,第721页。

州吏不但苛敛百姓,还"邀索县道"①,向属下各县官吏无端索取,当属县官吏到州府衙门办事时,他们反复刁难并勒索钱物。平时在管理官库钱物的过程中,有些吏人千方百计牟取不正当私利。如南康军(治今江西星子县)孔目官樊铨,"为都吏日,将本军已申朝廷桩下修城见钱三万贯,妄以赈荒为词,将钱变为会,会变为米。既而曰米曰会,皆羽化不存。遂使前人之桩积一空,本郡之缓急无备",而他本人因此"积不义之财"②,发家致富,然后又非法买官入仕。库务公人,不但自己违法敛财,还往往成为不法官员的帮凶。如朱熹弹劾唐仲友的经济违法事例中,公使库(什物库)人吏陆侃等,在编制假账、法外开支官库中都是非常活跃的人物。

其次,公吏在司法政务中的劣迹多是收取贿赂,枉法曲刑,导致司法不公。主要表现有:其一,为索贿受贿,设法鼓动百姓卷入狱讼之中。"教新进以舞文,把持官司,诱愚民以健讼,淫朋比德,表里为奸。"③ 吏人"教唆词诉,尤为民患"④。南宋时,信州(治今江西上饶市)、饶州(治今江西鄱阳县),"居常系狱,动辄百十人,未见有狱空之时"。因为官员不用心,"一切受成吏手,一味根连株逮",遂至"狱户充斥"⑤。在审理案件时,胥吏参预诉讼文案的传递、行杖逼供、管理罪人的食宿等事务,为了受贿,随意高下其手,增重或减轻刑罚。如北宋前期,有一寡妇与儿子到州府状告丈夫的弟弟,由于被告贿赂了狱吏,"嫂侄被笞掠,反自诬服,受杖而去"⑥。熙宁实行募役法后,院虞候、杖直、狱子等均支给俸钱,实行"重禄法",条例规定凡受贿者,加重处罚,以遏制行贿受贿,但狱吏受贿现象仍很普遍,特别是州府额外所置吏人,往往没有稳定的俸禄来源,问题更加突出。淳熙二年(1175),有官员观察到:

---

① 《朱子语类》卷106《外任·漳州》,第2649页。
② 《名公书判清明集》卷11《南康军前都吏樊铨冒受朝廷爵命等事》,第432—433页。
③ 《名公书判清明集》卷11《应经徒配及罢役人合尽行逐去》,第424页。
④ 《宋会要·职官》48之103,第4377页。
⑤ 《名公书判清明集》卷11《治推吏不照例襄被》,第426页。
⑥ (宋)魏泰撰,李裕民点校:《东轩笔录》卷11,第128页。

> 郡县狱吏推行重禄，今职级押录之下有推司，款司之下有代书贴司。自推、款司以上行重禄，代书贴司无禄也。是以每有狱事，则推、款司主行之，而赇赂公行，则在乎代书贴司也。狱成而无词讼，则众分其赂，有词诉则贴司当之，又相与营救，止抵微罪。①

乡书手又称乡司、乡胥手等，是宋代县级重要的役目，掌管百姓纳税所用的各种版籍的制作等，由于在确立纳税标准时护强欺弱，以致俗语有"打杀乡胥手，胜斋一千僧"之说。推司是州吏中承办狱讼的重要吏人，由于"推司枉法受财，出入生死，其为害何止如乡胥而已"，于是有官员称"配两推吏，胜似斋一万僧。"②

其二，胥吏害政还表现为办事故意拖延，并欺上瞒下，使上情不得下达，下情无由上达。

宋代条令一般规定日常政务的承办时限，如催税需要在几日内完成，狱案需要几日内结案，文书送达某处只能停留几天等，都有相应的规定，但胥吏往往"沈滞公事，邀求于人，人皆知可恶，无术以防之"，知州、县令深感头痛。每当战火之余或发生自然灾害、或朝廷有重大喜庆活动时，政府常颁布宽恤诏令，蠲减赋税，减免刑罚，但是，吏人或从中作梗，使百姓往往得不到实惠。真德秀奏称：

> 诏令之下，本为利民，而吏于其间并缘苛扰，民未拜赐，而害已随之……虽诏旨丁宁毋得抑配，而抑配自如；毋得骚动，而骚动自若；许民庶以越诉矣，所能赴诉者几人……此臣畴昔所亲见者，是以下情郁于上达，上泽壅于下流，积习相沿，非一日矣。③

---

① 《宋会要·职官》48 之 105，第 4379 页。
② 《名公书判清明集》卷 11《治推吏不照例襄被》，第 426 页。
③ 《西山先生真文忠公文集》卷 2《辛未十二月上殿奏札·三》，《儒藏》精华编第 22 册，第 102 页。

所谓"宽恤之诏屡下,然而实惠未孚于民,皆繇州县不能奉行之敝"。其结果是"上虽有良法美意,下不得而知者多矣",其原因是这些诏令"便于民而不便于吏"①。

熙宁变法以前,宋代公吏无论是轮差还是自愿投名,多无雇钱,有些就是民户的沉重负担,民户不得报酬而服役,其中难免有非法苛敛者。实施募役法后,政府开始给一些重要岗位的吏人支付雇值,如推司等吏多支给俸禄,但标准很低,而多数公吏如拦头、斗子等,仍然没有雇钱,因此为吏者多设法苛取,在士大夫的笔下,遂出现了许多恶贯满盈的恶吏典型。如饶州州吏黄德,通过"枉法取乞""酷虐吊打""因事受赇""恐吓欺骗"等手段,非法敛财累计一千多贯钱,而且还打砸他人酒店,奸据他人之妻,蓄养娼妓,"甚至拒天台之命令,玩监司之行移,往来牢狱如私家,轻视狱官如发蒙,罪恶贯盈"②。征收赋税时大地主形势户可以通过交结公吏,设法匿产逃税,致使乡村小户不得不额外多交。司法行政中高强户、形势户多通过贿赂吏人减免刑罚,而贫弱者则被酷刑逼供,加重刑罚,甚或死于非命。吏人弄权,深受其害的主要是基层贫弱百姓。

宋代基层州县常常被批评为"官弱吏强"或曰"吏强官弱"。事实上,所谓"官弱吏强"并不表明宋代吏的权势地位已超过官员③,而是指许多事情主要由吏人完成,吏人对日常政务的熟悉程度超过了官员,如果官员不够精明强干,就可能被吏人欺瞒。

公吏群体中当然不乏认真负责、秉公履职者,但是在历史上他们自己处于失语状态,在文官士大夫的话语体系中,吏人绝大多数都是负面形象,原因还在于官员自己无法熟悉复杂的政务运行细则,常被吏人欺瞒,不得不受制于吏人,甚至听从吏人指使。北宋名臣包拯"号为明

---

① (宋)王十朋:《王十朋全集·文集》卷2《轮对札子三首·三》,上海古籍出版社2012年标点本,第595页。
② 《名公书判清明集》卷11《罪恶贯盈》,第411页。
③ 前揭林煌达、赵忠祥的相关成果已指出了这一点。此外,前引涉及宋代吏人的相关研究,均会论及这一话题。另可参阅赵忠祥:《试析宋代的吏强官弱》,《西北师大学报》(社会科学版)2000年第2期。

察",在他知开封府审理案件时,因为"付吏责状",也免不了落入受贿吏人设计的圈套。①北宋后期一位在福州曾担任了四十余年胥吏的人称,数十年间,福州的知州只有两人未受吏人欺瞒。南宋时,更有任州官者,以吏人的是非为是非,"待吏如弟兄,燕私率与之对坐,称都吏而不名"。凡"民讼曲直,期会宽严,皆吏之命,至有一事而三四案官书拟者,甲不满吏意,则之乙;乙不满吏意,则之丙。或一讼而迭胜迭负,更禅无穷"②。从这一方面看,"吏强官弱"实不虚言。

要之,宋代公吏的政治地位并不高,知州、监司能很容易遏制吏人的权势,乃至治吏人之罪。③所以,"吏强官弱"并不表明宋代吏员真的已强过官员,只要官员精明强干,力图奋发有为,还是能够主导政务,并改变这一局面的。

四 结 语

宋人普遍认为,吏人揽权主要是由官员的无能和怠惰造成的。如司法之所以不公正,"盖由师帅之任鲜或循良,昧者以胥吏为耳目,怠者以胥吏为精神,贪者以胥吏为鹰犬。案牍满前,漫不加省,狱情出入,动由此曹"④。北宋初年已然,"诸州大狱,长吏不亲决,胥吏旁缘为奸,逮捕证左,滋蔓逾年而狱未具"。宋太宗为此下诏,要求行政长官"每五日一虑囚,情得者即决之"⑤。南宋时,有些地方

---

① (宋)沈括撰,金良年点校:《梦溪笔谈》卷22《谬误》,中华书局2015年版,第216—217页。

② (宋)徐元杰撰:《楳埜集》卷4《缴赵逢龙江东提举王杰知雷州指挥》,景印文渊阁《四库全书》第1181册,第654页。

③ 在前揭林煌达的博士论文中,第四章表4—7至4—15,列举了宋代许多惩罚吏人的法令。由于吏员的各项处罚法规已相当明确,所以,官员很容易发现吏人的违例行为,以便惩治。《名公书判清明集》中即有较多知州或监司断配州吏的事例。如《名公书判清明集》卷11《治推吏不照例攘被》,第426页;同书卷13《撰造公事》,第482—483页;《名公书判清明集》附录三《信州中解胡一飞诉刘惟新与州吏杨俊荣等合谋诬赖之取公案赴司》,第622页等。

④ (宋)王十朋著:《王十朋全集·文集》卷2《轮对札子三首·三》,上海古籍出版社2012年标点本,第595页。

⑤ 《长编》卷22,太平兴国六年三月己未,第491页。

"郡县长吏间有连日不出公厅,文书讼牒多令胥吏传押,因缘请托,无所不至,乡民留滞,动经旬月,至有辨讼终事而不识长官面者"①。长官怠惰导致了政成吏手。或因为官员不才,使得吏人高下其手。此类议论很多。如陆九渊称:

> 公人世界,其来久矣,而尤炽于今日。公人之所从得志,本在官人不才。

吕颐浩认为:"缘官不知法,致吏得以欺。"② 李椿年也指出:

> 所谓吏强官弱者,非吏挠权之罪,官不知法之罪也。明乎法,则曲直轻重在我而已,吏岂得而欺乎?③

这里所说的"法",既包括法律条文,也当包括习惯法(即例)以及如何将法与复杂的现实结合起来的运作手段等。

宋代地方吏人权势增重,除官员自身的原因外,还有以下原因。

首先,宋代地方政务日益复杂和专业化,为长期从事某项业务的公吏提供了施展才干或权术的机会。宋代中央对地方征调名目增多、数额扩大,使财务管理复杂化,立法频繁和法典规模扩大,特别是民户词讼案件增多,法令变更速度加快,等等,已不是有限的几位从中央派来、任期很短的官员所能胜任,从而需要有更多专业化的胥吏参预其事。

其次,官、吏任用制度的不同也为吏人弄权提供了条件。宋代官员定期轮任且避免在自己的家乡任职,而公吏多是本地人,特别是北宋中期以后招募或投名的公吏多是长期在自己熟悉的地方处理相同的

---

① 《宋会要·职官》47之30,第4282页。
② (宋)陆九渊著,钟哲点校:《陆九渊集》卷5《与徐子宜二》,中华书局1980年标点本,第68页。
③ 《系年要录》卷89,绍兴五年五月丙戌,第1719页。

事情。地方官员在较短的任期内难以对相对陌生环境的风土人情、政风民俗有更为深入的了解，大量政务不得不依赖在当地成长、并熟悉业务的公吏，公吏职权随之扩大，他们的作用与弊病同时显现。朱熹曾经说：

> 如看道理，辨是非，又须是自高一著，方判决得别人说话……今做官人，几时个个是阒冗人？多是要立作向上，那个不说道先著驭吏？少间，无有不拱手听命于吏者。这只是自家不见得道理，事来都区处不下，吏人弄得惯熟，却见得高于他，只能委任之。①

有的宋人，包括现代学者也认为，朱熹所总结的吏强官弱原因符合实际情况。总之，宋代吏人危害地方政务的原因是多方面的。其根源主要在于公吏所任事务繁重，待遇微薄，缺乏有效的考评激励机制，晋升无望，一旦有过犯，责罚又较重，这些导致为吏者难以自尊自爱，往往利用机会营私舞弊，或辅助长官作奸犯科，从中牟利。

原载《河南大学学报》（社会科学版）2004 年第 6 期

---

① 《朱子语类》卷112《论官》，第2735页。

宋代县级公吏制度初论

在现代汉语语汇中,"官吏"被定义为"旧时政府工作人员的总称",或曰古代官员的通称。"吏"被解释为:泛指官吏或旧时没有品级的小公务人员①。在中国古代社会不同的历史时期,吏的称谓差异很大,宋朝官和吏的差别尤为明显。当时,由中央政府授予品阶、颁发俸禄、并定期考核升黜、有不同程度决策权与行政权的"朝廷命官",是为"官",而由民户轮差、承袭或官府召募、考试录用等途径进入各级官衙,办理具体行政事务,多数无品阶、无俸禄或报酬很低的"府史胥徒",则属"吏员",称为"吏"或称"吏人""人吏"等。宋朝官方颁布的《庆元条法事类·名例敕》规定:

  诸称公人者,谓衙前,专副,库、称(引者注:亦作秤)、掏子,杖直,狱子,兵级之类。
  称吏人者,谓职级至贴司,行案、不行案人并同。
  称公吏者,谓公人、吏人。②

这里提到的公人、吏人名目,都不是朝廷命官,不属于"官"的范畴,而是"吏"。下面讨论的公吏主要指宋代县级官府中协助官员办理各种事务的吏役名目。

---

① 中国社会科学院语言研究所词典编辑室:《现代汉语词典》第7版,商务印书馆2016年版,第480页。
② 《庆元条法事类》卷52《解试出职·名例敕》,第737页。

胥吏在宋代政治、经济及社会生活中扮演着日益重要的角色，吏强官弱是当时官僚士大夫经常议论的话题之一。宋代吏人权势抬头，与其后元代以吏为官、官吏共治局面的形成，及与明清时期的胥吏制度有一定的历史联系。但是，有关研究并不深入，更不系统。已有的相关成果往往把中央和地方各级官府中的吏人合在一起论述，州、县吏人仅被简单介绍。为了推动这一课题的深入研究，下面选择研究最为薄弱的宋代县级公吏作为研究对象，突出不同吏人群体设置的特点、主要职掌及其社会影响，并为进一步研讨宋代吏与官的关系、吏人与地方治理、吏人与地方社会的关系等问题奠定基础。

一 县级公吏的设置状况

宋代县级政府设官少于唐代，一般在大县设置知县、县丞、主簿、县尉等亲民官各1员，有些县设2员县尉，小县仅置1—2名官员兼领全部行政事务。此外，根据各县所处位置的战略重要性、经济发展状况及治安需要等各种因素之不同，宋朝在县级设置为数不等的监当官、巡检等。随着经济社会的深入发展，一县之中财赋征敛、狱讼审判、治安教化、灾伤赈济，等等，政务丛胜，远非三五个行政官员所能胜任。因此，在承袭和改造旧制的基础上，宋代县级官府中设置了大量协助官员办理具体政务或供官员驱使的吏人和公人，他们或被称胥吏、胥史、吏胥、吏、人吏、吏人、公人、役人、胥徒等。宋真宗咸平四年（1001），因臣僚上书，全国曾一次裁减诸路冗吏195802人。[①] 这一史实经常被错误地用于说明宋代冗官之弊，但实际上裁减的是"吏人"而非"官员"。成书于南宋后期的《琴川志》卷6《县役人》所载常熟县（治今江苏常熟市）所设公吏情况是：

[①] 《长编》卷49，咸平四年六月癸卯，第1063页。按：宋代县的数量不同时期略有变化，如果按《宋史》地理志对宋代县数的记载，北宋曾设1234个县，这样，平均每县有吏人158员。当然，这次裁减的吏人有州一级的，有县一级的。仅仅裁减就减汰这么多，说明在岗的仍然不少。

押录（旧额二人，今以县事繁冗，增差不定），手分（随案分所，差无定额），贴司，引事，厅子，书司，手力（即厅子、引事名字，请给于丞厅）。乡司，乡夏，当直人（轿番、散番等，请给于县库。茶酒、帐设、邀喝，请给于税务）。杂职，弓手（旧额一百六十五名），牢子（弓手轮差，每月轮差一名充狱具），市巡（弓手轮差），所由，斗级，斗子，栏头，务司，酒匠，栅子，直司（在县承催苗税而已），脚力（凡保正追会之事），僧直司（承受寺院事件）。①

据此，南宋常熟县有各类吏人与公人 24 种，除弓手、押录之外，其他公吏的编制不详。这 24 个公吏名目涵盖了两宋县级公吏的绝大部分，但在不同时期，还有人力、库子、拣子、掏子、推吏（子）、案吏等名目未列其中。上述材料还说明，南宋县级公吏多数是有报酬的，即"请给"，而且这些请给分由不同的部门支给，如厅子、引事、手力等"请给于丞厅"，其报酬在县丞厅领取；当直人等从"县库"领取，而茶酒等则"请给于税务"，从税务直接领取。

北宋时，欧阳修指出，河东路的辽州（治今山西左权县）、潞州（治今山西长治市）各县，"每县曹司、弓手、手力、解子之类，各近百人"②。现存宋元所修方志中，对县吏的记载有不同的概括归类。如《嘉定赤城志》卷 17《县役人》所列台州各县有人吏、贴司、乡书手、手力、斗子、库子、掏子、秤子、拦头、所由、杂职等共 10 类。而《淳熙三山志》卷 13《州县役人》则将福州各县公吏分为人吏（包括贴司）、弓手、手力、解子（与杂职、医人、斗子、所由、拦头并列）4 大类 10 个名目。《淳熙三山志》的分类与欧阳修所陈述

---

① （宋）孙应时等修：《琴川志》卷 6《县役人》，宋元方志丛刊影印本第 2 册，第 1213 页。贴司：文献中或作帖司。本研究中引用原文者依旧，表述时统一用贴司。栏头：文献中或作拦头、拦子、揽头、揽子，叙述时尽量统一用拦头。引文中，"随案分所"原做"随手分所"，"轿番"原作"轮番"，"在县承"原作"在县丞"，据北京大学图书馆藏《宝祐重修琴川志》改。

② 《欧阳修全集·河东奉使奏草》卷下《相度并县奏状》，第 1774 页。

北宋的情况基本一致，这或许与方志的史料来源有关。

两宋县级公吏的编制在不同时期是不断变化的。大体上，其变化规律是公吏的人数不断增加，然后不断裁减，最终定额虽不太多，但额外置吏的现象非常普遍。宋太祖建隆年间，曾按管辖人口的多少，将全国的县分为1万户至1000户以上诸多不同的等级，每县设置曹司30—10人不等，手力70—30人不等，弓手50—10人不等。这样，1个万户以上的大县最多可以设置公吏150人以上，边远小县最少可设置50人。北宋熙宁年间、政和年间及南宋时，虽历经多次裁减，但在总体上，每县额定的公吏多达一二百人或二百以上，一百以下的较少。[1] 如北宋仁宋时，欧阳修指出，辽州、潞州诸县，地小人少，每县公吏已近百人。宋神宗熙宁年间，福州12个县除乡书手外，各类公吏共计1382员（不包括贴司），每县平均115人，其中最多的，如福清县164人，少者如罗源县81人。孝宗淳熙年间，据不完全统计，福州12个县吏额共计1862员，县均155员，其中最多的长溪县已超过200员，定额214员，福清县定额193员。南宋时，额外置吏往往数倍甚至10倍于定额，州吏更多，因此，南宋州县被称为"公人世界"，并非夸张之词。

二 县级公吏的类别及其主要职掌

如上所述，宋代县吏大体上可分为吏人与公人两大类。实际上，有些吏人又兼具二者的特征。以下略分四组论述其职掌。

（一）押录、手分、贴司等，或称吏人、人吏

前引《琴川志》所列押录、手分、贴司、引事、厅子、书司等，大致相当于建隆编敕定编的"曹司"。在《淳熙三山志》和《嘉定赤

---

[1] 《淳熙三山志》卷13《州县役人》，宋元方志丛刊影印本第8册，第7888—7895页。以下涉及福州各县的相关数据，如果没有注明史料来源，均出自该方志。

城志》中仅分人吏与贴司两种，说明人吏的类目在南宋时有所简化。

1. 押录

押录或称典押，是押司、录事的合称。上述方志所称"人吏"中地位最高者，在北宋主要指押录。宋徽宗政和年间押录曾改称典史，所以南宋时又常称典押，它是宋朝承袭五代旧制在县府中设置的职位最高的吏员，可以算作县中的主管吏。最初，押录有前后或上下之分，由税户轮差，仁宗时，"诸县后行各抽充州吏，以二年替，仍轮上州充祗候典"①。熙宁年间，州府的祗候典实行召募制，不再从县吏中抽差。作为人吏之首，押录的职掌范围很宽，主要有以下三个方面：其一，收发、签押、保管县级官府的诸案文书。北宋末年成书的《作邑自箴》卷5列有多条相关内容，表明押录参预了县级各种公务文书的接纳、办理进度的督促检查、签字印押等过程。其二，催征赋税。押录一开始就负有招诱亡户归业，管理田赋税籍，督征赋租之责。如宋初诏令督责开封府各县设法招诱因战乱而流亡的百姓复业，"过限不首，本县令佐，并本村大户、地邻、户长、典押，并当科责"②。为了保证赋税征收顺利，在编造税簿时，典押、乡书手必须签上自己的名字，然后由令佐押字用印。其三，协助办理狱诉案件。押录有收接民众诉状，分类整理后交给官员审理的职责，有追捕缉拿犯人之责，若缉捕违限，"委官先追押录重断"③。

2. 手分

手分的地位低于押录，而高于贴司和乡书手。现存史料提到手分者较少。前引《嘉定赤城志》中押录的后面所记前行、后行，大概可视作手分所分的前行与后行。手分与押录一样负责一些文字事务，勾销已办公事，批凿未了事件因依，以备长官签押，属于文书吏。县府"退

---

① 《淳熙三山志》卷13《州县役人》，第7892页；《嘉定赤城志》卷17《县役人》，宋元方志丛刊影印本第7册，第7417页。
② 《宋会要·食货》69之36，第8065页。
③ 《朱子全书·晦庵先生朱文公文集》卷100《约束榜》，第4632页。

状置历拘收",由"直日手分""封题别置柜封锁"①。"直日手分"还掌"判状印板"②。手分"随案所分,差无定额"③,和贴司一样,擅长书算和账目管理,也属于财赋会计类吏人,分掌诸案,或轮流差出,掌管外镇场务。熙宁变法后,手分曾参与收纳"青苗头子钱"。④

北宋前期,县府的手分负有发放和追缴官物之责,并常被轮流差充州府的造账司吏人。北宋后期至南宋,州府的造账司吏人实行召募制后,各县手分不再到州府应役,遂逐步与押录共称"人吏"。不过,南宋一些史籍中仍有提到手分者。

3. 贴司

贴司在史籍中或曰帖司。贴司与手分的地位和职能较为接近。与手分的影响日益减弱相反,贴司在史籍中的有关记载日益增多。北宋初年,仅见在京城及监司中置贴司,州县多是私下添置。真宗景德二年(1005)和神宗元丰年间,皆曾编定地方官府的贴司名籍,以便加强管理,防止随便私置。这时贴司尚未在县吏中取得稳定的地位,因此,《淳熙三山志》卷13在为人吏列表时,多称"贴司在外"。南宋绍兴五年(1135)规定,"州县贴司,每案不得过五人"⑤,二十七年增为每县20人。最初,贴司主要负责处理一些文字工作,也属文书吏。如每天轮派1名贴司抄录知县的判语,每天派2名贴司与手分共同编排架阁文字(档案),负责公人入籍时所填档案,等等。⑥ 但是,与手分相似,贴司也承担一些财税账目方面的事务,南宋时这一方面更为突出。

随着政治经济形势的发展,宋代县吏的组成也在不断变化,随时增减。如手分由逐渐减少到渐次消失。北宋后期为配合推行新法,诸

---

① (宋)李元弼撰,张亦冰点校:《作邑自箴》卷5《规矩》,《宋代官箴书五种》,中华书局2019年标点本,第36页(本书以下参考该文献,均用此版本,出版信息从略)。
② 《作邑自箴》卷9《判状印板》,第54页。
③ 《琴川志》卷6《县役人》,宋元方志丛刊影印本第2册,第1213页。
④ (宋)陈襄撰:《古灵先生文集》卷15《乞原免张尧夫等检断不当狱》,中华再造善本,北京图书馆出版社2005年影印本,第16页。
⑤ 《云麓漫钞》卷12《四正旁通图》,第216页。
⑥ 《作邑自箴》卷2《处事》,第14页;《作邑自箴》卷3《处事》,第22页。

县增设盐香茶矾案、常平免役案，从户案中选差吏人专门负责推行新法事务，这类吏人的数目逐渐增加。①

随着基层司法案件不断增多，南宋光宗绍熙元年（1190），在县府增设"刑案推吏"，专一承办狱讼公事，协助长官调查取证，审结诉讼案件。②南宋时，役案、户案、刑案都成为各县"案吏"中常见的吏目。

（二）手力、杂职、弓手、解子、脚力等，或称为"役人"

这些吏员或协助官员办理公务，"追催公事"，传递文书，或为官员"奔走驱使"，担当各种搬运及迎送之劳，介于人吏和公人之间，多数应归为公人之列。"熙宁以前，散从、弓手、手力等役人，常苦接送之劳，远者至四五千里，极为疲弊"③"中至散从官、手力，有打草供柴之劳……民被差役，如遭寇虏。"④他们主要是"供身指使"⑤，为官员或官府提供各种体力差使。

1. 手力

五代时已有手力之设。⑥手力和弓手是宋代县级公吏中设置最多的两种。如熙宁年间，福州12个县有手力441员，每县平均36员；南宋淳熙年间增为516员，县均43员。

宋初，手力由主户中的二三等中上户轮流差充，以掌"追催公事及在城赋税"⑦为职。差役制下，手力等迎送官员，不但长期远离家园，而且需承担较多的途中开销。虽然制度规定，公人送外任官回

---

① 《宋会要·职官》57之97—99，第4611—4612页。
② 《庆元条法事类》卷52《差补·随敕申明》，第733页；《朝野杂记·乙集》卷14《诸县推法司》，第228页。
③ 《苏辙集》卷37《论差役五事状》，第645页；《长编》卷369，元祐元年闰二月癸卯，8895—8898页。
④ 《苏辙集》卷38《再言役法札子》，第678页；《长编》卷378，元祐元年五月壬午，第9189页。
⑤ （宋）宋庠撰：《元宪集》卷31《乞差当直兵士札子》，景印文渊阁《四库全书》第1087册，第645页。
⑥ （宋）王溥撰：《五代会要》卷28《诸色料钱下》，第445页。
⑦ 《嘉定赤城志》卷17《县役人》，宋元方志丛刊影印本第7册，第7418页。

京，令"本官给在路日食"①，即由被护送的官员支付护送人沿途的饮食开支，但是由于官吏盘剥等各种原因，公人个人支出依旧较多。每次应役，每人花费"多者至四十贯，少者亦三十贯"②。熙宁年间，手力不再通过差役任用，改为从税户及社会声望好的坊廓户中招募补充。改行募役法雇用之后，原应役者每程只要出200文助役钱，就可以免除其护送任务，政府用助役钱雇募其他人担任手力，一般主户的负担大为减轻。

手力的职责主要有：一是追催拖欠租税。条令规定，诸县税租过限仍拖欠者，吏人、书手、户长、令佐皆受处罚，"手力依户长法"③。南宋宁宗嘉定年间，临川县（治今江西抚州市）催征租税的情况是："有开禧三年（1207）之旧苗，有开禧二年之旧税，有嘉定元年（1208）之新税……今州郡以其旧者，县催而县纳；以其新者，县催而州纳。县催而县纳者，则有县吏主之，有手力督之。"④ 这里手力所催税租还包括未按期完纳的拖欠税租。二是为县官"供身驱使"，提供迎送搬运等各种差使。三是为县官提供"打草供柴"等杂役。县官差出时，跟着差出官服务。如县令、主簿等均有手力的配额。监当官平时没有配备手力，如果县内无官可以差出，需要监当官出城办公事就临时为其配备。"验尸者，县差手力五人当直"。⑤

2. 杂职与所由

杂职初名于何时尚待考索，宋初已置。其选任法也经历了轮差主户与出钱雇募两种制度交替使用。其人数比手力少得多，职责与手力相近，地位比手力低。元祐时曾将杂职编制并入手力。

所由在唐末五代是地方上维持治安、承办杂差的常见吏目。北宋前期主要负责城镇治安及捕盗，北宋中期县尉所率弓手负责城镇治安

---

① 《宋会要·仪制》4之22，第2373页。
② 《长编》卷376，元祐元年四月，第9135页。
③ 《庆元条法事类》卷47《违欠租税·户婚敕》，第627页。
④ （宋）黄榦撰，周国林点校：《勉斋先生黄文肃公文集》卷37《杂著·催科辩》，《儒藏》精华编第240册，第646页。
⑤ 《庆元条法事类》卷11《差破当直·吏卒令》，第199页。

以后，所由大为减少。南宋每县所由在 3 人以下，或不置。如嘉定时，台州 5 个县共置 9 员，多者 3 员，少者仅 1 员。

3. 弓手

宋代，弓手直属于县尉，每县少者数十人，多者超过 100 人，"专捉盗贼，不许别有差使"①，更偏重役的性质。两宋地方反叛事件不断，因此弓手设置得较多。弓手的主要职责是在县尉带领下捉捕本地盗贼，维持地方治安。虽然以捕盗为专职，但弓手也常与手力等一起，被委派催督欠税，甚至与拦头一起拦纳商税。弓手职掌捉捕"盗贼"，捉拿到的犯人需要暂时看管起来，因此，元丰以后，各县增设狱子，隶属尉司，按重禄法管理，这些狱子多从弓手中派任。管理牢狱的牢子，负责巡警的"市巡"，也从弓手中轮差。

4. 解子与脚力

解子与脚力是负责将州府文书公移传达到县的吏役之一。宋初，各县向州府公库交纳钱物时，"县各以手力赴郡拣钞"，仁宗景祐五年（1038）罢差手力，改由解子传抄。② 不同时期，各地解子的编制并不一样，如福州 12 县，熙宁时有 28 员，淳熙时有 25 员。脚力、脚子等还承担抬轿、巡更等役使。

（三）乡书手

乡书手与其他县级公吏的不同之处在于，它是由乡役升为县吏的。北宋前期承唐制，乡书手以乡为单位设置并隶属于里正、户长等，"以税户有行止者充，勒典押、里正委保"③，即典押和里正要担保他们的人品与资格等没有问题。宋仁宗朝以后，乡书手已经独当一面，北宋中期实行募役法后，乡书手日益胥吏化，当县府人吏有缺额时，乡书手与贴司一样是备选对象，北宋晚期乡书手的地位已大为提

---

① 《淳熙三山志》卷 13《州县役人》，宋元方志丛刊影印本第 8 册，第 7893 页。
② 《淳熙三山志》卷 14《州县役人》，第 7895 页。宋元方志丛刊影印本原标目为"州县人役"，据国家图书馆藏清抄本及上下文意改。
③ 《嘉定赤城志》卷 17《县役人》，宋元方志丛刊影印本第 7 册，第 7418 页。

升。南宋时，乡书手已经位居贴司之次，地位高于手力等。乡书手的主要职责是"造簿账"，编造并管理征收租税的各种账目文书。如编排五等丁产簿，编制二税版籍（租税簿账），注销税租钞和结算上报，催收税租，编制差役簿账，与贴司等共同参与评估地方灾情，据以决定如何减免民户的税役负担等。

募役法实施以后，乡书手在县乡赋税征收体制中日益重要，大约在北宋晚期县衙中逐渐有了乡书手固定的办公地点，乡书手遂从乡役人变为县役人。① 不过，南宋时，有些地方志仍把乡书手和耆户长、大小保长等乡役人列在一起。

（四）公人

如前所述，宋人一般认为，衙前、专副、库子、称子、狱子、掏子等属于"公人"。公人在州县官府中地位低于吏人，是具体承办某一方面公务的役人，在宋代，特别是南宋时，吏人有时也被笼统称为公人。其类目较多，县级机构设置的主要有拦头、专副、斗子等。

1. 拦头

文献中或作栏头、拦子、揽子、揽头等。五代时，藩镇始在关津河渡等处广设拦锁，征收过往商旅的钱物，宋太宗时改由地方官选税户主掌这些税收。熙宁变法以后改行募役法，允许民户自愿应募充当拦头，官府不支雇钱。根据所处地域交通条件和商贸发展情况之不同，两宋各县所置拦头数额差别较大。拦头的法定数额不多，但南宋时，为了增加税收，基层私置拦头的现象非常普遍，地方税务一务有多达一二百名者。拦头的主要任务是拦纳商税及缉私，也常常参与夏秋二税与和买绢、和籴米的征纳，在地方税收征纳过程中起了很大作用。

---

① 参阅王棣：《论宋代县乡赋税征收体制中的乡司》，《中国经济史研究》1999年第2期；王棣：《宋代乡司在赋税征收体制中的职权与运作》，《中州学刊》1999年第2期；王棣：《从乡司地位变化看宋代乡村管理体制的转变》，《中国史研究》2000年第1期。

2. 专副

专副是设置在酒务、官库、驿馆等处以征收专卖收入为主要职责的公人名目。如酒务及酒库监当官，以征缴酒税、禁绝私酒为职，其下即设专知官、酒匠等协助。专副、专匠与拦头常并称"专拦"。

3. 斗子、秤子、拣子、掏子、库子等

这类公人以掌管度量衡、官库钱物的质量检查与出纳保管、籍账制作与账目保管等为主要职责。差役制下，主要由下户差充。熙宁年间实行募役法后，差募并行，仍需招募家有产业、且有保人担保的主户担任。其编制在不同时期、不同州县差别也很大。其中斗子，或称籴纳斗级、斗级，负责谷物等的称量入官、质量保管，官仓谷物支出等。拣子则负责官钱及绢帛等纺织品质量的检验入库、保管和支给。掏子略同于拣子，共同参与官钱的足额保管。秤子掌官物秤量。宋代仓与库是有所不同，仓往往以贮纳粮草等为主，库多以贮藏钱物为主。因此，斗子与拣子，库子与仓子略有差别，但其职能相近，乃至常常被混淆。

三 公吏职权范围的扩大和"官弱吏强"局面的成因

北宋后期到南宋的文献中有诸多"吏强官弱"的舆论，公吏甚至被视为当时地方行政最大的祸患之一。南宋时，县级胥吏"自号立地知县"①，或被称为"立地官人"②。叶适称当时以"官不可任而任吏"③，形成了"公人世界"④，或曰"全是吏人世界"⑤。可以说，南宋士大夫普遍认为，地方形成了吏人专权乃至专横的局面。

---

① 《名公书判清明集》卷11《违法害民》，第412页。
② （宋）佚名撰，张亦冰点校：《州县提纲》卷1《防吏弄权》，《宋代官箴书五种》，第100页。
③ 《叶适集·水心别集》卷12《法度总论二》，第789页。
④ 《叶适集·水心别集》卷14《吏胥》，第808页。
⑤ 《名公书判清明集》卷1《因吏警令》，第20页。

宋代，县级官府政务最为繁重的是财赋征敛和司法行政。朱熹称：

> 县事大要者三，察其施为，知其果有可称者，刑狱、词讼、财赋是也。①

由于两宋对外战争频繁，军费支出浩大，中央对地方的苛征暴敛花样翻新。同时，商品市场经济的发展、土地买卖日益频繁，民众财产权的分割与转移速度加快，这一方面使县级基层征收税赋的任务变得异常繁重，原来由乡役人完成的征赋任务多由县吏执行，另一方面，民事诉讼大量增加使州县吏人承担的司法事务猛增。于是，登记税户资产的各种簿书日益复杂，并成为完成苛征任务最为重要的依据。即"县道财赋，本源全在簿书"②；一县之中"簿书乃财赋之根柢，财赋之出于簿书，犹禾稼之出于田亩也"。县令"用以催科者，乡司之草簿而已"③。这样，编制、使用和管理这些簿书的吏人的职能大增。当然他们中既有尽职尽责者，有"持心近恕，略无过愆"④者，也有上欺官下虐民、违法害民之人。在士大夫的笔下，乡书手的匿籍欺瞒等劣迹最为突出。其他如州县的斗子、库子等仓吏，在征纳赋税时，往往交结串通上级官员，要求官员选派自己指定的监纳官，以便相互勾结，从中作弊。于是"非理退换""多收样米""重收加耗"，或"与揽纳之人通同作过"，令民户"高价贴陪"，或"已纳而不给钞，或给钞而不销簿"⑤，营私舞弊，无所不用其极。

审狱断案本来就是县级亲民长官的主要职责，而宋人以"好讼"出名，县官的司法政务空前繁多。熙宁以后，"断狱平允，民无冤

---

① 《朱子全书·晦庵先生朱文公文集》卷19《荐知龙溪县翁德广状》，第885页。
② 《州县提纲》卷4《整齐簿书》，中华书局2019年标点本，第144页。
③ 《名公书判清明集》卷3《财赋造簿之法》，第62页。
④ （宋）洪迈撰，李昌宪整理：《夷坚志·支癸》卷1《余杭何押录》，大象出版社2019年标点本，第17页。
⑤ 《宋会要·食货》68之3，第7944页。

宋代县级公吏制度初论

滥"成为考课知县、县令"治事之最"的首要内容。① 宋高宗时臣僚指出：

> 狱之初，情实在于县，自县而达之州，虽有异同，要之以县狱所鞫为祖，利害不轻。今所谓县令者，旦朝受牒诉，暮夜省案牍，牒诉之多，或至数百，少者不下数十，案牍之繁，堆几溢格，其间名为强敏者，随事剖决，不至滞淹，已不可多得。②

可见，平决狱讼是日常县政府很繁忙的政务，宋代知县、县令在乡贯回避制度约束下，都是异地任官，经常调动，难以洞察辖区大量案件的来龙去脉，繁重的司法行政事务，不得不依靠谙熟本地人情世故的吏人的协助，这样，县级胥吏的司法职权大增。有的县官庸碌无为，乃至将所有词讼委于推吏，"高下曲直，惟吏是从"③。"诸县间有轻置人图圄，而付推鞫于吏手者，往往写成草子，令其依样供写"，胥吏往往受贿，使有罪者得不到惩治，无辜者蒙冤。④

县级公吏财政、司法职责的加重，使他们介于县官和保正等乡胥及民众之间，成为把持地方政务的关键人物。随着地方行政事务日益繁重和冗杂，县吏在保证赋税的及时足额上缴，保持政令民情的上行下达，协助县官办理狱讼以缓和社会矛盾等方面，发挥了重要作用。但是，胥吏违法对地方政务的危害又是非常突出的，特别是官员士大夫对公吏既依赖又敌视，于是在两宋文献中，批评公吏的有关记载连篇累牍。早在北宋仁宗景祐四年（1037），苏舜钦已经指出：

> 州县之吏，多是狡恶之人，窥伺官僚，探刺旨意，清白者必

---

① 《宋会要·职官》59 之 9—11，第 4641—4644 页。
② （宋）刘一止著，龚景兴、蔡一平点校：《刘一止集》卷 12《乞令县丞兼治狱事》，浙江古籍出版社 2012 年标点本，第 153—154 页。
③ 《名公书判清明集》卷 2《知县淫秽贪酷且与对移》，第 42 页。
④ 《名公书判清明集》卷 1《劝谕事件于后·清狱犴》，第 11 页。

363

> 多方以误之，贪婪者则唉利以制之，然后析律舞文，鬻狱市令，上下其手，轻重厥刑，变诈奇邪，无所不作。苟或败露，立便逃亡，稍候事平，复出行案。设有强明牧宰，督察太严，则缔连诸曹，同日亡命；或狱讼未具，遂停鞫劾；赋税起纳，无人催驱。近年以来，习成此弊……实政理之巨蠹，黎民之大害焉。①

这种以逃亡为手段逃脱罪责、刁难长官的事例发生在宋仁宗时，说明北宋前期县官还有敢于有为、严督公吏者。北宋后期，特别是南宋时，公吏成为县政不可或缺的承办人，县官严治胥吏者日益减少。县官或自身遢懦，无力治吏，默认公吏的违法行为，甚至受公吏指使，为公吏所用。官、吏日益互相结合，而吏与民众的矛盾日益突出。"害民莫如吏，官之贪者不敢问吏，且相与为市；官之庸者，不能制吏"，于是"吏奸纵横，百姓无所措手足"②。

《陆九渊集》中，批评吏人辱官害民的言论很多，如某县数吏"为蠹日久，凡邑之苛征横敛，类以供其贿谢囊橐"。吏人的横暴不但得不到县官的惩治，县官还支持他们，"二三贱胥，至能役士大夫，护之如手足之捍头目，其不悖戾甚矣"。陆九渊认为其原因在于，县官受困于征敛，若要关心民众，整治吏奸，就可能导致财赋亏欠，完不成上缴任务，"身受其罪"；而要保住官位，积累政绩，"则必首以办财赋为大务"，其结果是"科条方略，必受成于吏，以吏为师，与吏为伍，甚者服役于吏"。③

南宋时，在官员士大夫的批评声中，吏人弄权、行贿受贿，是导致赋税负担严重不均、差役不平、司法行政是非颠倒的重要原因。《名公书判清明集》中记载了众多敛纳巨贿、祸害百姓的典型"恶吏"。他们被比喻为"十虎""八王"，其劣迹骇人听闻。每当监司下

---

① （宋）苏舜钦著，沈文倬校点：《苏舜钦集》卷11《论五事》，上海古籍出版社2011年标点本，第140页。
② 《名公书判清明集》卷2《汰去贪庸之官》，第40页。
③ （宋）陆九渊著，钟哲点校：《陆九渊集》卷7《与陈倅·二》，第99页。

乡巡视时，百姓纷纷上诉，有以 64 状诉弋阳县吏孙迥、余信者，有以 29 状诉弋阳县吏杨宜、彭信者，有以 31 状状告贵溪县乡司邵远者①，等等。胥吏虐民，使税赋难以如实征收，既完不成上缴任务，使"县受郡之责"，又往往对下户催逼过甚，使"民受官之害"②，激化基层矛盾。

宋代公吏权势扩大，甚至把持县权，特别是在北宋后期形成所谓官弱吏强的局面，这一局面到南宋时更加严重，其原因是多方面的。前人的研究成果对此已有较为全面的总结，但是有的结论未必妥当，或者与县吏的实际作用有一定差距。以下在前人成果的基础上，针对县级公吏权势扩大的原因略加分析。

其一，与县级政务繁重有关。宋代县级财税征敛任务日益繁重，县邑财政上的独立性相对增强，为县吏把持权柄创造了条件。北宋后期，特别是南宋时，军费官俸开支空前庞大，政治日益腐败，中央对地方的搜刮无所不用其极，然而，县级官员编制的定额却没有变化，县官不得不将日益繁杂的征敛任务交给吏人。吏人长期在当地从事相同的业务，熟悉本地各种账籍簿书和人情事故，他们能够利用手中的权力和各种资源顺利完成征敛任务，同时，也会营私舞弊。绍兴年间，韩元吉知建安县（治今福建建瓯市），在分析士大夫把任知县比作"蹈水火"的原因时指出，古之循吏"租赋之外，未尝语财也"，如今为县者，"其所先务，惟治财为然，而条目甚繁，期会甚亟，多出于租赋之外。一物有缺，则令以不任职去。烦言或生，亦以擅兴获罪"③。县官被催科所困，不得不倚重于将一县"税赋弊源"烂熟于胸的乡书手等胥吏。例如，玉山县"罪如牛毛"的乡司周森，即因其对本县的财赋簿籍最为熟悉，没人可以取代他，以至于他犯了罪也

---

① 《名公书判清明集》卷 11《违法害民》，第 412 页；同书卷 11《十虎害民》，第 413 页；同书卷 11《慢令》，第 417 页；同书卷 11《乡司卖弄产税》，第 423 页。
② （宋）胡太初撰，闫建飞点校：《昼帘绪论》《催科篇第八》，《宋代官箴书五种》，中华书局 2019 年标点本，第 181 页。
③ （宋）韩元吉著，刘云军点校：《南涧甲乙稿》卷 14《送富修仲序》，第 259 页。

得留用。这类事例还有很多。乡书手等本身没有什么报酬,却须在征收额定常赋之外,筹措诸多上级官员和本县县官索求的额外开支,所谓"县官宴集之需、迎送之具",及"其他百色诛求,犹有不容缕数者"①。因此,县吏施展权术,凿空取办财赋,专权乃至专横,实乃形势使然。

其二,与宋代官员任用制度有关。宋代地方官不但实行严格的乡贯回避制,而且往往实行远近交替的任用原则,县官一般每三年满任便调往一个陌生的地方,特殊情况下,或不满三年即已离任。而胥吏实行召募制后,没有任期,多由当地熟谙县政利弊的专业化胥吏长期连任,他们或相互引荐,或父兄继任,长期把持一方,使初来乍到的县官不得不依靠他们,容忍他们的专权。宋人普遍认为,"吏强官弱"的根本原因就在于此。② 现代学者也多将此列为原因之一。但是,唐朝也实行地方官定期轮任制,并未出现"吏强官弱"的局面,所以,这又非根本原因。

其三,与宋代狱政之繁和政策法令的频繁变化有关。狱政之繁已如前述。同时,宋朝处于中国古代史上一个重要的历史转型期,为适应不断变化的社会现实,巩固王朝统治,政府立法非常频繁,各种政策经常变动。宋代不但修订法律的活动非常频繁,新的法令不断产生,而且法令形式多样化,法典的规模异常庞大,法令"细者愈细,密者愈密,摇手举足,辄有法禁"③。虽然宋代官员在任用过程中有试断案、铨试等各种法律知识的考试,但是,或因为吏治腐败,或考试流于形式;或因为法令变化太快,实际执行时又法、例并用,县官对法典特别是对例的熟悉程度往往比不上世代居住于当地、专司其职的胥吏。于是,有很多"缘官不知法,致吏得以欺"④ 的议论。

---

① (宋)胡知柔编:《象台首末》卷2《嘉定甲申正月二十二日轮对第一札·贴黄》,《丛书集成初编》本,第29页。
② (宋)陆九渊著,钟哲点校:《陆九渊集》卷5《与徐子谊二》,第68页。
③ 《叶适集·水心别集》卷12《法度总论二》,第789页。
④ 《系年要录》卷60,绍兴二年十一月庚午,第1199页;《皇宋中兴两朝圣政辑校》卷12,绍兴二年十一月庚午,第382页。

> 所谓吏强官弱者,非吏挠权之罪,官不知法之罪也。明乎法,则曲直轻重在我而已,吏岂得而欺乎。①

其四,与官员的无能与纵容有关。宋代吏人的政治地位很低,且法令有许多严惩吏人的规定,知州、县令都有权直接将属吏绳之以法。如果官员精明强干,严明执法,敢作敢为,还是能够对吏人的专横予以遏制的。就大量吏人专横的事例看,主要原因是官员的贪庸不明或怠于政事。所谓"县令不明,则吏因差役并缘为奸"②。正是因为县官不得其人或治吏不严,政务一切付诸胥吏,才导致了吏人贪缘请托,假借官府权威而专权。而南宋后期,有些地方官自诩清高,不愿关心政务,甚至嘲笑那些勤政者,则加重了"吏强官弱"局面。

> 今之世,有勤于吏事者,反以鄙俗目之。而诗酒游宴,则谓之风流娴雅,此政之所以多疵,民之所以受害也。③

其五,与吏人自身地位低下有关。官、吏分途以后,宋代地方吏人或由民户轮差,或从民间招募,缺乏考评晋升等有效的激励机制,没有什么入仕做官的机会,俸给微薄甚或没有俸给,所任事务繁重,一有过犯,往往被杖脊刺配,使为吏者难以自尊自爱,一有条件,他们就利用手中的权力营私舞弊,违法害民。吏人普遍不受重视,更有甚者,斥之如猪狗。苏洵曾说:

> 今之吏胥则不然,始而入之不择也,终而遇之以犬彘也。长吏一怒,不问罪否,袒而笞之。喜而接之,乃反与交手为市。其人常曰长吏待我以犬彘,我何望而不为犬彘哉!是以平民不能自

---

① 《系年要录》卷89,绍兴五年五月丙戌,第1719页。
② (宋)佚名撰,张亦冰点校:《州县提纲》卷2《禁差役之扰》,第129页。
③ 《西山先生真文忠公文集》卷40《潭州谕同官咨目》,《儒藏》精华编第222册,第902页。

弃为犬彘之行，不肯为吏矣，况士君子而肯俛首为之乎！①

实施募役法以后，富者不为吏，而为吏者皆贪。据此，一般认为宋代吏人的素质是普遍低下的。但实际上，宋代大多数吏人都是精通书算和律令、有一定文化水平的人，他们能够在地方行政中施加影响主要是因为他们精通地方行政的各项业务，深谙为吏之道。从每县配置的吏员人数来看，与唐代相比，宋代县级公吏的配额增加并不算多，所以，造成所谓官弱吏强的原因中，官少吏多并非主要原因。而宋代地方吏人经济、政治、社会地位的低下则不失为主要原因之一。

总之，宋代吏人的社会形象和声誉，是多种原因造成的。单方面强调其中某个原因，都是不全面的。

原载《文史哲》2003 年第 1 期

---

① （宋）苏洵著，曾枣庄等笺注：《嘉祐集笺注》卷 4《广士》，第 106 页。

后　　记

　　这本文集内的各篇都是我多年前完成的，发表最早的距今已三十多年了。

　　1985年本科毕业后，我师从河南大学宋史研究中心的王云海（1924.10—2000.10）和姚瀛艇（1923.3—2012.5）两位先生研读宋史。王先生文献学功底深厚，数十年潜心于《宋会要辑稿》的整理与研究，在艰难的环境中锲而不舍，发表了一系列讨论《宋会要辑稿》版本和篇目、内容等的文章，出版了《宋会要辑稿考校》等论著，并编制了详细的篇目索引，在当时没有检索工具的时代，为使用该典籍提供了极大便利；晚年先生又组织撰写了《宋代司法制度》，两部专著均获得了全国高校人文社科奖。姚先生毕生从事宋明理学史的教学和研究，有超强的逻辑思维能力和惊人的记忆力，除出版有《宋代文化史》和《宋代思想文化研究》等著作外，还参与和指导河南大学、河南省委党校一批研究中国哲学史的学者，先后出版了《中国宋代哲学》《中国明代哲学》等系列著作。河南大学的中国古代思想史研究传统渊源有自，姚先生曾有意让我跟他研读思想史，我自知没有国学基础，不敢涉足，现在回想起来或有些许遗憾。王云海先生很重视教我们研究历史的基本功，经常给我们讲述邓广铭先生提倡的治史"四把钥匙"，即目录、职官、年代、地理。在读研之初，对宋代的职官名称，我多是不知所云，就常常翻看出版不久的由邓广铭、程应镠等先生编著的《中国历史大辞典》（宋史卷），颇能解疑释惑。在硕士学习阶段，我把宋代文献上的职官资料分门别类摘抄卡片，逐步走上了触手皆是未知领域、步履维艰的职官制度史治学道路。

1988年硕士毕业后我到河北大学师从恩师漆侠先生（1923.3—2001.11）攻读博士学位，先生没有要求我跟他学做经济史，允许我根据自己前期的积累，继续做宋代职官制度方面的学位论文。漆先生学术视野开阔，理论水平极高，他结合自身的研究实际，亲自给我们开设马列主义原著理论解读和历史研究方法等课程，在平时学习和论文修改中，给我提出了很多宏观的指导，但我悟性和能力有限，往往达不到先生的要求。河北大学当年的宋史小院里，资料室藏书丰富，借阅非常便利，师生们每天一起看书，相互切磋，有几位乒乓球高手业余比赛打得火热，大家亲如一家人，这给当时在那里读书的学子们留下的都是终生美好的回忆。

1991年博士毕业后我回到河南大学工作，有六七年的时间可以相对安心地读书，修改并出版了博士论文，申报了宋代地方官僚制度和基层治理的国家社科基金项目，遗憾的是围绕项目只发表了一些文章，没有系统的结项成果问世。2003年以后，在历史文化学院担任行政工作，和同事们一道为学院的教学、科研和学科建设事业尽了绵薄之力。从那以后，自己近20年游离在学术研究之外，学问荒废太多，常常觉得愧对先生们的教诲。现在结集出版这本小册子，是想通过总结过去，鞭策一下自己，期待在今后闲暇的日子里可以重新做些力所能及的学术研究。

书中所收文章基本保留原貌，没有添加新的内容。稍有不同的是，对某些原来表述不当的语句和少量关键史料进行了订正。这些文章最初发表时，参考的基本史料大多没有点校本，此次结集出版，除宋元方志之外，其他史料尽量查找核对了最新出版的点校本，修正了文章旧稿中存在的史料引用讹误、断句不当之处，个别自认为原来自己的断句更合理的地方就维持原状，没有改动。书中引用的史料，除了第176至178页增补了《职官分纪》中关于北宋前期大州长官兼任巡检等帅臣的记载之外，大都是原貌。为方便阅读起见，注释全部改为了页下注。

后　　记

　　当年发表的这些文章仅仅是初步的探讨，近年来，当代学者不断有新的相关成果问世，原打算在所收文章页下或者篇尾，以补注形式给予呈现，但因为本书并没有参照这些新成果对原文进行增补，在今天便捷的信息传播条件下，显得画蛇添足，遂中途作罢。内容方面有一点点局部补充：即宋徽宗大观和政和年间，对幕职州县官官名和编制等进行了改革，限于篇幅，旧稿对此表述不太清晰，这次借用张晨光博士最新发表论文中的两个表格，附在第143页文后，以方便读者参考。

　　此次结集出版所收入的文章原来大多没有电子文本，早期发表时的纸质杂志页面字迹不清，文稿转换后错漏很多。既要纠正原稿的问题，还要用新版本校对全部史料，工作量可想而知。河南大学在读博士生王瑜君，在读硕士研究生晁佳琦、冯钰娜、吕争、王玉杰、杨云、余阳洋、张佳馨等，做了辛苦的初校与史籍版本核对工作，在读博士生高天、青年教师郭艳艳副教授、王丽副教授、杨高凡副教授，也参与了史料校对工作，其中高天为本书更换更好的史籍版本和统一注释规范等付出的劳动最多。本文集得以出版，受到了诸位师友的督促和河南大学历史文化学院的资助，在此一并表示感谢。

苗书梅

2022年4月